千年苏学与昌江特色文化聚集地

昌化江东坡峻灵王文化论坛论文集

主 编　吴书芹

副主编　高中桥　丁菁华

学苑出版社

图书在版编目（CIP）数据

千年苏学与昌江特色文化聚集地：昌化江东坡峻灵王文化论坛论文集 / 吴书芹主编 . -- 北京 : 学苑出版社 , 2021.10

ISBN 978-7-5077-6277-8

Ⅰ . ①千… Ⅱ . ①吴… Ⅲ . ①苏轼 (1036–1101) —人物研究—文集 Ⅳ . ① K825.6-53

中国版本图书馆 CIP 数据核字 (2021) 第 199299 号

责任编辑：孟　玮
美术编辑：齐立娟
出版发行：学苑出版社
社　　址：北京市丰台区南方庄 2 号院 1 号楼
邮政编码：100079
网　　址：www.book001.com
电子信箱：xueyuanpress@163.com
联系电话：010-67601101（营销部）、010-67603091（总编室）
印 刷 厂：河北赛文印刷有限公司
开本尺寸：880mm × 1230mm　1/16
印　　张：22.5
字　　数：330 千字
版　　次：2021 年 10 月第 1 版
印　　次：2021 年 10 月第 1 次印刷
定　　价：96.00 元

海南省内外苏学研究专家学者凝心聚力
研讨与发掘昌江特色文化聚集地的历史资源

　　2020年10月25日重阳节，"昌化江东坡峻灵王文化论坛"在海南省昌江黎族自治县开讲。来自全国高校、科研和出版机构以及多地苏轼研究组织的专家学者，汇聚昌化江畔。海南省旅游和文化广电体育厅、昌江县委、县政府、海南省新闻工作者协会等有关方面负责同志出席论坛。（黄隽　摄）

　　前排右起：中国苏轼研究学会副会长、中华文学史料学学会副会长、中国社会科学院文学研究所教授陈才智，中共昌江黎族自治县委书记黄金城，海南省苏学研究会会长阮忠，昌江黎族自治县人大常委会主任何顺劲。（黄隽　摄）

中共昌江黎族自治县委书记黄金城（左）出席"昌化江东坡峻灵王文化论坛"，并在会前亲切会见海南省苏学研究会会长阮忠教授。（黄隽　摄）

中共昌江黎族自治县委书记黄金城（左四）、县人大常委会主任何顺劲（右三）亲切会见中国苏轼研究学会副秘书长李公羽（左五）等苏学研究专家。（黄隽　摄）

2020年7月18日，中央驻琼新闻单位与海南省多家媒体负责人、记者，同苏学研究专家、学者汇聚海南大学思源学堂，举办"纪念苏东坡《峻灵王庙碑》撰写920周年学术研讨会暨李公羽《峻灵独立秀且雄》首发式"。（贺黎明　摄）

　　2020年10月26日，来自各地的苏学研究专家赴昌江黎族自治县昌化镇，实地考察峻灵山、峻灵王庙、昌江故城和治平寺碑亭等，现场研判苏东坡所撰《峻灵王庙碑》，进一步认真研讨和感悟以护国安民为主旨的峻灵王民俗文化。图为出席论坛的部分苏学研究专家艰难攀援峻灵山，到达峻灵石前，合影留念。（黄隽　摄）

　　2019年4月，李公羽（右）与昌江县史志办主任谢志勇等认真研读峻灵王庙碑。（海滨　摄）

　　2020年10月，阮忠（左二）等出席论坛的专家考察昌化故城。（黄隽　摄）

"昌化江东坡峻灵王文化论坛"与会领导和专家合影。（黄隽 摄）

编 辑 委 员 会

代序言

面向世界的苏学研究永远在路上
——在海南第二届苏学研究高端论坛上的致辞

方永江[*]

方永江[*]

2020 年是极不平凡的一年，也是中国苏轼研究学会成立 40 周年。受新冠肺炎疫情影响，原定于今年召开的徐州全国苏轼学术研讨会和黄冈东坡文化节，不能不迟滞后延；其他苏轼遗址遗迹地谋划举办的相关活动也不得不迟滞或取消。一年好景君须记，天容海色澄清时。在海南最美好的季节，我们迎来了海南第二届苏学研究高端论坛暨昌化江东坡峻灵王文化论坛的召开，确实振奋人心。11 月初，眉山将召开第四届东坡文化学术高峰论坛暨第六届全国书院高峰论坛，其中，纪念中国苏轼研究学会成立 40 周年相关活动和首届苏轼研究青年学者奖颁奖大会同时举行。海南与眉山的苏轼研究活动，可谓遥相呼应，正是：沧海不曾断地脉，天下苏研一家亲。我为之兴奋，为之鼓舞，为之欢呼。预祝论坛取得圆满成功！

此次高端论坛主题"苏学研究的国际面向"特别好，契合海南建设国际旅游岛、自贸区（港）的现实需要，也是海南省苏学研究会充分发挥智库作用的有力举措。苏轼精神蕴含的兼容并蓄、创新发展的丰富内涵，正是当今海南应当大力弘扬和精心培育的文化基因。

---

* 作者简介：方永江，中国苏轼研究学会秘书长，四川省眉山市三苏文化研究院院长。

中国苏轼研究学会自成立以来，始终坚持开放、开明的发展思路，学术研究和人才培养卓有成效。眉山市三苏文化研究院作为中国苏轼研究学会办事机构（秘书处），坚持专业与业余结合、地方与高校联手，充分发挥个人优势和集体智慧，推动了苏学研究的进一步发展。借此机会与各位同道分享眉山探索的开放发展研究的两个方式方法。一个是不关起门来搞研究，定期举办端午、中秋沙龙，每次活动确立一个主题，活动中，参加人员可畅所欲言，中途穿插歌舞表演和朗诵等为广大青年朋友所喜闻乐见的形式，演绎东坡经典；另一个就是举办东坡文化讲师团，培训东坡文化传承种子，组织东坡足迹行研学活动，目标明确，收获颇丰，希望对海南建设面向世界的苏学研究有所启发。

在传承发展中华优秀传统文化中，国家大力提倡各级各类学校广泛深入开展研学活动。面向世界，首先就要面向青年。从最基础的做起，沿着苏轼足迹出发，用双脚丈量山河，用苏轼遗存开"天眼"，用江上之清风、山间之明月练胆魂、壮胸襟、养浩气。"致天下之治者在人才，成天下之才者在教化，教化之所本者在学校。"海南大学苏学研究会特别有条件组织开展苏轼遗址遗迹地研学活动，本科 4 年、8 个寒暑假，再加上其他节假日，善加利用，大有可为。可以先期规划苏轼历典八州游，再推广至十八城（宦迹十六，加上出生地眉山，祖籍地栾城），循环往复，绵绵不绝。

面朝大海，春暖花开；面向世界，未来可期。相信这次高端论坛，一定会为面向世界的苏学研究贡献许多奇思妙想，更衷心祝愿这些奇思妙想能够转化为强大的精神动力、文化动能和智力支持，助推海南自由贸易港建设和各项社会事业繁荣兴盛！

苏学的海洋横无际涯，遨游苏海一生快乐，面向世界的苏学研究永远在路上！

以此与诸君共勉！

2020 年 10 月 24 日于海南大学

目 录

苏海拾贝
——苏海、苏学与苏轼《峻灵王庙碑》

陈才智[*]

观夫水者，至海而止。千古文人一东坡，苏轼诚可谓海纳百川，他所师法和景仰的历代前贤，如涓涓细流，漫漫清河，在一代坡仙这里汇为江海。因此，苏海，正可十分形象地用来喻指苏轼其人其作那种海涵地负、海纳百川的浩瀚气象。这种浩瀚气象，非海不足以言其大，非海不足以言其深，非海不足以言其宽，非海不足以言其广。所以，宋代蜀人赵夔《集注东坡先生诗前集》序言中说，诵东坡先生诗文，"其初如涉大海，浩无津涯，孰辨淄渑泾渭，而鱼龙异状，莫识其名，既穷山海变怪，然后了然无有疑者"[①]。可见苏轼与大海之间，有着不解之缘，用"苏海"二字来形容其成就与影响，正是水到渠成的恰切之喻，因为，非海之广，不足以道其"波澜浩大，变化不测"[②]；非海之深，不足以称其"力斡造化，元气淋漓，穷理尽性，贯通天人"[③]。

* 作者简介：陈才智，中国社会科学院文学研究所研究员，中国社会科学院研究生院教授，中华文学史料学学会副会长，中国白居易学会副会长，中国苏轼研究学会副会长。

① 张志烈等主编：《苏轼全集校注》（第8册），河北人民出版社2010年版，第5817页。

② 〔宋〕魏庆之：《诗人玉屑》卷一七引《吕氏童蒙训》，王仲闻点校本，中华书局2007年版，第558页。

③ 〔宋〕宋孝宗：《御制文忠苏轼文集赞并序》，日本宫内厅书陵部藏南宋前期刊本《东坡集》卷首；《苏轼文集》中华书局1986年版，第708页。

《四库全书总目》提到，"世传'韩文如潮，苏文如海'……皆习用而昧其出处，今检核斯语，亦具见于是书（陈按：指《文章精义》）。盖其初本为世所传诵，故遗文剩语，口授至今"①。而与之所引文字稍异，元初李涂的《文章精义》的原文是："韩如海，柳如泉，欧如澜，苏如潮。"②在学术源流上，李涂是朱熹再传弟子，生活时代在许衡稍后，身为元朝国子助教，他在《文章精义》所表达的论文标准、重韩轻苏的倾向，兼具学术理念和官方意志：既代表元初理学家对文章风格的取向，也是元朝推尊朱子之学为官学的要求，从"韩海苏潮"的定位，可以看出程朱理学在元初的上升态势。③

在李涂之后，元人陈绎曾《文式》云："韩如海，柳如泉；欧如澜，苏如海。"④将"苏如潮"升级为"苏如海"，与韩并列称海。从中可见，苏海一称，其源有自。与之相映，东坡之号的取源、他格外钦慕的白乐天，则以白家池而闻名。池与海，当然不是意在评骘白、苏二人之高下，但时代与境界之别，于此亦可见一斑。

明末崇祯四年（1631），吴伟业为张溥编《苏长公文集》所作序认为，《文章精义》之说非确论也，他说：

> 李耆卿评文有云："韩如海，柳如泉，欧如澜，苏如潮。"非确论也，请易之曰：韩如潮，欧如澜，柳如江，苏其如海乎！夫观至于海，宇宙第一之大观也。虽然，以长公之文而不出吾师之手眼，为之选定，以示后世，大海洋洋，谁涉其涯？亦徒有向若长叹而已。然则宇宙之第一文字，固非真第一人不能知也，是集所为选

---

① 〔清〕永瑢等：《四库全书总目》卷一九五，中华书局1965年版，第1789页。

② 王水照编：《历代文话》（第2册），复旦大学出版社2007年版，第1165页。刘明辉（即王利器）校点本：《文则·文章精义》，人民文学出版社1960年版，第62页，署名李涂著；2016年版，第94页，改署〔元〕李性学著。

③ 江枰：《从"韩海苏潮"到"韩潮苏海"：关于韩愈、苏轼散文评价的一个公案及相关问题》，《学术论坛》2014年第3期；《苏轼散文研究史稿》复旦大学出版社2020年版，第477页。

④ 〔宋〕陈绎曾：《文式》（卷下），明刻本。

也。①

这样一来，韩柳欧苏的顺序，变为韩欧柳苏；"柳如泉"变为"柳如江"，包容更广，格局更大，显示出柳文地位有提升；最重要的是，韩愈和苏轼对应的形容词，恰好作了调换，"韩海苏潮"变为"韩潮苏海"，体现出元代初期崇尚韩文到清代初年推尊苏文的转变。

清代学者俞樾（1821—1907）对"苏海"一词亦有所辨析，他在《茶香室丛钞》卷八"韩海苏潮"这一则中说："国朝萧墨《经史管窥》引李耆卿《文章精义》云：'韩如海，柳如泉，欧如澜，苏如潮。'然则今人称韩潮苏海，误矣。"②尽管他对"苏海"表示"误矣"之指责，但也未能改变人们习用的"苏海"这一评价，例如，清末才女汪藕裳（1832—1884）《子虚记》即曰："苏海韩潮文字美。"③晚清张佩纶（1848—1903）《涧于日记》辛卯上卷亦云："吾颇疑坡公以孟郊诗为蚍蜉、以山谷诗为江珧柱皆有贬词，试问能与韩潮苏海较耶？"④

清代康熙间，蔡方炳《东坡文选序》云："昔人之言曰：韩如潮，苏如海。今夫海，世之珍怪奇宝，无不出其中；巨细美恶，污洁之物，江、淮、河、汉之水，以至畎浍之流，纳之而皆不见其迹。潮亦海之所生也，然其来也，汹涌澎湃，浴日月而震天地，虽智者不能测，勇者不能撼。人可以入海，而不能逆潮，则学者难易之别也。"⑤嘉庆间，海阳郑昌时《韩江见闻录》"韩庙苏碑"一则，也继承了"韩潮苏海"的说

---

① 曾枣庄、舒大刚主编：《三苏全书》（第15册），语文出版社2001年版，第584页；卿三祥、李景焉编著：《巴蜀全书·苏轼著述考》（下册），四川大学出版社2016年版，第1461页；四川大学中文系唐宋文学研究室：《苏轼资料汇编》（上编），中华书局1994年版，第1094页。

② 〔清〕俞樾：《茶香室丛钞》，卓凡、顾馨、徐敏霞点校本，中华书局1995年版，第192页。又见其《孙女自常熟寄诗来次韵和之》诗注。

③ 〔清〕汪藕裳：《子虚记》卷六四《圣天子褒功加宠渥，永平公归结大团圆》，王泽强点校本，中华书局2014年版，第3023页。

④ 〔清〕张佩纶：《涧于日记》（辛卯上卷），民国丰润张氏涧于草堂石印本；四川大学中文系唐宋文学研究室：《苏轼资料汇编》（上编），中华书局1994年版，第1585页。

⑤ 〔清〕蔡方炳：《八大家文选·东坡文选》卷首，康熙二十年（1681）吴郡宝翰楼文雅堂刻本，台湾大学图书馆藏。

法，他说：

> 苏文如海，韩文如潮。海言所就之宏深，潮言其气之盛大也。韩庙而苏碑之宜哉！人传苏文忠公在惠州作韩文公庙碑之时，沉吟良久，及得"匹夫而为百世师，一言而为天下法"二语，拍案而起曰："文成矣！"是为作文争起手法。然篇中议论之精，尤在"公之所能者天也，其所不能者人也"数行。予题碑阴，有句曰："两代文章配潮海，千秋穷达证天人。"谓此也。①

"韩潮苏海"，从此沿用至今。但需要说明的是，韩文公庙碑，并非作于惠州，而是作于"海西头"的扬州。而大家之所以开始以讹传讹，后来又习误为是，其内在的理路，不仅仅是因为"韩潮苏海"中，韩愈做过潮州太守，今天的韩文公祠已经成为潮州地标，因此韩潮更为人熟悉，而且更是因为权衡之下，只有苏轼才当得起这个"海"字。因为韩文以气势雄奇盛大见长，行文充满力度，有时一唱三叹，波荡往复，以水为喻，更似汹涌澎湃的潮水。韩愈弟子皇甫湜评曰："韩吏部之文，如长江大注，千里一道，冲飙激浪，污流不滞。然而施灌溉或爽于用"②，汹涌澎湃的潮流，的确不适于浇灌田亩。苏洵评韩文"如长江大河，浑浩流转，鱼鼋蛟龙，万怪惶惑"③，也看到韩文浩荡如潮的特点。而苏文内容广博，风格多样，以悠游从容为主，机趣横生，少激烈澎湃之作，无事无意不可传达，自非潮、澜、泉可以形容。万流归海，也只有海，能状其千变万化，无所不包。再者，韩文最初由其门人李汉编集，收罗已属完备，加上后人陆续所得，共358篇；而苏文今存超过4000篇，数量上也比韩文更称得上"海"字。因此，清代诗人查慎行（1650—1727）《送史儆弦前辈视学粤东二首》之二有"班香宋艳才相

---

① 〔清〕郑昌时：《韩江见闻录》，吴二持校注本，上海古籍出版社1995年版，第9页；暨南大学出版社2018年版，第4页。

② 《皇甫持正文集》卷一《谕业》，四部丛刊本。

③ 曾枣庄、金成礼：《嘉祐集笺注》，上海古籍出版社1993年版，第328页。

嬗，苏海韩潮量校宽"①之诗句，清代著名戏曲家孔尚任（1648—1718）的《桃花扇》中，侯方域自称："早岁清词，吐出班香宋艳；中年浩气，流成苏海韩潮。"②随着这部雅俗共赏的剧作知名度的逐渐提高，以至成为经典，其巨大的影响力，使得"苏海"一词流传渐广、渐远，更加深入人心。

晚清岭东杨毓辉《郑观应〈盛世危言〉跋》称："观其上下五千年，纵横九万里，直兼乎韩潮苏海，则不啻读《经世文编》焉。"③清代洛阳弓翙清《斜川集序》（道光本）所谓："一堂星聚，绵井里之馨香；三代云联，成诗歌之盛举。此渊源以续，宜附斜川，浩瀚无涯，益钦苏海也。"④可见，作为历史上少有的文艺天才、全才和通才，苏东坡实在无愧于"苏海"这一誉称。

苏海，除了喻指苏轼其人其作那种海涵地负的浩瀚气象，还可以用来借指已如汪洋大海般的苏学研究。巍巍苏学，浩浩苏海，如果沿流溯源的话，较早使用"苏海"这一义项者，是清代的学者，《苏文忠公诗编注集成》的作者——杭州人王文诰，他在该书附录的《苏海识馀》开篇说：

> 苏海之说旧矣。绍圣四年，东坡公发惠州，迁儋耳，自新会赴新康，至古劳，河涨不可渡，休于鹤山之麓者数日。公既去，而所居遂为坡亭，地曰苏公渡，见前明陈献章诗中。邑令黄大鹏又手劓"苏海"二字于厓之上，嗣是更名苏海，至于今盖三百年矣。曩者予访公渡海轶事，尝亲至其地，察视所由，则汪洋渺弥、横无涯际。观于海者，亦足致朝宗之意焉。然公神在天上，犹水之无往不在。公既自为发之，岂于一驻足间，独眷眷于兹土。且其诗文，跨

---

① 〔清〕查慎行：《敬业堂诗集》卷四〇，周劭标点，上海古籍出版社 1986 年版，第 1132 页。

②〔清〕孔尚任：《桃花扇》卷一，王季思等注，人民文学出版社 1993 年版，第 5 页。

③ 夏东元编：《郑观应集》，上海人民出版社 1982 年版，第 929 页。

④〔宋〕苏过撰，舒星校补，蒋宗许、舒大刚等注：《苏过诗文编年笺注》，中华书局 2012 年版，第 1089 页。

越唐汉，衣被天下，已昭然载四库中。若由今以稽之于古，是所谓苏海者，当穷其所至观之，必不囿于一隅也。[①]

　　王文诰径直省略了元代李涂、明代吴伟业以来对"韩潮苏海"的辨析，另辟蹊径，从地理遗迹上"苏海"二字的起源说起。明代地方官黄大鹏曾在东坡当年于古劳（今广东鹤山古劳镇）渡江处的崖壁上刻"苏海"二字，以名该地。王文诰就此追忆自己访东坡渡海逸事，曾经亲至其地，察视所由，则汪洋渺弥，横无际涯。"若由今以稽之于古，是所谓'苏海'者，当穷其所至观之，必不囿于一隅也。予招工设局，写刻本集，凡五年而工垂成。此五年间，续有所得，皆补葺旧事，诚当以'苏海'名之。而自顾闻见短浅，囿于峤外，尤当以'苏海'名之。下揖陈、黄，而上追赵宋，则庶几有以自处矣。爰随笔录之，名'苏海识馀'云。"《苏海识馀》共四卷，卷末曰："凡所笺未及入载者，详《苏海识馀》中。其有续考人事，补《案》所不备者，亦附见焉"，所补所附，涉及东坡诗文本事、诗集编刻、人事交游、时政背景、身后评论等内容，与《苏文忠公诗编注集成总案》以诗文为纲详述东坡行实不同。由此可见，王文诰所云"苏海"，早已超越苏轼及其诗文，扩大至与苏轼相关的一切。

　　苏轼《六月二十日夜渡海》中写道："天容海色本澄清"，澄清与波涛汹涌，是大海迥然不同的两个样态。苏轼这样的奇才、天才、通才、全才，善于将两种迥然不同的风貌，有机而完美地融合起来。在界定"苏海"的概念之后，我想谈谈理解苏海的几对关键词。第一对关键词，是苦难与超越；第二对关键词，是日常与风流；第三对关键词，是绚烂与平淡。我认为，以上三对关键词，是成就东坡那种温暖却不刺眼、热烈而不张扬的文学个性的源泉，可以作为解开苏子瞻如何成为苏东坡这一问题的钥匙。

　　正如学者、作家和官员三位一体的完美融合于一身，这三对关键词

---

　　①〔清〕王文诰：《苏海识馀》卷一，《苏文忠公诗编注集成总案》附录，巴蜀书社1985年版，影印清嘉庆刻本。

也辩证有机地融合于子瞻走向东坡的成长之路上，使得"苏海"包容着潇洒的人生、思想的包容、超然的审美、温和的改革、实干的精神、亲和的人性、智慧的观照等东坡之为东坡的一些要素，也包容着陶渊明的平淡悠然、李太白的旷逸超凡、杜子美的坚守执着、白乐天的随缘自适等东坡之不仅为东坡的一些要素；正如大海的朵朵浪花一样，反映出博大精深的苏海的种种面向，也正如苏东坡之才与智，如此广泛而迷人；在他身上，敏捷的诗才、词才、文才，以及书法、绘画、美食等多方之才，加上其幽默的风格，渊博的学识，从容的气度，刚正的气节，洒脱的气质，无不吸引前人和你我，就像大海一样。

十几年前，为一探苏海之深，我曾类编《苏轼研究文献》，涉及其人其作，包括诗词文赋及书画，分为文本整理、年谱传记、研究论著等，几番增补，所用检索手段还比较原始。最近出版的《三苏文化大辞典》和《三苏文化研究资料索引》则比较全面地展示出苏海之深之广。今天在海量数据组成的读秀数据库中，以"苏轼"为书名的中文图书已多达1123种。中国知网以"苏轼"为篇名的文献共计6469篇（1957—2019），其中期刊论文5819篇（1957—2019），会议论文132篇（1984—2019），学位论文425篇（2000—2019），报纸文章93篇（2011—2019）；同一时段，万方数据可以找到7316条结果（其中期刊论文6808条，学位论文391条，会议论文117条），维普期刊则更多达7958篇。这还不包括与之相关的其他检索词，诚可谓"苏海"矣。

这汪洋的苏海，如今泛起一朵夺目的浪花。浪花来自对苏轼有重要意义的海南，取其关键，正是"苏海"二字，我认为，完全可以在"苏海"以上两种含义以外，增添一个义项，用来指代苏轼在海南的成就，并借以形容近年来全国各地苏轼研究蓬勃开展中最引人瞩目的海南所取得的成就——不仅切合，而且醒目。在这一成就中占据突出位置的，就是获得"海南省有突出贡献的优秀专家"称号的李公羽先生。《峻灵独立秀且雄——苏东坡昌化江遗踪考论》一书，是公羽先生怀着对苏轼和海南的深情，悉心研判、精心撰构、细心修订而成。

书名《峻灵独立秀且雄》，出自苏轼的《峻灵王庙碑》，920年前，大宋元符三年（1100）五月，作于昌化军（旧治在今海南省儋州市西北旧儋县）。据宋人王宗稷所编《东坡先生年谱》载："自儋之琼，作《峻灵王庙碑》云：'元符三年，有诏徙廉州。向西而辞。'"①今人孔凡礼《苏轼年谱》卷三九"元符三年"载："《文集》卷一七《峻灵王庙碑》：'元符三年五月，有诏徙廉州'。谢表见《文集》卷二四。"又记："辞峻灵王庙碑，作碑文。文见《文集》卷一七。文云：'得生还者，山川之神实相之。'"后转引《舆地纪胜》中所载部分碑文内容。②

　　这座峻灵山，位于海南昌化江北岸，山不在高，有庙则灵。峻灵王庙位于昌江黎族自治县昌化镇昌城村西，距离昌化港一公里，面向大海，庙宇雄秀，是当地重要的名胜古迹。有山则有庙，有庙则有碑。碑高72厘米，宽66厘米，厚15厘米。庙不在大，有碑则重。碑虽已残，但非常关键，因为它引出公羽先生的重要发现。为便于说明问题，径照残碑原貌以繁体字录文如下（唯竖版改排为横版）：

古者王室及大諸侯皆有寶周有琬琰大玉魯有夏後氏之璜皆所以守其社稷鎮其人民也唐代宗之世有比丘尼若夢恍惚見上帝得八寶以獻諸朝且傳命曰中原兵久不解腥聞于天故以此寶鎮之則改元寶應以是知天亦分寶鎮世也自徐聞渡海歷瓊至儋耳又西至昌化縣西北有山秀峙海上石峰巉然若巨人冠帽西南向而坐者里人謂之山落膊而偶漢之世封其山神鎮海廣德王五代之末南夷有望氣者曰是山有寶氣上達于天艤舟其下斲山發石以求之夜半大風浪駕其舟空中碎之石峰之右夷皆溺死儋之父老猶有及見敗舡山上者今獨有矼石存焉耳天地之寶非人所得晬晼者晉張華使其客雷煥發鄮城獄取寶劍佩之終以忠遇禍坐此也夫今此山之上上帝賜寶以奠南極而貪冒無知之夷欲以力取而已有之其誅死宜矣元豐五年七月詔封山神爲峻靈王用部使者承議郎彭次雲之請也紹聖四年七月瓊州別駕蘇軾以罪譴于儋至元符三年五月有詔徙廉州自念謫居海南三載飲鹹食腥凌暴颶霧而得生還者山川之神實相之謹再拜稽首向西而辭焉且書其事碑而銘之山有石池產紫鱗魚民莫

---

　　① 王宗稷：《东坡先生年谱》，收入王水照编：《三苏年谱汇刊》，中华书局2015年版，第5页。

　　② 孔凡礼：《苏轼年谱》（下册），中华书局1998年版，第1327—1328页。

敢犯石峯之側多荔支黃柑得就食<u>持**去**</u>則有風霆之變銘曰瓊崖千里塊海中民夷錯

居古相蒙方壼蓬萊此別宮峻靈<u>獨立秀且雄</u>爲帝守寶甚嚴恭庇廛嘉穀歲屢豐**大小**

<u>逍遥遠蝦龍鱀鵬安栖不避風我浮而**西**今復東**碑銘燁**然**詔**</u>無窮

□□□□□□□□□□□□□□**昌**<u>化令何適以書來喻曰東坡先生爲峻靈王廟</u>

□□□□□□□□□□□□□□□<u>愧之公到儋才兩月遂獲北歸願書此文</u>

□□□□□□□□□□□□□□ □□□<u>寄責授海州團練副使府□折□□</u>

縣令何適立

此碑虽残，其意未断。亮点在第二段跋文，方框为据苏轼《峻灵王庙碑》相应之位置所补，可直观看出其阙文位置和字数。第一段是苏轼《峻灵王庙碑》原文，底部加横线者为残碑所存文字，字体加黑者为其与今存苏轼文集有别之处，比对其他收录此文的典籍如《方舆胜览》卷四三，《文章正宗》续集卷一六，《文章辨体汇选》卷五九二、六四七，《古文奇赏》卷二一，正德《琼台志》卷二六，《古今图书集成》职方典卷一三八三，光绪《琼州府志》卷三八，光绪《昌化县志》卷九等，可见残碑这几处异文，与《方舆胜览》文字较为接近。唯"持去"，《方舆胜览》作持却。"块海"，《方舆胜览》作"块侮"（疑为笔误），"诏封山神为峻灵王用部使者承议郎彭次云之请也绍圣四年七月"，《方舆胜览》漏。按《苏轼文集》卷一七《峻灵王庙碑》原文作"皇宋元丰五年七月，诏封山神为峻灵王，用部使者承议郎彭次云之请也。绍圣四年七月，琼州别驾苏轼以罪遣于儋"。核诸《宋史·苏轼传》，亦云贬琼州别驾在绍圣中。《方舆胜览》节略不当，遂使封山神为峻灵王之年，误为苏轼贬琼州别驾之时。正如张三光《重立峻灵王庙小记》所云："试录石上文读之，有'元丰五年七月，诏封山神为峻灵王，用部使者承议郎彭次云之请也'二语，令余夙疑顿释。爰取志书、儋录参对，并'绍圣四年七月'，共少二十七字。盖元丰五年亦七月，两'七月'字相同，当时书人一时误看失简，遂致脱落耳。"所云"志书"，就包括了《方舆胜览》。从残碑所存苏轼《峻灵王庙碑》文字，可以看出其来源并非今存之苏轼文集，也并非《方舆胜览》等现存方志，因此弥足珍贵。

这块残碑之跋文是否曾著录前贤文献记载？笔者遍检中国基本古籍库等数据库及《历代石刻史料汇编》《石刻史料新编》《北京图书馆藏中国历代石刻拓本汇编》《京都大学人文科学研究所所藏历代碑刻拓本》《石刻题跋索引》《粤东金石略》等，皆无所获。至于所立残碑之昌化县令何适，更令人惊奇，首先，"适"有4种读音、5个义项，因此这里不能简化为"适"。其次，检《全宋诗》《全宋文》《宋元方志传记索引》《中国地方志宋代人物资料索引》《宋人传记资料索引》及补编，《太平寰宇记·海南》《元丰九域志·海南》《方舆胜览·海外四州》《舆地纪胜·海南》《正德琼台志》《万历琼州府志》《大明一统志·琼州府》《嘉靖广东通志初稿·琼州府》《万历广东通志·琼州府》《古今图书集成·琼州府部》《古今图书集成·广东黎人岐人部》《康熙广东通志·琼州府》《雍正广东通志·琼州府》《道光广东通志·琼州府》《康熙琼郡志》《康熙琼州府志》《乾隆琼州府志》《道光琼州府志》《康熙昌化县志》《乾隆昌化县志》《道光昌化县志》《光绪昌化县志》《万历儋州志》《康熙儋州志》等，昌化县令何适其人，皆不见踪影。唯《宋登科记考》所收两位何适，一位是成都府成都县人，元丰中（1078—1085）登进士第，名载《嘉庆四川通志》卷一二二《选举志·进士》，《同治重修成都县志》卷四《选举志·进士》；另一位是安徽和州人，绍熙四年（1193）进士，名载《乾隆江南通志》卷一二〇《选举志·宋进士》，《光绪安徽通志》卷一五五《选举志·进士·宋》。[1] 从时间上看，这两位都不大可能是残碑所立之人——建炎二年（1128）的昌化令何适，因此，目前所知，昌化令何适其人其文，仅见于峻灵王庙里的这通残碑。如果据残碑跋文末尾提到的折彦质，推得何适是宋代昌化令，则跋文不仅可补《全宋文》，也可补历代方志中的一位重要地方官员，虽然他品秩有限，但却是海南文化史上的重要一环，更是苏海中一朵耀眼的浪花！

---

① 傅璇琮主编，龚延明、祖慧编撰：《宋登科记考》，江苏教育出版社2009年版，第1922、1190页。

公羽先生的重要贡献，在于将何适与明代崇祯昌化县令张三光《重立峻灵王庙小记》中的"阅二十八年（建炎二年，1128 年），昌令何公请祈公书而刻之石"这一信息联系了起来，尽管尚不能百分之百地肯定"何公"就是何适，但毕竟在宋代到明代湮灭不彰的历史链条上补上了重要一环。如果"何公"就是何适，这篇《重立峻灵王庙小记》无疑正可印证何适所立之碑的真实性，以及何适建炎二年时任昌化令。

支撑这一链条的另一个证据，来自残碑跋文末尾提到的折彦质（？—1161）。这位南宋重臣，官至签书枢密院事，也是位诗人，有《葆真居士集》传世，尝作《燕祉亭》六绝句，周必大称其"脍炙人口"[①]。公羽先生认为，南宋王象之《舆地纪胜》所云折彦质"建炎四年贬昌化军"是错误的，应据两宋之际李纲《建炎时政记》所载，系为建炎元年（1127），李纲时为朝臣，所记时间较《舆地纪胜》更近，故可信度更高，这是公羽先生的另一个重要贡献。可以补充的是，据《宋会要辑稿》职官六九黜陟官六："（靖康元年十一月）十五日，龙图阁直学士、河北河东路宣抚副使折彦质，责授海州团练副使，永州安置。"[②]折彦质靖康元年（1126）年底责授，建炎元年（1127）年初赴任至昌化军贬所，时近中年，居儋五载，与昌化县令何适，在此因苏轼及其《峻灵王庙碑》交集，同时为残碑的真实性给予坚实的背书。

苏轼曾感慨自己"七年远谪，不意自全，万里生还，适有天幸"[③]，今抚残碑，亦深感残碑历近千年，不意独存，亦适有天幸，虽未存其全，然已弥足珍贵。张三光《重立峻灵王庙小记》结尾称："余特表而揭之，以著王灵如此。"我倒觉得，这与其说峻灵王之灵如此，不如说是一代坡仙、千年英雄之灵，护佑此残碑在海隅之地得以幸存于天壤。

最近几年，我多次因为苏轼走进海南，在棋子湾，在海口五公祠，在儋州东坡书院，在李公羽先生的身边，都深刻感受到苏轼与海南的不

---

① 《周文忠公集》卷一九《跋折彦质燕祉亭诗》，清文渊阁四库全书本。

② 《宋会要辑稿》校点本（第 8 册），上海古籍出版社 2014 年版，第 4913 页。

③ 〔宋〕苏轼：《提举玉局观谢表》，《苏轼文集》中华书局 1986 年版，第 708 页。

解之缘。作为一个东北人来到海南——苏轼笔下"如度月半弓"的海南，心情可谓喜憾兼有。憾的是，想起自己家乡极少中国古代文学遗迹，因此在学习和理解古代文学作品时，常有缺乏现场感和无法身临其境之憾，尤其是在选择苏轼作为研究对象之后，面对这位"身行万里半天下"的文化巨人，在时间距离和文化修养差距之外，更加深深遗憾于这种遥远的空间距离。可喜的是，这种时空遥远的距离，今天有幸大大被缩短，因为有了李公羽先生和他这部著作，我感觉自己也离千年英雄苏东坡更近了一步。

千古文人一东坡。苏东坡实在是历史上少有的文艺天才、全才和通才，其潇洒幽默的性格、敏捷渊博的诗才、刚正从容的气度，从各个方面吸引前人和我们。尽管在920年前，12世纪初，这位文坛巨星即已魂归大地，驾鹤离去，但从接收史的角度看，只是换了一种生命形态，其实并未真正离开。对苏东坡人生智慧对当代社会的启示，周裕锴先生曾归纳为温和的改革、思想的包容、人性的尊严、超然的审美、潇洒的人生、智慧的观照、实干的精神、亲和的人性、对女性的尊重等九个方面，都足可见东坡的魅力，跨越古今，不仅领一代风骚，同时跨越中外，在海内外享有盛誉。千年英雄，苏轼足可不愧。

假如站在苏轼的角度向前追溯，我认为，白居易和陶渊明应该是对苏轼最具影响力的前辈和榜样，而陶、白、苏三人，又构成中国文学范式的三块重要基石，中国文人思想也随之经历"起转合"三个阶段。这三个阶段大致所处的元嘉、元和与元祐，正是中国文化三大重要的转关时代，伴随着魏晋玄学经佛学至宋学的三级跳，中国文人心态的发展亦经历由青春至壮而老成的三境界，也即前人所谓诗学三元或三关。[①]转关之所以重要，一是因为时代变局的转折之际，往往最能考验一个人的反应能力，二是转折或转角，往往要占据更大的空间，时代是否能够容许接纳，正需求与呼唤其代表者，分别由陶、白、苏三人为三元或三关之

---

① 三元或三关说，倡自沈曾植、陈衍，陈衍：《石遗室诗话》卷一，及所引沈曾植诗《寒雨积闷，杂书遣怀，襞积成篇。为石遗居士一笑》，郑朝宗、石文英校点，人民文学出版社2004年版，第6—7页。

代表，可谓三英而无愧。①陶诗融激情于沉静，白诗融风流于日常，苏诗融豪旷于枯澹，各自在诗歌史上独树一帜，而精神却又一脉相承。苏轼作为三英中的最后一位，更是浩若星辰的中国文人中，最具非凡独特性的集大成者。

江山如有待。北宋以蛮荒著称的海南岛，在孕就其特产沉香的同时，也成就了具有沉香性格——皮朽而心香、历难而不屈的一代坡仙。逆境在此时成为苏轼的意外财富，贬谪生涯使他更深刻地理解了社会和人生，也使他的创作更深刻地表现出内心的情感波澜。在苏轼之前，北宋文化绚丽多彩的《清明上河图》里，还没有海南这一笔；但在苏轼之后，中国文化版图中，海南已经成为重要而不可忽略的组成，这是唯一既受大陆文化影响，同时又不断反哺大陆文化的一个独特区域，正如苏轼与北宋文化之间的互动关系，接受海南地域文化影响的苏轼，同时也对海南文化的发展具有启蒙功能与拓展意义。毕竟眉山苏东坡早已将海南视为其家乡，朗声宣称"海南万里真吾乡"②。在海南开展苏轼文化研究、发展东坡文化旅游，势必要立足于海南的历史、文化、区位与现实条件等实际，合理发掘、充分研究、系统组织、科学发展。

"九死南荒吾不恨，兹游奇绝冠平生！"③在一代坡仙身上，诗艺、香道以苦难及其超越为媒，结出芬芳绚烂的艺术之花，可谓闻思所及共香焄——海南为时代玉成了坡仙，坡仙也从此改变了海南的文化僻壤地位。如果再放宽放远一些，当更可体察到，一代有一代之文化，一代文化哺育一代文人。北宋文化吸纳前此数千年的历史积淀，皮毛落尽，精神独存，不仅各个文化领域、各类文化形式、各种雅俗文化百花齐放，更以独树一帜的北宋文化精神卓然自立。苏轼正是在北宋这一特定

---

① 陈才智：《在形影神与身心意之间——苏轼之于陶渊明、白居易》，《浙江大学学报》（人文社会科学版）2018年第2期。

② 〔宋〕苏轼：《吾谪海南，子由雷州，被命即行，了不相知，至梧乃闻其尚在藤也，旦夕当追及，作此诗示之》，《苏轼诗集》中华书局1982年版，第2243页。

③ 〔宋〕苏轼：《六月二十日夜渡海》，《苏轼诗集》中华书局1982年版，第2366页。

历史时期的文化所滋养和孕育，同时又成为中国传统文化最具典型性的文人代表。尤其是其在智慧的光芒照耀之下的不可救药的乐天主义和旷达胸怀，在今天显得格外令人珍惜。

相比"苏学"，我更青睐用"苏海"来概括我们对东坡的学习和研究。这并非仅仅是因为前面提到的苏轼与海南的不解之缘，更主要的是因为"苏海"较"苏学"更具包容性，《阿含经》云："四河入海，与海同流。"日本五山禅僧笑云清三所编的苏诗讲义录集，亦名为《四河入海》。① 虽取义有别，而与苏海之意有异曲同工之妙。如前所云，韩如潮，苏如海，清人王文诰有《苏海识馀》，王水照和巩本栋先生都曾写过《走近苏海》②，李公羽先生则撰有《读王水照先生〈走近"苏海"——苏轼研究的几点反思〉》③，而从走近苏海，到走进苏海，越发觉得海外有海、天外有天，茫无涯际，而时间有限。好在前有先贤，今有众多同道，大家因苏海而结缘，吾道不孤，行无寂寞。虽有研究路数不尽相同，学术风格亦有学院派和非学院派之别，但爱苏之心同，慕苏之意同。在地域文学日益成为研究热点的今天，地方学者的成果亦日益凸显，尽管在水准上可能和学院派无法相提并论，但其作用和特色毋庸置疑。与某些职业性乃至作业性的论文作者相比，大批因地域、家族之缘而走进苏海，投入苏学的地方学者，拥有一份做事业乃至是志业的心怀。发上等志，寻平处论，向宽处展，在此愿与同道者共勉，同渡苏海，共铸苏学新篇章。

海南的发展正面临机遇，海南的苏轼研究也正逢佳机，正所谓"天容海色本澄清"④，谨以此坡仙诗句，为公羽先生新著出版祝贺，相信我

① ［日］池泽滋子：《〈四河入海〉——日本四僧的东坡诗注》，四川大学古籍整理研究所、四川大学宋代文化研究中心编：《宋代文化研究》第9辑，巴蜀书社2000年版；又收入曾枣庄等《苏轼研究史：纪念苏轼逝世九百周年》，江苏教育出版社2001年版；董舒心：《论日本苏诗注本〈四河入海〉的学术价值》，《古典文学知识》2012年第3期；《〈四河入海〉所引苏诗佚注与〈东坡别集〉》，《域外汉籍研究集刊》2017年第1期；蔡毅：《五山禅僧的苏诗别解——以〈四河入海〉为例》，《域外汉籍研究集刊》2016年第2期。

②《文学评论》1999年第3期，《古典文学知识》2014年第5期。

③《第二十三届苏轼学术研讨会论文集》，常州，2019年4月。

④〔宋〕苏轼：《六月二十日夜渡海》，《苏轼诗集》中华书局1982年版，第2366页。

们的读者也会随着公羽先生走进苏海，体悟到那种把一蓑烟雨走成清风徐来的境界！

苏东坡《峻灵王庙碑》史地考

何以端[*]

李公羽先生新著《峻灵独立秀且雄 —— 苏东坡昌化江遗踪考论》^①（以下简称《考论》），启发本人另辟蹊径，从史料句读传承与三角洲水文演变、族群分布规律乃至海上丝路的微妙变化等角度，论证峻灵王庙碑相关史实，否定了不少成说。不揣谫陋，就教于方家。

本文如下各项，基本都属新说：苏东坡确实乘船到过昌化县，现存建炎残碑为抗金名将折彦质撰文；二水洲旧县村是自隋至明正统之间唯一的昌化县治，记载链清晰；现存的峻灵王庙始建于公元917年，是南汉高祖立国敕建唯一海神庙，兼有北部湾乃至南海海神的广泛影响力，原址屡废屡建至今，文史价值极高；唐宋琼西海港尤其乌坭港，曾有不见明载的航贸活跃；昌化县两座敕建王庙位置都很清晰，历史大可言说，等等。此外，分析了明初国家级地理学家绘制舆图的惊人准确，梳理了昌化江三角洲水文劣化史，确认了10个五六百年不变的古村，等等。

<hr />

*　作者简介：何以端，海南师范大学海上丝绸之路研究院特聘研究员、海南苏学研究会特聘研究员、三亚市第七届人大常委会咨询专家。

①　李公羽：《峻灵独立秀且雄 —— 苏东坡昌化江遗踪考论》，上海古籍出版社2020年版。

一、句读一移，消解三疑

苏东坡《峻灵王庙碑》是其居琼重要文献，但学界不乏争议。焦点在于：碑文因何说"西北有山，秀峙海上"？峻灵山离宋代昌化县治只有20里，高峻显眼，方位是宋代县治正北略偏东，显然不在西北方。这个偏差，引发了大陆学者对坡翁只是"遥祭"的质疑：坡翁到底是否亲履过昌化县？以他老迈之身是如何去的？

"西北"之疑，是原生问题。持坡翁亲履说的本县学者，只能推想由于昌化江口冲积扇的不断西移，宋县治可能在今"旧县村"更东。[①]可惜这并无史料依据，缺乏说服力。

笔者认为，苏东坡原文准确描述了庙在县治之西、峻灵山在县治之北。人们的困惑乃因古文并无句读，后人断句错格而造成。试将《苏轼文集》所收东坡原碑文，标点如下：

> 自徐闻渡海，历琼至儋耳，又西至昌化县西。北二十里有山，秀峙海上，石峰嶻然，若巨人冠帽，西南向而坐者，俚人谓之"山胳膊"。[②]

坡翁碑记，大致分5个段落：首起宏论天地之道，至"知天亦分宝以镇世也"止，此句亦系该段主题；第二段述神山地理位置及沿革，就是上面重新标点者，至"封其山神为镇海广德王"止；第三段述天地珍宝不容宵小觊觎，至"其诛死宜哉"止；第四段是叙述自己因缘际会，得以拜谒感恩神山，至"且书其事，碑而铭之"止；末一段述神山传奇及作铭。

表述神山地理位置，先说"自徐闻渡海，历琼至儋耳"，盖因北宋时"海南荒陋，不类中国"，跨海赴琼者罕，须让华夏大多数人明白途径，这也是坡翁自己的行走路径。为什么是"西至昌化县西"？因为从

---

① 李公羽：《峻灵独立秀且雄——苏东坡昌化江遗踪考论》，上海古籍出版社2020年版，第86页。

② 同上书，第16页。

儋州往昌化县是西南行，故曰"西至"。宋代峻灵庙在县治以西不远的独村，人们可遥仰峻灵山，祭神却必须在庙，故曰"县西"。

"西北"二字一旦相连，人们总是下意识地认为不可分割，李公羽先生《考论》中罗列了古今诸多文本，均无一将标点置于两字之间。其实恰恰相反，古人字珍纸贵，类似"西北""东南"方位被省略一字，仅作"西""南"之类的例子，简直俯拾皆是。

句读一移，这段碑文便字字真确易懂，回答了坡翁是否"亲履"的核心疑问。

与苏东坡时代较为接近的南宋《舆地纪胜》，当是现存首次列出峻灵王庙位置的地理志，改句读后，庙、山分列，表述完全正确：

> 峻灵王庙，在儋州昌化县之西。北有山，若冠帽者，里（俚）人谓之山落（胳）膊。①

若句读成"西北"，反而不对了："峻灵王庙，在儋州昌化县之西北，有山若冠帽者……"这是说的王庙，还是说山呢？宋代峻灵王庙在县西不远的独村，与神山根本不在一个方位。若句读"西北"，则庙、山方位皆错。坚持左图右史，这类问题才能辨别清楚。

转引自苏东坡碑文的不少古志，一移标点无不立效，但也有例外，因为神山"在昌化县西北二十里"之误早已存在。北宋初，乐史《太平寰宇记》就如此记述：

> 浴（疑为洛之误）泊石神，在昌化县西北二十里。石形如人帽，其首面南。侧有橘桔甘香之果，或携去，即黑雾暴风骇人。池中有鱼亦然。土人往往祈祷。②

文中石神方位显然错误，原因不详，或是引述旧志。学界公认《太平寰宇记》收录不少已亡佚的唐五代重要地理志内容，价值甚高。此误

---

① 《地理志·海南》（六种），唐启翠等点校，海南出版社2006年版，第93页。
② 同上书，第7页。

与苏东坡无关，但对后世《一统志》多有影响。如嘉庆《大清一统志》记峻灵山"在昌化县西北，《寰宇记》有洛泊（胳膊）石神，在县西北二十里"①就是一例。这不是改变句读能解决的，即使国家级志书，亦难免陈陈相因而误。

坡翁如何去王庙？陆路太艰险，外人拜谒峻灵山多自儋州乘船，在昌化入海口乌坭港登岸，或换小船上溯至更接近县治的小埠头，运动线都在昌化县治以西或西北。而昌化县治就在长条形"二水洲"的东端，东、南、北皆江水。苏东坡昌化行的主要目的地，以及所撰碑文的立足点均是峻灵王庙，故亦必是"县西"。

碑文第四段"谨再拜稽首，西向而辞焉"，可以两解：一是他回程同样西行，返回乌泥浦坐船；另一解认为坡翁接到北返之诏后，并未再次亲赴神山拜辞，只是在儋州"西向"遥拜。是否"遥拜"本文不介入，但两解对本题均无妨碍。

末段铭文，有"我浮而西今复东"句，当解释为自儋"浮而西"到昌化拜祭，祭毕"复东"浮返儋州。这是行程的清晰表述，来回皆坐船，回答了年事已高且健康欠佳的坡翁，如何能长途跋涉二百里至昌化的疑问。

儋州治至昌化乌坭港，按当时的常规航路水程，一天即至。这是海南西岸航程：

> 今考《方舆志》（何按：水路）程限……（自临高博浦港）一日至儋州洋浦港（何按：即当代儋州湾），一日至昌化乌坭港，一日至感恩抱罗港……俱有港汊可泊舟。②

该文如何断代？琼西各地均无抱罗港，文中"感恩抱罗"无疑是佛罗港之异译，在今乐东县佛罗镇丹村佛罗河口，距离感恩县城尚远。但

---

① 《一统志·琼州府》（四种），董润丽、朱永慧点校，海南出版社2006年版，第187页。

② 〔明〕唐胄纂：《正德琼台志》，彭静中点校，海南出版社2006年版，第68页。为简便计，密集出自同一版次同一史料的引文，页码直接附于引文后，不一一出注，下同。

该港密近崇宁大观间（1107—1111）所设的延德军治所（今白沙河口白沙村附近），感恩县隶属该军。由此可知，此段水程记载的原稿必撰于北宋延德军存续期间。因为该军随后"废入感恩"，冠以"感恩"是后人（如《方舆志》）转引时才据实改变，若原文是延德军废后所撰，则当直接开列感城港（时称县门港）而必不开列数十里外无关的佛罗港了。

通过以上诸条，坡翁走水路已可肯定。人们还质疑苏东坡以贬官身份受严密监管，怎可离贬所两百里远赴昌化？

答曰：首先昌化县并未出昌化军地域，苏东坡是"琼州别驾，昌化军安置"，行止未受更多约束。他要赴昌化县，当依例报备即可；第二，仅仅十八年前，宋神宗才诏封了"峻灵王"，成为昌化军域内唯一本朝敕封圣地（南宋绍兴间才再封儋州的"宁济""显应夫人"）。坡翁不顾长途老迈亲赴拜谒，皇朝时代这就叫"颂圣"，没有谁敢横加阻挠。

下面展开史地论证，以确认旧县村、"县西"峻灵庙与二水洲等的位置。

二、二水洲治 800 年

本段论证：明正统八年（1443）前，昌化县治一直在二水洲东头"旧县村"。

先看《正德琼台志》：

> 昌化县（治所）……（在）千户所城之西。先隋置于昌江二水中洲上，唐、宋、元因之……正统八年，知县周振……始迁今治重建，诸制一新。（第313页）

文中，"先隋"颇像曲折传承的唐代记述口吻。后朝述前朝往往加"先""前"，再隔一朝即无须加，如"前清"必系民国所称。又当时尚未有"二水洲"之名，如实记作"昌江二水（之）中（的）洲上"。

军方先设昌化千户所并筑城，即今昌城村的昌化故城，50余年后县治才移入所城。该志载：

> 昌化千户所城池：洪武二十四年（1391），指挥桑昭奏请立所筑城……周围五百八十四丈，高一丈八尺，阔一丈五尺……正统十年……浚濠。（第444页）

因此，昌化县之有城始自1391年。二水洲治未有筑城之载，今人对二水洲城池砖石遗物的推测，并无依据。县治迁入所城，阴阳学、医学、海南道、布政分司等相关官署同时"随县迁建"（第314页）；昌化县学亦于"正统十年……随县迁于守御所城之南改建，诸制一新"（第375页）。此后城池一直没变，除了晚清县治短暂迁往"新城"即今新城村。

《正德琼台志》保存了很多更早史料。笔者曾考其编撰者唐胄手头至少有四部大致完整的前代方志，其中的昌化县舆图，底本就出自《永乐琼州府志》。①

在该图中，最难理解的是隔江相望的两个旧县村，江南（西）即二水洲东端为"昌化县村"，江北（东）为"旧县村"。这两村今天仍在，隔着湮废成田的北河道相望，南面大村为"旧县"，北面小村仍如古舆图为"旧县村"。《正德琼台志》对此并无解释，到清《康熙昌化县志》，则称宋代曾移县治：

> 县治隋时建，在今县东南十五里，即今之旧县村也。宋移今县治南十里昌江二水洲中。元因之。洪武三年（何按：即海南归顺大明不久），知县董俊仍旧址建县，后罹水害。正统八年……迁今治千户所城。（第13页）

县治迁徙必经朝廷批准，当有存档。清初方志说唐宋事，未见交代史料出处，所有更早史志对此均无表述，考诸李勃先生新著《海南编年

---

① 何以瑞：《明代海南州县图：黎族史研究的特殊宝库》，《海南日报》2019年5月13日。

史》亦无史料记载。笔者认为，此载系无本之木，不应取信，"今县东南十五里"所谓隋县，在地理上亦无法落实，当为该志编撰者方岱、璩之璨两位知县面临无法解释的两个"旧县"而杜撰，也可能是盲目采信了传说。这显然不如《天德琼台志》严谨，这个误载，影响到乾隆《一统志》等后世更高层史志①。

需要补充的是：昌化县志长期荒废无着，康熙中期乱世稍定即着手编撰，方、璩二位非常不易。古志亦偶有杜撰者，应小心判别广搜旁证，去伪存真不能盲从，往往一则杜撰，陈陈相因就打乱了整个历史脉络。至于今人"洪武二十四年"迁治之说，显系误读了千户所城；而所谓宋初"建隆元年"（960）迁治更属无稽，其时海南尚属南汉（11年后的开宝四年，宋才灭南汉而据有海南），系南汉大宝三年（960），查《南汉书》对此亦无记载。还有学者称今杨柳村曾为昌化旧县者，亦属无稽。

小结：可以认定自隋朝（7世纪初）至1443年，二水洲故治运作了800多年。北岸"旧县村"村名来源无解，该村无甚地利足资中古设治。民间传说无所谓，作为研究者我们应尊重事实，避免强不知以为知。不过或可谈点个人推测：昌化县村部分村民迁至江对岸定居以就近耕种，不忘旧县，加一"村"字以作区别。

二水洲治因何要迁？《正德琼台志》载有两篇前代的重修县学记，一为元大德年间（13、14世纪之交），一为明正统迁县治后（第374、375页）。前者未记县城水患（当然不等于没有），后者强调了旧治水患的频繁凶猛："当乎海涛山涨之交，春夏淫雨水注，辄汇溢弥漫，殿堂、门庑悉沦沮洳。"昌化江冲积洲的水文劣化，已经跃然纸上。

至此，插句不讨喜的话：热议的苏诗《自昌化双溪馆下步寻溪源至治平寺二首》，与海南昌化县肯定无关，笔者认同林冠群先生关于实为康熙县令"陶元淳误解"的分析。"步寻溪源"显然是山景，海南第二大河昌化江出海偌大两流，江宽水阔，何需"步寻"？"溪源"又怎生寻

---

① 《一统志·琼州府》，海南出版社2006年版，第135页。

得？诗题与实景相去太远。

三、地形与古居民点

唐宋昌化县的汉文化圈主要在昌化江三角洲，其水文演变史对建置沿革的影响具备决定性意义。

在海南，秦汉以后各大河发育的冲积洲，海拔通常在12—13米以下，15米以上地域与文明史阶段的冲积已基本无关，从史地考据而非地质专业角度，可以认为属于构造性陆地了。目前能看到的最详细卫星地图，能找到相隔20米的等高线，以此为基础推测14—15米的等高线走向也是可行的，粗略一点可以宽容。

由此，做出《昌化江冲积洲追溯图》（图1）。请注意辨别该地域20米等高线，以及推测的15米以下"冲积扇适宜区位"（涂以浅灰色），这块就是秦汉以后昌化江三角洲可能发育的大概范围。冲积洲以南一马

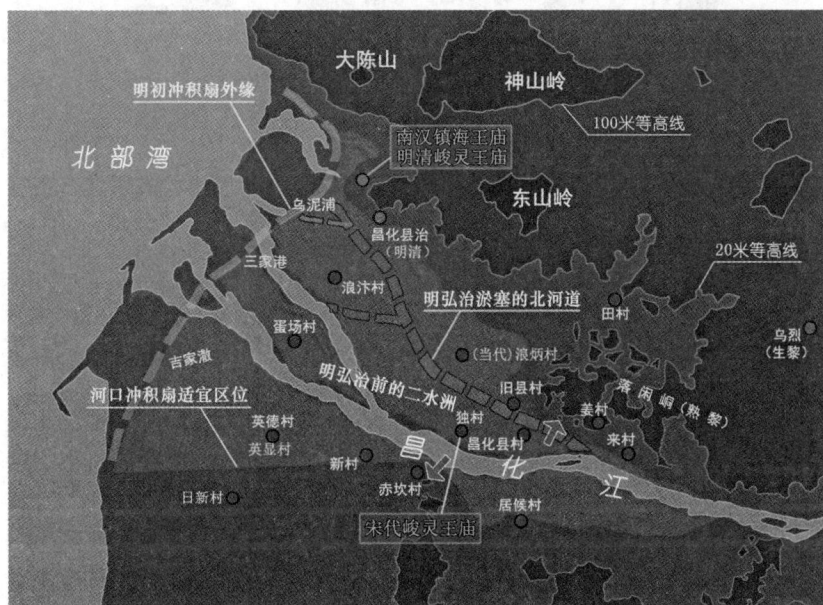

图1　昌化江冲积洲追溯图

（注：以卫星地图及《正德琼台志》古舆图等为据，做出手绘图。）

平川，无法判别是海相还是河相堆积，围绕本题免复杂化，就简单画条直线，读者明察。

　　图1中，黑体字是出现在《正德琼台志》舆图（图2）及内文中的居民点和山名，宋体字是当代地名。可见，大多数居民点保持原名，也基本在原位，只有浪汧村东移至当代浪炳村位置，独村从旧县村之西，迁移到当代日新村。《正德琼台志》舆图中的来村、娄（姜？）村、（半略）田村，位置与当代耐村、黄姜村、靛村高度对应，或字形接近或发音接近，应该就是。

图2 《正德琼台志》昌化舆图局部

（注：浅灰为弘治间淤塞河道，虚线标示为新冲出的三家港河道，对照图1可加深理解。灰圆点为古今位置基本不变的地名。）

　　明代舆图的这些民村即汉文化圈，几无例外全分布在20米等高线以下，与灌溉农耕生产所需条件吻合。旧县村、来村与田村（今靛村，谐音）之间，可见20米等高线破碎曲折，解读为10余米至30米的起伏残丘，这个地域《正德琼台志》舆图标示为熟黎落闲峒；至于40米等高线以上的乌烈（今乌烈镇街），则已显示为"生黎"了（"生黎"村峒字体反白，是《正德琼台志》舆图传承自《永乐琼州府志》舆图的绝对特征）。显示了明中期及之前，江口区域人文政图与地形学的基本关系。

对这个舆图的解读，确认了三角洲及邻近区位超过10个500年以上明文记载史的古村，一直没有中断、移位和改名。旧时向来最贫困的昌化，历史之扎实由此足资亲履。

图中可见，接近三角洲顶端北岸，落闲峒以南20米残丘的最南点，在旧县村东不远；而三角洲南岸20米残丘的最北点，在赤坎村紧南。这一南一北的残丘（分别标以箭头）是水文关键点，是昌化江出海口的最后地形制约，形成一个面朝西北的峡口。由此决定了江水出海的流向、也就是冲积洲发育的方向为西北。

四、冲积洲的水文演变

现在试析二水洲的成因及演化。

南北两个箭头所指峡口之间，在地质构造上是这条残丘带从东北往西南的弱化延伸，笔者实地考察，发现旧县村像鱼脊似的一长条高地，极像残丘出露，成为阻挡昌化江水的"中流砥柱"，洪峰无法漫过，江水于是被迫两翼分流。两激流之间流速缓慢，沙泥沉积，冲积洲于是形成，千百年来随着两侧出海水道不断向西北延伸。

《正德琼台志》载昌化江"合流至侯村，始分为南北二江"（第111页）。该志舆图标示为"居侯村"，村今存，位置亦恰在旧县村南岸，南北分流地带。以明代舆图之缺乏比例尺，这个标示已是惊人准确，足见古今水文及村落在这一段并未移位。

上述两个水文关键点，以及姜村、居侯村，足以锁定冲积洲的顶点位置一直不变，旧县村不可能离开已知位置东移。

唐五代时森林完整，通常江深水清。这时的二水洲较少被淹，航道也能上溯至接近县治。江心洲四面环水，与善山不善水的土著有了天然分隔，对势力弱小、未能建造城垣的汉文化圈是重要保障。这从侧面再证了所谓宋代才迁治二水洲之说的不可能。

随着铁器进山加速，森林砍伐，加上南宋开始的东亚小冰期导致海流、降水量一系列变化，昌化江泥沙含量和淤积程度、洪涸反差都在加大，航道也变浅，开始远离县治。从 15 世纪中叶开始，二水洲南北支流先后被泥沙湮塞：

> 昌江两岸，居民之（自？）乌坭港溯流而上，皆截流堰水，竹木为车，灌田百余顷。天顺间（1457—1468），南流已塞；弘治辛酉（1501），北流亦塞，转南从三家港出海，附郭田上（土？）与军民病于灌汲焉。①

这次弘治沙埋，使昌化县内三分之一的田土失去可靠水源灌溉不得不丢荒，而赋税却一直未能申请减免，成为压得该县两百多年喘不过气来的"虚粮"之累。②

三家港在哪里？史料甚少参照。地图可见，新河道应是经赤坎村后转向西北，即今旦场村东北的河道，亦即东方市与昌化县的界河。三家港在这条河道尾，当代咸田村西。只有这样，下文位于"县治南五里"的崔公河才有所生发。

由于洲头厚积、洲尾薄积的水文规律，卫星地图上不难判别出老北支流的下半段，依然有水通到昌化港，而且上半段改自故河道的田畴亦甚清晰。同时，舆图北支流下游两个西向二级分支也被淤塞，卫星地图上可见其下半段也依然通海。

明初修筑各千户所城，通常与州县治同城以便防守。但昌化所城选址反常地远离县治，半世纪后县治迁入所城，又半世纪内南北支流先后

---

① 〔明〕戴熹、欧阳灿总裁，蔡光前等纂修：《万历琼州府志》，海南出版社 2006 年版，第 102 页。

② 事见《康熙昌化县志》卷二后部的长篇按语。崇祯时虽最终减免却又改朝换代，清初规定赋役按万历间旧籍实征，该"虚粮"继续困压着昌化人。

淤塞。这个过程显示：明初鉴于水患日增，县治离码头又越远，官方已准备放弃旧治。环境劣化与虚粮重压令昌化县民不聊生，从明初近2000户（当包含调集的昌化千户所军户），一直减至明末210实户，至清康熙中期尚无增加。[1]

北支流上游淤塞后，下游虽仍通海却只有一条小小的靛村河淡水进入，压不住咸潮，久之连井水都是咸的，县城及周边民生大受影响。于是，嘉靖间一位千户指挥官崔瀛，慨然率领军民在二水洲上开凿一条人工河：

> 崔公河：在县治南五里。城池濒海，井水卤涩，城中人民苦于饮汲。嘉靖八年（1529），海南卫指挥崔瀛署所事，乃率军民自城南五里开拓，接大江之许（浒），导其顺流而西，绕城达乌坭港出海。军民至今利于灌汲，名曰崔公河。[2]

崔公河南端引水口，必在今杨柳村与旦场村之间的河道弯曲处，自南向北略偏东（方志称"导其顺流而西"方向有误）将江水引入北支下游。由此以淡压咸，大大改善了乌坭港水道的水质，足供汲饮及灌溉。1969年的卫星图上，早已淤塞的崔公河遗迹仍依稀可辨。

此后大概到清初，南支的湮塞沙泥再被洪水冲开，与三家港水道形成双龙出海的新格局。但当代南支水道无论江面深、宽与流量，都不如三家港水道。后者是主流，所以有关部门作为县市界河水道。另一方面，三家港水道由于南支分流，水量难免大减，该港逐渐被淤浅，崔公河也逐渐不能使用，清中期后两处位置记载已经模糊。

本文《昌化江冲积洲追溯图》还原出北支流及二级分支位置，既钩沉了五百年历史的人工河，又揭示从旦场村到旧县村陆路本是相通的，复原了更早的二水洲。与《正德琼台志》舆图逐一对照，能加深体会后者表述之准确，进一步明确六百年来的水文演变史。

---

[1]〔清〕方岱修，璩之璨校正：《康熙昌化县志》，海南出版社2006年版，第29页。

[2]《万历琼州府志》，海南出版社2006年版，第102页。

还有一个细节：《正德琼台志》舆图从半略田村流向北支流一条飘带似的小河，其实就是今天一般地图未必表述的窄长靛村河，也是晚清县治一度迁往新城村所赖的淡水源。永乐间国家级地理学家深入海南踏勘绘制的精准，让人不得不再次刮目相看！

清康熙中期，昌化江下游江面已是"昌江渡：春夏无水则涉，秋冬水溢则渡"[①]，与今天很接近了。时任昌化县令陶元淳，为寻坡翁足迹踏勘二水洲东，但见：

> 今其地皆黄沙、白草，询之土人，佥曰："此故良田。明初横雁水患，城邑迁改，无复一亩存者……"[②]

陶元淳之后又过240年，1932年旱季3月，骑车独游海南第一人的田曙岚，记述自昌化故城南行如何独自徒涉这段荒凉大江：

> 再约五六里，即至昌江河岸。河面宽阔，浮沙极深，车行殊苦。有水之处，不过中间一线，宽约十余丈，深约二三尺而已。平时无船可渡，往来行人，皆系涉水而过。余素不习水，故往而复返者再。而是处行人绝少。卒鼓勇气，以脚车作试探器，徐徐前进，卒达彼岸。此为余游历海南涉水最深之大河也。
>
> 更前进十余里，至四更村。[③]

推测20世纪中期二水洲周边河床比宋代至少抬高了四五米，而上游水库截留了降水，水位下降，河道黄河化更加一览无余。本县文化人泰康先生描述旧县村附近的江景道："在旱季，昌化江水仅是沙地里的一道浅流，而到了雨季，当洪水暴涨，旧县村北边的稻田常被浊水淹

---

① 《万历琼州府志》，海南出版社2006年版，第51页。
② 〔清〕陶元淳：《重建治平寺碑记》，李公羽：《峻灵独立秀且雄——苏东坡昌化江遗踪考论》，上海古籍出版社2020年版，第95页。
③ 田曙岚：《海南岛旅行记》，海南出版社2011年版。

没，整个村庄就像水中搁浅的一艘大船。"[1]

实勘旧县村时，老村民告诉我洪水最高水位在 1996 年，标注为海拔 11.7360 米，标志线至今清晰（图 3）。村里靠河的民房都被淹，室内水深没膝，但村中央长条"鱼脊"较高处，仍不淹水。查昌化江最大的水库大广坝水库修筑于 1986 年，对调节洪涝厥功至伟，在此之前洪峰无疑会更高。而另一方面，海南各河流的河床几乎都在当代开发潮中被挖沙船反复淘挖，现场感觉昌化河床也已被淘挖四五米之多，客观上大大提高了泄洪能力。

图3　旧县村南侧环村道，图左侧下坡是河滩，最高洪水标志线
　　　喷字在右侧围墙顶折背处（作者摄）

据最新《昌化镇志》记载，1938 年及 1948 年的两场洪水，"昌化江水位涨高" 27.78 米及 28.87 米。[2] 按清末及民国广东省测绘高程原点在广州市东缘某处，海南则另在秀英设原点，1985 年经联测才并入全国

---

① 泰康：《历史的遗痕》，2006 年夏季号《昌江文艺》（总第 21 期），http：//bbs.tianya.cn/post-227-9935-1.shtml。

② 海南省昌江黎族自治县昌化镇志编撰委员会编：《昌化镇志》，方志出版社 2020 年版，第 19 页。

统一的黄海高程系统。① 昌化江三角洲距离出海口甚近，洪锋是几乎不可能超过 15 米的，史料的民国水位未见测量点位置，引用时应该谨慎。

昌化江是海南第二大江，其冲积洲史料是各河口水文变迁史最为清晰的。从唐宋"宜居"至明代"不宜居"，又三次改道的劣化史，堪称惊心动魄，其实也是对全流域环境变迁及山区开发副作用史的总括性反映，对相关研究大有帮助。

二水洲水文演变史清晰表明：洲头的旧县村，自隋大业六年（610）设昌化县治以来，至今一直没有移动位置，是从未中断民生的千古县治。

五、宋庙铁证"学士碑"

旧县村背景落实之后，最终回到苏东坡足迹的核心点：宋代峻灵王庙。确证它在县治以西早已迁走、现在只剩一片黄沙的独村。

诚如李公羽先生《考论》所指，明末知县张三光的《重立峻灵王庙小记》提供了宋代昌化峻灵庙位置的准确信息，庙址有遗碑，而遗碑残体实物今尚在，这是铁证。

下面是张三光《小记》片段，括号为笔者所加：

> ……举记中诛死南葬事，以请诸生。王之佐见予文稿，恍然感触，忽来告曰："苏学士碑石今仆昌江独村，幸尚无恙，公得无意乎！"余初谒王庙，即询先生碑记，绝无知者。闻之喜跃，于是命彼倌人巫辇以来，诹吉而竖之王庙之中……县治（立碑）时在昌江二（水）洲中，独村近县，定是王庙故址。又阅七十八年（何按：年代有误），县徙今治，王庙亦徙峻灵山之隈，而碑乃埋荒草深沙中矣。②

① 广东省地方史志编撰委员会编：《广东省志·测绘志》，广东人民出版社 1996 年版，第 85、86 页。

② 《康熙昌化县志》，海南出版社 2006 年版，第 98 页。后文再有引述该《小记》，不另加注。

卧碑的现场在独村边（图4），所以张知县判断独村"定是王庙故址"，准确。不过《考论》指当时独村已移位，[①]笔者认为不妥。其时独村未迁，一如《正德琼台志》舆图所示在"县西"附近，所以张三光才会说"独村近（故）县"，搬了就不近县了，但村边庙址已废，所以只见"碑乃埋荒草深沙中"。后来独村迁徙，早已形迹全无的废庙更不可能随村重建。《康熙昌化志》载"笃村，半存"，到同治《广东图》中，独村已在当代日新村位置。

图4　同治五年（1866）《广东图》中的独村，该图首次表述了海潮沙堤，
　　　但村落位置不尽准确

（注：本图源自同治五年（1866）《广东图》，两广总督毛鸿宾总纂。原版书藏于广东省立中山图书馆，笔者根据电子版拼图而成。2006年版《海南地方志丛刊》将其琼州府部附录于《民国广东通志未成稿·海南》。）

张知县访得时，此碑依然完好，他大喜过望，迎回明代峻灵王庙重立。由于该碑在前后两庙中受到很好保护，只有中间二水洲庙塌后的几十年才露天于"荒草深沙中"。但因面朝下（"仆"），碑面仍无恙。现存残碑可见虽历近千年，而风化缺损依然很轻，一些学者因此对其年代

① 李公羽：《峻灵独立秀且雄——苏东坡昌化江遗踪考论》，第51页。

有所怀疑，笔者则认为过程与实物是吻合的。

很明显，随着县治搬到昌化故城，对峻灵王的崇拜已改在县城西北不远、现存的峻灵王庙了，洪水频频肆虐，宋庙不久即湮废遗忘。晚明张知县若非高人指点，甚至根本不知有二水洲废庙，当时全县读书人已"绝无知者"了。

关于"苏学士碑石"最后因何致残而失落，泰康先生 2008 年在天涯论坛一条跟帖说：

> 神庙里至今保存着刻有《记峻灵王庙碑》一文的半块残碑，碑上有"县令何适立"的字样。估计是张山（三）光在二水洲拾到的那块石碑，只惜"破四旧"时被砸破用去砌水坝，至今还有几块留在庙后边的水坝里。①

晚明之后，再无对苏东坡的文化剿杀（除了 1966 年"破四旧"）。据称该庙已于 1955 年毁于台风，从此破落，海南建省前后才两次重修。现存残碑碑体甚厚，显然是被暴力砸碎的，其余碎片或许重修时填埋于地基了。修水坝之说则可疑，因为原碑才是更好的砌筑材料。

这块"苏学士"残碑历巨劫而存，而且是最具文史价值的碑文下部，又终因《考论》一纸风行而昭告天下——似乎冥冥之中，坡翁踪迹依然眷恋着这片热土，不忍让后人彻底迷失。

关于该碑，笔者认为实乃折彦质撰文，何适立石。

《考论》首次注意到碑文后部，有段"树碑人撰写的说明文字，这段文字目前未见史料记载"。其中"昌化县令何适以书来喻，曰东坡先生为峻灵王庙撰写碑文"一句，若是何适自述，读来似难通顺，若是折彦质撰文，就很自然了。推测原碑最末一行已亡佚的顶部，当有"沐浴谨撰"或类似字眼。今借《考论》的既有判读，笔者推测该碑末二句原文当系："责授海州团练副使、府丞折彦质沐浴谨撰。县令何适立。"②

---

① 《寻访峻灵王庙》一文跟帖，http://bbs.tianya.cn/post-186-554302-1.shtml，2008年10月24日。

② 李公羽：《峻灵独立秀且雄——苏东坡昌化江遗踪考论》，第42页、第62—63页。

《康熙昌化县志》的张三光《小记》疑因手民之误，将"折公"误植为"祈公"，令当代考据大费思量，如原碑尚存是很易澄清的。一旦恢复为"折公"，原句即为"又阅二十八年，昌令何公请折公书而刻之石"，便与碑文完全合辙。两相印证，此事可以确认。

抗金名将、签书枢密院事折彦质其时虽是贬官闲职，身份声誉却比县令高得多，折公文辞极佳又仰慕坡翁，正该请他撰文（碑文未必是折公字迹。张三光是明末人，距宋甚远，对他说的"折公书"不必太较真）。这样，不但残碑更加熠熠生辉，且由深明史实的折公撰文确认，坡翁拜谒之后回"到儋才两月，遂获北归"，再次成为此行铁证。

综上所述，确证宋代县西独村的峻灵王庙存在，是坡翁亲临拜谒之处。

而且，本文推断该庙是宋帝敕建的唯一峻灵王庙。由于正面论述两庙来源的史料早已杳然，下面适当伸延阅读，以相关重要史实"侧击"，试做合理推断。

六、南汉敕建海神庙

昌化故城西北，现存的峻灵王庙始建于何时，是明代、宋代，还是更早？由于史料残缺，这个问题一直扑朔迷离，说法多多。

上文多处说是明代，仅仅是为方便论述而"随大溜"，本节才展开正面探讨。

明末张三光，并不知道这座王庙始于何时，他在《重立峻灵王庙小记》中只是认为"又阅七十八年（这个年份，学界已指出不对），县迁徙今治，王庙亦随徙峻灵山之隈"，即认为1443年县治迁至今昌化故城之后庙才迁建的，这当然也不对。需要指出张知县并不主观，他崇尚东坡文化，努力考查史料，请教本土士人以弄清这座王庙的来龙去脉。然而由于史料无证，昌化贫困，地志历久空白，"山之隈"王庙的来源史已高度模糊了。

这座庙其实并非随县治迁徙，而是资格甚老，比独村宋庙更早。《正德琼台志》卷二六《坛庙》载："神山峻灵王庙，在县北北岸都乌坭

港口，五代乡人建。"在全文照录东坡《峻灵王庙碑》之后，又记："国朝洪武己巳，知县姚源重建。"（第554页）

洪武己巳，即1389年，也就是昌化千户所城兴建之前两年。此时重建，到五十年后正统迁县治入千户所城，可见整个明代该庙记载已一脉相承，绝无模糊处。所以很清楚，该庙自五代始建，中间虽屡经废修，但直至今天都没有移位。当地因"正梁飞架"而改址的传说并非信史，只是反映百姓对该庙来源的极大兴趣却无从得知而已。类似传说，不少古寺都有。

《正德琼台志》这条张三光知县看不到的记载，证实"乌坭港口"峻灵王庙与独村的王庙显然是两回事。宋代两座同拜神山的王庙并存，后世论者难免混淆。

坡翁泛舟昌化，必先至乌坭港口，举头"山之隈"（图5）就是王庙。宋代冲积洲外缘远未到达今天的位置，王庙其实是在略高处"君临"港口的。怎能证实他拜谒的不是港边这座，而一定是独村那座呢？笔者推论：两座都是敕建神庙，但坡翁拜谒必至独村，因港口这座系"伪汉"所封，碑文中"而伪汉之世，封其山神镇海广德王"即是指此。

图5 昌化江北支流出海口段的北江堤，远处即昌化港，现存峻灵王庙在右侧画外"山之隈"（作者摄）

先分析《正德琼台志》的"神山峻灵王庙 …… 五代乡人建"这句。第一,"峻灵王"是北宋元丰五年(1082)敕封的,此前根本没有这个称号。《正德琼台志》该条显然是辗转引用了更早(很可能是《琼管志》)的记载。宋承认的正朔是"五代",击灭岭南割据势力南汉,称其"伪"朝,亦不张扬其"镇海广德王"封号,方志涉及则会以本朝封号加之。

该庙并非"五代乡人建",而是南汉高祖刘岩称帝时敕建,作为建国重大举措之一,级别极高:

> 乾亨元年(917)秋八月癸巳,帝(刘岩)即位,国号大越(何按:次年改号大汉)。大赦,改元。以是年为乾亨元年 ……
> 置五岳,皆建行宫;封儋州昌化山为镇海广德王。建三庙,置百官 ……①

在称帝、大赦、改元、建太庙、置百官这些基本建国大事的同时,封了六座神山,即"五岳"与昌化山,可知昌化神地位之尊崇。古人极重天地感应,立国必有一套"风水形胜"之说,"五岳"与昌化海外神山,共同构成南汉国"形胜"骨架。

五岳各建行宫,海外神山因为皇帝不会冒险亲至而不设。但事关"国酢",绝不会仅仅一纸封神空文,无处落实,而必敕建高规格海神王庙以拜祭祈请。只是史料亡佚,后代撰《南汉书》的梁廷楠自然不能擅加。

归宋后,由于此庙涉及政权层面,记载予以矮化。这是"乡人建"三字的第一个可能。

关于南汉封神山,道光间阮元《广东通志》有一个重大出入:

> (五代梁)贞明三年八月,(刘)岩即帝位于番禺,国号大

---

① 〔清〕阮元、梁廷楠:《南汉书卷二》,《岭南史志三种》广东人民出版社 2011 年版,第 267 页。

越……封峻灵山为王，儋州昌化县山为镇海广德王。①

莫非此时已有峻灵王的封号了吗？否。仅提两条：第一，峻灵山与昌化县山实为一座山，同时封两王岂非大笑话；第二，若南汉已封峻灵王，北宋断不会拾"伪朝"牙慧再封一次，那不是一般的丢脸。所以，此载必误。博学淹通的体仁阁大学士阮元，乾嘉学派泰斗之一，连他老人家都难免一时失察，可见南汉史料存留之支离破碎。

南汉诸帝多奢侈无远见，不惜民力大建行宫。城西二十里石门的西华寺并非敕建，仅是后期权臣龚澄枢等人捐奉，近年出土的柱础、地砖等文物就非常可观（图6），何况海外唯一的高祖敕建王庙？

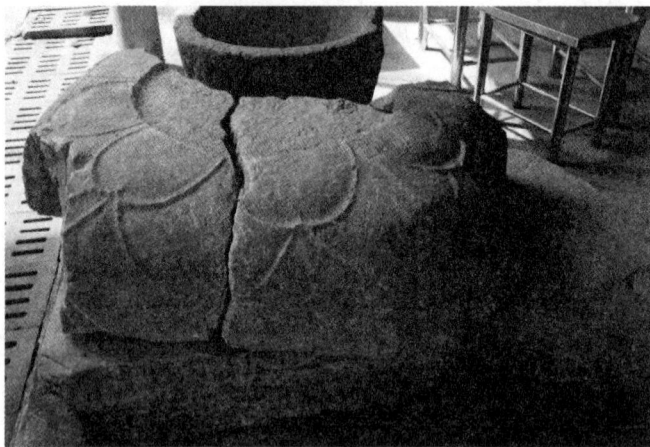

图6　遗物参考——广东省佛山市里水镇西华古寺近年出土南汉大宝间直径达1.1米的石础（作者拍摄）

唐五代的海南，还极少砖瓦建筑物，郡县治官署亦多系茅草房，为防风不得不低矮逼仄。若仅是"乡人"所建，材料难免同样劣陋，很易垮塌湮没。而敕建王庙则不但必以砖瓦石，坚精宏阔，且官府维修。入宋即使不再有官修，神庙也已久负盛名，民间自必捐修，"乡人建"恐怕也是《琼台志》辗转传承的宋代实录，是这3个字的第二个可能。

---

① 〔清〕阮元、梁廷楠：《广东通志·前事略卷四》，《岭南史志三种》，第80—81页。

七、南海航路顶级古迹

岭南很早就尽占海外贸易之利。自从隋开皇十四年（594）敕建起，广州黄埔的南海神庙就是历代皇帝拜祭海神的场所。南汉疆土囊括两广，却独不再拜祭南海神庙，而在称帝之初立即敕封远在琼西的另一位镇海之神，使之成为境内唯一海神庙。因何如此？

这恐怕要涉及海上丝绸之路在晚唐与五代乱世的一段曲折。五代大分裂时期的地方割据政权素质总体不高，南汉初期尚好，但变局难免。

学界传统观点认为，南汉广州港的海贸地位已不复存在。"三国以来的第一大贸易港广州，在南汉统治期间反而毫无作为。泉州、明州等东南沿海港口，借此得到异军突起的机会。"广州港本已受晚唐黄巢劫掠重大打击，到南汉由于官方组织劫掠外番商船，更难运作。而中古东亚海运的规律之一是，每当广州发生战乱或对番船榷税过重时，替代港口首先是交州（今越南河内），然后是泉州等地。宋太祖赵匡胤甫一平定南汉，很快就扭转这个不智之局，在广州设立全国第一个市舶司，大力招商，[1]同时恢复对南海神庙的拜祭。

另一种较新的观点，认为南汉也有积极参与和主导海贸的一面。广州南越王宫博物馆馆长全洪先生指出：南汉政府深度介入了海外贸易，以获巨富，海外珍品源源不断，广州继续活跃着大量波斯人和东南亚人。近年在雅加达以北水域发现南汉时代"印坦沉船"就是有力证据。[2]广东省社会科学院海洋史研究中心主任、广东历史学会会长李庆新先生更指出：隋唐南海贸易虽盛，史料却未见记载中国船舶参与；南汉则首次明确记录中国战船航行到南中国海，以及军中由"巨舰指挥使"统率水师，显示其对海洋经略保持高度重视，并积极发展与海外诸国的关系。到后主刘鋹，又重新尊奉南海神为"昭明帝"。[3]

---

① 李燕：《古代中国的港口》，广东经济出版社2014年版，第54、100页。

② 全洪：《南汉国比南越时期更强大，因垄断市舶之利而富殷》，《新快报》2019年7月28日。

③ 武勇：《从"海洋史观"新角度认识南汉国》，《中国社会科学报》2018年3月5日。

这些最新研究进展，非常值得重视。

围绕昌化镇海神庙，本文推测：第一，唐末五代交州海运的热络，可能带动海南西海岸诸港尤其是最接近的儋州诸港繁荣；第二，即使唐代，"梯航"的南洋海船也往往取线风浪较少、适航期更长的西海岸——北部湾来往。何况沿着中南半岛近岸实施梯航，本来就是两汉时开启南海贸易的主航线，安南一旦不靖，琼西就是梯航替代线路。

著名唐史专家郑学檬教授，曾论述交州龙编在唐代南海航贸中的重要地位：

> 交州即当时的安南（龙编、交趾），今日的越南河内。关于唐代交州海上贸易的记载……我曾认为：对南海各国而言，"安南因地点就近、政府招怀、贸易环境较为宽松，仍为外国商人所青睐"。还有一个原因是，如从占城去广州，要经过西沙群岛的西北侧"涨海"海域，航线险阻多，夏季多台风。为安全起见，绕道安南，以规避风险。
>
> 龙编……唐武德时为龙州治所，早就知名于波斯、阿拉伯。[1]

自古出海高风险，船民靠拜谒神灵求得胆量与安慰，昌化江口神异的"山胳膊"无疑很早就在中外渔航人群中形成信仰，苏东坡碑文关于"天亦分宝以镇世""黄柑紫鳞""浪碎夷船"之载，正反映中外民间的久远流传，也反映"外夷"往来之密切。

南汉开国之君刘谦、刘岩父子三人起自岭南卒伍，从唐中和三年（883）以军功擢升封州刺史至称帝之时，实际掌权岭南已30余年，非常了解社情。至于史称时人疑其先世为番夷（波斯人）血统，本文不论真伪，仅作其远洋知识丰富的一个参考。

刘岩称帝，独将昌化山封为唯一的国级海神，无疑反映了这座神山在北部湾沿海非同一般的知名度，因而可以推断南汉之前即唐代，奇特

---

[1] 郑学檬：《唐宋元海上丝绸之路和岭南、江南社会经济研究》，《中国经济史研究》2017年第2期。

的"山胳膊"就有民间建庙拜祭，而且唐宋昌化港也显然比后世水情更为优良，航贸更为热络。过往史料对琼西诸港记载的阙如，恰可在这座敕建海神庙中得到有分量的补充。

所以，保有坡翁残碑的现存峻灵王庙，无疑是南汉开国所敕建，且曾兼有泛北部湾海神庙的重大影响力，在古代南海崇拜史上，地位或仅次于广州黄埔的南海神庙。南汉帝年年派员致祭，游弋南海的中国南汉舰队往来亦势必靠泊拜祭。这座老庙远不只近世匾额的"威震琼南"，它曾与南海航路关系如此密切，官民拜祭留存至今，实乃非同小可的古迹！

八、宋王庙的历史背景

到宋，所封峻灵王不但较晚（定鼎百余年后）、位次较低（次年又封了伏波将军等神），而且从海神变性为山神，折射出乌坭港对主要航路的影响力在消退。

不过，宋神宗敕封该王的背景也很值得分析。

首先，宋代领有海南百年之后，到元丰间治理出现重大进取，创设了统管全岛军民的建置，又连续在海南封神，此皆本朝前所未有。概述如下：

> 元丰三年（1080），首置全岛临时最高军政职"琼管体量安抚"（此前是军、政分列的），委能吏朱初平担任并"持节"登岛巡视，朱提出一系列重要改革，如盐法、税法、土地法、赋役法、抚黎法等，包括对商舶由从体积征变为从价值征的"格纳"税法。这些建议大都陆续得到推行，影响深远。元丰四至五年，将"知琼州"兼任统管全琼军政的"琼管安抚"定为制度；"琼管"由此才统管全岛。五年（1082）七月，能吏李时亮知琼州；同月，诏封昌化山神为峻灵王，"用部使者承议郎彭次云请也"；《宋会要》即载有"峻灵王庙"。六年，诏封马援为忠显王，而海口马援庙在南汉亦已被

封为"辅汉王庙"。①

第二，此前仅仅数年的熙宁末（1077），昌化军突然出现原因不明的经济暴增。对于商税，"宋置万安、珠崖、琼各一务。熙宁十年（1077）以前，三务皆五千贯以下"②，四州军中，昌化军是唯一连征收榷税的"务"（约今税务局）都不设者，显见税额甚少无足轻重。

但到熙宁末（即熙宁十年）情况大变："琼州，旧在城一务，岁四千二百八十八贯"，此时则飙升为一万九千五百余贯，增长近四倍；"昌化军，旧不立额"（亦不设"务"），此次竟一举变为一万六千五百余贯；而万安军、珠崖军，则各陡降为仅一千一两百贯。

也就是说，这年全海南的榷税额比过往平均额暴增几乎1.5倍，昌化军尤为黑马，榷税贡献从老幺一举占到全岛的43%。宋代内地商税即"榷税"大致分两等：行商（规模较小）谓之"过税"，从价征2%，坐商谓之"住税"，从价征3%，而对番舶进口税，约征实物的10%。③

按当时户籍数字，南宁军（昌化军）"元丰户八百三十三"，占全岛户数仅8.1%。④这样算来，昌化军每户平均缴纳内地流通税竟达二十贯之多，是全岛每户平均数的五倍，实在匪夷所思。自然，宋代在籍民户只是实际居民的一部分，客户、番疍等皆不入列，商贸繁茂城邑，客户数常比主户多，这里不细析。总之，昌化军商业权重如此凸显，恐怕唯一合理的解释是其在北部湾航运业的突破性发展，这个发展又以地方秩序安定、吏治清明为前提。

第三，更早数年即熙宁六年（1073）、七年（1074），除琼州外的三州均降为军，又撤昌化、感恩、陵水等多县降为镇、寨。其原因应是全岛岁入不足，必须撙节退守；到熙宁末财政大丰收，元丰三至五年也就是撤降州县七八年后，重新进取，所撤各县多半恢复，同时创设"琼

① 李勃：《海南编年史》，海南出版社2019年版，第377—390页。
②《正德琼台志》，海南出版社2006年版，第254页。
③ 李勃：《海南编年史》，第376页。
④《宋史·地理志六》，《二十五史中的海南》海南出版社2006年版，第181页。

管"……元丰间这几年的海南发展,似乎开始了"加速度"。

同一位宋神宗,前后七八年宇下出现如此大的建置波折,当然不会无事生事,背后必有深刻社会经济原因,税收大增或是谜底之一。

此时朝廷大员彭次云考察海南,肯定人事众多,因何特地奏请封峻灵王?

史无明载。推测:他看到昌化军商舶贸易之盛,镇海广德王庙香火之盛,民间敬信之广泛,认为这是竖立朝廷威望,凝聚民心,"以德怀远人"的有力抓手。估计在此之前,老广德王庙仍然是一百六十多年前的南汉敕建匾额,以及众多碑碣旧貌。又推测:随着敕建"峻灵王庙"在县西独村新筑(没有这座庙,"敕封"同样会无法落地),老庙的南汉诸碑额就被官府清理,此后历史开始模糊。不知何时(或许是迁县后)也被匾为"峻灵王庙"了。

渔航人群对神信奉到什么程度?南宋赵汝适《诸蕃志》描述万安军"城东有舶主都纲庙,人敬信,祷卜立应,舶舟往来,祭而后行"[1]可资参考,这只是小小"都纲庙"而已。

我们不能肯定,敕建峻灵王庙与琼西北榷税的大增,是否正相关?也不知榷税这种大增是一过性的,还是持续了若干年?但有一点可以肯定,即榷税大增必以贸易大增为前提。

宋代因何不拆除广德王庙?还是推测:因为庙拜的是神,民间信奉,巨石神迹,朝廷当然不会得罪。改朝换代偶然会烧前朝宫室,原因或为泄愤或为摧毁遗民信念,却极少毁庙宇。史上毁庙多半属于帝室信奉之变。

宋克南汉甚彻底,南汉末帝刘𬭛为人昏愚安于投降待遇,毫无复辟之忧。海南不战而下,宋初管治也颇宽泛:因为瘴疠"艰于命吏",除了派出一把手周仁俊之外,其余各州依然择"伪命官"即南汉旧官当家就行,此后则多用佐杂官充知州县;甚至"省级"大员依例须定期巡视海南的,也常借故拖延不往。在这种背景下,更没必要抑制广德王庙了。

---

[1]《历代文人笔记中的海南》,海南出版社 2006 年版,第 38 页。

九、结语

宋神宗敕建神庙十余年后，坡翁抵达昌化军。神宗既曾高度欣赏苏东坡之才，放手大用，后又偏信政敌告讦将他打入牢笼，流放天涯。所谓天威难测，尚何言哉。此时拜谒金碧尚形辉煌的敕建神庙，坡翁不知是淡然处之，还是百感交集？

不过他很清楚两座庙的背景，绝不会拜祭已然破败的老庙受人攻讦；而拜新庙，既可感怀君恩又可祈求神灵。若真如《考论》所分析的残碑所言，拜谒两月后便获得北返佳音，那么坡翁夜渡北归时所占名句"兹游奇绝冠平生"，恐怕就更多一层神异色彩了。

阴差阳错，宋亡后宋峻灵庙陆续残破，南汉老庙挂着宋王匾额却依然兴隆——该庙宋初仍紧邻乌坭港大码头，明初重修时亦远不了多少，船未靠泊即可望见。况且居于神山脚"山之隈"无惧水患，这才是神庙的最佳位置，所以香烟缭绕千年，始终是众望所归。

而"县西"宋庙却无奈选址不良，冲积洲日渐频繁的水患将良田毁作沙滩，使该庙的"泥菩萨"也自身难保，无法凝聚信众而被淘汰，然后彻底遗忘。若非明末张三光将"苏学士碑"抢救回南汉老庙，宋庙故地将更模糊难辨了。

综上所述可知，昌化县历史上只有两处长期县治：旧县村与昌城村，都没有移动位置；只有两座敕建神庙，也都没移动过位置。现存的是南汉敕建，融合了宋代敕建庙的名堂及精气神；宋敕建庙已与独村故址一起湮灭于漫漫黄沙，两庙都曾位于不同年代的县治之西。

至于琼北、琼西各地的峻灵王庙，包括改了名的，则数以十计，至今依然香烟缭绕。

由于山林及水文劣化，明清昌化县经济步步走低，成为海南最荒贫县之一。但是钩沉其唐宋中古史，依然大可言说。

从《峻灵王庙碑》看苏东坡的生命崇拜意识

彭 桐[*]

　　苏东坡笃信神灵。无论是做官还是谪居，都曾与神灵快乐相处。在他的感谢神灵的文字中，不断出现一些令世人瞩目的文字，把神奇一次次拉到我们面前。从他1100年农历五月末离开人生最后一个贬谪地儋州所写的《峻灵王庙碑》中，可以直观看出他晚年对神灵的熟知和感触，再结合同年六月底他在北返途中于雷州所写堪称与《峻灵王庙碑》姊妹篇的《伏波将军庙碑》，以及他任地方官和在朝任大官时因各种需求祈祷所写给神灵的文字，进行一番对比，会发现大文豪对神灵的心路历程的微妙变化，尤其是在老年时和年轻时对神灵截然不同的方式与态度。也会更加清晰地看到，苏东坡一生心系苍生，热爱和敬畏生命，而且尊重自然、敬天顺时，完全是中国古人依循大自然的规律生产生活，且以文人、诗人方式在地方习俗和时代信仰中寄予情思、感知世事风云和把脉生命规律的罕见实践者。

　　苏东坡是否亲身到过海南昌江县，专家们还在争议，我细读《峻灵王庙碑》，感觉他极有可能在刚来儋和离儋时两次到过峻灵王山（今昌化岭），也有可能他在文中设置了"障眼法"，像范仲淹没到实地也写出了流传千古的雄文《岳阳楼记》一样，昌化岭一直真实地耸立在他魂

　　* 作者简介：彭桐，海南省苏学研究会副秘书长、海南省作协副秘书长、海口市作协常务副主席、海南诗社副社长。

牵心往的梦中。东坡的《自昌化双溪馆下步寻溪源至治平寺二首》，是在杭州轻松写成还是在海南昌江激情挥就，近年来苏学研究者们更是争得火热，在地方学术圈也炒爆得快要冒烟，似乎有谁也难以最终说服谁的架势，遂可认为这是学术上的待解公案一桩。检索发现，目前毫无争论的、与昌江直接关联的便是这篇《峻灵王庙碑》文。他是东坡留给今日昌江的一个重要名牌标签，也可以说是万世纪念碑。

　　熟读、玩味和体会该文，会有多方面思考与收获，但从文中析出东坡晚年一心对神灵怀着感恩的话题，还应先晾晒下他年轻时所写的一些关于神灵的美文，在略加对照中会看得更为清澈、明晰。

　　从《后汉书》等载有关于神灵故事的史籍中可知，我国古人习惯于将一些自然现象的原因归之于神灵，通过人与神的沟通交流，则可以免于灾难。至于人和神的交流，因为人是祈求方，可以说是处于下方，需是心怀虔诚才有可能得到上方施恩的。一般人遇事求神，总是显得"低声下气"，唯恐表现不佳给神不诚之感而祈愿难以实现。但是苏东坡在这方面，和他在其他很多方面一样，都有超乎常人的表现，虽然对神有膜拜的形式、基本的礼仪，但力求平等"对话"，除了大加赞美，讲尽好话，还晓之以理、动之以情，甚至还有在激动之余艺术地指责、批评和戏谑神灵，以"激将法"促成神灵尽快了结尘世愿事。

　　嘉祐六年（1061）十二月二十四日，26岁的东坡抵达人生首个真正为官地，在凤翔签判任。到任几个月，本就处在西部属于干旱地带的凤翔滴雨未下，田地龟裂，在这第二年春小麦灌浆时节，麦苗已枯黄卷叶，如果再不下雨，夏秋之际当地百姓就要断粮。心焦如焚的东坡和知府宋选便决定去太白山求雨，以尽一方父母官的职责，祈祷神明来场透雨，以庇佑生民。且不说东坡如何早就斋戒三日、沐浴净身，如何在农历三月七日传说是太白山神生日的这天带足祭祀"礼品"在山神庙求雨，且说他以"情"书方式写给神灵的《凤翔太白山祈雨祝文》，简直是"软硬兼施"，至今读来还让人有些忍俊不禁。

　　该祝文不长，一开头就恭维山神，说其是由西方挺拔特立英杰伟壮之气凝聚而成；继而对其大加夸赞，说其能量巨大，因聚结了天地山川的精华，只要从瓶瓶罐罐里倒出一点儿水，就可以润泽天下，照顾一个小小的凤翔不在话下。接着就开始与神争起理来，并质问其缘何睁只眼闭只眼：人们赖以存活的就是田中的禾麦，可是从去冬至今春，你却滴雨不给；百姓如若吃不上饭，无以为继，势必盗贼蜂起，为祸四方。"岂惟守土之臣所任以为忧，亦非之所当安坐而熟视也"，我一任小官都为此忧心不已，你作为一方大神，岂能心安理得、熟视无睹？这样"柔中带刚"甚至"带刺"地一番逼问后，语调和声气又明显地缓和柔顺了下来说：快下场雨吧，这样对皇帝有个交代，对下民也不会让他们失望，"上以无负天子之意，下亦无失愚夫小民之望"。

许是说得神灵不好意思，或是刺得神灵难受，之后还真给下了一场小雨，但是旱情仍未解除。于是东坡通过一番紧张动作从当地百姓当中调查到求雨失灵的原因是，太白山神在唐朝曾被封为"明应公"，对宋朝皇帝只将他封为"济民侯"，爵位降低了一级，很不满意。于是东坡又拟了一份给皇帝的奏折，请求恢复山神原封号，之后又与知府斋戒沐浴，还派使者去敬告山神，已为其争取更高的封号，并从庙前的龙池里取回一盆"龙水"，拿到城里的真兴寺放在祭台上，率众郑重祷告"伏愿明灵敷感，使雨泽以旁滋"。或许东坡的诚心最终打动了山神，不久雷声隐隐，大雨骤降。雨还连绵数日，让百姓欢欣。喜不自禁的东坡，就把他刚刚落成于后花园的亭子改名为"喜雨亭"，还写了一篇含有致谢神灵之意的《喜雨亭记》，刻在亭上以作纪念。

这只是东坡祈神祷雨众多实例中的一件，他一生到底多少次祈雨和龙水已难准确知悉，但他存世在京城和地方任官为求雨（谢雨）所写的疏文就有32篇、青词7篇。另外还有祈愿民众的小麦来年获丰收所写祈雪的疏文和青词5篇，祈愿护佑庄稼和免除水灾的祈晴（谢晴）所写的疏文13篇，以及一些在节日写给土地神和在新居地直接祭神的表和诗文。可以说，东坡一生都在与神灵"打交道"，同时记录众多与天神、山神、海神、土地神等各类神灵交往、交锋的种种。像在《凤翔太白山祈雨祝文》里那样对神"软"和"硬"的招数，他也是屡换花样，百用不厌，并有其"东坡式"文字记录在册。

如夸赞神灵的，会一个劲地说神聪明、能干、博大、仁爱等。在夸赞中，既站在百姓角度，为民吐心声和祈愿，甚至发民众之宿怨；也会站在神的角度，为神着想出谋划策以解忧或积德。在元祐二年（1087）三月十七日的《五岳四渎等处祈雨祝文》中，东坡言四处神灵是最聪敏的，他祈求神们不要吝惜雨露，"惟神聪明，毋爱膏泽"。只有这样，百姓才能稍得休养，而神灵也免除了无人祭祀的忧虑，"则民有息肩之渐，神无乏祀之忧"。在同年四月十日的一篇祝文中，东坡说他未了解到百姓危困的实际，这是他一人的罪过，百姓有什么罪呢？"一人之愆，百姓何罪？"他请上天允许他闭门思过，愿消除灾患制止灾伤，以对垂死的民众加以拯救。他又说，对于神灵来说降雨减灾之事，做起来易如反掌，所以他仰望着上天，朝夕祈求，"仰瞻云霓，待命旦夕"。

　　东坡在青词和疏文中，讲神能力强和愿自己"背锅"的说法很多，同时苦口婆心劝慰神的说辞也不少。在《集禧观开启祈雨道场青词》中，东坡对深渊中的龙王、水府中的诸灵说：虔诚的祈求，在今天已把词语诉尽，"吁嗟之求，词穷于是日"。他知道阴灵所居之处，掌管着兴云作雨，而且神灵们滋润大地的功绩，片刻间就能办完，"涵濡之功，俄顷而办"。故望各位神灵不要吝惜布施泽露，以答谢万民的期盼，"罔吝天泽，以答民瞻"。在《徐州祈雨青词》中，东坡说他知道水旱灾情自有天定，并不是诸方鬼神得以专掌，逐向天神叩头告哀，大呼苍天为民请命，"意水旱之有数，非鬼神之得专。是用稽首告哀，吁天请命"。还说如果是他治理民政多有失当，因而用阴阳不调作为惩罚，或是他对神灵用心不诚，所以使一州上下遭受灾祸，只要他确实有罪过，愿接受上天的惩罚，"臣实有罪，罚其敢辞"。而民众并没有得罪上天，不要让他们无辜受害，"小民无知，大命近止"，故愿上天以雷霆之怒，分别告救山川之神，最好早晨聚合一寸之云，傍晚就能滋润千里土地。在元祐二年（1087），52岁身为翰林学士、知制诰的东坡，在《诸宫观等处祈雨青词》中也说，盼望能得到仙道的佑助，来推广上天的仁爱，召集呼唤行云的群龙，时时以雨露作为恩赐。不要因为他个人缺少美德，而不听他为大众所做的祈告，"罔以不德，而废其言"。

当然在不少篇章中，东坡不忘采用冷热相激法，既"捧"神之德能，又"刺"神之怠慢，他也以各种方式和说法代表个人或民众以示感谢。在《集禧观洪福殿等处罢散谢雨道场青词》中，东坡说他的仁德不能感动上天，岂敢不屡屡告请；神道无私顺应世间万物之情，岂能不收取我的诚意？"德有愧于动天，敢辞屡请；道无私而应物，岂间微诚。"能普降一场雨滋润大地，农夫们就可以转忧为喜，"需一雨以咸周，起三农于既病"。恭敬地接受神灵的赐予，你深厚的仁爱我无以报答，"仰承灵贶，莫报深仁"。在《西岳开岳开启祈雨道场青词》中，东坡说他斗胆把苍生的忧患敬告华山山神，"敢以病告，于我有神"。望神灵怜悯快要枯死的禾苗，赐以一场大雨，"闵兹将槁之苗，赐以崇朝之泽"。对于山神的德泽，他永远不敢忘怀，"惟神之德，非我敢忘"。在《大相国寺开启祈雨道场斋文》中，东坡说仰仗这位神人师祖，愿其能为人间施以云雨，期盼其以慈祥怜悯之心，宽解他的忧虑和危急，"仰惟天人之师，宜专云雨之施。庶几慈愍，宽我忧危"。

在《集禧观洪殿罢散谢雨道场朱表》中，东坡说仰赖神灵赐福，应时地降下了甘霖。这是圣道无私，难道是无德之君能做到的吗？他诚恳地陈上供物，来答谢神灵的赐福，"盖至道之无私，岂不德之能致？载陈谢恩，少答灵休"。在元祐二年（1087）四月九日的《郑州超化寺谢雨斋文》中，他记录旱情已缓解后，农民心中欣喜异常，他面对神之无量功德，深知其也不求有形的报答，就谨献上洁净的供品，稍稍表达他真诚的感激，"仰惟不宰之功，岂待有为之报？爰修净供，少达纯诚"。东坡在密州任知州作《祭常山祝文五首》之一中，誓言如果能够使雨水降下，蝗害减轻，他会与属官和州民带着牲畜财宝来报答神灵之恩，"若时雨沾洽，蝗不能生，当与吏民躬执牲币以答神休"。最后又说，上帝与我朝天子的爱民之心是一般无二的。凡是官吏应该向朝廷奏请的，谁敢言而不尽？那么，诸神应该向天帝奏告的，也应该尽力而为，"上帝与吾君爱民之心，一也。凡吏之可以请于朝者，既不敢不尽；则神之可以谒于帝者，宜无所不为。"

如果再细细探究，还会在梳理中发现，东坡完全是出于仁爱和公心，也是说尽人事和公道话，除了爱把灾害与百姓所受之苦归罪于自身，还说神灵要想当之无愧，尤其是无愧于心，就应和圣君与良吏一样为民而虑、惠民而为，这简直是给神灵们指出一条修身养性、值得尊崇的光明之路。为了引导各路神仙常走正道，勿忘百姓和民间自然灾害之苦，能施以及时救助，他给神灵们的"诱惑"与回报也是绞尽脑汁、五花八门，除了写诗文颂歌，给祭品美食，还答应给申报加官封爵，给修神位和筑庙，简直是把神当人看，只要他们为民办实事，就给切实奖励和丰厚回报。

从大量写神的疏文、青词、表赋和诗词中，可看到多面、多元的苏东坡。能看到他悬壶济世、关爱苍生百姓的情怀与仁慈之心，可看到他那完全不同于封建时代众多当官文人的官样文章的极致精彩，还可看到他青年时的狂放、中年时的豪放，以及一直保留在骨子里的率真、始终流淌在血液中的情趣，还有他的玄学意识和顽童心理。当然如愿多些时间进一步做细致推敲、揣摩，还能看到更多更多，就像在他世人关注较多的诗词中看到他百样人生、万种奇幻迷人的色彩。我们不必把人当神看，东坡在其诸多文字中，却教我们宜把神当人看，宜把看不见的神当作真实而有形的人，去与其握手、对视，设法触摸其心，努力与之产生生命和谐、命运共同体式的脉搏共振，让人神之间的爱之桥梁、情之纽带得以顺畅嫁接贯通。

检索发现，出于帮民众，一片好心，也是出自虔诚、源于真诚，使出浑身解数，展现超常智慧，对神灵耍十八般武艺，都是东坡在朝廷或地方为官之时，也是年轻时的任性、洒脱之举，尽量动用资源和权限，尽量办得轰轰烈烈，搞得人人尽知，精彩纷呈，这也符合他爱热闹、好事情、喜作文的性格。

在晚年，东坡认为其自身安危得到神的关照与护佑，他的表现却是截然不同，不仅少了花样表演，也没有了大场面和正儿八经的仪式，如挑选日子和时辰、设台专门祭拜神灵等，而是规规矩矩地表意，实实在在地行文，当然这里面也有条件限制的因素所致。一切都显得那么恬淡、自然，就像他的诗歌所出现的变化，晚年是一种趋向清淡的风格，他对神灵表现得是一种更加认同，却又更加注重顺其自然，不再刻意而求，也不再主动做什么要求，像当年那样急切，像过去那样"勉为其难"，而是尽遵天意，尽随神愿，认为神灵自有安排和主张，不必去人为地指点和干扰，更没有激愤之词、指责之意，他相信神灵是仁爱的，也是智慧的，是有天眼的，也有预见性的。所以他总是在事后表示谢恩，而少在事前祈求。而且特别有意思的是，就算是自己的坚毅和顽强达到的效果，出现好的迹象或事情，他也往往爱把功劳归结在神灵身上。

这可以看作他对于一直存乎于心的神灵们在意识、态度、言行等方面的重大变化，这种变化当然与他的经历、阅历、心态有关，也与他经过大起大伏、历经九死一生后思想更加成熟、超脱有关。所以，我们在《峻灵王庙碑》中看到，东坡讲述他于绍圣四年（1097）七月，以琼州别驾的身份，因为获罪被谴责居于儋州，于元符三年（1100）五月，朝廷有诏令迁徙到廉州的过程后，便以轻松随意地道出"自念谪居海南三岁，饮咸食腥，陵暴飓雾而得生还者，山川之神实相之"，便不觉得有什么奇怪，一切显得自然而然。东坡说他自认为在海南居住的三年咸腥生活，冲犯了暴风飓雾，而得以生还，其实都是山川的神灵们在帮助。当然，以现代人的眼光看，他能存活，不被命运打倒，是他的坚韧、顽强和信念等支撑。但他爱把这功能归结于神灵，且就是当地人们祀奉的峻灵王山神，于是他在向西告辞而别时，"谨再稽首"，不停地叩拜，还要把有关的事写出，立碑铭刻于上。

在该文中，我们看到东坡有对峻灵王神的相貌描述："有山秀峙海上，石峰巉然若巨人冠帽，西南向而坐者，俚人谓之'山胳膊'。"；也有对其封神的记载，在五代时，后汉封该山神为"镇海广德王"，在皇宋元丰五年（1082）七月，采用部使者、承议郎彭次云的请求后，有诏令封山神为"峻灵王"，甚至对这神山上有池有鱼和有各种果木也做了介绍，却没有他年轻时写神灵的文章中，刻意讲神如何聪明睿智、如何神通广大、如何懂得人心之类，也没有对神做试问、攀谈、责问之语，有的只是默默感恩，再拜叩首、叩首再拜，并献上铭文。当然铭文提到该神保佑百姓嘉谷丰登年年乐融融，文辞也是精美又精到。

可以从中得出结论，此时的东坡把神灵放回了原位，是放在了天上，是仰望的姿态，而不是像年轻时把神拉到面前，平视和对视甚至虎视。晚年的他，觉得对神灵做一些必要的介绍，包括其功能与职责的阐述即可，作为受神护佑的一分子，心怀诚意感恩即可，不必大声喧哗，也不必兴师动众，也即将神放于心中即是美好。从其言行中可看出，对神灵是更加喜爱与虔诚，只不过表现得更委婉和深沉。

顺利渡过琼州海峡，在雷州半岛南端的海岸递角场，东坡所写下的《伏波将军庙碑》中，也是这种从容近乎平淡的感觉，却隐藏着他对神垂爱感恩不尽的深意。他认为，海南岛上四州军的人们，以徐闻为咽喉地带，南来北往要渡海的人，以伏波为指南，奉祀神明谁都不敢不恭敬。他本人以罪贬谪儋耳三年，如今才获得返回海北的机会，而且往返都顺意，都是这些神灵的护佑。用他的原话说是："四州之人，以徐闻为咽喉。南北之济者，以伏波为指南，事神其敢不恭？轼以罪谪儋耳三年，今乃获还海北，往返皆顺风。"所以，感动之余，结合实际和所处的环境，想到没什么可以报答神明的地方，便写下这通碑铭。整个基调也不是想与神灵对话，而是达到了一种默契，强调感恩于神。有意思的是，他还在该铭文中说，从这里往北受神明护佑可端肃人的态度，屈神穷达都能做到正直精忠，可见他认为得到神佑可让人反省到骨子里，要以更好地在人世的作为回报神。在结尾，他又不忘与神幽默一回，作为神的代言人说：神虽无言，意志定与他相同，"神虽无言意我同"。

从东坡渡海前后于南北所留下的两篇碑文，可深知他晚年对神灵怀感恩的深切状态，完全没有了年轻时"游戏神间"的感觉，甚至在淡化形式中更增添了相关内容蕴含的深厚与真义。此外，在《峻灵王庙碑》中，还可看到他晚年笃信神灵为帝遣、依然深信神力无边、更信神遂人愿等。他开篇就通过列举事例，来说明上天分赐宝贝来镇定人世间，而且又通过讲史上事件和民间传说故事，来阐明人间至宝不能为个人取为己有，否则会受到处罚，而那些神灵就是奉上天之意的守宝者，而且神灵"为帝守宝甚严恭"，理当受到人之膜拜和尊重。其言下之意，如对诸神不敬，便是对上天不恭，也会无形之中破坏人类和自然的和谐。这也或许是晚年他更懂神灵，让神回归天宫神位和愿与神灵保持神交状态的一种表现。与其说东坡恭维神灵对万物的庇护，不如说他折服一切维护生命的举止，包括有形和无形的，意识和形态的。

苏东坡与神"对话"或写给神的信与文，可分为为官时和贬谪时两个阶段，但在贬谪后任州官和元祐时任高官又写有一些向神祈祷文，这里面互有穿插，故为行文方便，可分为年轻和老年两个阶段：年轻时多为民间神，也有个别时为自身事"烦神"，晚年则多因己事而谢神。一问一谢中，仿佛看到东坡与神灵由"面对面品茗"到独举杯敬月神的转变。但读多了东坡的文字，尤其是他写神灵的篇章，也会不觉中认为世人最后称他为"坡仙"也是非常有道理的，他真的是诚如斯言——"上可陪玉皇大帝"，而下可为民辛苦代言。

苏东坡不仅在黄州、惠州和儋州等谪居之地，常与神应，而且他在凤翔、密州、徐州、颍州、扬州任上，都与神交，也都曾为解除大旱、洪涝向山神、水神和上苍祷告，也都基本如愿以偿。尤其给我们印象深刻的是，他在登州任职不过 5 天，前后办事也不过 10 天，又没遇上平常海市可出现的时日，他竟特意去海神广德王庙祈祷，结果真出现神迹：第二天海市蜃楼出现。他是"心知所见皆幻影，敢以耳目烦神工"，而且"率然有请不我拒，信我人厄非天穷"。实有记录的这种奇事，让人们想到了许多，有著名作家张炜就行文叩问：人的力量、上苍的力量、大自然和心灵的力量，这一切在多大程度上能够汇合？

海南地方性海神"峻灵王"信仰的变迁及其原因[*]

陈智慧[**]

峻灵山,即海南昌化江北岸的昌化大岭。峻灵王,即峻灵山神。峻灵王,又称"镇海广德王"或"昭德王"。在海南,主要是地处岛西北的昌江、临高、儋州、东方几个市县的人们信仰的海神,尤其以昌江信仰最盛。在海南,海神信仰盛,各地信仰的海神不一样,就全岛来看,各地信仰的海神有汉民族人们熟悉的"龙王"、"祝融"(南海神),也有岭南地区人们熟悉的"妈祖"(天妃)、"伏波神",还有只存在于海南地方文化里的"南天水尾圣娘"、"昭应公"(108兄弟公)。而"峻灵王"作为海南海神中的众神之一,却显得很特殊,他既没有"龙王""妈祖""南海神"的地位那么高,能享受国家级、官方的祭祀待遇,也没有"南天水尾圣娘""昭应公""伏波神"的影响力大、香火旺,他仅仅"偏安"于海岛西北海岸线一带,只有昌江周边一带的渔民们给他立庙进香,奉其为能保一方平安的海神。然而,历史上这位峻灵王却有过显赫的神位等级,先是在后汉时被皇帝封为"镇海广德王",后又在宋朝时被皇帝诏封为"峻灵王",后来一度衰落,在中华人民共和国成立后庙宇被飓风毁坏,更在"文革"中庙拆像毁。但他对当地渔民而言,地

* 基金项目:海南省高等学校科学研究项目(Hnky2017-43)。

** 作者简介:陈智慧,海南热带海洋学院人文社会科学学院中文系副主任,研究方向为文艺美学、海南地方历史文化。

位非凡，出海必拜"昌化公"。

峻灵王，作为海南岛的地方性海神，经历了怎样的历史变迁，作为独特的海洋文化，它又具有怎样的民俗学价值，这些问题都促使我们应深入探究，从历史古籍资料中揭开其神秘面纱。

一、海神"峻灵王"信仰的产生

峻灵王，这一称谓最早出现在史籍资料中是在南宋时期。据南宋祝穆编撰的《方舆胜览·海外四洲》载："峻灵山，在昌化县西北，有庙。"这里的庙就是"峻灵王庙"。①但其实，作为一位山神，这位神灵早在东晋时期就出现了，并且还得到了南汉朝廷的诏封。苏轼为此庙作的碑文上记载："伪汉之世封其山神镇海广德王。"唐代宗时，"有比丘尼若梦恍惚见上帝，得八宝以献诸朝，且传命曰：'中原兵久不解，腥闻于天，故以此宝镇之。'"。②从以上史籍记载来看，峻灵山因其地处中国南海之滨，被官方看作镇守边疆、镇守一望无际"南海"的"王"和"神"，从"镇海广德王"的封号来看，他是镇海除妖的神灵。

事实上，在民间文化中，峻灵王最初只是位"石神"而已，据北宋乐史编《太平寰宇记》载，儋州昌化郡下有"浴泊石神"，"在昌化县西北二十里，石形似人帽，其首面南。侧有橘柑甘香之果，或携云，即黑雾暴风骇人。池中有鱼亦然。土人往往祷祈"③。此书成于宋雍熙末至端拱年间，可见，直至宋初，峻灵王在海南民间文化中一直都以"石神"被信仰。书中还有一条"明山"的记载："山有二石，如人形。故老传云，有兄弟向海捕鱼，因化为石，号为兄弟石。"④此处所言"明山"即峻灵山。《万历广东通志·琼州府》载："昌化县北十里曰峻灵山。初

---

① 〔宋〕祝穆：《方舆胜览》卷四三《海外四洲·昌化军·山川》，《地理志·海南》（六种）海南出版社 2003 年版，第 48 页。

② 同上书，第 51 页。

③ 〔宋〕乐史：《太平寰宇记》卷一六九《儋州昌化郡》，《地理志·海南》（六种）海南出版社 2003 年版，第 7 页。

④ 同上书，第 7 页。

名朝明。《郡国志》云：北有朝明山，上有二石如人形。云有兄弟二人向海捕鱼，化为石。黎人祀之。一名神山岭。宋封峻灵王，又名峻灵山。"[1]可见，昌化江畔这座山最初是因"奇石"而得名，石名于山，当地"土人""里人""黎人"都是因为相信、祭拜这块"奇石"才对这座"山"青睐有加。直至明朝史志中还一直记载着这块石头，且沿用了当地黎人对其的叫法"落膊石"。[2]

在海南，石崇拜由来已久，并且一直存在于海南民间文化当中，如南宋《舆地纪胜海南》中相关的记载就有："〔万岁岗〕，澄迈县西十里，上有怪石如列屏于其顶，高丈余，号为圣石天将雨，则云雾瀜塞，下有清泉，遇旱则祷雨。"[3]"〔石龟〕有石如龟，旱蝗则祷之，立应。"[4]"〔惠远庙〕南山十里，……二石浮临川海中，随潮上下，土人舁至今处，因屋以祀之，祷祈无不应。锡号曰'惠远'。"[5]明朝《大明一统志·琼州府》载有："〔双女石〕在陵水县西南一百九十里海中。双石并峙如人。"[6]"〔小海港〕万州东北二十里，有小海港。港口有二山，峙如门。上有石神庙，舟往来多祷之。"[7]清朝《古今图书集成·地理志·海南》载有："〔狮子石〕在州西五十里。海中一石峰，状类狮。船过多祈之，乡人旱祷多应。即神尖山巨石。"[8]直至今天，黎族村子门前或大榕树下，还常常能见有一间矮小的石屋，据说这是土地神，但是小石屋里并不供神位，也没有香炉，而是只有一块雕刻得像男性生殖器的石头，黎族人称之为"石祖"。昌江黎族自治县七差乡重合一带的哈方言

① 〔明〕郭棐：《万历广东通志》卷十《琼州府·山川志》，海南出版社2003年版，第29页。

② 〔明〕李贤修：《大明一统志·琼州府·山川》，海南出版社2003年版，第9页。

③ 〔宋〕王象之：《舆地纪胜》卷第一二四《广南西路·琼州》，《地理志·海南》（六种）海南出版社2003年版，第73页。

④ 同上书，第113页。

⑤ 同上书，第116页。

⑥ 〔明〕李贤修：《大明一统志·琼州府·山川》，海南出版社2003年版，第9页。

⑦ 同上书，第10页。

⑧ 〔清〕成梦雷：《古今图书集成·琼州府部汇考二·山川考二》，《地理志·海南》（六种）海南出版社2003年版，第166页。

黎族至今供奉石祖（长条鹅卵石）和女性祖先象征物（一块饰以红布带的不规则石块）。黎族人相信供奉这样的石祖可以使氏族人丁兴旺，消除灾难，保佑族人健康长寿。现在尚没有资料显示到底是先有的民间落膊石信仰，其后才有官封的峻灵王信仰，还是在官方诏封"镇海广德王"力量推动下才有的民间落膊石信仰？但据笔者推测，应该是先有原始的民间石崇拜，然后因其山石奇异在道教的推动下发展为山神信仰，最终在官方和民间力量的互动之下发展为海神信仰的。因而其发展轨迹应该是：落膊石神 — 峻灵山神 — 峻灵王神。

那么，石崇拜、山崇拜又是怎么发展演变成为海神信仰的呢？在海南文化当中，石崇拜有着复杂的心理动因，一方面，当地百姓祖先崇拜非常盛，至今海南的清明节仍是所有民俗节日最为重要的节日之一，他们认为敬奉祖先可以保后世人平安，甚至祖先就是"神"，而"石"就被奉为祖先的象征，这使得"石"被奉为有超凡神力的事物。另一方面，海南岛四面环海，人们靠海而生，然而海中多礁石，尤其暗礁常常致海难，故而百姓对"石"由恐惧而产生崇拜。在《海槎馀录》中就记有［鬼哭滩］："千里石塘，在崖州海面之七百里外。相传此石比海水特下八九尺，海舶必远避而行，一堕即不能出矣。万里长堤出其南，波流甚急，舟入回溜中，未有能脱者。番舶久惯，自能避，虽风汛亦无虞。又有鬼哭滩，极怪异。舟至，则没头只手独足秃鬼百十，急互为群来走赶。舟人以半饭频频投入，既止，未闻有害人者。"这样的海石对出海的人来说非常可怕，人们对其由"恐惧"转为"崇拜"，《古今图书集成》中记载的一则［圣石峰］就说明了这种心理变化过程："在博敖海口。屹立累累如累卵状。时海岛汹涌，砂碛迫隘，或南或北，开合不常。舟人未谙水道，往往有覆溺之患。宋天圣年间，其石突见，故名圣石。"① 在长久的地域历史文化发展过程中，"石"凝结了"认宗""祖先崇拜""灾难恐惧""崇拜"的复杂文化情绪，尤其随着后来海时渔业、海上贸易的发展，越来越发展成为人们在出海时重要的祈求对象，

---

① 〔清〕成梦雷：《古今图书集成·琼州府部汇考二·山川考二》，《地理志·海南》（六种）海南出版社 2003 年版，第 161 页。

发挥着"海上庇佑"的心理作用与文化功能。《郡国志》中记载说此石是"兄弟二人出海捕鱼而化之",这正说明在民间石崇拜与海神崇拜的同构文化。加之南汉朝廷诏封"镇海广德王",更使这位神最终和"海"发生了密切的联系,百姓驾船于海上需要他的庇佑,而他和他所依托的山脉,更是因地处中国南海之滨,被看作镇守边疆、镇守一望无际"南海"的"王"和"神"。至此,峻灵王作为海神形象开始在海南的历史上、文化中发挥重要影响。

二、海神"峻灵王"信仰的发展及兴盛

综上所述,最初的"峻灵王"前身就是昌化地区海边的奇石,当地的"浴泊石神"信仰和"兄弟二人向海捕鱼化为石"的传说就是这种活化石的证据。五代时,当地百姓给这种原始、纯朴的信仰以物质载体——庙祠[①]。据明代昌化县令张三光考证,"峻灵王"这一封号是"元丰五年七月"应"用部使者随义郎彭次云之请",才被诏封的。[②]因而要说峻灵王信仰真正开始是在五代至宋初。

据苏轼《峻灵王庙记》上载"元丰五年七月,诏封山神为峻灵王",可见,至北宋,这位神已由原来的"石神"成了"山神"。石助山而名,山因封而神。

这座山为什么这么重要,以至于先后两次被朝廷诏封?一方面是出于政治原因,另一方面则是道教发展的产物。正如苏轼碑文中所述:自东晋、唐、五代、宋以来,历代君王都非常重视南海之滨的这座山,因为"古者王室及大诸侯皆有宝",以此"守其社稷,镇抚其人民也","周有琬琰大玉,鲁有夏后氏之璜,唐代宗之世,有比丘尼若梦恍惚见上帝,得八宝以献诸朝,且传命曰:'中原兵久不解,腥闻于天,故以

---

① 据《正德琼台志》记载,五代时昌化县北北岸的乌坭港口就建起了一座庙——峻灵王神庙,但笔者认为,这应该是后来正德唐胄的误载,乌坭港口的这座庙应该是明朝洪武时建的,而五代以来的宋时诏封的应该是西北山上的峻灵山山神。

② 〔清〕方岱修,璩之璨校正:《康熙昌化县志》卷十《艺文志·附重立峻灵王庙小记》,《康熙昌化县志·光绪昌化县志》海南出版社 2003 年版,第 98 页。

此宝镇之.'则改元宝应。以是知天亦分宝镇世也。"峻灵山，"秀峙海上""石峰巉然，若巨人冠帽西南向而坐者"，"山有宝气，上达于天"，"天地之宝，非人所得睥睨者"，这是"上帝赐宝以奠南极"。苏轼对官方诏封峻灵山的行为给予了国家社稷、政治层面的高度解读，虽然有古代帝王迷信的成分，但究其根本，历代帝王们之所以都设"宝"的原因主要还是因江山社稷、国家版图、边疆安定的层面而考虑的产物。另一方面，在宋朝，道教发展势头强劲，至北宋后期，道教已压倒佛教成为国教。道教重视修炼，认为修炼是得道的关键，教徒们尤其重视修炼的场所，他们往往寻山问涧，找寻那些人迹罕至的清山秀岭作为修炼得道的理想之地，武当山、龙虎山、齐云山、青城山四大道教名山就是这样的产物。而峻灵山也因其"秀峙海上""石峰巉然"而成为道教圣地，苏轼都称其为"蓬莱别宫"。

两次官封、道教影响使得昌化江畔的这座山声名大噪，它不再是作为"石神"被当地人崇拜，而是作为有灵性的"山神"被人们祭拜。尤其在昌江、儋州一带的百姓心中更是灵验有加，于是建庙祭祀，香火不断。史志中记载当地百姓眼中的峻灵山"上有巨石，极为灵异""山有石池，产紫鳞鱼，民莫敢犯""石峰之侧有荔枝、黄柑，得就食，持去则风雹之变"。五代末，南夷驾船舟经过"斫山发石以求之"，结果"夜半大风，浪驾其舟空中，碎之石峰之右，夷皆溺死"，于是当地百姓更是信其有灵，祭拜者众，据说"祈祷多应"。

峻灵王信仰在宋朝的发展，除了官方的力量介入，还有苏轼的"名人效应"也起了很大的推动作用。苏轼被流放海南，虽然他在海南只待了三年，但对当地文化的影响深远，在他的带动下儋州一带的百姓汉化程度早，"尚诗好词"的传统甚至保持到今天。在流放期间，他对这位神灵情有独钟，为其咏唱：

> 琼崖千里环海中，民夷错居古相蒙。
> 方壶蓬莱此别宫，峻灵独立秀且雄。
> 为帝守宝甚严恭。庇荫嘉谷岁屡丰。

大小逍遥逐虾龙，鹪鹩安栖不避风。

我浮而西今复东，碑铭烨然照无穷。①

尤其苏轼给峻灵山庙写的碑文，几乎是后世人了解峻灵王的重要资料，后世的学者、史志记载基本上沿用、引用苏轼对此的记载和论调。这一点从明代昌化县令张三光的记述中可以得到印证。他在考究"峻灵王"被诏封的时间时，曾疑惑不解为什么后世学者追溯峻灵王被封年代时都说是沿用苏轼对此的记载，即"元丰五年"，可是据后世史志中有关苏轼的庙碑文中却并未明确有这个时间记载，他于是四处找寻证据，几经周折终于找到了当年苏轼立在庙前的那块石碑，这才看到确有"元丰五年七月"这样的记载。清代昌化知县李有益则在登上峻灵山之后感慨："万石矗太空，何缘得一面。惜此洞中天，终古无人见。中有守宝神，此语洵堪传。传言兄弟化，姑妄从古谚。俯眺并遐观，惟少吹笙院。拜问峻灵王，妙境何年现。我来石有灵，一啸形神变。偶然获角沉，黑荷山神眷。我云白云飞，化作甘霖遍。愿与石千秋，海疆永安奠。"可见在苏轼的影响下，峻灵王在知识分子阶层的影响扩大，大家早有耳闻，只求"何缘得一面"。尤其那些贬谪海南的官员，听说当年苏轼获大赦北还离开海南时对峻灵王是"再拜稽首，西向而辞"，因为苏轼认为"谪居海南三载，饮咸食腥，凌暴飓雾，而得生还者，山川之神实相之"②，另一方面，离开海南要横渡琼州海峡，这对当时的航海条件而言也是有挑战和危险的，所以他要拜一拜这位"镇海广德王"，以求平安渡海。此后，来琼、离琼的官员们都学苏轼要对峻灵王虔诚祭拜。

到了明朝，峻灵王信仰在海南民间的影响越来越大。多地兴建峻灵祠、庙，甚至一地多所地建，原有的祠庙也是不断翻新重建。

据天顺年间修的《大明一统志·琼州府》记载：昌化的峻灵王庙

---

① 〔宋〕祝穆：《方舆胜览》卷四三《海外四洲·昌化军·山川》，《地理志·海南》（六种）海南出版社2003年版，第48页。

② 《海外四洲·昌化军·祠庙》，同上书，第51页。

"洪武二十年重建"。古籍中也第一次提到昌化的峻灵王庙是"五代时建"①，至此时，最早的峻灵王庙已有至少四百多年的历史。《万历广东通志·琼州府》记载：昌化的峻灵王庙除了此前记载的位于昌化县北十里的那一座，明代时当地"北岸都乌坭港"港口处也新建了一处②。到了清朝，峻灵王信仰在海南进一步扩大影响范围。康熙年间，昌化的峻灵王庙有三座，除了上面提及的两座，又新建了一座在昌化县千户所南③。除了昌化，琼山县也出现了"峻灵祠"。史籍记载琼山县的峻灵祠有两座，一座是在"东城外"，元代建。另一座在"县城西门内"④。据《道光琼州府志》载：临高"县城西门内"有峻灵王庙，"康熙四十三年，知县樊庶重建"⑤，记载中提到此庙乃"重建"，可见早在康熙四十三年（1704）之前临高就有峻灵王庙了，这也说明临高地区此前一直有峻灵王信仰。至清朝，峻灵王信仰在海南，除了庙宇增多，信众越来越多，人们对峻灵王的传说、身世来源也越传越神，有了专门的祭祀日与特有的祭祀方式，峻灵王由原来的"山神"逐步转变成了"人神"。据《康熙昌化县志》记载：峻灵王"二月二十四日生，六月六日成道。有司至期祭以镖牛，俯仰验岁丰歉"⑥。由此可见，峻灵王信仰已趋于成熟、系统化，而这应该是道教助推的结果⑦。而官方也不断地予以支持，光绪二十年（1894）八月十八日，原"峻灵王"被奉旨加封为"昭德王"⑧。

---

① 〔明〕李贤修：《大明一统志·琼州府·祠庙》，海南出版社 2003 年版，第 19 页。

② 〔明〕郭棐：《万历广东通志》卷五四《琼州府·坛祠志》，海南出版社 2003 年版，第 93 页。

③ 〔清〕成梦雷：《古今图书集成·琼州府部汇考八·祠庙考》，《地理志·海南》（六种）海南出版社 2003 年版，第 365 页。

④ 〔明〕唐胄：《正德琼台志·坛庙》，《天一阁藏明代方志选刊》卷二八影印版，上海古籍书店 1964 年版。

⑤ 〔清〕明谊修，张岳崧纂：《道光琼州府志·建置志·坛庙》，李琳点校，海南出版社 2003 年版，第 397 页。

⑥ 〔清〕方岱修，璩之璨校：《康熙昌化县志》卷一《舆图志·山川》，《康熙昌化县志·光绪昌化县志》海南出版社 2003 年版，第 15 页。

⑦ 今天，峻灵山已成为海南著名的道教场

⑧ 〔清〕李有益纂修：《光绪昌化县志》卷一《舆地志·山》，《康熙昌化县志·光绪昌化县志》海南出版社 2003 年版，第 146 页。

由此可见，从明朝开始峻灵王信仰在海南形成了以昌江为点，向海岛西北方面辐射式的发展，由原来的昌江地区不断向外传播，其影响及海南岛的西北沿海一带，尤其临高、琼山、儋州等地庙宇渐增，可以推测其信众数量一定不少。而在昌江这个发源地，其影响力更是不言而喻，当地有三座峻灵王庙祠，其中一座就建在当时重要的乌坭港口处，当地或过往的船只和渔民过往者都要祭拜一番，祈求渔猎平安、满载而归。此时的峻灵王明显地由曾经的"山神"转变为"海神"了，其海神的特征和功能凸显。至清初，峻灵王在海南已发展成为一个有具体的信仰对象、有专属的祭祀场所祭祀日、有显赫的官方封号、有显明的神职功能、有丰富的民间传说的完整而有体系的地方性"海神"信仰了。

峻灵王信仰之所以在明清时发展兴盛，这一方面得益于官方的推动力量，一方面也因为民间的文化。

从国家的层面来说，历朝历代对海南的政治态度都不积极，或不予重视。汉朝时，国家的战略眼光触及海南，虽置郡县，但因种种原因无力管理，致使置而复弃。三国至南北朝时期，中央在海南虽设行政建置但也形同虚设，处于羁縻状态。南朝至隋唐，中央靠"冼氏家族"的势力"开边定远""示柔海外"。宋朝以来，中央沿用历朝"以夷治夷"的方式治理海南。元朝统治者则是付诸武力镇压。而且历代朝廷对海南这块"不毛之地"的态度都带着浓重的"轻蔑"，汉代贾捐之在给汉元帝的上书中甚至提到海南先民"与禽兽无异，本不足郡县置也"。直至宋朝，统治者也认为海南是"遐荒炎瘴"之地，不必"别名正官"。但出于江山版图、边疆安定的目的，又不得不给予关注。然而就海南而言，每一次官方力量的关注，都带给了其重大而深远的影响，这种影响不仅是政治经济上，更是文化上的，如汉朝平定南越、开拓岭南时先后有两位伏波将军"来过"海南[①]，于是路博德、马援他们的事迹被海南民间文化传颂了一千九百多年直至今天，甚至被奉为"海神"（伏波神）。

---

① 学术界就此有争议，认为历史上没有明确记载其二人进入海南的确证，最远在广州一带，未过海，如唐玲玲、周伟民即持此观点。唐玲玲、周伟民：《海南史要览》，海南出版社/南方出版社 2008 年版，第 28—29 页。

海南有关伏波的神庙几乎遍布全岛，传说和由此而建的旅游景点非常多。南朝梁至隋初的冼夫人，领导百越族团结、发展，使长期分裂争战的南方安定统一。隋朝朝廷高度重视冼氏家族在南方的影响力，通过多种方式予以嘉奖、肯定，希望以此进一步巩固中央对南方百越族的政治控制力。于是隋文帝亲封冼夫人为"谯国夫人"，追封冼夫人丈夫冯宝为"谯国公"，并赐冼夫人临振县（今三亚）一千五百户为汤沐邑。在此推动之下，冼夫人在海南的影响力不断提升，发展到今天冼夫人在海南民间文化中被奉为"海神"，而各地每年有隆重的"军坡节"就是纪念和颂扬冼夫人的功绩。相比伏波神、冼夫人，"峻灵王"则是宋、明、清时期官方力量推动下海南产生的新神灵。南汉、宋、清三朝，昌化江边的这座山前后被朝廷三次诏封"镇海广德王""峻灵王""昭德王"，相比两位伏波将军、冼夫人，其官方的重视程度不言而喻，当然官方此举只是出于疆土扩张、边疆安定的考虑，但这仍然极大地带动了民间文化对其的重视和发展。正是在这样的官方力量推动下，峻灵王和两位"伏波"、冼夫人一样，不断地被"神化""传说化""信仰化"，最终在明清时达到了发展鼎盛期。

从民间信仰发展的角度来说，峻灵王信仰的兴盛一方面因为官方倡导的带动，多次加封、新建重建或不断翻修庙宇、设立官祭、官员推动（贬官苏轼的名人效应），使得民间百姓也对其推崇；另一方面则主要是民间对这位神民有着迫切的需求。明清时，虽然朝廷全面实现"海禁政策"，但是就海南而言其海外贸易则实现了区域性勃兴。自郑和下西洋之后南海诸国朝贡不断，而这些朝贡、互市船舶"多经琼州"[①]，据《明史》记载明代时就有安南、占城、西洋琐里、爪哇、浡泥、三佛齐、暹罗斛、真腊诸国来贡，说是朝贡，实则是为了经济贸易，以至皇帝说"入贡既频，劳费太甚""朕不欲也"，然而却"来者不止"[②]。外来船商贸易的带动下，海南各地沿海的港口激增，仅明代史籍记载的万州港门港以及陵水的桐栖港、崖州新地港、大疍港、望楼港、毕潭港等就都是

①《儋州县志》卷六《诸夷人贡事例》，海南出版社2004年版，第333页。

②《二十五史中的海南·明史》，海南出版社2003年版，第457页。

当时外来商船经常停靠的港口。而本地的渔民们也不断地探索海洋，外出打鱼或贸易，《更路簿》记录海南渔民已有往东南亚、西亚、东亚以至地中海沿岸国家航行的路线，而《更路簿》形成的时期就在明代。航海业、渔业、海上贸易等使得人们进一步认识了海洋，收获了利益，但同时出需要面对更多的海上灾难，台风、触礁、暗流等海难日有发生，在这种情况下人们祈求海上平安的愿望越来越强烈，这就使得海神的产生显得极为迫切。"峻灵王"就在这样的现实情况、需求下应运而生，并且成了海南岛西北沿海一带地方的重要"海神"。

三、海南"峻灵王"信仰的衰落

峻灵王信仰的衰落之势在明朝时就埋下了种子。据《万历琼州府志》记载：当时昌化县除了神山峻灵王庙，还出现了天妃宫，而且此时期，海南岛各地都雨后春笋般地出现了大量的天妃宫（庙）、冼夫人庙、伏波庙，虽然早在宋朝时海南就有"冼氏庙""伏波威武庙"，但到明初时，这些庙祠的数量之多、覆盖面之广都是此前无法与之相比的。为方便对比，列表如下：

宋元明时期天妃庙、伏波庙、兄弟庙数量增长对比图

朝代	庙祠	地点、数量、庙名	建造时期	史志记载出处
宋	冼夫人庙	昌化：1座；冼氏庙	不详，南宋时见载	1.〔宋〕祝穆：《方舆胜览·海外四洲·昌化军》，《地理志·海南》，第51页
		崖州治东：1座；郡主夫人庙	宋建	2.〔明〕戴璟：《嘉靖广东通志初稿·琼州府》卷二二，《嘉靖广东通志·琼州府》，第132页
		儋州：1座；宁济庙	宋绍兴间建	3.〔明〕唐胄：《正德琼台志》卷二七《坛庙》

朝代	庙祠	地点、数量、庙名	建造时期	史志记载出处
宋	伏波庙	琼州：1座；伏波威武庙	不详，南宋时见载	1.〔宋〕王象之：《舆地纪胜》卷一二四《广南西路·琼州》，《地理志·海南》，第77页
		昌化：1座；伏波将军庙	不详，南宋时见载	2.同上，第94页
		琼山县郡城北六里龙岐村：1座；伏波庙	宋建	3.〔明〕唐胄：《正德琼台志》卷二七《坛庙》
		澄迈县城东二里：1座；伏波庙	宋建	4.〔清〕明谊：《道光琼州府志》卷八《建置志》，《道光琼州府志》，第387页
元	伏波庙	澄迈县贵平乡：1座；伏波庙	元建	1.〔明〕唐胄：《正德琼台志》卷二七《坛庙》
		澄迈县东南二里：1座；伏波庙	元建	2.〔明〕戴熺：《万历琼州府志·建置志·坛庙》，《万历琼州府志》，第168页
	妈祖庙	海口：1座；天妃庙	元建	〔明〕唐胄：《正德琼台志》卷二七《坛庙》
		海口：1座；天妃庙	元建	〔明〕戴熺：《万历琼州府志·建置志·坛庙》，《万历琼州府志》，第164页
明	冼夫人庙	儋州治南：1座；诚敬夫人庙	不详，明天顺时见载	1.〔明〕李贤：《大明一统志·琼州府》，《一统志·琼州府》，第18页
		琼山县郡城西南：1座；柔惠祠	明宣德年建	2.〔明〕唐胄：《正德琼台志》卷二七《坛庙》
		澄迈：1座；柔惠祠	不详，明正德时见载	3.〔明〕唐胄：《正德琼台志》卷二七《坛庙》
		文昌县新安桥右：1座；柔惠祠	明永乐年建	4.〔明〕唐胄：《正德琼台志》卷二七《坛庙》
		文昌县城东南街：1座；南天宫	明永乐年建	5.〔清〕明谊：《道光琼州府志》卷八《建置志》，《道光琼州府志》，第391页

朝代	庙祠	地点、数量、庙名	建造时期	史志记载出处
明	伏波庙	府城东北：1座；伏波庙	不详，明天顺时见载	1.〔明〕李贤：《大明一统志·琼州府》，《一统志·琼州府》，第18页
		州府城外教场演武亭西：1座；汉二伏波祠	万历四十五年（1617）建	2.〔明〕戴熺：《万历琼州府志·建置志·坛庙》，《万历琼州府志》，第165页
		澄迈东门外天池书院：1座；伏波庙	不详，明万历时见载	3.〔明〕郭棐：《万历广东通志·琼州府》卷五九《坛庙》，《万历广东通志·琼州府》，第92页
		澄迈封平都石石矍港：1座；南辽伏波庙	不详，约明时建	4.〔明〕戴熺：《万历琼州府志·建置志·坛庙》，《万历琼州府志》，第168页
		崖州城西：1座；伏波祠	明万历甲寅建	5. 同上，第172页
	妈祖庙	府城北一十里海口：1座；天妃庙	不详，明天顺时见载	1.〔明〕李贤：《大明一统志·琼州府》，《一统志·琼州府》，第19页
		澄迈城西下潦地：1座；天妃庙	明洪武丙寅建	2.〔明〕唐胄：《正德琼台志》卷二七《坛庙》
		临高县治东：1座；天妃庙	明成化间建	3.〔清〕明谊：《道光琼州府志》卷八《建置志》，《道光琼州府志》，第397页
		文昌县南：1座；天妃庙	不详，明万历时见载	4.〔明〕戴熺：《万历琼州府志·建置志·坛庙》，《万历琼州府志》，第169页
		文昌县城南门外：1座；清澜天妃庙	不详，明万历时见载	5. 同上
		乐会县北门内：1座；天妃庙	洪武二年（1369）建	6.〔明〕唐胄：《正德琼台志》卷二七《坛庙》
		乐会县城东门外：1座；天妃庙	不详，明万历时见载	7.〔明〕戴熺：《万历琼州府志·建置志·坛庙》，《万历琼州府志》，第170页
		昌化县西：1座；天妃宫	不详，明万历时见载	8.〔清〕明谊：《道光琼州府志》卷八《建置志》，《道光琼州府志》，第395页

朝代	庙祠	地点、数量、庙名	建造时期	史志记载出处
明	妈祖庙	万州城东：1座；天妃宫	明万历中建	9.〔清〕明谊：《道光琼州府志》卷八《建置志》，《道光琼州府志》，第401页
		陵水北门外：1座；天后庙	明万历三十五年建	10.〔清〕明谊：《道光琼州府志》卷八《建置志》，《道光琼州府志》，第403页
		崖州南海边：1座；天妃庙	不详，明万历时见载	11.〔明〕戴熺：《万历琼州府志·建置志·坛庙》，《万历琼州府志》，第172页
		儋州城东：1座；天后庙/朝天宫	明万历丁酉建	12.〔清〕明谊：《道光琼州府志》卷八《建置志》，《道光琼州府志》，第398页

从表中能够看出，宋朝时，冼夫人庙、伏波庙与峻灵王庙并存发展，从庙祠数量上看，大致相当。到了元朝时，海南出现了妈祖庙，数量也不多。但到了明朝时，海南的冼夫人庙、伏波庙、妈祖庙一时间爆发式地发展起来，数量多、分布广。相比之下，峻灵王庙，不论就其数量还是分布区域虽然也有增加（如前文所述）却远不能与之同日而语。

峻灵王信仰与冼夫人、伏波神、妈祖信仰有什么可比性呢？这主要得从这四位神灵在海南民间文化中的功能说起。在海南，冼夫人、伏波神、妈祖、峻灵王都是作为"海神"被敬奉的。在海南的民俗信仰文化历史中，这四位神灵出现得都很早：冼夫人信仰最早在唐末宋初就出现了，伏波信仰在北宋时就有了，妈祖信仰在元代时出现，峻灵王信仰最早可以追溯到五代。除了妈祖自产生之日起就带着明确的"海神"的标签，其他三位神灵都是在不断的历史文化积淀中慢慢向"海神"靠拢的。但时至明朝时，四位神灵在海南都被奉为"海神"是无疑的了。同为海神，冼夫人、伏波、妈祖庙的数量自明代以来数量激增，至清朝时达鼎盛，可以想象其信众规模。相比之下，峻灵王信仰虽然"起步早"，明代时亦有发展，昌化、临高、琼州府都有建庙，但发展势头明显不足，到清乾隆时期，琼州府城东的"峻灵神祠"已被废弃。临高县的"峻灵王庙"在康熙年间的史志之后也再不见记载。今天的临高县志找不到任何有关"峻灵王庙"的历史痕迹，到底是什么时候废弃的已不得而知，仿佛当地根本没有这一历史。自此，海南的峻灵王庙只剩下昌化地区的了。庙祠数量不能绝对地说明其信众数量的缩减，但却可以由此推测其信仰呈现出了一种"冷却"的程度和趋向。

峻灵王信仰的衰落，应该与冼夫人、伏波神、妈祖信仰在海南的兴盛有关，可以说正是冼夫人、伏波神、妈祖信仰在海南的兴盛造成了峻灵王信仰的衰落。冼夫人、伏波神、妈祖，从产生起源地来说，三者均系外来神灵。学界一般认为冼夫人是海南岛本土信仰，因为历史上海南属于广东，冼夫人信仰起源于广东，故称之为本土信仰。二是因为冼夫人与海南发生了直接关联，平定南越，隋朝廷更是因其功绩赏赐其临振县汤沐邑1500户，临振县正是今天的三亚地区。三是因为当地百姓也确因冼夫人对海南的社会安定做出的贡献而尊崇她、纪念她，但是严格来说冼夫人不是海南岛内的本土信仰，学者蒋明智就指出冼夫人崇拜最初只是祖先崇拜，起源于广东电白，是冯氏后世子孙为慎终追远、奉行孝道、感恩报德、维系亲属团体、求祖先授福、怕祖先降祸而产生的祖先崇拜[1]，后来才发展成为地方性神灵，并随着粤西人们的流动、外迁传播到了广西、海南。伏波信仰，最早在唐代的广西就产生了，据学者王元林考证，唐代广西就有两座伏波庙——桂州的伏波庙、昭平县的"昭灵庙"[2]。而据《正德琼台志》记载海南最早的伏波神庙"海口龙岐村伏波庙"则始建于宋代。妈祖信仰起源于北宋时期的闽越地区，这一点是学术界没有争议的定论。这些外来的神灵能在海南扎根，并成为海南民间重要的信仰对象，主要是伴随着历史上闽、粤、桂的人口迁移浪潮而形成的。海南，作为远离中原的"伊甸岛"，历来吸引着逃避战乱的人们，历史上大规模的"入琼"移民浪潮，始于宋代，经元明至清达到

---

① 蒋明智：《论岭南冼夫人信仰衍变》，《世界宗教研究》2009年第3期，第87—95页。

② 王元林：《明清伏波神信仰地理新探》，《广西民族研究》2010年第2期，第112—119页。

高潮。而闽、粤、桂则是入琼外来人口的主要来源，他们渡海入琼，不仅带来了先进的生产技术，也带来了故乡的崇拜神灵，妈祖、伏波、冼夫人正是这种历史文化迁移、融合的产物。海南的冼夫人庙、伏波庙、妈祖庙在宋时出现、明时爆发式发展，这与历史上入琼的迁移浪潮在时间上是吻合的。伴随着外来神灵的入琼、大规模发展，本地的"峻灵王信仰"被冲击、挤压，从岛北一路"退缩"至岛西一角（昌化一带），这与入琼外来人口的安居路线也是一致的。海南原住民（黎族）的迁徙路线正是内地人口的入琼移民路线，随着外来人口的入琼开发与定居，本地原住民一路向岛西南、南部迁徙，主要聚居于大山深林区，今天的五指山地区、峻灵山所在的昌化地区仍是主要的黎族自治区。

峻灵王信仰在挤压之下，其发展、影响受限，但在岛西北影响力仍然很大。光绪时，临高百姓还重建了峻灵王庙。20世纪80年代儋州、昌江、临高周边的村民们自筹资金重建了峻灵王神庙。时至今日，儋州以北的渔民崇信的"神山爷爷"、东方以南至三亚港门一带渔民信仰的"昌化公"其实都是历史上的峻灵神。当地人信其有灵，出海打鱼必拜。每年农历二月二十四峻灵王诞辰之日，庙内大批信众聚集，香火旺盛，当地人集体手舞足蹈，"人神共愉"。透过史料文献的分析，我们看到了峻灵王的前世今生，今天，他已成为海南本土产生的非常具有特色的地方性海神，有着深厚的历史文化价值、旅游价值，值得我们进一步研究、保护、发展。

"崔公河"及昌化江口之变

何以端

一、最美江口扑朔迷离

在拙文《昌化〈峻灵王庙碑〉史地考》[1]中，围绕苏东坡该碑及两座王庙，对昌化江口水文演变史进行了探讨。为免分散焦点，不少方面尚未涉及，本文转以昌化江出海口之变为核心展开探讨，既照应全面，又尽量与《史地考》少重叠。

昌化江是海南第二大江，由于附近就有峻灵山，可以登高俯瞰宽广的出海口，是其特色。只见江口数不清的横向水陆相间，晴日上天下光，一碧万顷，而夕阳西下，更是满目浮光跃金，映日不可逼视，令人叹为观止，因而获得海南"最美出海口"的盛誉。

这一大片水陆相间，哪些是出海口，哪些不是出海口，哪个才是主出海口？人们恐怕并不明白。很多资料称昌化江经昌化港入海，看去顺理成章，其实根本不是。

昌化港即史上乌坭港，古代确曾是主出海口，但500年前上游就湮塞而与昌化江水文绝缘，只能算是盲河道了。至于昌化港，20世纪中期还是广东四大渔港之一，百来吨的渔船可泊数百艘之多，后来随着山

---

① 《苏学研究》2020年9月总第7期，第38—54页。

林砍伐加重，淤积加速，当代只能停泊少量十来吨的小船，渔航地位也就一去不复返了。

"崔公河"是古昌化县最重要的水利设施，它在哪里？众说纷纭。原来，它引昌化江水入昌化港盲河道，缓解了明清昌化城的咸卤之苦，济民功绩不小。然而清中期后崔公河淤废，仅余其名，再后悄然消失，位置已茫不可晓。

历代开发砍伐造成水土流失，下游淤积加剧，几乎是所有河流变迁史的主旋律。学界第一次对海南这种状况系统探讨，应该是1987年司徒尚纪先生在中山大学的博士学位论文《海南岛历史上土地开发研究》，出版后影响深远。今天回顾其中关于昌化县的一些具体表述，不尽恰当，例如将隋唐昌化县治标示在昌化江北支流以北、将宋元昌化县治标示为杨柳村、将北支流标示为崔公河等等。[①] 但当时史料不全，司徒先生集中分析史书记载的各种水文劣变，将其与土地开发、森林砍伐紧密联系起来，确实是个重要创见。

笔者认为在海南诸大中河流中，昌化江变迁史属于最为惊心动魄而又扑朔迷离的一例。明清之间出海口曾发生三次改道，后来居上的主河道，至今默默无名，在人们口头附丽于昌化港。而崔公河的前身后世，又与出海口之变息息相关。

正是这几次改道，时而暴烈、时而轻柔的江水，按流体力学生成无数洲渚软柔排列，散而不乱，最终造成出海口如凤凰尾羽般的丰富水道，令人目不暇接。

本文试逐一还原这段大江秘史。

二、三次改道主流淤塞

自隋至明前期，昌化江主出海口一直是今昌化港所在的河道，即二水洲北缘的昌化江北支流。县治在今"旧县"村，唐宋间运作良好，苏

---

① 司徒尚纪：《海南岛历史上土地开发研究》，海南人民出版社1987年版，第190页。

东坡拜谒峻灵山，就是乘船到"昌化县西"，在乌坭港（今昌化港略上游）弃舟登陆，或转换小船到县治的。史载最迟明前期，这一带的经典农耕方式就已相当成熟，枯水期农民在江心筑土木坝截流，以提高水位，再用水车抽水上田灌溉，发展了百余顷灌区。

明洪武中，随着近万谪发军户的陆续登岛，海南修筑多个千户所城，开启了大修城时代。所城通常与既有州县治同地，以便集中防守，然而，洪武二十四年（1391）开筑的昌化所城（今昌化故城），却反常地远离当时的县治十余里，另行觅地修筑。

究其原因，一是老县治太狭窄，常年不受水淹的高处只是狭长带状，无法容纳千户所城；二是随着山区开发森林砍伐，元明之间水患日益凶猛，二水洲频频被淹，民生痛苦，官府已准备放弃旧治。

果然，修城半世纪后的正统八年（1443），昌化县治迁入了水文安全的千户所城。此后半个世纪之内，昌化江出海口的南北两支流，接连湮塞改道：

> 昌江两岸，居民之（自？）乌坭港溯流而上，皆截流堰水，竹木为车，灌田百余顷。天顺间（1457—1468），南流已塞；弘治辛酉（1501），北流亦塞，转南从三家港出海，附郭田上（土？）与军民病于灌汲焉。[1]

这段记载，本文句读略异于2006年海南版，同时对个别字作了质疑订正。乌坭港在北支流下游，约今昌城村西南侧的江边。南流即南支流，史称南江，即今赤坎村北、旦场村南的河道；北流即北支流，史称北江，今两个"旧县"村夹着的良田故道。两条支流之间就是曾经四面环水的二水洲。

记载解读：天顺间，洪水堆沙堵塞了南支流尾段，到1501年，北支流前部亦淤塞。无处可去的洪水，转过来在南支流前半段、今"日新村"以北处，将二水洲拦腰冲出一条新河道，改由三家港入海（参见

---

[1]《万历琼州府志》，海南出版社2006年版，第102页。

卫星分析图）。而北支流前段一塞，后段即昌化港河道就与昌化江无关了，至今依然。

更早的《正德琼台志》，从另一个角度记载了两支流的淤塞及改道：

> 昌江……合流至侯村，始分为南北江。南江西流，经赤坎村后转南，出三家村，会海潮成港，故名南崖江，又名三家港。西南有吉家泸（澂），海船不时湾泊，昔设营堡守备。北江绕县治南流，西至乌泥浦，与潮相会成港，入于海，故名北港，又名乌泥港。船只出入，旧设烽堠守瞭。其北江水于弘治辛酉泛溢，冲埋田土，壅塞故流，俱从三家港出，至今军民病之。①

文中"侯村"即今居侯村，第一句"南北江"叙述清晰。三家港在哪里？史料甚少参照。而江流"经赤坎村后转南，出三家村"汇潮成三家港，方向显然误记，给考据增加了很大难度，不如万历志"北流亦塞，转南从三家港出海"的准确。

而万历志同一词条，记述大同小异，相异之句为对南北江流向的微妙处理："南江西流，经赤坎村转出三家村会潮，故名南崖江，又名三家港。""北江绕县治，流至乌泥浦，会潮入海，故名北港，又名乌坭港。"②对照地图，这两句均比《正德琼台志》描述准确。

地图可见，河道若经赤坎村后再转南，即已离开昌化江三角洲，整个南北支流地域将再无像样的江流，史载位于"县治南五里"的崔公河就变成无本之木了。本文推测南支流只是"尾段"淤塞，同样出于崔公河的基本事实。

古代地方志实地踏勘不易，缺乏专业技术，茫茫水潦艰难跋涉，编撰者未必都能亲到，加上可能的撮抄错误，方向表述出些错不足为奇。今人要准确解读，就必须在有限记载中去粗取精，多方印证，利用现代科学手段，依水文演变规律考量推导。

---

① 《正德琼台志》，海南出版社 2006 年版，第 111 页。

② 《万历琼州府志》，海南出版社 2006 年版，第 80 页。

三、三代治所苦守北支

所以，冲出的新河道应是经赤坎村后转向西北，也就是今旦场村东北的河道，即东方市与昌化县的界河。这道河，当时成为唯一出海口，此后也是五百多年来昌化江的出海主流，而扑朔迷离的三家港即在其尾，当代咸田村西。政府划分市县界非常严谨，如是界河，原则上以水文部门确定的主河道中心线为界。（图1）

图1　昌化江三角洲水文演变追溯图

（注：以卫星地图及《正德琼台志》古舆图等为据，做出手绘图。）

笔者曾撰文指出：《正德琼台志》"昌化"舆图居民点及江流、岛屿表述清晰，北支流仍然畅通，当然也就没有三家港，说明该图底本必比弘治江流之变更早。[1]但该文称无法寻得北支故道，乃因当时认识未深，方向不对，其实故道就在两个旧县村之间，现在是连片狭长良田。

北支上游湮塞，二水"洲"名存实亡，西部又被新河道拦腰截断。北支下游虽仍通海，却只有一条集雨面积仅60平方公里的靛村河淡水进入，根本压不住咸潮，久之连井水都是咸的。琼西苦旱，原有耕地缺乏淡水纷纷荒芜，居民日常生活都大成问题，成为对县治的致命威胁。

历史上的昌化县三个治所，全都在昌化江北支流，旧县村在两流始

---

①《明代海南州县图：黎族研究的特殊宝库》，《海南日报》2019年5月13日。

分之端，在水文劣化前确实是最佳位置。后来的两个，在北支流淤断后一直与咸潮苦苦争持，全县经济也急转直下，可见北支流对昌化是何等重要。

为什么不在另两条支流旁边再择新县治？原来，只有北支流以北，才有略高之地可以依凭。整个昌化江三角洲除了旧县村那一点天然高地，都相对低平，大洪水一来统统淹没，甚至连北支流淤塞段，此时都将成为泽国，无一幸免。所以，其余支流都没有可充当县治之处。

北支流淤塞后，尽管嘉靖间先后将原属儋州的抱驿都两图及南罗都半图，将近130顷田地拨归昌化，儋昌间改以珠碧江为界，延续至今，但依然无法改变昌化的困境。唐宋昌化小县尚存的那点持重闲适，已经一去不复返了。

四、厥功至伟的崔公河

北支淤塞一代人之后，千户指挥官崔瀛慨然率军民开凿一条约4里长的人工河，以引昌化江淡水。这便是昌化史上最大的水利工程——崔公河。

> 崔公河：在县治南五里。城池濒海，井水卤涩，城中人民苦于饮汲。嘉靖八年（1529），海南卫指挥崔瀛署所事，乃率军民自城南五里开拓，接大江之许（浒），导其顺流而西，绕城达乌坭港出海。军民至今利于灌汲，名曰崔公河。[1]

从地图上看，崔公河南端引水口，必在今杨柳村与旦场村之间的河道弯曲处，自南向北略偏东（方志称"导其顺流而西"方向也错）将江水引入北支下游，里程符合史载。由此以淡压咸，相当程度上改善了乌坭港水道的水质，居民可以在潮落之时，趁淡汲饮及引水灌溉。

此后大概到清初，南支的湮塞沙泥再被洪水陆续冲开，与三家港水

---

①《万历琼州府志》，海南出版社2006年版，第102页。

道形成双龙出海的新格局，直至当代。南支末端即当代英潮港，三家港水道到了当代不但港已消失，连三家港名字都鲜有人知了。南支老水道看去虽然较宽，但无论江深与流量都不如三家港水道，这个区别，四面围水的旦场村村民最是清楚。

清代方志对南支重开并无记载，然而可以看到若干蛛丝马迹。例如《康熙昌化县志》卷一《海港》记载三家港："蛋（疍）场港，今浅；南港，即三家港，今浅。"虽然《正德琼台志》已有"南港，俱沙浅"之载，但未注明南港即是三家港，事实上当时未必就是。不同年代的地名、港名，不知不觉会因实地之变而变，从中或隐隐表述了南支流重开，导致三家港变浅。

到《道光广东通志》："南江西流，经赤坎村南（何按：应为西）出，会潮成港，名南崖江"，没提三家港，很像描述南支流故道。[1]《光绪昌化县志》照引用，而且南港、三家港位置出现重大偏差："南港，即三家港，在城西南四十五里（其实位置当为十五里），纳南江水。"[2]这可能反映三家港湮废年久，连县志都不明其位置了。

随着南支流复畅，三家港水被分薄，加上自身的人工河道年久淤塞，崔公河引淡就日益困难，最终废弃淤塞，清中期以后，同样连位置都模糊了。

此事，从晚清记载的赤坎渡口可见端倪：

> 赤坎河渡，即崔公河渡。在城东南，原有渡船一只，年久朽坏。道光十六年……设渡夫二名。[3]

赤坎渡，《康熙昌化县志》未记载，笔者推测大概在乾嘉之间新设。赤坎村在南支流南岸，《同治广东图》在相应位置标示了"赤坎铺"，成为清后期地方志正文尚未记载的驿道新设铺舍。这进一步明确了赤坎渡

---

① 〔清〕阮元总裁，陈昌齐总纂：《道光广东通志·琼州府》，蒋志华等点校，海南出版社 2006 年版，第 362 页。

② 〔清〕李有益纂修：《光绪昌化县志》，海南出版社 2006 年版，第 147 页。

③ 同上书，第 165 页。

的位置及官渡性质。可以确认，赤坎河渡是丰水期的南支流船渡，与崔公河南口（引水口）至少隔了五六里。"即崔公河渡"说明设渡之时本地人已不知崔公河位置，仅出于追慕先贤而名之。（图2）

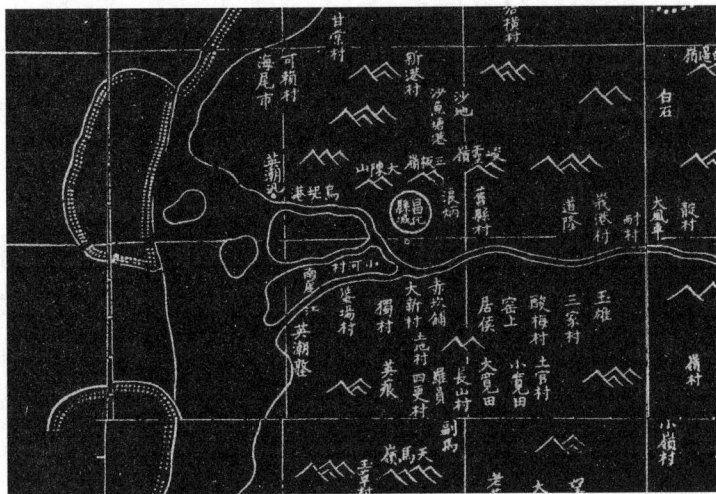

图2 《同治广东图》中的昌化江口，标示了海上沙线，有"赤坎铺"，村落位置未尽准确

到晚清咸同间，昌化县断断续续修筑新县城（今新城村），因为这里密近靛村河口，淡水较有保障，至光绪间短暂将治署迁入。这是县治对摆脱咸卤水情的最后一次挣扎，终因新城综合条件太差，此次迁治还是失败了。

一旦开始修筑新城，便确证着崔公河已完全成为历史。

五、半世纪前踪迹宛在

文末，附上一帧1960年代的航拍照片。航拍片上，笔者推断为崔公河的位置果然有一条清晰可辨的河流故道，直观地为我们展示了500年前昌化人民开辟的这条人工河。

为什么判断是故河道？航片里的沙土路不会是深色，而且也不可能专门通往滩涂。1960年代，大规模平整土地、增加耕地面积的工作尚未开始，淤塞多年的河道依然地势低湿，草木葱茏，与周边沙滩迥异。河的北段渐淡渐消，就可能有耕地开发的原因。这条全程粗细规整的细线，在整个航拍图上是个特异存在。

20世纪下半叶，是海南山林砍伐最快、水土流失最剧烈的时段。细细对照相差半个世纪的这两张"天眼"照，可以看到昌化江出海口河道变动已经相当大。例如，当代卫星图上旦场村与杨柳村之间江段的那个大弧形，50年前还是直直的，像一大缕乱麻。

在航片位置引领下，当代卫星地图上可以看到，崔公河南半段虽然已被当代江心吞噬，但中间相当长一段河道的线段，依然清晰保留至今。不过，通过对不同季节、不同卫星拍摄卫星图的比对发现，河道很可能已改为田间便道了。（图3）

图3　根据20世纪60年代卫星图做出手绘图，显示当时崔公河影像十分清晰

这条便道弯了一个大弧形，作为通道是不合理的，之所以如此，推测由于只有古河道是公地，其他都是私田，不易改；或许，这条线还是不同经济社（公社化时代的生产队）的自然分界线。所以也就是农村推行土地承包制度后才改为路的。

尽管如此，现在这条500年前的人工河不是"呼之欲出"，而是随时可以亲履了。

一块南宋残碑引出一部专著

——"世遗"视域下的《苏东坡昌化江遗踪考论》价值初探

刘继增　张建功[*]

　　苏轼被誉为世界"千年英雄"。在地名文化遗产融入世界遗产保护范畴^①和海南国际旅游岛建设的大背景下，适逢李公羽先生《峻灵独立秀且雄 —— 苏东坡昌化江遗踪考论》（以下简称《考论》）出版，以"世遗"为视域，探究苏东坡海南流寓地的地名文化遗产，期希由此迈出领取世界非物质文化遗产"通行证"的第一步，并就教于方家大德。

一、专著彰显的治学范式

　　著名学者袁行霈在《学术文化随笔》中收入他在《群言》1996年第8期发表的《学问的气象》一文，在文中，袁行霈借用宋代词人张孝祥的《念奴娇·过洞庭》并赋予新意，在学界推崇和倡导"尽挹西江，细斟北斗，万象为宾客"的治学范式。^②文艺研究杂志社特请西华师范大学文学院兼职教授、《中国社会科学》编审马自力先生采访袁行霈教授，

---

* 作者简介：刘继增，中国苏轼研究学会理事、中国地名文化遗产保护促进会理事、郏县苏轼研究会副会长；张建功，郏县地名文化研究会秘书长。

① 刘保全：《地名文化遗产概论》，中国社会出版社2011年版，第106页。

② 袁行霈：《学术文化随笔》，中国青年出版社1998年版，第226—227页。

2016 年第 12 期以《文学、文化、文明：横通与纵通》为题，发表了袁行霈的采访录。治学要有气象，《考论》一书所显示李公羽先生的治学气象，则是践行袁行霈提出的"十三字"治学范式的标志性成果。

所谓"尽挹"，即尽可能把有关的资料全部搜集起来。苏轼其人其作那种海涵地负的浩瀚气象有着"苏海"之称，借指已如汪洋大海般的苏学研究。为一探"苏海"之深，四川大学中文系唐宋文学研究室以集体之力，完成了《苏轼资料汇编》，1994 年 4 月由中华书局推出，作为四川大学"211 工程重点学科建设项目"。曾枣庄先生主持完成了《苏诗汇评》和《苏文汇评》，由四川文艺出版社 2000 年 1 月推出。中国社会科学院陈才智先生曾类编《三苏研究文献》，涉及其人其作，包括诗词文赋及书画，分为著作、年谱、传记、研究等，涵盖古今中外，几番增补，仅书目部分篇幅就已近 3 万字。[①] 在发现南宋昌化县令何适所立的峻灵王庙碑残碑后，李公羽先生在"苏海"中上下求索，先后搜集了纪昀总纂的《钦定四库全书荟要》，明末茅维纂集、孔凡礼点校的《苏轼文集》和孔凡礼的《苏轼年谱》等 29 种古籍权威版本和古籍选注，集存故宫珍本《康熙昌化县志》和《康熙琼州府志》等 32 种地方史志文献；参考了曾枣庄领衔、中日美韩四国学者共同编著的《苏轼研究史》和王水照的《走近苏海 —— 苏轼研究的几点反思》等 49 种现当代相关著述。所谓"细斟北斗"，李公羽先生聚焦苏轼所撰峻灵王庙残碑和《自昌化双溪馆下寻溪源至治平寺二首》，以此"北斗"为勺，对"尽挹"的文献资料爬梳整理，加以"细斟"，仔细地辨析。所谓"万象为宾客"，李公羽先生引入历史地理学、地方文献学、石刻文献学、地名学等相关学科的理论和方法用来为苏轼所撰灵岭王庙残碑文和《自昌化双溪馆下寻溪源至治平寺二首》研究服务，提出了《峻灵王庙碑》是东坡亲临现场所见所得的实况记录以及由治平寺诗解读东坡晚年的人生感悟，可证二诗作于海南等 10 个观点，勾勒出本书的基本框架，支撑《考论》这部 26 万多字的专著。

---

① 陈才智：《苏东坡昌化江遗踪考论·序 —— 走近苏海》，上海古籍出版社 2020 年版，第 1—10 页。

正如袁行霈指出的那样："做学问也讲究气象。学问的气象，如释迦之说法，霁月之在天，庄严恢宏，清远雅正。不强服人而人自服，无庸标榜而下自成蹊。"著中提出的基本观点"无庸标榜而下自成蹊"，如果说四川大学唐宋文学研究室和中国社会科学院陈才智先生是对"苏海"的详查，曾枣庄先生围绕苏诗、苏文这一主题对"苏海"的专项探底，而李公羽先生此举，则是围绕苏轼在海南昌江的诗、文而在"苏海"精准探底。它将为苏轼遗迹、遗址地的地方文化学者挖掘地方文化"宝藏"，提供可资借鉴的研究范式。

二、苏轼昌化军"安置"的精神地标

《峻灵王庙碑》是苏轼所撰 15 篇碑文之一，收入《苏轼文集》卷一七。[①]苏轼流寓海南的 3 年，是以"责授琼州别驾、昌化军安置"的身份和待遇度过的。宋代最高监察机关对违纪官员的行政惩处方式主要有除名、勒停、冲替、差替、放罢、削职罢、贬降、展磨勘、物质处罚（罚俸、罚铜）、精神惩治（赐恶谥、夺谥、改恶谥），以及落职、削爵、削夺恩赐恩荫等。[②]除名，即削除一切官籍，使成为平民。贬降又称贬、贬谪、降授、责授等。降授，即因过犯而降官、降差遣。责授，重于降授。不限于降一官、二官，从高阶径往低阶降阶、降官。官衔首带"责降"二字。责降往往与"居住""安置"相连。"居住"又称谪居，指定在某州居住，不得随意迁移到他州，但活动较自由。"安置"，贬散官多处以"安置"，活动受到监视限制。[③]峻灵王庙碑就位于昌化军的辖县昌化县境内。

苏轼流寓海南三年的精神支柱为何？元符三年（1100）农历五月，苏轼获旨以"琼州别驾"身份移廉州（今广西合浦）。离别海南之前，撰写了著名的《峻灵王庙碑》，以感谢位于昌化江畔的"峻灵王"护国

---

① 孔凡礼点校：《苏轼文集》，中华书局 1986 年版，第 510 页。

② 陈骏程：《宋代官员惩治研究》，暨南大学博士学位论文，2006 年 10 月。

③ 龚延明：《宋代官职辞典》，中华书局 1997 年版，第 654 页。

安民、感谢山川之神"实相之",使他"谪居海南三载,饮咸食腥,凌暴飓雾,而得生还"。苏轼碑文中的自述,俨然使峻灵王庙和峻灵王文化成为苏轼昌化军"安置"三年的精神依托和精神地标。

苏轼自信地预言:"留下的这方碑铭,它的光芒定会普照万世。"当李公宇先生田野调查时,苏轼的这方碑铭已成高72厘米、宽66厘米,碑文仅有180多字的残碑。"铭碑晔然照无穷"成为他在"苏海"精准探底的动力源泉,使其终以《峻灵王庙碑》是东坡亲临现场所见所得的实况记录、通过田野调查和文献考据新发现记述东坡到昌化县及刻碑过程的史料等,稳定地支撑着"峻灵王是护佑民众的英雄化身""峻灵王庙是东坡和民众期冀平安的共同精神寄托""《峻灵王庙碑》一文记录着东坡身临其境的观察和感悟"等核心观点。再次展现它是苏轼昌化军"安置"地的精神地标的定位。

尤其弥足珍贵的是残碑保存有立碑人撰写的说明文字,且未见史料记载。著中有云:"……化令何适以书来喻曰东坡先生为峻灵王庙……愧之公到儋才两月遂获北归愿书此文……寄贵授海州团练副使府□折县令何□立"。李公宇先生"查多种官修史志,昌化县令多从洪武年间记起。记有唐宋县官传的史志,如《康熙广东通志·琼州府》等,知昌化县职官中亦无何适。何公在全文抄录东坡原文之后,另介绍了东坡撰此碑文的起因。从残碑文字布局看,何公文字较长。对照东坡原文计数推记此碑每行约36字。现存残碑最长一行余23字,以此推断何适文应在102字左右。然而何公此文,查多个版本昌化、儋州、琼州史志,包括近年昌江黎族自治县主编的《昌江县二千年事记》等,皆无记载。"

正如陈才智先生所云:"公羽先生的重要贡献,在于将何适与明代崇祯昌化县令张三光《重立峻灵王庙小记》中的'阅二十八年(建炎二年,1128)昌令何公请祈公书而刻之石'这一信息联系了起来,尽管尚不百分之百地肯定'何公'就是何适,但毕竟在宋代到明代湮灭不彰的历史链条上补上了重要一环。如果'何公'就是何适,这篇《重立峻灵王庙小记》无疑正可印证何适所立之碑的真实性,以及何适建炎二年时任昌化令这一史实。"由此,更印证了苏轼"铭碑晔然照无穷"的预言,呈现出何适、折彦质、张三光的立碑和保护的路径。

三、通往世界非物质文化遗产桥梁的构架

联合国地名标准化大会多次作出决议，强调地名是国家重要的历史文化遗产，要求各国采取行动予以保护。地名，往往记载着中华民族对自然环境和人文环境特有的认识和思考，记录着中华优秀传统文化中丰富的精神文明成果，是特殊的宝贵的历史文化遗产。海南岛上的"昌化军""昌化县"等，虽已成为"过去式"，但作为古代军、县地名，积淀了深厚的历史文化和地理文化信息，在非物质文化遗产中，有着重要的历史地位。

（一）苏轼海南流寓安置地"昌化军"已成历史地名

苏轼贬谪安置地昌化军，北宋熙宁六年（1073）改儋州始置，治所在宜伦县（今海南省儋州市西北中和镇）。南宋绍兴六年（1136）废。十四年（1144）复置，端平二年（1235）改为南宁军，存世仅154年，作为历史地名载入《中国历史地名辞典》。[①]《康熙昌化县志》"流寓"条下载：宋苏轼，字子瞻，别号东坡，眉州人。绍圣中以御史论掌制，曰词命"讥斥先朝"，连三贬至琼州别驾，昌化军安置[②]。这已经成为苏轼在海南流寓特有的符号和念想。

（二）苏轼海南流寓安置地、精神标识地的县之专名沿用超千年

位于海南西部的昌化县，西汉元封元年（前110）置县，迄今已有1900多年的置县史。《考论》书中考据：隋大业三年（607）始置昌化县。[③]查薛国屏先生编著《中国古今地名对照表》，北宋熙宁六年

---

① 史为乐主编：《中国历史地名大辞典》，中国社会科学出版社2005年版，第1531页。

② 〔清〕方岱修，瑑之璨校正：《康熙昌化县志》，海南出版社2004年版，第90页。

③ 李公羽：《峻灵独立秀且雄——苏东坡昌化江遗踪考论》，上海古籍出版社2020年版，第4页。

（1073）废而元丰三年（1080）复置，1914年因浙江省另有同名的"昌化县"，遂改名"昌江县"。1950年与感恩县合置昌感县，1959年并入东方县。1961年恢复昌江县，其专名沿用计有一千三百多年的历史。[①]

（三）苏轼海南流寓安置地、精神标识地的县名之专名语源、语义有清晰界定

地名词语有其音、形、义、位四个要素组成，语源和语义则是其关键要素。昌化县专名语源于它"地处昌化江流域"。昌化江语源于昌化县境内的昌化山[②]《考论》对其语义做了清晰的界定。著者认为，昌化的定名很有可能与昌明开化有关。[③]双溪书院（馆）始建于唐代，形成学子聚集之地，是海南岛开化、接受文明最早的郡县之一。昌化江，又名昌江，"民国三年（1914）五月，时广东省民政部部长朱开宪令各知事，递照部令改定全国重复之县名。因昌化县与浙江省昌化县同名，又因昌化江从五指山发源后流经昌化县，故将昌化县改名为昌江县。"[④]其语词源未变。

（四）苏轼海南流寓安置地、精神标识地的乡土文化鲜活、地理文化特征彰显

从苏轼碑文中可知，峻灵王信仰源远流长。昌江县的峻灵山，又称昌化大岭，有着神山之称。山下峻灵王庙供奉的峻灵王，历经南汉、北宋、光绪三代封王，有着丰腴的民间土壤。著中引《光绪昌化县志》卷一载："峻灵山，在城西北十里，旧名神山，高百余丈，上有二石如人形。相传有兄弟向海捕鱼，神化为石，号兄弟石。又有石若冠帽，乃一兄弟所遗。及石池、石船，乃其所游乘者。侧有橘、柚甘香，云不可携去，携去即黑雾暴风骇人，池中有鱼亦然。土人尝于此祈祷，东坡有

---

① 薛国屏：《中国古今地名对照表》，上海辞书出版社2010年版，第410页。

② 牛汝辰主编：《中国地名由来词典》，中央民族大学出版社1999年版，第286页；贾文毓、李引：《中国地名辞源》，华夏出版社2005年版，第43页。

③ 李公羽：《峻灵独立秀且雄——苏东坡昌化江遗踪考论》，上海古籍出版社2020年版，第4、25页。

④ 同上书，第68页。

记。"南汉封山神为镇海广德王。宋元丰五年（1082）封峻灵王，下建峻灵祠。"至国朝光绪十二年（1886）加封昭德王。"^①按《旧志》云，一名神山。岭延袤十里九峰，为县主山，俗名落膊岗。上有石池、石峰、石船，凡旱涝、灾难、疾病，往祷辄应；下有石坛，俗传以二月二十四日生，六月六日成道。有司至期致祭，以镖牛俯仰验岁丰歉。著者还将此载以原文影印刊于著中，又对峻灵王信仰的流变做详细考察。

"江山留胜迹，吾辈复登临。"苏轼是中国的，也是世界的。以"世遗"为视域，《考论》勾勒出的苏轼海南流寓地遗迹遗址，其地名词语文化和地名实体所承载的历史、地理、乡土文化所组成的地名文化遗产价值，建构起通往世界非物质文化遗产的"桥梁"，为我们拓宽苏东坡文化研究视野，推进东坡文化与当代社会相融合，与现代文明相协调的创新性发展，提供了新的可供深入研究与发掘的重要历史文化资源。

---

① 《峻灵独立秀且雄 —— 苏东坡昌化江遗踪考论》，上海古籍出版社，2020 年版，第 23、26 页。

从半块残碑到让文物活起来

——读李公羽著《苏东坡昌化江遗踪考论》的几点思考

苏启雅[*]

看到有关新闻报道，本以为李公羽老师《峻灵独立秀且雄 —— 苏东坡昌化江遗踪考论》是一篇普通的研究论文，认真读过，才发觉这是一部考古研究专著，观点鲜明，问题独到，考辨翔实，论据充分，功底深厚，堪称鸿篇巨制。作者既非专业考古工作者，亦非学院派专家学者，完成这一专著，实在令人称奇。

一、考论专业性强、可信度高、影响力大

李公羽老师不辞劳苦，多次往返昌江，以三年多时间认真研究考证，在多方面专家的指导和昌江县专家学者以及当地民众的帮助下，实地研读峻灵王庙碑，开展田野调查和民间调查，查检大量文献史料，多次召开学术会议研讨，反复考论这高72厘米、宽66厘米、厚15厘米的半块残碑的石材来源、风化程度、文字出处、迁徙地点，研判刻碑人物和刻立年代，终于取得重大发现，形成重要成果。《峻灵王庙碑》碑文系苏东坡所写，史料是有记载的，已无争议。至于庙碑系谁所立，什

* 作者简介：苏启雅，海南省旅游和文化广电体育厅二级调研员，曾任海南省文物局局长。

么年代所立，作者通过翻检文献，实地考察，反复辨读断碑残文，得出现存残碑"实为建炎二年昌化县令何适所立，记录东坡至昌化及撰写《峻灵王庙碑》的经过"。作者认为："第一，这并非东坡笔迹，不是东坡手书。第二，碑文不仅包括东坡文，而且在东坡文之后还有一段树碑人撰写的说明文字，这段文字目前未见史料记载。第三，目前为止，查史上昌化县令无'何人祈'，也不存在'何大人'撰文而请'祈先生'书写之事。"

李公羽老师这一考论发现，经多次专业学术会议研讨，上海古籍出版社严谨编审出版，弥补了海南苏学研究的空白，增添了苏学研究的亮点。

特别是我们从此书的序言中，看到中国社会科学院文学研究所研究员、中国社会科学院研究生院教授、中华文学史料学学会副会长、中国苏轼研究学会副会长陈才智先生从中华文学史料学的角度研究，对此书做出的评价，认为李公羽先生的重要贡献主要有三个方面：第一，在于将何适与明代崇祯昌化县令张三光《重立峻灵王庙小记》中的文献记载联系起来，在宋代到明代湮灭不彰的历史链条上补了重要的一环，印证何适所立之碑的真实性。第二，以残碑文末提到的折彦质，推得何适是宋代建炎二年时的昌化令，则他碑上的跋文，不仅可补《全宋文》，也可补历代方志中的一位重要地方官员，虽然他品秩有限，但却是海南文化史上的重要一环，更是苏海中一朵耀眼的浪花。第三，公羽先生据两宋之际李纲《建炎时政记》所载，订正了南宋王象之《舆地纪胜》关于折彦质"建炎四年贬昌化军"的记事，认为应是建炎元年（1127）。

由此，我们可以认为：这一考论，专业水平很高，是非专业人员干了专业的事，考论史料丰富，佐证周详，思路清晰，推理有据，合情合理，是一次成功完美的跨界研究，使海南苏学研究大放异彩。这一考论专著，体现了作者孜孜以求的钻研精神，一丝不苟的治学功力，至虔至诚的考古追求，值得海南文物界、苏学研究者深思和学习。

二、昌化江遗踪考论是苏学研究者的行动自觉

从峻灵王庙的半块残碑和苏东坡的《峻灵王庙碑》及《自昌化双溪馆下步寻溪源至治平寺二首》，到一部思考和论辩缜密的考古理论专著，既宣传了苏东坡一生亲民爱民为民的民本思想，又彰显了李公羽老师作为一名苏学研究者的理论功力和行动自觉。他肩负海南苏学研究的使命，潜心研学东坡诗文，详细研判峻灵王庙碑，亲力亲为，提出新问题，发现新材料，做出新判断，取得新成果，说明海南苏学研究存在大有可为的空间。他的考论专著为海南苏学研究注入新鲜血液，拓展了思路，树立了榜样，给予我们新的启示和鼓励。海南苏学研究者和苏学爱好者应该以此为榜样，自觉行动，主动出击，选准研究的切入点，各有侧重，小处着手（如手帖、井泉），行稳致远，久久为功，弥补苏学研究的空白或短板。

三、支持苏东坡亲临昌化县和峻灵山的考论观点

李公羽老师考论的重点围绕"一山、一石、一庙、一碑、一馆、一寺"，当然还有苏东坡及三子苏过、宋昌化县令何适、宋贬官折彦质、明知县张三光、清知县陶元淳等人点点滴滴的相关史料，都进入他的视野。他通过大量的田野调查和民间调查以及文献考据，分别阐述了省内省外和多位专家对苏东坡是否到过海南昌化县的不同观点，最终确认苏东坡亲临昌化县、登临峻灵山、祭拜峻灵王、造访双溪馆和治平寺，题写《峻灵王庙碑》和《自昌化双溪馆下步寻溪源至治平寺二首》。之所以倾向于认同苏东坡亲临昌化县和峻灵山，一是《峻灵王庙碑》记录着苏东坡身临其境的观察和感悟。如果没有身临其境，碑文不可能写得如此具体、真切、生动、形象。在这一观点上，我与李公羽老师的意见不是略同，而是高度一致。《峻灵王庙碑》全文五百多字，多处记述表明苏东坡在现场观察到的情景，以及他听闻民间传说后的感悟。对于两度为峻灵山封王之事，苏东坡可从史料得悉，但当地百姓对神山敬仰与畏

惧的传说，峻灵山详细、具体、准确的位置、风貌、景物等，此前并无记载，必是苏东坡在祭山拜庙的过程中，亲耳所闻，亲眼所见。山上、山侧的景物描述和民间传说取自现场察访，苏东坡细致地描述了此山何以成为"天地之宝"，何以为民众景仰、上帝敬重。甚至，苏东坡不厌其详地细述山上、山侧的特产、作用与影响："山有石池，产紫鳞鱼，民莫敢犯。石峰之侧多荔枝、黄柑，得就食，持去则有风云之变。"苏东坡所见之切，所闻之实，所述之详，所记之精，非实地难能为之。二是苏东坡集儒释道于一身，被誉为"五祖戒禅师转世"，一生喜欢结交儒释道人士，喜欢拜访庙观，喜欢谈佛论道。祭拜海神体现了苏东坡对海洋的敬畏和虔诚的海洋信仰。早在绍圣四年（1097）六月十一日，苏东坡在被贬渡海之前，就按照当地出海拜神求平安的习俗，在徐闻祭拜了伏波将军庙，之后还撰写了《伏波庙记》。贬谪儋州，既为护佑一方平安，也为感谢山神相助，寻找周边地区最有名的海神祭拜，祈求海神保佑，歌功颂德，那是苏东坡自然而然甚至是必然要办最想去办的事情。当时，周边地区最为民间崇拜、规格最高、名气最大的，当然是两度被朝廷封王的峻灵王。三是认同关于苏东坡从水路赴峻灵山的观点。李公羽老师推断，"东坡先生从儋州乘船，沿海岸西南方向行约半日，抵昌江入海口处的英潮港，直接登上二水洲"。一者，水路比陆路近；二者，东坡有疾，步行长途不便；再者，昌化县仍属于昌化军管辖范围，苏东坡赴峻灵山祭拜属于合乎规定的行动范围。在峻灵山下，二水洲头，从双溪馆到治平寺，海南西部沧海桑田，颇有中原景象，也是麦浪芃芃，"桑枝刺眼麦齐腰"。只有身临其境，苏东坡才能发出如此感叹。四是苏东坡历来喜欢游山玩水。对东坡来说，每一座山都充满了神奇的魔力。他好山乐水，只要他去过的山岭，山神都乐坏了，因为他不但有佳作献世，而且会提升山岭的知名度。大到江西庐山，小到儋州松林岭，只要大苏来过，便诗如泉涌，如珠落玉盘。山不在高，有仙则名。峻灵山早有峻灵王坐镇，名气不算小，但文气不够大，千年英雄、一代文豪苏东坡到过峻灵山，留下名篇《峻灵王庙碑》，使得这座小小的峻灵山闪耀着东坡文化的光芒，令人称羡。当后人登临峻灵山时，既可以看到峻灵王傲立山头、雄视大海，又仿佛看到苏东坡祭拜海神、北望中原。

四、刮目相看昌江历史文化

读完《峻灵独立秀且雄 —— 苏东坡昌化江遗踪考论》之后，不禁抚书长叹。一叹自己孤陋寡闻，学识短浅。本人曾经担任为期两年半的海南省文物局局长，自以为基本清楚昌江县的历史文化，昌江县的信冲洞遗址、昌化故城、钱铁洞遗址等文物保护单位，熟稔于心。全县可移动文物为数不多，连个像样的博物馆都没有。但并不知道昌江县峻灵山，山上矗立着被三朝御封的神石叫"峻灵王"，更不知道峻灵王庙里珍藏着这宝贵的半块残碑。数百年来，人们或以为这即是东坡先生所书峻灵王庙碑文，或以为这只是明清时期重立的碑刻，而从来无人认真研读、辨识一下碑上文字，以至这样一块十分宝贵的南宋古碑实物，置之庙前无人识。二叹海南昌化县"衣冠礼乐之盛"，不逊中原[①]。唐太宗贞观二十年（646），31岁的王义方被贬为儋州吉安县（大致位于今儋州市海头镇至昌江县海尾镇一带）县丞。他在此地任职期间致力教书育人，开办讲学堂，有"海南儒学教育第一人"之称，成为黎族教育的先驱。《光绪昌化县志》载："王义方，泗州涟水人，贞观末，贬吉安丞，开陈礼乐，人人悦顺（颜）。"他以传播儒学为己任，召集地方首领共商文教事宜，说服各黎峒首领，挑选学生门徒，开班讲学，亲授经书，教化荒俗。《康熙昌化县志·艺文志》载："昌江之僻，衣冠礼乐之盛，在子瞻已称之，况卓然有关于政教之大者乎！"昌江地处偏远，1370多年前，就有王义芳不幸被贬吉安而首开昌江文教先河，实属昌江之大幸。王义芳比苏东坡到达海南要早451年。如果当年苏东坡去昌化祭拜峻灵王，能够留驻双溪馆传经讲学，昌江的文化教育同儋州、琼山一样繁荣昌盛也未必不可！

---

① 《峻灵独立秀且雄 —— 苏东坡昌化江遗踪考论》导语。

五、让文物活起来，为昌江增添独具历史风采的文旅融合资源

习近平总书记多次强调，"让收藏在博物馆里的文物、陈列在广阔大地上的遗产、书写在古籍里的文字都活起来"。李公羽老师对峻灵王庙碑及苏东坡昌化江的遗踪考论，是响应习总书记"让文物活起来"号召的具体行动和文化自觉。这一考论，唤醒了峻灵王庙碑的历史，让我们更好地了解其前世今生，更好地感受它的历史魅力，也让越来越多的人知道峻灵王、峻灵王庙、峻灵王庙碑，进而从苏东坡认知昌江、重视海南。

通过这一考论，苏东坡昌化江遗踪的重要意义和半块残碑的历史价值，已经足以确认。这对于促进峻灵王庙的保护和开发利用工作，提升昌江县旅游文化资源的稀缺价值，可谓千载难逢。

中共海南省委党校原副校长、海南行政学院原副院长包亚宁教授出席在海南大学召开的"纪念苏东坡《峻灵王庙碑》撰写920周年学术研讨会暨李公羽《峻灵独立秀且雄》首发式"。他在讲演中指出："有人可能认为，东坡是不是到过这个地方，很重要吗？的确很重要。一个地方的文化积淀、文化脉络，乃至文化精神的传承，不可或缺的一个层面就是历史文化。中华优秀传统文化，特别是东坡先生这样具有重要历史地位与特殊国际影响的千古风流人物，对于当今和未来的一地经济社会文化发展，是极其宝贵的财富。"海南自贸港建设，不仅要有物质方面的发展，而且必须要有精神和文化方面的发展。考证和确认重要的历史遗存、文化现象，为海南自有的原生土壤培植和增添文化养分，为自贸港建设奠定重要的文化基石，的确至关重要。

为此，从文物保护与利用角度，提出几条建议。一是建议提高对峻灵王庙和峻灵王庙碑的保护级别。峻灵王庙现在还是县级文物保护单位，相关设施和文化环境不配套，保护级别偏低，保护范围较小，保护力度不够，希望县里和省里高度重视，放眼长远，进一步提升文物保护级别，尽快把峻灵王庙碑认定为一级可移动文物，把峻灵王庙（含峻灵王庙碑）提升为海南省重点文物保护单位。二是建议文物部门抓紧对峻

灵王庙文化遗产进行合理活化利用。县里和省里的旅文部门可站在海南自贸港建设的全新高度，有机结合黎族文化、棋子湾海洋文化和便利的水陆交通等方面资源条件，重新做好峻灵王庙的保护规划，在保护中开发，在开发中利用，在利用中发展，使之规划、打造成为海南重要的历史人文景点以及文化旅游融合发展的新品牌。三是建议昌江县定期举办苏东坡、峻灵王、峻灵王庙碑专题研讨会、论坛等，组织省内外专家学者到昌江开展学术研究，不断挖掘其文化价值，丰富其文化内涵，增强其文化底蕴，展现其文化魅力，不断增强昌江文化自信，大兴昌江旅游文化产业，建设新时代山海黎乡大花园，把昌江打造成为文化特色鲜明、历史遗存灿烂、旅游消费方便的国际旅游消费胜地。

参考文献

1. 陈才智：《走进苏海》，李公羽：《峻灵独立秀且雄——苏东坡昌化江遗踪考论》序言，上海古籍出版社 2020 年版。

2. 李公羽：《峻灵独立秀且雄——苏东坡昌化江遗踪考论》，上海古籍出版社 2020 年版。

3. 陈智勇：《苏东坡与海南海洋文化》，《苏学研究》2019 年第 3 期。

作为自然崇拜的昌化神山和神山爷

孙如强[*]

  自然崇拜是原始宗教的产物。原始社会时期，由于生产力极端低下，人们尚未形成明确的超自然体的观念，自然界的力量基本处于人类的控制之外，成了超自然力的精灵，于是人类的先民们便认为人类社会生活中的一切都是自然精灵所恩赐。他们把自然物和自然力视作具有生命、意志和伟大能力的对象加于崇拜，求其赏赐，求其保佑，这就是人类早期盛行的"万物有灵"的原始宗教。昌化大岭古称"神山"，山头上那块巨石被冠名为"神山爷"，便是早期人类自然崇拜这种原始宗教的产物。

  自然崇拜的对象是直接为人们感官所觉察的自然力和自然物，而山神，是人们对山体的一种宗教图腾。作为农耕社会，山神崇拜自有人类历史以来就有，盛行于上古至中古时期。山神之所以受到崇拜，是因为早期人类认为它虽然能呼风唤雨，但也降灾降难（昌化民间谚语：神山戴帽，大雨来到；下雨又刮风，问问大岭公；地支天干，不如神山），还能庇佑人、畜平安。因此，对山神的崇拜一直贯穿整个人类历史。

  昌化大岭位于海南岛西部，昌化江的北岸，海拔高度仅有 468 米，即便在海南几无高山的地理环境中，它也不算高。但它所处的昌化江北岸却是沿江沿海的平原地带，方圆数十里内无一山体可与之比高、可与

---

  * 作者简介：孙如强，昌江黎族自治县文化馆原馆长。

之媲美。特别是从海上或较开阔处观之，其恢宏的气势令人不由得产生一种敬畏之心。因其高峻、挺拔且延袤十里九峰，古人认为，昌化大岭是五指山之龙脉，海南岛的源头："琼之为洲，孤悬海外，由安南导其脉，至昌化发其源，有山特起于其邑中，绵亘儋州八十余里，实为五指来龙之祖，阖府作镇之区。"[①]因此，我们的先民崇拜它，把它视为"神山"而求其庇护便是顺理成章的事了。

山是最早的山神形象。人们崇拜山神、祈求山神的最早方式，是直接向山祭祀、跪拜。在昌江民间社会特别是在昌化一带，这种自然崇拜的习俗至今依然存在。在昌化民间，人不能对着神山大喊大叫，使神山"山应"，若"山应"了，肇事者会受到惩罚，嘴脸就会歪斜。此时，必须筹备祭品到神山脚下祭拜，肇事者要对着神山跪拜、忏悔，求其原谅，以使嘴脸复原。民间传说中的某年某月某日某人被神山"山应"后，嘴脸变形，直至祈求山神后才康复的故事比比皆是，且有名有姓的至今还在流传，说明了这一神山崇拜观念在群众中的深入持久以及这一习俗的生命力。

以巨石象征山神是山神形象的次生形态。"神山"上的一块古时被称为"山胳膊"的巨石因其雄伟壮观，理所当然的便被冠以"神山爷"之名而满足了信众的心理需求。

在原始社会，处于原始思维的人们，不自觉地把山川加以形象化、人格化进而神化后，逐渐演变成了每一个地区的主要山峰皆有人格化了的神居住，这种神就是人们传说中的山神。如黎母山神是因雷公把一颗蛇卵放于山中，卵生一女，此女即黎族的祖先；五指山神是远古创世的大力神恐天塌下来而撑开巨手把天擎住，后五指化为山（丘濬有诗"岂是巨灵伸一臂，遥从海外数中原"）。而昌化神山爷"本天皇氏第五子，生于戊午年戊午月戊午日戊午时。及地皇氏嗣立。见其本性坚刚，甚相宠爱，鞠育抚养，盘至膝上。赐讳皇极，别好生成。盖谓天生而地成也。至娲皇御世，修炼成真。娲皇下诏，赐令同补南天。天帝闻之，谓

---

①《光绪昌化县志》。

南荒之南，地方千里，浮海而出。中有宝山，借以抚镇，不如令此神主之。爷爷自此遂化身峻岭之上。"①这里的"神山爷"是被神化了的天性刚强、精心修炼、得到宠爱的天皇的第五个儿子，是补南天的神。

为什么黎母山是雷公产下的卵所得？为什么五指山是大力士的五只手指？为什么昌化大岭上的"山胳膊"是天皇的第五个儿子？这些皆因为原始人认为人和自然物都属一体，都是有生命的、有感情的、有知觉的物体。而人的渺小和山的高大这种强烈的反差，不能不使人产生深深的神秘感，进而敬畏，进而崇拜。

根据现存史料所得，"神山"与"神山爷"的出现，应该是在汉代前期或三代时期。"汉武元鼎五年，置郡立县于琼。爷爷每每显灵，官民卒吏有祷辄应。因其崇奉为神，并称其山为神山。"②从史书记载中可以看出，对神山与山神的崇拜，原始社会时，便已出现。《礼记·祭法》记道："山林川谷丘陵，能出云，为风雨，见怪物，皆曰神。有天下者，祭百神……此五代所不变也。"虞舜时即有"望于山川，遍于群神"的祭制，历代天子封禅祭天地，也要对山神进行大祭。《琼州府志》记载：神山爷"上有石池、石峰、石船，凡旱涝、灾难、疾病，往祷辄应。下有石坛，俗传二月二十四日出生，六月六日成道，有司至期致祭，以镖牛俯仰验岁丰歉"，说明昌江社会早就对神山和神山爷进行过大祭。《左传·昭公元年》说："山川之神，则水旱疠疫之灾，于是乎禜之。"证明早在三代时期就有对山川之神的崇拜。而有关山神的传说源远流长，两千多年前的《山海经》里就已经记载了山神的种种传说。

人类在昌江的活动，据七叉镇混雅岭出土的文物推断，至少可以追溯到两万年前。我国专家学者考证，三千多年前的殷商之际，以"百越"文化为主体的一支海南先民已到达海南，成了海南最早的人类群体。百越族存在着"万物有灵"的观念。属于百越人后裔的一些渔民在环北部湾的昌化沿海一带定居了下来（这也是神话中"神山爷"是"兄

---

① 〔清〕王云清：《峻灵明王出世纪略》。

② 同上。

弟向海捕鱼而化"的合理解释），他们在生产生活实践中，坚强地保留着原始的信仰和崇拜，认为"神山"和"神山爷"具有超自然的能力，企望借助"神山"和"神山爷"达到保佑自己的目的。因此，当看到俊秀且雄伟的"山胳膊"时，立即被其倾倒而顶礼膜拜。

20世纪50—70年代，是广东四大渔场之一的昌化渔场的繁盛时期，从广东、广西、福建以及海南当地来昌化渔场耕海捕鱼的渔民，每当渔船回港时，他们总是抬着三牲及渔产品到"神山爷"（山胳膊）前祭拜，以求一帆风顺、渔获丰收。昌化、海尾一带的渔民每年春节期间举行舞龙活动都要到神山庙请"神山爷"给龙"点睛"，才开始舞龙，这些反映百越自然崇拜的传统文化一直延续至今并成了北部湾渔耕文化的一个重要组成部分。

由于自然崇拜是原始社会人类还处于蒙昧状况之中而对自然界的一切得不到科学的解释所产生的宗教崇拜，所以它们便把自然界的事物都归于神的精灵神的主宰。这样，也就产生了神话。"神山"与"神山爷"的神话也就应运而生了。在昌江民间神话与传说中，除了史志记载中的"神山爷"是天皇的儿子、补天的神石、是向海捕鱼的兄弟、是上帝赐给海南的镇岛之宝、是座镇南天的宝器等神话外，还有"神山爷"是驻防海南的天将、是护佑渔民的海神、是有求必应的灵神、是惩恶扬善的大慈大悲的神仙。这些都深深地打上了自然崇拜的烙印和历史进程中的演化印记。儋州民间有一首传统长篇叙事民歌《昌化老爷公传》，说的是"神山爷"是真人所化，此人是福建省福州市敦室村人，他文武双全，登科后被皇帝派来神山守宝。有一年的四月十七日，他在巡视神山时被一块巨石夹住，化为神仙。皇帝感念他的功劳，于是敕封他为"神山爷"。这一传说，应该与移民来昌化的民众大多来自福建有关。从中，我们可以窥探到昌化乃至海南当年的移民记忆。

唐代是山神崇拜的重要发展时期，山神崇拜非常普遍，人们几乎把山体当成了至高无上的神，祖国被称为"山河"、"江山"（岳飞诗"待从头收拾旧山河，朝天阙"、苏东坡诗"江山如画，一时多少豪杰"），家乡被称为"家山"（钱起诗"莲舟同宿浦，柳岸向家山"、龚自清诗

"踏遍中华窥两戒，无双毕竟是家山"）等而"神圣不可侵犯"。在这种大环境下，"神山爷"信仰也就达到了一个高峰："唐肃宗之世，有比丘尼若梦，恍惚见上帝者，得八宝以献诸朝，且传帝命曰：中原兵久不解，腥闻于天，故以此宝镇之。即改元宝应。于是知天亦分宝镇世也。"《苏东坡·峻灵王庙碑》这里，"神山爷"成了天帝赏赐来保护南疆的宝器。之所以从自然崇拜的山神成为天帝派来保护南疆的宝器，是因为到了唐代，中国已经形成了全国统一和规范的国家宗教祀典，宗法性宗教等具有国家宗教性质的宗教也延伸到了民间，"神山爷"也就成了朝廷在国家祭祀和构建地方秩序中的"宝器"。而"一个尼姑梦见"正是唐代盛行梦崇拜和宗教进入国家祀典的反映。

宋代，朝廷对国家宗教祀典更加重视。"自开宝以来，凡天下名在地志，功及生民，宫观陵庙，名山大川，能兴云雨者，并加宗祭，增入祀典"，全国各地府、州、县都设起了社稷坛。因之，民间崇拜的各种大神小仙都被宋朝敕封"州县岳渎、城隍、仙、佛、山神、龙神、水、泉、江河之神及诸小祠，由祈感应，封赐之多，不能尽录"。"神山爷"当然也就被朝廷纳入了敕封行列。元丰五年（1082），广西特使承议郎彭次云上书请求朝廷敕封"神山爷"，皇帝下诏敕封为"峻灵王"。从此，神山爷从民间自然崇拜进入了官方祀典，昌化县在当时位于二水洲中的县城建起了"峻灵王庙"供民众祭拜。

明洪武元年（1368），朝廷诏令全国各府、州、县都要设立山川坛，举行春秋二祭，昌化当然也不例外，当时的昌化县不仅在神山脚下设立祭坛，开春及秋收时节组织全县道士作法并召集民众举行大祭，同时在昌化城西和神山左侧的山脚下建起大小各一的"神山庙"供民众祭拜。昌化县的昌化、峨港、峨沟、乌烈、保平、海尾等各村庄乃至海南的澄迈、东方、临高、儋州等地也纷纷建起了"神山庙"，"神山庙"一时遍布海南，"神山爷"威镇南疆，成了海南最为辉煌的崇拜文化标杆。

而今，海南各地仍传承着这一宗教文化，其色彩最为浓烈的当属昌江县的昌化镇、澄迈县的加茂镇。加茂地区把俗传神山爷生日的每年农历二月二十四日定为公期，二月二十三日即起斋，道士在"神山庙"

（当地俗称昌化老爷公庙）前设置神坛，安排神位，吹起号角唢呐，敲锣打鼓奏起乐曲，带领民众祭拜。民众祭拜后，可在神坛前许愿，并过火山、过平安桥，道士用神笔在善男信女额头上点红，以示吉利。届时，各家各户均在家门前摆起神席，祭拜"神山爷"和各路神仙，一直到二月二十五日才结束。

习近平总书记指出："中国优秀传统文化的丰富哲学思想、人文精神、教化思想、道德理念等，可以为人们认识和改造世界提供有益启迪，可以为治国理政提供有益启示，也可以为道德建设提供有益启发。"民俗学家认为，中国民间信仰的多元架构"还将继续以其特有的相容性和互不侵扰的特点自然而然地发展下去……民间信仰文化的历史不会终结"。作为昌江黎族自治县一份珍贵的文化遗产，"神山"与"神山爷"文化必将在昌江黎族自治县社会经济文化建设中发挥积极的作用。

苏东坡、苏过父子与黎族

李景新 *

绍圣四年（1097）闰二月间，朝廷对正在贬居惠州的苏东坡再次贬谪：责授琼州别驾，昌化军安置，不得签书公事。当年六月十一日登上海南岛，七月二日到达昌化军贬所。元符三年（1100）六月二十日离开海南岛，结束了海南的贬谪生涯。贬居海南期间，身边只有苏过一个亲人陪伴。北宋时期，昌化军（儋州）是黎族聚居区，亦有一部分疍民和汉人。东坡父子在贬居生涯中，与包括黎族在内的儋州人广泛接触，亲身体验黎族聚居区的生活，与黎族人民结下深厚友谊，为黎族发展做出了巨大贡献。

一、东坡父子与黎族的交往

苏东坡在儿子苏过的陪同下，度过了三年的海南贬谪生涯。这三年的时间，除路途中所用时间及在琼州（今海口）、澄迈各有两次短暂停留之外，他们都是在贬所昌化军居住。北宋的昌化军是黎、疍杂居之地，从相关文献看，当时的黎族是昌化军的主要居住民，外来的汉人主要是居住在城内的官员、军人和其他人员。在这样的居住环境下，与黎

---

* 作者简介：李景新，海南热带海洋学院人文社会科学学院教授，海南省苏学研究会副会长，主要研究方向为中国古代文学及历史文化。

族的交往自然是东坡父子居儋必不可少的。

（一）黎族百姓之于东坡父子

黎族是一个长期在相对封闭而独立的自然、文化环境中发展的民族，有着自己鲜明的民族性格及风土人情。他们对外面的世界一直是陌生的，对外来的人们首先具有强烈的陌生感和一定程度的恐惧感，因此会存有强烈的好奇感和一定程度的戒备之心。东坡父子初到昌化军时，黎族百姓对东坡父子就怀有这种复杂的心理。

苏东坡有一首月下夜游的诗：

> 缺月不早出，长林踏青冥。犬吠主人怒，愧此闾里情。
> 怪我夜不归，茜袂窥柴荆。云间与地上，待我两友生。
> 惊鹊再三起，树端已微明。白露净原野，始觉丘陵平。
> 暗蛩方夜绩，孤萤亦宵征。归来闭户坐，寸田且默耕。
> 莫赴花月期，免为诗酒萦。诗人如布谷，聒聒常自名。①

作者在题下自注"郊行步月作"。诗中的境界首先给人的印象是"静"。但此"静"非真静，在静静的月光下又隐含着"非静"。作者的夜行可能本来要寻求一种静，但他的行动还是惊动了邻犬，引来了狗吠声，邻居被惊醒，躲在篱笆后面张大眼睛看这个怪老头。作者为自己的行为而深感惭愧，这说明了苏东坡与当地居民并没有打成一片，彼此之间还间隔着很遥远的距离。作者的孤独感更重。他没有交流的对象，连鸟雀也被惊飞，他只能把天上的月亮和地上的影子看作自己的朋友。他四顾原野，无边无际的夜幕下，只徘徊着一个孤零零的苍老的身影。许久许久，苏东坡回来了，儿子还在熟睡，他轻轻地关上门，一个人坐着，心却静不下来。他拿起诗笔，却苦笑着说："诗人如布谷，聒聒常自名。"

这首诗的意义在于反映了初到昌化军时苏东坡那种无边的孤独寂寞

---

① 〔清〕王文诰辑注，孔凡礼点校：《苏轼诗集》，中华书局1982年版，第2259页。

之情。为什么孤独寂寞？自然是没有与生活环境相融合，其中主要因素是与包括黎族百姓在内的当地人存在着巨大的距离。原因当然是复杂的，但与黎族人的性格特点有十分密切的关系。诗中"犬吠主人怒，愧此间里情。怪我夜不归，茜袂窥柴荆"透露了这一信息。

当黎族百姓了解到外来人并无恶意，并且为人又是那么善良、可亲、可敬之后，他们的态度便逐渐发生巨大的变化，天真、热情、敦厚、朴素的民族性格便会表现出来。对于东坡父子，大家也越来越多地了解着他，接受着他，亲近着他，终于完全消除了距离。《东坡笠屐图》的诞生便是一个典型的例子：

> 东坡到儋耳，一日过黎子云，遇雨，乃从农家借箬笠戴之，著屐而归。妇人少儿，相随争笑，邑犬群吠。……今时亦有画此者。（费衮《梁溪漫志》）[1]

> 东坡在儋耳，无书可读，黎子家有柳文数册，尽日玩诵。一日遇雨，借笠屐而归，人画作图，东坡自赞："人所笑也，犬所吠也，笑亦怪也。"用子厚语。[2]

从《东坡笠屐图》产生的原型看，黎族百姓对于苏东坡再没有任何陌生感。

对东坡先生的深入认识，使黎族人民对东坡父子从陌生、戒备转而为尊敬和爱护。东坡父子达到儋州后，面临着十分艰难的生活环境，包括黎族在内的儋耳人民虽然自己生活也是艰苦的，但他们常常给予东坡父子物质上的帮助。

东坡父子开始住在官屋之中，后来被朝廷派来的人赶出官屋，只好在城南桃榔林建造几间简陋的房子。当时的情景是"邦君助畚锸，邻里

---

[1] 颜中其：《苏东坡轶事汇编》，岳麓书社 1984 年版，第 218 页。
[2] 张端义：《贵耳集》，《钦定四库全书》卷上，台湾商务印书馆影印文渊阁本（1982—1986），第 20 页。

通有无"①，昌化军使张中亲自投入帮忙建造房屋的行列，而所需物资，或有缺少，邻居皆出所有。所谓"邻里"我们不能说全部是黎族，但至少一部分乃至大部分是黎族，应该没有什么问题。

苏东坡有一首绝句写道食物之匮乏：

> 北船不到米如珠，醉饱萧条半月无。明日东家知祀灶，只鸡斗酒定膰吾。

在食物极度缺乏、父子未能醉饱的状态延续了半月之时，苏东坡知道明天一定会饱餐畅饮一顿了。为什么呢？因为明天是祀灶的日子，苏东坡知道善良的邻居肯定会将"只鸡斗酒"送过来。

元符二年（1099）冬至，桄榔庵来了一大群客人。苏过用诗记录了这次宴会的经过：大家知道东坡父子生活困窘，于是家家各出所有，自携餐具而来。苏过的诗说："父老怜饱系，肴蔬盛筐筥。一欢为子寿，百福与君同。"不仅带来了食物，还带来了吉贝布呢！看到这质朴的邻居，小伙子苏过非常高兴，初来时的所有陌生感早已烟消云散。宴会一结束，他就把这热闹的场面和自己的感受写成诗，告诉远方的兄弟：

> 寂寞三冬至，飘然瘴海中。不嫌羁寓远，屡感岁华穷。
> 已惯鸢飞堕，真忘马首东。南音行自变，重译不须通。
> 椰酒醒醐白，银皮琥珀红。伧狞醉野獠，绝倒共邻翁。
> 薯芋人人送，囷庾日日丰。瘴收黎母谷，露入菊花丛。
> 海螯羞蚶蛤，园奴馈韭菘。槟榔代茗饮，吉贝御霜风。
> 怅望怀诸阮，遥知忆小冯。客身虽岭峤，逸想在瀛蓬。
> 介阶惟偕母，庞团独侍公。故山千万里，此意托飞鸿。②

诗中所谓"伧狞醉野獠"便是描写黎族人醉酒的样子，也就是说，这次来家里饮酒的一群人，有很大一部分是黎族人。"瘴收黎母谷"是

---

① 《苏轼诗集》，中华书局 1982 年版，第 2311 页。

② 《斜川集校注》，巴蜀书社 1996 年版，第 100 页。

说大家的热情使这块黎族聚居区的瘴气消散了。"薯芋人人送""吉贝御霜风"是说黎族人民不仅给自己送来薯芋之类的食物，还送来吉贝来御寒。吉贝是黎族特有的布料，用木棉纺织而成，今所谓黎族织锦，即古代黎族吉贝发展的产物。这次宴会上，不仅有黎族人民的身影，连疍民也参加了，他们没有其他东西可送，只有蚶蛤之类的海产品送来，他们为此感到羞愧，而苏过却感受到了疍家的友谊。

（二）东坡父子之于黎族百姓

初到昌化军的苏东坡对这个黎族聚居区蛮荒落后的生活环境感到绝望。虽然苏东坡离开惠州之时囊中已空，然而，到达昌化军之后的苏东坡的痛苦，更主要的还不是经济问题，而是要面临一个"非人所居"①的地域所给予的种种困难。他写信给雷州太守张逢：

> 海南风气，与治下略相似。至于食物人烟，萧条之甚，去海康远矣。②

海峡北岸的海康生活条件已经非常恶劣，而海南比海康却又差得太远。他又告诉程全父：

> 黎、蜒杂居，无复人理，滋养所给，求辄无有。③

又告诉程秀才：

> 此间食无肉，病无药，居无室，出无友，冬无炭，夏天寒泉，然亦未易悉数，大率皆无耳。④

海南无佳米，所产秔稌，不足于食。大米靠海运而来，供给不足，只能用薯芋为主粮，掺杂少许大米，做成粥糜以取饱。在惠州时，他尚

①〔元〕脱脱等：《宋史·苏轼传》。
②孔凡礼点校：《苏轼文集》，中华书局 1986 年版，第 1765 页。
③ 同上书，第 1626 页。
④ 同上书，第 1628 页。

可买些带肉的骨头，在儋耳连骨头也买不到。儋耳有一种花猪。肉白而肥，却腥臊不可食用。除此之外，土人把虾蟆、老鼠、蝙蝠等当作肉食。王文诰推测："以惠州市井而日杀一羊，则儋耳之荒落可知，虽欲日致脊骨而抉剔于肯启之间，不可得矣。"① 置身于这种蛮荒而物资贫乏的居住之地，对东坡父子来说确实是一个巨大的打击。

苏东坡永远都不会排斥他所居处的任何自然人文所给予的生活环境。他在极为孤寂悲苦的情况下，开始接近这个全新的世界，他在蛮荒之地寻找着美之所在。黎母山的魅力开始吸引他。

《儋县志》云："黎母之岭，虽生黎亦不能至。"在别人眼中也许是一座可怕的荒山野岭，而苏东坡却更愿用他的诗心发现它的美丽。"稍喜海南州，自古无战场。奇峰望黎母，何异嵩与邙。飞泉泻万仞，舞鹤双低昂。分流未入海，膏泽弥此方。"这里没有战争，只有神奇的景观。在苏东坡眼中，黎母山是如此奇丽而平和。所以他吟道："芋魁倘可饱。无肉亦奚伤。"②

在同一个环境中与黎族人民的共同生活，使东坡父子喜欢上了这个看似野蛮其实是朴素敦厚的民族，苏东坡心中很快有了一个明确的目标：要改变这个黎族地区的落后局面，使之走向健康发展的轨道。

苏东坡对黎母山的旧闻发生了兴趣。一天，他到一座古庙游览，庙宇还在，却很凄清。他通过涣漫无辞的碑板，知道了这应是著名的洗夫人祠，也知道了已经很久没有祭祀的活动。巾帼英豪洗夫人的事迹和功业，苏东坡记忆犹新，这样一个为黎汉统一做出重大贡献的人物，怎能让她的事迹在黎母山消失呢？所以他决定为黎人做一件事：

> 我欲作铭志，慰此父老思。遗民不可问，偻句莫予欺。
> 爆牲菌鸡卜，我当一访之。铜鼓壶卢笙，歌此送迎诗。③

---

① 〔清〕王文诰：《苏文忠公诗编注集成总案》卷四二，巴蜀书社 1985 年版。

② 《苏轼诗集》，中华书局 1982 年版，第 2262 页。

③ 同上书，第 2262 页。

他要挖掘民俗，通过恢复冼夫人庙的祭祀，兴起礼乐之风，用礼乐去教化黎族百姓。

载酒堂的建立既是东坡父子完全融入儋耳生活环境的标志，又堪称黎族发展史上的一个里程碑。

绍圣四年（1097）十一月的某一天，苏东坡邀军使张中一起去造访黎子云，作《和陶田舍始春怀古二首》。其小引曰："儋人黎子云兄弟，居城东南，躬农圃之劳。偶与军使张中同访之。居临大池，水木幽茂。坐客欲为醵钱作屋，予亦欣然同之。名其屋曰载酒堂，用渊明《始春怀古田舍》韵。"显然，载酒堂的建立首先是由在座的当地人主动提出，苏东坡大力支持，大家共同醵钱而建立的，苏东坡为之题名"载酒堂"。其后，载酒堂就成为苏东坡传播中原文化，扭转儋耳落后的文化教育观念，改变儋耳不良习俗的重要平台。这两首诗的第二首对我们理解东坡父子与黎族人民的关系甚为重要，其诗曰：

> 茅茨破不补，嗟子乃尔贫。菜肥人愈瘦，灶闲井常勤。
> 我欲致薄少，解衣劝坐人。临池作虚堂，雨急瓦声新。
> 客来有美载，果熟多幽欣。丹荔破玉肤，黄柑溢芳津。
> 借我三亩地，结茅为子邻。躲舌倘可学，化为黎母民。[1]

关于黎子云的身份，有人认为是黎族人，也有少数人认为不一定是黎族人。但从"借我三亩地，结茅为子邻。躲舌倘可学，化为黎母民"四句看，黎子云是黎族人的可能性比较大。苏东坡希望黎子云借给三亩地，盖几间茅草房与之为邻，紧皆着又说，如果黎语可学的话，希望自己能化为黎母民。躲舌，是中原人对黎族语言的称呼，黎母民则是对黎族的称呼。这样的语境基本上可以暗示出黎子云是黎族人。退一步说，即使黎子云不是黎族人，那么昌化军城外的农民也多数是黎族人，则当时醵钱的人必有黎族人，而其后在载酒堂接收苏东坡教化的，肯定有很多黎族人。从"我欲致薄少，解衣劝坐人"二句则可知，虽然首先提出

---

[1]《苏轼诗集》，中华书局1982年版，第2281页。

建堂的人不是苏东坡，但苏东坡却带头出钱，并劝告座中人醵钱。所以，载酒堂的建立过程中，苏东坡是关键人物；载酒堂建立之后，苏东坡是这里的主角。

总之，东坡父子很快融入黎族人们的生活环境，并为黎族的发展做出不可估量的贡献。

二、东坡父子笔下的黎族

黎族形象大量进入文人笔端，是从东坡父子开始的。东坡父子的诗文作品中记录了丰富的黎族信息。

（一）文学史上最早被诗人正面刻画的黎族人形象

苏东坡在《和陶拟古九首》之九中刻画了一位黎族人的形象，其诗曰：

> 黎山有幽子，形槁神独完。负薪入城市，笑我儒衣冠。
> 生不闻诗书，岂知有孔颜。翛然独往来，荣辱未易关。
> 日暮鸟兽散，家在孤云端。问答了不通，叹息指屡弹。
> 似言君贵人，草莽栖龙鸾。遗我吉贝布，海风今岁寒。[①]

这首诗描写了这样的情景：苏东坡在昌化军城中遇到一个黎族青年，背着一捆干柴到城里来卖。苏东坡穿着宽袍大袖的衣服，还戴着高高的帽子，青年觉得这样的穿戴太麻烦，就看着他发笑。苏东坡想与他说几句话，但是由于语言不通，指手画脚说了半天，彼此还是听不懂，一边着急得弹着手指，一边叹息。不过从表情眼神看，年轻人好像看出了苏东坡是一位尊贵的人，并为他流落到蛮荒之地而感到奇怪。临别，黎族青年送给苏东坡一块吉贝布，他知道今年海风很大，冬天会很冷，担心这位老人身体受冻。苏东坡感受到了黎族青年的朴素、自然、善良和温暖。

[①]《苏轼诗集》，中华书局1982年版，第2266页。

我们从这首诗中可以看到东坡先生生动地刻画了一位完整的"黎幽子"形象。黎族人历来为正人君子所鄙视，而苏东坡却把他描写得憨厚可爱，读者从中看不到任何歧视的口吻，而是更多地感受到作者对黎族百姓人格的尊重。"黎幽子"是中国文学史上第一个被作为主人公而正面刻画的黎族人形象。

"黎幽子"形象的塑造，还包含更为深刻的文学意义。我们知道，一个题材是可以生发出许多含义的，文学家不同的处理，会使题材呈现出不同的含义和价值。

苏东坡这首诗的题材最容易表现作者对落后地区人民的人格尊重，以及黎族百姓的质朴可爱。苏东坡的高明之处在于并没有停留在这个层面，而是通过这件事的叙述和议论去表达对人生哲学的思考。

苏东坡开篇便称所遇之人为"幽子"，而在古代诗文中，幽子常指幽藏不出、不问世事的高人。幽子一词的运用，意味着苏东坡已经把这位黎族青年理想化了：他不再是愚蒙无知的蛮夷，"形槁神独完"，与古代山中高人的形象正是一致。"负薪入城市"不再是一种维持生存的手段，而是一种生活状态、生活方式。这种生活是辛苦的，却简便、自然、自由，精神内涵上与山隐、市隐几乎没有什么不同。老庄哲学早就把这种简单而朴素的生活作为社会最理想的形态。是否读"诗书"、知"孔颜"自然代表儒家文明语境下个人素质的高低，而高度发达的儒家文化同样带给社会和个人以累累伤痕。苏东坡在政治旋涡中被抛来抛去，也正是儒家语境下所无法避免的。经过几十年高低起伏的人生经历，苏东坡对生命的体验更加深刻。他现在宁愿自己没有读过诗书、知过孔颜，所以他十分羡慕甚至敬佩倏然往来、荣辱不关的"黎山幽子"。苏东坡深受老庄哲学的影响，但其一生行为主要还是儒家主导着。没有儒家学养的浑厚和功业的成功，对老庄社会生活方式的沉醉也许是肤浅的，但经历了进取、成功、失败之后的反思，却是站在更高的视点上对另一种生活方式的肯定。在一个简单的题材中沉淀着苏东坡深刻的生命体验，读懂了这一点，才没有被其表层的含义所蒙蔽，才能够理解苏东坡貌似漫不经意间的深刻性。可见，"黎幽子"形象内涵和价值是十分丰富和珍贵的。

苏过则首次刻画了黎族猎人的群雕形象。他的《夜猎行》中一段写道：

> 山夷野獠喜射猎，腰下长铗森相摩。
> 平沙仿佛见遗迹，踊跃不待张虞罗。
> 均呼夜起山谷应，披抉草木穷株窠。
> 何人得隽喜叫绝，胹割未羡青丘多。[1]

黎族猎人的勇武性格，众人夜间围猎的真实场面，被苏过的诗笔形象而生动地描写了出来。

（二）黎族的生产方式和风俗

东坡父子也是最早在文学作品中大量叙写黎族生产方式风俗的作家。

苏东坡《籴米》一诗作于初到儋耳不久、尽卖酒器之后。籴米的过程所了解的情况，使苏东坡萌生了"愿受一廛地"，耕作自给的念头，同时使他对海南社会政治经济的发展产生深沉的思考，而催生了劝农之念。王文诰在《苏文忠公诗编注集成总案》中分析道："公赴市籴米，乃知海南秔稌不足于食，俗以贸香为业，而田芜不治，率以薯芋杂米作粥糜取饱，既为诗示张中，复和陶渊明劝农诸篇以告儋人。"可知北宋时代的黎族地区农业十分落后，人们不重视农业劳动，而以香料贸易为业，农田荒芜，生产的粮食低劣而无法满足食用。从苏过的《夜猎行》则可以看出，贸香之外，黎族人也以打猎为业。历经数千年的生产发展，及至宋代，中国的农业早已十分发达，代表着最先进的生产力和生产关系。而生活在孤悬海外的海南岛上的百姓，尤其是黎族人却仍然没有从渔猎生活模式中走出来，香料贸易也以被欺诈为代价，并没有形成真正的商业模式。可见，至少到北宋后期，黎族的生产生活方式及其观

---

[1]《斜川集校注》，巴蜀书社1996年版，第98页。

念还是非常落后的。正是看到这种与中原先进农业格格不入的局面，苏东坡才大力劝农，并产生了深远影响。

东坡父子的诗文涉及包括黎族在内的诸多风俗。

绍圣五年（1098）三月三日，苏东坡携酒去找人饮酒，但诸位都不在家，才恍然大悟。原来，今天是上巳日，海南没有中原寒食节的习俗，而在上巳日上坟扫墓。最后，苏东坡到了老符秀才家里，正好符林没有出去。他们边喝酒边谈天，苏东坡尽兴方归。此事记录在《海南人不作寒食，而以上巳上冢。予携一瓢酒，寻诸生，皆出矣。独老符秀才在，因与饮，至醉。符盖儋人之安贫守静者也》的题目与诗中：

> 老鸦衔肉纸飞灰，万里家山安在哉！
> 苍耳林中太白过，鹿门山下德公回。
> 管宁投老终归去，王式当年本不来。
> 记取城南上巳日，木棉花落刺桐开。①

这是一首记载包括黎族在内的海南节日习俗的诗。开头一句是上巳日上坟情景的形象描写，第七句明确此诗的写作是为了"记取城南上巳日"，可见苏东坡对儋耳节俗的重视。

有一些作品记录了黎族的衣食习俗。苏过《己卯冬至，儋人携具见饮，既罢，有怀惠许兄弟》中"椰酒醍醐白，银皮琥珀红""槟榔代茗饮，吉贝御霜风"数句，写到黎族饮椰浆、食银皮、以槟榔待客、以吉贝御寒的衣食习俗。苏东坡的和诗有"小酒生黎法，干糟瓦盎中。芳辛知有毒，滴沥取无穷。冻醴寒初泫，春醅暖更饛"，描述了黎族的酿酒方法和饮用特点。苏东坡《闻子由瘦》中写到儋耳黎族的饮食状况及风俗习惯："五日一见花猪肉，十日一遇黄鸡粥。土人顿顿食薯芋，荐以薰鼠烧蝙蝠。旧闻蜜唧尝呕吐，稍近虾蟆缘习俗。"②林冠群注释云："薰鼠：当地土人食物的一种，以烟薰洞穴捉老鼠，然后用泥巴涂住在火里

---

① 《苏轼诗集》，中华书局1982年版，第2309页。

② 同上书，第2257页。

烧，取出去皮及内脏，佐食。解放前，黎族同胞多有此习。烧蝙蝠：捉蝙蝠剥皮，去内脏，在火上烧熟吃，亦黎俗。"①

对于黎族人民淳朴敦厚、热情好客、互相帮助等优良品德，东坡父子在与黎族人的接触中感受至深，常在诗中表达出来。苏过说"南音行自变，重译不须通""薯芋人人送，困庖日日丰"，因此产生"客身虽岭峤，逸想在瀛蓬"之感；苏东坡更是希望能够"化为黎母民"。

但是从中原儒家正统文化的角度看，黎族却是存在着不少陋俗，而这些陋俗正是限制黎族社会发展的重要方面。苏东坡把这些不良习俗记录在诗文中，目的不是为了反映这些陋俗，而是为了帮助包括黎族在内的海南人民改变陋俗，以促进社会的良好发展。苏东坡分别抄写了两篇唐人的作品，并且在文后加了自己的意见，代表着苏东坡的这种愿望和为之付出的努力。

一次是元符二年（1099）闰九月十七日抄写杜甫夔州时写的一首《负薪行》：

> 夔州处女发半华，四十五十无夫家。
> 更遭丧乱嫁不售，一生抱恨长咨嗟。
> 土风坐男使女立，男当门户女出入。
> 十有八九负薪归，卖薪得钱应供给。
> 至老双鬟只垂颈，野花山叶银钗并。
> 筋力登危集市门，死生射利兼盐井。
> 面妆手饰杂啼痕，地褊衣寒困石根。
> 若道巫山女粗丑，何得北有昭君村。

苏东坡为什么要郑重其事地抄写杜甫的这首诗呢？他在杜诗后面写道："海南亦有此风，每诵此诗，以谕父老，然亦未易变其俗也。"② 苏东坡发现海南有一种不良的风气，女人外出劳作支撑生计，男人则在家游

---

① 林冠群：《新编东坡海外集》，海南出版社1992年版，第26页。

② 《苏轼文集》，中华书局1986年版，第2119页。按杜诗依照东坡所书而录。

手好闲。女人在田野劳动一天回到家，还得伺候丈夫和父兄。女人既要承担繁重的内外劳作，又没有任何与男人平等的地位和尊严。这已不仅仅是重男轻女的观念问题，也成为浪费劳动力资源的问题。这一层，黎族人自己是觉察不到的。苏东坡发现杜诗中反映的夔州习俗有与此相似之处，于是抄写下来，并且经常朗诵给儋州父老听，试图能改变这种不良习俗。

第二次是抄写柳宗元的《牛赋》。这次抄写，苏东坡题写了一段较长的跋：

> 岭外俗皆恬杀牛，而海南为甚。客自高化载牛渡海，百尾一舟，遇风不顺，渴饥相倚以死者无数。牛登舟皆哀鸣出涕。既至海南，耕者与屠者常相半。病不饮药，但杀牛以祷，富者至杀十数牛。死者不复云，幸而不死，即归德于巫。以巫为医，以牛为药。间有饮药者，巫辄云："神怒，病不可复治。"亲戚皆为却药，禁医不得入门，人、牛皆死而后已。地产沉水香，香必以牛易之黎。黎人得牛，皆以祭鬼，无脱者。中国人以沉水香供佛，燎帝求福，此皆烧牛肉也，何福之能得，哀哉！余莫能救，故书柳子厚《牛赋》以遗琼州僧道赟，使以晓喻其乡人之有知者，庶几其少衰乎？庚辰三月十五日记。[1]

苏东坡的这段跋语涉及黎族杀牛、信巫却医、轻农贸香等不良习俗。海南不产耕牛，船运过海，非常不容易，在这种情况下，应该珍惜耕牛，才是正风。然而海运过来，一半的耕牛却惨遭屠杀。究其原因，一在轻农，二在信巫，信巫又与缺乏医药知识有关。《儋县志》载："疾病以巫为医，以牛为药。琼俗无医，开宝八年，诏以方书《本草》给之；今有医而巫祈仍旧，凡有病，多延道家以祈福逐鬼，芳邻相助，锣鼓之声，自昏达旦。间有奸巫偕奇门之术，开出病家事端颇验，谓由某某鬼作祟，病家信之，所费不少。读书家尚知禁忌，而庶民奉之如神，

---

① 《苏轼文集》，中华书局 1986 年版，第 2058 页。

妇人尤甚。"①黎族人轻农，多依赖贸香为业，而贸香的对象是牛，中原人用牛换香又是用来供佛，如此，中原富人亦是屠杀耕牛的刽子手。而最终受害的则是黎族人。黎族人因为愚昧无知而杀牛，中原富人以文明而杀牛，归其根由，还是神鬼的虚妄所致。以哀怜黎人为中心，苏东坡对海南黎人的愚昧落后，对中原富人的寡仁文明，对神佛的虚妄，都进行了批判。最后想通过僧人来晓喻乡人中的有知者，亦见其无奈，更见其用心之良苦。

三、东坡父子黎事说

黎族，古有生黎、熟黎之分。居住在山林深处而不受官府统治者为生黎，居于深山之外接受官府统治者为熟黎。《儋县志·舆地志六》载："中盘黎峒，峒有黎母山，诸蛮环居，号黎人。去省地远，不供赋役者，号生黎。耕作省地者，赋而役，号熟黎。"②《番禺杂编》云："黎人在海南山洞中，一曰熟黎，亦供州县之役。又有生黎，所居洞深百余里，善登木，如猿猴。"③生黎远离文明，居住洞中，"各有洞主，贝布为衣，两幅前后为裙，掩不至膝，椎髻额前，男文臂腿，女文身面"④。熟黎已接受汉人文明影响，结茅而居，甚至已有读书人。但由于特殊的自然地理条件，长期的化外历史，以及统治者的歧视等原因，民多怠惰，不事农耕，以渔猎为业，用沉香换取一定的用品，故田地荒芜。所产秔稌，不足于食，米粮不足，只好用薯芋杂米作粥以充饥。这与我国以农为本、重农轻商为特色的文化大背景太不协调。黎族人信巫严重，生病则延巫杀牛，轻视医疗，既造成生产力的大量浪费，又严重危及人的健康乃至生命。这些都是存在于黎族社会的重大弊端。在贸易过程中，黎族人因

---

① 〔民国〕彭元藻、曾友文修，王国宪总纂：《民国儋县志》卷二《舆地志十五·习俗》，海南出版社 2004 年版。

② 《民国儋县志》卷一《舆地志六·形胜》。

③ 《苏轼诗集》注引，中华书局 1982 年版，第 2257 页。

④ 同上书，第 2255 页。

愚昧无知而常常受汉族商人的欺诈，政治生活中常受汉族奸吏的剥削和欺压，忍无可忍的情况下，黎族人便会揭竿而起。如何把黎族纳入正确的政治轨道，是历代统治者及学者不可回避的重要问题。苏东坡父子是以黎族为中心、以维护黎族利益为旨归而正面而系统论述黎事问题的开创者。

苏东坡因文字而获罪，在海南是罪臣身份，手中无权，心存恐惧，不欲多立文字，故其理事之说，皆从教化的角度，散见于数多诗文之中。如书写杜诗、柳文并作跋，从黎族自身的弊端揭示黎族落后的原因，试图通过仁爱和教化扭转黎族人民的观念，使黎族自身觉醒，从而走向良性发展的轨道。《和陶劝农六首》[①]则既揭示了黎族自身的缺点和局限，又揭示了统治者的政治弊端，内涵十分丰富，是一组以诗歌形式做成的"黎事说"。

苏东坡首先检讨海南黎族百姓轻农的原因：

其一

咨尔汉黎，均是一民。鄙夷不训，夫岂其真。

怨愤劫质，寻戈相因。欺谩莫诉，曲自我人。

苏东坡认为黎族人民就像漂悬海外的孤儿，长期得不到教化和爱护，至今仍处于这种落后而艰困的局面，过错并不在于他们自身。苏东坡说，鄙夷不训，乃至寻戈相因，难道是他们的本性吗？他们饱受欺凌辱谩，却无处申诉，怨愤之心日积，而得不到宣导、爱护，才导致他们如此。陷黎人以不幸境地者，难道不是当权的人吗？汉人、黎人都是我们的老百姓啊，为什么对黎族人民不能好好地加以爱护和引导反而对他们欺谩呢？最后苏东坡长叹一声，"曲自我人"啊！这一声长叹是多么意味深长。

不良政治是外因，而黎族自身的弱点却是内因，内因外因的结合，导致黎族的落后。苏东坡接着写道：

---

①《苏轼诗集》，中华书局 1982 年版，第 2254—2257 页。

其二

天祸尔土,不麦不稷。民无用物,珍怪是殖。

播厥熏木,腐馀是穑。贪夫污吏,鹰鸷狼食。

苏东坡分析造成这种土地荒芜的直接原因,乃是黎族百姓不懂农业生产的重要性,而完全依靠自然资源,在森林之间提取香料以追微利。但即使如此,在贸香过程中也受到奸商贪夫和污秽官吏的层层盘剥。这首诗虽然把土地荒芜归于天祸,然而我们寻思天祸从何而来,也就明白苏东坡的真实用意了。古人云,皇天无私,唯德是辅,人有什么样的德,天就赐什么样的惠。黎族百姓愚昧怠惰,不知耕作,不勤劳动,其失德一也;贪官污吏,不仅不加教化,反而官商勾结,对他们进行欺压剥削,其失德二也。失此二德,岂能不天祸尔土乎?

苏东坡描写黎族地区的生产状态:

其三

岂无良田,膴膴平陆。兽踪交缔,鸟喙谐穆。

惊麇朝射,猛豨夜逐。芋羹薯糜,以饱耆宿。

苏东坡反问,难道海南没有良田吗?一片片平整的土地是多么肥沃啊!在这美好的土地上栖居着各种野兽,百鸟在林间和鸣,生机盎然。然而却没有人去"南东其亩",人们只是醉心于追猎野兽,结果,只能用芋头番薯做成的羹粥去填饱老人们的肚子,而老人们本应该享受那雪白喷香的大米饭的。

苏东坡虽然把造成黎族百姓落后局面的罪过首先归到汉人统治者身上,但他也非常清醒地觉察到黎人自身的巨大局限。内因才是问题的关键,接下来他就要正面劝诫黎族百姓了。

苏东坡在分析了导致黎族百姓愚昧落后、鄙夷不驯、不知农耕、生活贫困的外因和内因之后,开始正面劝导黎族人民:

其四

听我苦言，其福永久。利尔粗粗，好尔邻偶。

斩艾蓬藋，南东其亩。父兄播梃，以挟游手。

苏东坡也知道要使长期未化的黎族人接受重视农业的理念，并且行动起来，谈何容易？所以他加重语气说，你们一定要听我的苦口之言啊！那样你们所得之福将是永久的。他说，你们要把农具准备齐全，打光磨利，与邻居和睦相处，结伴耕种；你们先要耕理土地，或南北或东西都要整整齐齐，在禾苗生长期间，要经常铲除杂草，这样才能使禾苗能够茁壮成长。但是你们要知道这说起来容易，做起来可不是容易之事，需要吃苦耐劳，辛勤耕作；但你们过去一代一代都已养成了游手好闲的习惯，怎么能够做好农活，期待丰收呢？所以你们年事已高的父兄们，首先自己要明白这个道理，然后去教育、督促年富力强的子弟们去勤奋劳动，你们对那些依然游手好闲的年轻人，不得已时可以用棍子来教训他们。

苏东坡把农业生产与儒家伦理结合起来：

其五

天不假易，亦不汝匮。春无遗勤，秋有厚冀。

云举雨决，妇姑毕至。我良孝爱，袒跣何愧。

苏东坡借古代的典故和箴言来讲解天道之理。"天不假易"告诉黎族人民，天不会帮助慢易之人。苏东坡感到黎族人的这种对待农业的轻慢态度，对其生活质量具有很大的危害，所以用这种典故来开导他们。"亦不汝匮"用以告诉黎族人民天道酬勤的道理。苏东坡说，如果春耕时节能够不遗余力，辛勤劳动，那么秋天丰收就有希望了。你们仅仅懂得辛勤劳动还不够，重要的是你们在劳动过程中同时要形成美好的道德风气，比如对自己的老人要孝顺，对别人的老人要敬爱，等等。苏东坡针对当时黎族人的具体情况，告诉人们，真正的礼仪不在外表。

第六首共有八句诗。苏东坡先用四句进一步强调，大家要对"逸谚戏侮，博弈顽鄙"之人进行惩罚，惩罚的方法就是"投之生黎，俾勿冠履"，把他们投放到生黎地区，不让他们在文明地区生活。苏东坡用这种语气，是意欲通过给那些顽劣不化的青年人在心理上造成恐惧感，以促使他们向良好方向转变，并不是要真正这样做。最后，苏东坡为黎族人民描绘了一个美好的生活图景：

> 霜降稻实，千箱一轨。大作尔社，一醉醇美。

苏东坡的《劝农》产生了深远意义，它改变了一个十分落后地区的人们的观念，使包括黎族在内的海南人民百姓朝着良好的方向发展，可谓关系着重大的民生问题，为当局者指明了道路。

苏东坡没有从政治角度正面论述治黎之策，苏过则在父亲的影响下，对黎族社会进行了实际调查，研究政治得失，从而写出中国历史上第一篇治黎专论。

清代赵怀玉说："东坡善言兵，而叔党有《论黎事》之书。出处进退，未忘国家。"[1]苏东坡屡遭贬斥，却从来没有真正忘却过君国百姓。这精神，也传递给了苏过。苏过受党祸之累而无机会仕进，但他目睹黎事之弊，仍不能不尽一己之力，以为国家安边献策。他认为，关于海南黎事之弊，关键在于下情无法上达。为了下情能够上达，他就不能视而不见，知而不言。他说："仆侍亲海南，实编于民，所与游者，田父野老、间阎之民耳，道不足以相休戚，而言之者又忘其忌讳，故所得为最详。若默而不言，孰为执事者论之？"于是，他写下了著名的《论海南黎事书》[2]。

苏过首先认为，一切弊政之源，在于上下不能沟通。究其原因，在于吏治之弊。他说："今天下号称能吏者，直以簿书期会，洁身奉己而已；尤异者使民尊之如鬼神，畏之如雷霆，可谓能矣！然上之情不可知，下之情不能达，所谓利害之实，从何而得之哉？"

---

① 赵怀玉：《校刻斜川集序》，《斜川集校注》第 815 页。

② 《斜川集校注》，第 491—495 页。

因为下情不能上达，决策者不能掌握真实情况，所以关于治黎一事，"议者纷纷，利害未决"。苏过归纳了朝中三种错误的意见："或欲覆其巢穴而夷其地，或欲羁役其人而改其俗，或欲绝其通市以困其力。"对这些谬论，苏过通过实地考察，逐一进行了批驳。如论者认为，"黎人所以谩边吏而侮吾民者，法不惩耳。今杀人者止于输牛羊，是何足创哉？若屯师于境而许以自新，易之衣冠，使之内属，法令徭赋一均吾民，则易治矣。"这理由似乎很充分，因为"以其怖死而必从，吾又不血刃而得方千里之地，自是无疆场之患，省屯师之费矣"。苏过却不以为然。他说：

　　　　夷狄之性如犬豕然，其服可变而性不可改也。其纾死听命，愿为吾民者，未知异日之患也。法令之烦苛，调敛之无时，官吏之贪求，能保其无乎？闻之父老曰："往者罢庸而取直，吾民皆欲弃冠服而椎髻，舍坟墓而逃山林。"此岂有他哉？趋所乐也。而欲使黎人弃彼取此，不亦难乎？譬之养虎狼于陷阱，置蝮虺于几席，谓其驯扰不螫，亦误也。

　　苏过所谓"其服可变而性不可改"的观点，现在看来虽然有其局限，而以当时实际情况来看，足以驳斥朝中的错误论点。黎人之性，并非不能改变，但改变的方法，不能是朝中一些人所说的严刑苛法的暴力手段，而应如苏东坡所主张的，要持"黎汉一民"的平等观念，施行仁政，用礼乐教化的方法去改变。

　　苏过对黎族人时常劫掳汉人的原因进行了分析：

　　　　然考其本则我曲而彼直。父老曰："黎人之性，敦愿朴讷，无文书符契之用，刻木结绳而已。故华人欺其愚而夺其财，彼不敢诉之于吏。"何则？吏不通其语言，而胥吏责其贿赂，忿而无告，唯有质人而取偿耳。吏足以直其忿，法足以禁其欺，彼若赤子之爱父母也，何惮一诉而质人也哉？

这段话对苏东坡"曲自我人"的观点进行了充分的发挥。由此，苏过提出了"上策莫如自治"的主张。具体讲，其一，要整顿吏治。"当饬有司严约束，市黎人物不与其直者，岁倍偿之，且籍其家而邢其人；吏敢取略者，不以常制论；而守令不举者，部使者按之以闻。又为之赏典以待能吏。"其二，以黎治黎。"朝廷若捐数官以使人，则贤于用师矣。"许以官而用之，"使赍金帛，入喻诸黎，晓以利害，惧以祸福，若能开复故道，使行旅无壅，则籍其众所畏服者，请诸朝，假以一命而岁与其禄。不过总十余人，岁捐千缗耳。今朱崖屯师千人，岁不下万缗，若取十一以为黎人之禄，可以罢千师之屯矣。"可见，以黎治黎，既节省开支，又能达到良好的效果。其三，扶植民兵。"仆以为戍卒可省，民兵可用。何则？编户之家，家有武备，亲戚坟墓所在，人自为战；而又习其山川险阻，耐其风土瘴疠。吏若拊循其民，岁有以赏之，则吾藩篱不可窥矣。"苏东坡出知河北时，苏过随侍，年已二十二三岁，苏过这一主张，可能受其父治边策略的影响。

　　有一个细节不能不提。苏过这篇政论散文讨论的虽然是治黎策略，题目却是《论海南黎事书》，体现出苏过的立场是站在黎族的角度，以平等的观念去看待黎族政治问题。后来明清时代产生了不少关于治理黎族的政论文，作者有海南人，也有大陆人，而文章多以"治黎""平黎"之类的字眼为题，显然是站在统治者的立场，以上视下的角度讨论治理、平等黎族问题，相对于苏过，却是一种倒退呢。

　　苏过安黎主张，一方面与父亲思想的影响有关，一方面又是自己实地观察和考察的结果，显示出年轻的苏过已经具有了一定的军事才干和政治目光。东坡父子之于黎事，一个着眼于从黎人自身的角度促使他们觉醒，一个着眼于从政治的角度向执政者提出切合实际的建议，互相启发，形成一个既具有思想基础又具有具体措施的安黎体系，在我国少数民族政治史上写下了光辉的一页。

上策莫如自治

——苏轼、苏过居儋民族观的形成

王世焱[*]

　　苏过于绍圣四年（1097）七月跟随父亲苏轼抵儋，居儋生活近3年，于元符三年（1100）六月北归中原。其居儋期间，友好地与儋人相处，从对琼岛的猜测与陌生，生疏与恐慌，以及"投之生黎，俾勿冠履"[①]，对头不着冠、脚不穿鞋的生活产生了疑问与疑虑，到接纳儋耳，摒弃偏见与成见，入乡随俗与亲民近民，与儋人同乐，"晚途更著黎衣冠"[②]地融入儋耳社会，再到最后"但使俚俗相恬安"[③]，产生了维护与保护儋人利益的思想。在此过程中，他与儋人产生了感情，并对儋人受欺谩产生同情，在父亲苏轼"咨尔汉黎，均是一民"[④]"华夷两樽合，醉笑一欢同"[⑤]民族平等观的影响之下，既而形成了"民族自治"的理念，提

---

　　* 作者简介：王世焱，海南省琼中县教师培训管理中心中学语文教研员，海南省苏学研究会理事，中学正高级教师。

①〔宋〕苏轼：《苏东坡全集》（全六册），北京燕山出版社 2009 年版，1040 页。

②〔宋〕苏轼：《欧阳晦夫遗接䍦琴枕，戏作此诗谢之》，《苏东坡全集》（全六册）北京燕山出版社 2009 年版，1090 页。

③〔宋〕苏轼：《欧阳晦夫遗接䍦琴枕，戏作此诗谢之》，《苏东坡全集》（全六册）北京燕山出版社 2009 年版，1090 页。

④〔宋〕苏轼：《苏东坡全集》（全六册），北京燕山出版社 2009 年版，第 1039 页。

⑤ 同上书，第 1070 页。

出了"上策莫如自治"①的政治主张，给黎族人民"许以官而用"②，并使黎人有"编户之家"③的民族怀柔政策，维护了中华民族的大团结，做出了历史性应有的贡献。

一、心存偏见

偏见是人们对陌生的地方缺少应有的认识，以自己身处之地为中心，用自己的文化、习俗、习惯去丈量并评判他地的文化、习俗、习惯，发现与己不同步，不合拍，认为他地的文化、习俗、习惯不好，遂就产生偏见。偏见一出来，就会产生歧视。《礼记·王制》就载有"异俗""异齐""异和""异制""异宜"的认识，即"凡居民材，必因天地寒暖燥湿，广谷大川异制。民生其间者异俗，刚柔、轻重、迟速异齐，五味异和，器械异制，衣服异宜。修其教，不易其俗。齐其政，不易其宜"④。

（一）地域偏见

海南岛，自汉武帝"汉元鼎六年定为越地，置儋耳郡"⑤，正式被纳入中华版图，实行有效管理。由于地理位置问题，远离中原政治中心，偏安一隅，于是中原人民便对海南岛产生了地域歧视，称之为蛮荒之岛。詹贤武教授在其专著《黎族文化主体性问题研究》中论述：

> 地域歧视是基于地域性差异而对其他地域环境以及该地域中的人产生"区别对待"的态度。地域歧视是在人类社会发展过程中产生的较为普遍的社会文化现象。人类的活动范围其有一定的地域

---

① 〔宋〕苏过原著，舒大刚、蒋宗许等校注：《斜川集校注》，巴蜀书社1996年版，第494页。

② 同上书，第494页。

③ 同上书，第495页。

④ 《四书五经》（上下册），陈戍国点校，岳麓书社1991年版，第480页。

⑤ 〔宋〕乐史：《太平寰宇记·岭南道十三》卷一六九，王文楚等点校，中华书局2007年版，第3232页。

性，在本地域中的人对自己所处的地理环境非常熟悉，对其他地区明显产生陌生感，很容易对异地产生偏见，甚至将其妖魔化。地域歧视涉及地域文化、经济、政治、民族以及人类心理活动等各方面因素，因此，地域歧视是文化歧视、政治歧视、经济歧视等最直接的体现方式。①

在中国古代，古人对国家的概念为"天下"。由于交通不畅与信息不灵，古人就把帝都王畿定为"天下"的中心，其他次远、渐远、较远、偏远、遥远的地域就分别命名为甸服、侯服、绥服、要服、荒服五等地域，以区别帝都王畿与其他地域的优越感。"服"，当然指臣服与王化之意思。"五服"之命《尚书·禹贡》有记载：

五百里甸服：百里赋纳总，二百里纳铚，三百里纳秸服，四百里粟，五百里米。

五百里侯服：百里采，二百里男邦，三百里诸侯。

五百里绥服：三百里揆文教，二百里奋武卫。

五百里要服：三百里夷，二百里蔡。

五百里荒服：三百里蛮，二里流。

东渐于海，西被于流沙，朔、南暨声教，讫于四海。②

古人为何有"甸""采""流"之概念呢？《礼记·王制》中有记载："千里内曰甸。千里之外曰采，曰流。"③而海南岛地处于帝都之南方，从甸服至最后的荒服，五个五百里，等于二千五百里，再加上三百里蛮，即有二千八百里地之远。但《汉书》引臣瓚曰《茂陵书》注，丈量儋耳与长安的距离，载有："珠崖郡治瞫都，去长安七千三百一十四里。儋耳去长安七千三百六十八里。"④北宋乐史著《太平寰宇记》载："儋州：

① 詹贤武：《黎族文化主体性问题研究》，海南出版社 2016 年版，第 165 页。

② 《四书五经》（上下册），岳麓书社 1991 年版，第 226 页。

③ 同上书，第 476 页。

④ 〔东汉〕班固：《汉书·武帝纪第六》卷六（简体字本全三册），中华书局 1962 年版，第 134 页。

西北至东京七千九百六十八里,西北至西京八千五百四十七里。"①因此,海南岛就属于被划分的"蛮中荒服"之区域,故海南岛也被中原之人称为"蛮荒之岛"。当元丰二年(1079)十二月二十七日"乌台诗案"结案后,"正字王巩监宾州盐酒务"②,好友王巩坐贬广南西路宾州(现广西宾县),苏轼内心非常愧疚,对王巩(字定国)云:"而定国为某所累尤深,流落荒服。"③(《与王定国四十一首》二)到苏轼被贬惠州,与张耒(字文潜)通信时,称自己"屏居荒服"④(《答张文潜四首》二)。"荒服",古人这种以帝都的远近来划分地域的方式,就明显带有地域歧视。

因此,当苏过与父亲苏轼即将渡海、脚踏琼岛之时,与苏辙相别于雷州,苏轼发出"与子各意行,同落百蛮里"⑤(《和陶止酒》)的感慨。这"百蛮里"的称谓,就明显具有中原之人对琼岛地域的偏见。一个"落"字,写出了苏轼的命运多舛,一是他担忧"蛮里"生活艰难;二是他担忧被"蛮"同化;三是担忧来到"蛮里"就回不去了。苏轼接着哀叹:"从我来海南,幽绝无四邻。耿耿如缺月,独与长庚晨。"⑥(《和陶杂诗十一首》其一)对海南幽绝之地的陌生,使其孤独,陷入寂寞沉思。

当他踏上海南儋耳这片热土,看到僻野"天祸尔土,不麦不稷。民无用物,珍怪是殖。播厥熏木,腐馀是穑"⑦(《和陶劝农六首并引》其二)。心情无比的惆怅与失落,为生计而着愁。生活的艰苦,环境的恶劣,他想到了逃离,便"凄然伤之,曰:'何时得出此岛耶?'"⑧(《试笔自书》),他还时常产生归乡的念头,赋诗给弟弟子由:

①〔宋〕乐史《太平寰宇记》(全九册),王文楚等点校,中华书局 2007 年版,第 3232 页。

②〔宋〕李焘:《续资治通鉴长编》(全三十四册),中华书局 1993 年版,第 7333 页。

③〔宋〕苏轼:《苏东坡全集》(全六册),北京燕山出版社 2009 年版,第 2555 页。

④ 同上书,第 2576 页。

⑤ 同上书,第 1034 页。

⑥ 同上书,第 1049 页。

⑦ 同上书,第 1040 页。

⑧ 同上书,第 3228 页。

五日一见花猪肉，十日一遇黄鸡粥。土人顿顿食薯芋，荐以薰鼠烧蝙蝠。旧闻蜜唧尝呕吐，稍近虾蟆缘习俗。十年京国厌肥羜，日日蒸花压红玉。从来此腹负将军，今者固宜安脱粟。人言天下无正味，蝍蛆未遽贤麋鹿。海康别驾复何为，帽宽带落惊僮仆。相看会作两臞仙，还乡定可骑黄鹄。①（《闻子由瘦》）

他把如今儋耳困苦的生活与过去京城舒适的生活进行对比，过去从未忧虑一日三餐的"精粮"负过"此腹"，如今只要有去皮之"脱粟"粮食就心安了。现两人都像神仙一样消瘦，骑上黄鹄一定能还乡。苏辙反而认清形势，告诫他此时"骑鹄"还乡是不现实的，还是安心于此身所至之地吧。有诗云：

多生习气未除肉，长夜安眠懒食粥。屈伸久已效熊虎，倒挂渐拟同蝙蝠。众笑忍饥长杜门，自恐莫年还入俗。经旬辄瘦骇邻父，未信脑满添黄玉。海夷旋觉似齐鲁，山蕨仍堪尝菽粟。孤船会复见洲渚，小车未用安羊鹿。海南老兄行尤苦，樵爨长须同一仆。此身所至即所安，莫同归期两黄鹄。②（《子瞻闻瘦以诗见寄次韵》）

当他看到肥沃的良田，可以耕作；鸟兽繁多，可以射逐；薯芋杂粮遍地生长，能填饱肚子，稍微心安。于是赋诗云："岂无良田，膴膴平陆。兽踪交缔，鸟喙庇穆。惊麇朝射，猛豨夜逐。芋羹薯糜，以饱耆宿。"③（《和陶劝农六首并引》其三）

苏过的心情也是十分复杂，闭上眼睛就想到回归中原，他用诗句记下此过程："闭眼黄庭万想归，此心久已息纷驰。幽居正喜门罗雀，晨起何妨笏挂颐。"④（苏过《东亭》）"瘴海不知秋，幽人忘岁月。只记庭

① 〔宋〕苏轼：《苏东坡全集》（全六册），北京燕山出版社 2009 年版，第 1040 页。
② 〔宋〕苏辙：《苏辙集》（全四册），陈宏天、高秀芳校点，中华书局 1990 年版，第 898 页。
③ 〔宋〕苏轼：《苏东坡全集》（全六册），北京燕山出版社 2009 年版，第 1040 页。
④ 《斜川集校注》，巴蜀书社 1996 年版，第 70 页。

中花，几度开还株。"①（苏过《次韵叔父月季再生》）写出到达流放之地，不知不觉已到秋天；幽居之人，忘记了时间。只记得庭中的月季花，几次开了又谢，谢了又开。身在雷州的叔叔苏辙只好劝慰他："客背有芳蕤，开花不遣月。何人纵寻斧，害意肯留株。"②（苏辙《所寓堂后月季再生与远同赋》）即使父子俩在海南居住了两年，苏过潜意识里也存在着对"岛夷"明显的地域偏见，他在文章《志隐》里首句便下笔写道："苏子居岛夷二年。"③更用"海南夷獠窟"④（《五色雀和大人韵》）来比方海南就像窑窟一样大小，就是带有明显的地域偏见。

（二）文化偏见

文化偏见是伴随着地域偏见产生的。由于地域文化与帝都文化有着不同的区别。地处帝都人，他会以帝都文化唯一的尺度去衡量、评价、对待其他地域文化，从而产生文化偏见。因此，古中原文化之人会以鄙视、嘲笑、怜悯的态度与方式去对待其他地域文化中的人与事。

海南黎族有着传统文化中的文身习俗。文身习俗"是黎族人民用血和肉镌刻的'敦煌壁画'，有着极其丰富的文化内涵。《山海经》中用极不文雅的比喻对其进行了描绘，字里行间流露出封建文人轻佻、鄙视的态度。而'不食五谷，食蚌及鳖'更是封建文人为了迎合中原地区人们的好奇心理而杜撰的，与黎族传统的饮食习惯风马牛不相及"⑤。古中原人对海南黎族文身习俗的轻佻与鄙视态度就是最明显的文化偏见。

海南黎族女子绣面习俗，周去非的《岭外代答》更有详细的记载：

> 海南黎女以绣面为饰，盖黎女多美，昔尝为外人所窃，黎女有节者，涅面以砺俗，至今慕而效之。其绣面也，犹中州之笄也。女

---

① 《斜川集校注》，巴蜀书社 1996 年版，第 71 页。
② 〔宋〕苏辙：《苏辙集》（全四册），陈宏天、高秀芳校点，中华书局 1990 年版，第 897 页。
③ 《斜川集校注》，巴蜀书社 1996 年版，第 479 页。
④ 同上书，第 92 页。
⑤ 詹贤武：《黎族文化主体性问题研究》，海南出版社 2016 年版，第 169 页。

年及笄，置酒会亲旧女伴，自施针笔，为极细花卉、飞蛾之形，绚之以遍地淡粟纹。有皙白而绣文翠青，花纹晓了，工致极佳者。①

当苏过与父亲苏轼踏上琼岛时，对陌生感强烈的海岛产生了一个不可接纳和恐惧的心理，写出了这样恐慌的诗句："四州环一岛，百洞蟠其中。我行西北隅，如度月半弓。登高望中原，但见积水空。此生当安归，四顾真途穷。"②（《行琼儋间，肩舆坐睡。梦中得句云：千山动鳞甲，万谷酣笙钟。觉而遇清风急雨，戏作此数句》）"百洞蟠其中"，《太平寰宇记》载有黎人风俗："有夷人，无城郭，殊异居，非译语难辨其言。不知礼法，须以威伏，号曰生黎。巢居深洞，绩木皮为衣，以木棉为毯。"③"夷"是古人对文化较落后部族的称呼。④在苏轼有限的想象空间，海南岛是有着非常多的"山洞"，黎族人民大多居住在"山洞"之中，有着相当的臆想。一个"洞"字写出了苏轼缺乏对海南岛的了解，有一点的防备与戒备之心，这些都是文化歧视影响着苏轼对海南岛的初步判断。当苏轼与苏过登高北望中原之时，见到的是茫茫大海，一如积水一样空无。这种"空无感"，让苏轼父子感到无助与恐惧，于是在心里默念着"此生当安归"，一定要安全北归中原，但"四顾真途穷"，让苏轼父子感到无助与失落，并带有一点感伤与绝望。当苏轼"七月十三日，至儋州十余日，澹然无一事。学道未至，静极生愁"写下夜梦恐惧的诗句："怛然悸寤心不舒，起坐有如挂钩鱼。"⑤（《夜梦并引》）苏轼面对儋耳的不适，身与心如"挂钩之鱼"被困住，表达了他对儋耳的陌生感与地域文化的不适感，产生了"误入无功乡"⑥（《和陶连雨独饮二首并

---

① 〔宋〕周去非著，杨武泉校注：《岭外代答校注》，中华书局1999年版，第419页。

② 〔宋〕苏轼：《苏东坡全集》（全六册），北京燕山出版社2009年版，第1034页。

③ 〔宋〕乐史：《太平寰宇记》（全九册），王文楚等点校，中华书局2007年版，第3236页。

④ 〔战国〕孟子著，杨伯峻译注：《孟子译注》（全二册），中华书局1960年版，第374页。

⑤ 〔宋〕苏轼：《苏东坡全集》（全六册），北京燕山出版社2009年版，第1038页。

⑥ 同上书，第1038页。

引》其二）的文化偏见，认为儋耳是其无法施展才能，立德立功立言之地。

作为一个文人，苏轼也是跟随中原文化对海南岛的认识。他在《和陶与殷晋安别》诗中，也有停留对海南黎族的称谓，即"久安儋耳陋，日与雕题亲"①。"雕题"是古中原地区之人对南蛮之地的称谓，认为这里之人不吃烟火熟食，有"与禽兽无异"的认识意味。《礼记·王制》中载："南方曰蛮，雕题交趾，有不火食者矣。"②

苏过也同样不甘身落"岛夷"，对海南黎族也存在同样的蔑称，他向家里的哥哥苏迈、苏迨倾诉："我今处海南，日与渔樵伍。黄茅蔽涧谷，白雾昏庭宇。风高翔鸥鹯，月黑号鼯鼠。舟居杂蛮蜑，卉服半夷虏。下床但药饵，遣瘴烦樽俎。何须鸢坠时，方念平生语。"③（《冬夜怀诸兄弟》）"蛮蜑""夷"是蔑称。还有诗文"山夷野獠喜射猎"④（《夜猎行》），"耸狞醉野獠"⑤（《己卯冬至，儋人携具见饮，既罢，有怀惠许诸兄弟》），"异獠纷来宾"⑥（《用伯充韵赠孙志举》），"五岭之南，夷獠杂居"⑦（《志隐》）等等，用"獠"来对黎族人进行轻佻式的蔑称。

（三）人格偏见

人格偏见也是由地域偏见与文化偏见伴生的。古中原之人，总认为其有着地域与文化的优越感，对偏隅一方之人产生外貌、服饰、语言、行为、习惯等方面进行人格偏见，并有着猎奇与诋毁的心理防备。

一是语言偏见。在他们的眼中，岛夷之人的外貌、服装、语言、行为、习惯都与之不同，就产生怪异感，加上语言互不相通，便称之为"鸟语"。语言是人们一种交流思想与互换讯息的工具，每个民族、每

---

① 〔宋〕苏轼：《苏东坡全集》（全六册），北京燕山出版社 2009 年版，第 1068 页。

② 《四书五经》（上下册），陈戍国点校，岳麓书社 1991 年版，第 480 页。

③ 《斜川集校注》，巴蜀书社 1996 年版，第 78 页。

④ 同上书，第 98 页。

⑤ 同上书，第 100 页。

⑥ 同上书，第 116 页。

⑦ 同上书，第 479 页。

一人种都有自己的语言，并无优劣与高下之分。古中原地区之人由于听不懂黎族语言，就把黎族语言称为"鸟语"，是明显带着强烈的人格偏见倾向。宋代祝穆的《方舆胜览》记有："鸟语夷面，非译语而莫通；茅屋荆扉，亦土风之甚陋。"①明代的《嘉靖广东通志初稿》也记有："椎髻额前，鸟言夷面。"②

二是外形偏见。地域不同、气候不同、温差不同，人们之间的五官、肤色、神态肯定存在着差异。《太平寰宇记》载有："儋耳，即离耳也，皆镂其颊皮，上连耳匡，状如鸡肠下垂，在海渚，不食五谷，食蚌及鳖而已。"③古人用这种不雅的词语描摹儋耳人，明显带着不屑的外形偏见。苏过在他的文章《志隐》中，也存在这种对海南黎族人民的外形偏见："而儋耳者，又在二广之南，南溟之中，其民卉服鼻饮，语言不通，状若禽兽，既嚚且聋。"④

三是称谓偏见。从宋代开始，封建统治者"以蔑视的态度对琼岛上的黎族人民进行粗暴而简单的民族甄别。归化封建朝廷、服从中央统治、按时向官府缴纳赋税者，则被称为'熟'；而不归顺封建朝廷、不服王化、不向官府缴纳赋税者，则被称为'生'"⑤，即生黎与熟黎的称谓。

南宋周去非《岭外代答》卷二记载有：

> 海南有黎母山，内为生黎，去州县远，不供赋役；外为熟黎，耕省地，供赋役，而各以所迩隶于四军。州黎质直犷悍，不受欺触，本不为人患。熟黎多湖广、福建之奸民也，狡悍祸贼，外虽供

---

①〔宋〕祝穆：《方舆胜览·海外四州》卷四三，祝洙增订，施和金点校，中华书局，2003年，786页。

②〔明〕戴璟、张岳：《嘉靖广东通志初稿·琼州府》卷三六，海南出版社2006年版，第158页。

③〔宋〕乐史：《太平寰宇记》（全九册），王文楚等点校，中华书局2007年版，第3233页。

④《斜川集校注》，巴蜀书社1996年版，第479页。

⑤ 詹贤武：《黎族文化主体性问题研究》，海南出版社2016年版，第35页。

赋于官，而阴结生黎以侵省地，邀掠行旅居民。^①

因此，苏轼在此背景下，对黎人的称谓也有诗句云："投之生黎，俾勿冠履。"^②（《和陶劝农六首并引》其六）而苏辙也没有来过海南，只闻岛人习俗，记有："子瞻和渊明《劝农》诗六首，哀儋耳之不耕。予居海康，农亦甚惰，其耕者多闽人也。然其民甘于鱼鳅虾蟹，故蔬果不毓。冬温不雪，衣被吉贝，故艺麻而不绩，生蚕而不织，罗纨布帛，仰于四方之负贩。工习于鄙朴，故用器不作。医夺于巫鬼，故方术不治。"^③岛人习俗与中原习俗有异，故心存偏见。

二、接纳儋耳

苏轼与苏过是带着政治迫害与排挤，踏上儋耳的。被贬的官名为琼州别驾，但不得在琼州府驻扎，而安置到离琼州府五百里的昌化军^④（王按：琼州西到儋州 500 里），不得签书公事，不得食俸禄，不得住官舍，是一个"三无"的琼州别驾。这种政治迫害是想他自生自灭，一是无俸禄，一日三餐，难于维持生计；二是安置之地，穷乡僻壤，交通不便，信息不畅，精神空虚；三是不得使用公权，如"挂钩之鱼"，任由使唤，任人蹂躏。苏过与父亲苏轼抵儋之后，看到儋人的纯朴善良与热情好客，慢慢地认识与了解了儋耳社会与黎族传统文化，接纳了儋耳。

（一）心安随乡

苏过与父亲苏轼逐步地融入了儋耳社会，儋耳人也以博大的胸怀接纳了这位来自中原的文化名人。

由于居儋无俸禄，为了生计，苏轼于是便"尽卖酒器，以供衣食。

---

① 〔宋〕周去非原著，杨武泉校注：《岭外代答校注》，中华书局 1999 年版，第 70 页。
② 〔宋〕苏轼：《苏东坡全集》（全六册），北京燕山出版社 2009 年版，第 1040 页。
③ 〔宋〕苏轼：《苏东坡全集》（全六册）引查注，北京燕山出版社 2009 年版，第 1039 页。
④ 〔宋〕乐史：《太平寰宇记》（全九册），王文楚等点校，中华书局 2007 年版，第 3235 页。

独有一荷叶杯，工制美妙，留以自娱"①（《和陶连雨独饮二首并引》）。由于缺少粮食，他想"再拜请邦君，愿受一廛地"②（《籴米》）。来耕作，愿意在这里落户安居。由于"海南多荒田，俗以贸香为业。所产秔稌，不足于食，乃以薯芋杂米作粥糜以取饱。予既哀之，乃和渊明《劝农》诗，以告其有知者"③（《和陶劝农六首并引》）。此时的苏过与父亲苏轼已经熟悉儋耳情况，自觉放下身段，放弃恐慌，开始喜欢上了这个地方。苏轼诗云："稍喜海南州，自古无战场。奇峰望黎母，何异嵩与邙。"④（《和陶拟古九首》其四）他的意思表达得非常明确，我已经喜欢上海南这个地方了，这里自古以来，就没有征战、屠杀、战乱和争斗，人们安详地生活。我望着奇峰巍峨的黎母山，它跟中原的嵩山与北邙山就没有什么区别。他的认同感一出来，就不再陌生，就能心安随乡、入乡随俗了。

当他看到城东南的儋人黎子云、黎子明两兄弟，有农圃之劳，也发出感喟来："借我三亩地，结茅为子邻。躲舌倘可学，化为黎母民。"⑤（《和陶田舍始春怀古二首并引》其二）他愿意与子云、子明兄弟借田耕作，并作友好的邻居。况且黎人比较难学的"鸟语"我都能学习，我要化作黎母的臣民，与你们一样生活。这是苏轼父子多大的思想转换与进步，这需要多大的勇气与决心，要放下曾经朝中高官的身架与文人风骨，不过善良的父子，他俩摒弃了过去对儋人的成见与偏见，决心学习儋耳"躲舌"语言，成为一名"南蛮躲舌之人"⑥，决定融入儋耳黎母社会。因此，苏过用诗歌记录父子乡音的改变："南音行自变，重译不须通。"⑦（《己卯冬至，儋人携具见饮，既罢，有怀惠许诸兄弟》）

---

① 〔宋〕苏轼：《苏东坡全集》（全六册），北京燕山出版社 2009 年版，1038 页。

② 同上书，1039 页。

③ 同上书，1039 页。

④ 同上书，1043 页。

⑤ 同上书，第 1053 页。

⑥ 杨伯峻译注：《孟子译注·卷五滕文公章句上》（全二册），中华书局 1960 年版，第 125 页。

⑦ 《斜川集校注》，巴蜀书社 1996 年版，第 100 页。

在融入儋耳生活之后，苏轼父子用诗记录无聊的日子，云："我是玉堂仙，谪来海南村。旦随老鸦起，饥食扶桑暾。……闲看树转午，坐到钟鸣昏。敛收平生心，耿耿聊自温。"①（《入寺》）由于无事可做，只能闲坐，看树影转到午时，听钟声坐到黄昏，收敛平生的雄心壮志，打发时光。

苏轼心安随乡的过程，其实就是彻底改变以往对儋耳地域歧视的过程。

初来时，苏轼父子发愿"他年谁作舆地志，海南万里真吾乡"②（《吾谪海南，子由雷州，被命即行，了不相知，至梧乃闻其尚在藤也，旦夕当追及，作此诗示之》）；适应海南生活后，便有"今兹黎母国，何异于公乡"③（《和陶杂诗十一首》其十一）的感受；北归时，竟深情地对海南产生了依恋："北归为儿子，破戒堪一笑。披云见天眼，回首失海潦。蛮唱与黎歌，余音犹杳杳。"④（《将至广州用过韵寄迈迨二子》）当政治风雨随着终风散去，还原了天空与海色，也还原了他本人的清白，苏轼发下感慨与誓愿说：

> 参横斗转欲三更，苦雨终风也解晴。云散月明谁点缀？天容海色本澄清。空余鲁叟乘桴意，粗识轩辕奏乐声。九死南荒吾不恨，兹游奇绝冠平生。⑤（《六月二十日夜渡海》）

他永不会悔恨来到海南，所见奇绝的见闻是平生不曾经历过的，高调地向世人与政治对手发出强音，这段不平凡的经历是他一生中最宝贵的财富。

苏过在《志隐》一文中，也向北客解说海南岛是宜居之地，山清水秀，物美丰华，人民安居乐业，无战争，无劳顿，是神仙梦寐以求的宅

---

① 〔宋〕苏轼：《苏东坡全集》（全六册），北京燕山出版社2009年版，第1055页。

② 同上书，第1033页。

③ 同上书，第1052页。

④ 同上书，第1094页。

⑤ 同上书，第1087页。

所，以消除中原之人对海南岛的误解、疑惑及地域歧视，云：

> 虽然，瘴疠之地，子不得其详也。仆亦择其可道者以释子之惑。天地之气，冬夏一律。物不凋瘁，生意靡息。冬缔夏葛，稻岁再熟。富者寡求，贫者易足。绩蕊为衣，蔽根为粮。铸山煮海，国以富强。犀象珠宝，走于四方。士独免于战争，民独免于农桑。其山川则清远而秀绝，陵谷而缥缈而弟郁。虽龙蛇之委藏，亦神仙之所宅。吾盖乐游而忘返，岂特暖席之与黔突也哉！①

北客最后承认自己对海南岛的认识过于浮浅，惭愧地感叹说："吾浅之为丈夫也！"②

（二）入乡随俗

当苏过与父亲苏轼适应了儋耳生活与人文环境之后，心情渐渐地平静下来，以超脱的姿态学习儋人的生活，融入儋人的习俗。由于儋耳难得肉食，"五日一见花猪肉，十日一遇黄鸡粥。"③（《闻子由瘦》）生活过得十分困苦。于是学习儋人食吃薰鼠、蝙蝠、蜜唧、虾蟆，故有诗云："土人顿顿食薯芋，荐以薰鼠烧蝙蝠。旧闻蜜唧尝呕吐，稍近虾蟆缘习俗。"④（《闻子由瘦》）"蜜唧"，即刚生下来，还没有睁开眼睛的小老鼠仔，当放进嘴巴时，小鼠仔还"蜜唧""蜜唧"的叫。所以，苏轼从前听到吃蜜唧的时候，心里会恶心、呕吐，如今这种习俗已经学会了。吃下蜜唧，苏过与父亲苏轼是需要多么大的勇气与决心，这需要克服多大的心理障碍才能咽下去。但是他俩经常与儋人一起吃饭生活，如果拒绝不吃蜜唧，就会显得格外的异类与对儋人的不尊重，那么化为黎母民就遥遥无期了。

海南多沉香、甲煎粉、胡椒，这些常见丰产的日常用品，十分满足

---

① 《斜川集校注》，巴蜀书社 1996 年版，第 480 页。

② 同上书，第 481 页。

③ 〔宋〕苏轼：《苏东坡全集》（全六册），北京燕山出版社 2009 年版，第 1041 页。

④ 同上书，第 1041 页。

苏轼的生活需要，故有诗云："沉香作庭燎，甲煎粉相和。岂若爇微火，
紫烟袅清歌。贪人无饥饱，胡椒亦求多。"①（《和陶拟古九首》其六）其
《沉香山子赋》盛赞海南沉香："剞儋崖之异产，实超然而不群。既金坚
而玉润，亦鹤骨而龙筋。惟膏液之内足，故把握而兼斤。"②《建炎以来
系年要录》载海南沉香为海南特产："地产沉水蓬莱诸香，为香谱第一。
漫山皆槟榔椰子。"③

海南盛产椰子，周去非《岭外代答》记载椰木：

> 椰木，身叶悉类棕榈、桄榔之属。子生叶间，一穗数枚，枚大
> 如五升器。果之大者，惟此与波罗蜜耳。初采，皮甚青嫩，已而变
> 黄，久则枯干。皮中子壳可为器，子中穰白如玉，味美如牛乳，穰
> 中酒新者极清芳，久则浑浊不堪饮。④

故苏东坡先生不仅喜欢喝椰子水，还把椰子果壳制作成椰子冠，用
来作为服饰佩戴，诗云：

> 天教日饮欲全丝，美酒生林不待仪。自漉疏巾邀醉客，更将空
> 壳会冠师。规模简古人争看，簪导轻安发不知。更著短檐高屋帽，
> 东坡何事不违时。⑤（《椰子冠》）

苏东坡把椰子水当作美酒，"美酒生林不待仪"，指椰子中有自然
之酒，不需要酿酒与煮酒的仪式来祈求酒仙过路放酒。他制作的椰子冠
佩戴出来，人人都喜欢相争着看新鲜。苏门李廌（字方叔）在《师友谈
记》中记载老师东坡的《椰子帽》："士大夫近年效东坡桶高檐短，名帽

---

① 〔宋〕苏轼：《苏东坡全集》（全六册），北京燕山出版社 2009 年版，第 1044 页。

② 同上书，第 1198 页。

③ 〔宋〕李心传：《建炎以来系年要录》（全四册），胡坤点校，中华书局 1956 年版，
第 3132 页。

④ 〔宋〕周去非著，杨武泉校注：《岭外代答校注》，中华书局 1999 年版，第 295 页。

⑤ 〔宋〕苏轼：《苏东坡全集》（全六册），北京燕山出版社 2009 年版，第 1047 页。

曰子瞻样。"①苏轼制作的椰子冠，不知不觉地刮起了一股引领潮流与时尚之风。有人反对追随苏轼椰子冠的潮流，云："伏其几而袭其裳，岂为孔子；学其书而戴其帽，未是苏公。"（李廌《师友谈记·椰子帽》）但有人辩解说戴上子瞻样帽后，写的文章大家都比不上了，即"一优丁仙现者。曰：'吾之文章，汝辈不可及也。'众优曰：'何也？'曰：'汝不见吾头上子瞻乎？'"②虽然苏轼处于遥远的儋耳，已无政治影响力，但其的人文精神与人格魅力还是受到士大夫与众多学子的大力追捧。

苏过还把父亲制作的椰子冠与《椰子冠》诗一首寄给雷州的叔叔苏辙，苏过诗云：

> 玉佩犀簪暗网丝，黄冠今习野人仪。著书岂独穷周叟，说偈还应见祖师。棕子偶从遗物得，竹皮同使后人知。平生冠冕非吾意，不为飞鸢跕坠时。③

苏过的诗意为：回想起过去风光地佩戴珍贵的玉佩与犀簪，如今如土人打扮一样草服黄冠。叔叔的诗文之高可与庄周比肩，叔叔的禅理如同佛祖一样。请戴上椰子冠吧，这好似汉高祖刘邦的竹皮帽一样洒脱，被后人传为佳话。我们平生不再追求冠冕堂皇了，只求像汉代马援一样守住清贫，不要像飞翔的雄鹰一样堕落入污泥中。苏辙有《过侄寄椰冠》复诗云：

> 衰发秋来半是丝，幅巾缁撮强为仪。垂空旋取海棕子，束发装成老法师。变化密移人不悟，坏成相续我心知。茅檐竹屋南溟上，亦似当年廊庙时。④

海岛常见的椰子，引发了苏轼、苏过、苏辙三人的诗情感兴。苏轼

---

① 〔宋〕李廌：《师友谈记》，孔凡礼点校，中华书局 2002 年版，第 12 页。

② 同上。

③《斜川集校注》，巴蜀书社 1996 年版，第 69 页。

④ 〔宋〕苏辙：《苏辙集》（全四册），陈宏天、高秀芳点校，中华书局 1990 年版，第 896 页。

只针对椰子冠来写事，抒发其顺应自然环境与不违背人事环境的感情，是其父子入乡随俗的有力见证；苏轼则是由椰子冠来感叹今昔生活处境的不同，告诉叔叔苏辙，自己愿意跟随父亲坚守清贫，不甘堕落，不会坠落；苏辙却是从自己年老头发稀疏出发，戴上椰子冠刚好装成老法师，被贬到雷州，成功与失败只有自己知晓，告知与安慰侄子苏过，叔叔在南溟雷州住在茅竹屋里与在朝廷做官也没有什么两样，无须自卑。

当苏轼父子获得儋耳城西一块田地时，他们高兴地种下了早稻，用诗序来小记此事件："小圃栽植渐成，取渊明诗有及草木蔬谷者五篇，次其韵。"诗兴曰："晨兴洒扫罢，饱食不自安。愿治此圃畦，少资主游观。"①（苏轼《和陶西田获早稻并引》）

由于海南米少，苏过与父亲苏轼日日学习土人食山芋充饥。苏过为了把山芋做得更好吃，变出花样来制作"玉糁羹"，色香味皆奇绝。苏轼大为高兴，高度评价苏过的"玉糁羹"，说是"天上酥陀"我没吃过，但这"玉糁羹"却是"人间决无此味道也"，诗赞曰："香似龙涎仍酽白，味如牛乳更全清。莫将南海金齑脍，轻比东坡玉糁羹。"②（《过子忽出新意，以山芋作玉糁羹，色香味皆奇绝。天上酥陀则不可知，人间决无此味也》）

生活稳定下来之后，东坡先生开始跟儋人学习酿酒，诗云："小酒生黎法，干糟瓦盎中。芳辛知有毒，滴沥取无穷。冻醴寒初泫，春醅暖更馫。"③（《用过韵，冬至与诸生饮酒》）《宋史·食货志》卷一八五载："广南东西路不禁，自春至秋，酝成即鬻，谓之小酒；腊酿蒸鬻，候夏而出，谓之大酒。"④《太平寰宇记》也载琼岛儋人酿酒之法："酝酒，不用曲蘖，有木曰严树，取其皮叶，捣后清水浸之，以粳酿和之，香甚，

---

① 〔宋〕苏轼：《苏东坡全集》（全六册），北京燕山出版社 2009 年版，第 1065 页。

② 同上书，第 1066 页。

③ 同上书，第 1070 页。

④ 〔元〕脱脱等：《宋史》（简体字本全十一册），中华书局 2000 年版，第 3026 页。

能醉人。又有石榴，亦取花叶，和醅酿之，数日成酒。"[1]他学会酿酒后，用小瓮装酒，诗云："小瓮多自酿，一瓢时见分。"[2]（《和陶与殷晋安别》）非常有成就感。

东坡先生喜欢饮酒，感叹"酒中固多味，恨知之者寡耳"[3]（《跋醉道士图·再跋》），酒中本有很多的趣味，遗憾的是知道的人太少了。但他不善饮酒，饮辄面红耳赤，他自己也用诗句记下其饮酒状态："寂寂东坡一病翁，白须萧散满霜风。小儿误喜朱颜在，一笑那知是酒红。"[4]（《纵笔三首》其一）小孩子认为他的脸是自然的朱红色，那知开口一笑，酒气从口中透出，才知是喝酒后的脸红。

苏轼入乡随俗的过程，也是彻底改变以往对儋耳文化歧视的过程。他尊重、包容与认同了海南文化以及儋耳黎族文化，接受了儋耳的饮食文化、服饰文化等各种生活习俗，故有"余生欲老海南村"[5]（《澄迈驿通潮阁二首》其二）的感慨。

三、结下情谊

当苏过与父亲苏轼摒弃对儋耳的偏见，入乡随俗，融入儋耳生活，与当地的儋耳人产生感情，结下深厚的情谊。发出"谁道茅檐劣容膝，海天风雨看纷披"[6]（《次韵子由三首·东亭》）与"长歌自誷真堪笑，底处人间是所欣"[7]（《次韵子由三首·东楼》）的感叹。

---

① 〔宋〕乐史：《太平寰宇记》（全九册），王文楚等点校，中华书局 2007 年版，第 3233 页。

② 〔宋〕苏轼：《苏东坡全集》（全六册），北京燕山出版社 2009 年版，第 1068 页。

③ 同上书，第 3240 页。

④ 同上书，第 1072 页。

⑤ 同上书，第 1086 页。

⑥ 同上书，第 1046 页。

⑦ 同上。

（一）友好交往

苏轼是一位性格豁达之人，容易抛弃陌生感与他人相处。当地儋人也非常善良，也喜欢这位北客上门造访。苏轼与居城东南的儋人黎子云、黎子明兄弟友好交往，黎子云家前面有一口大池，池中养鱼。由于水木幽茂，环境幽雅，大伙凑钱盖了一屋，苏轼给屋命名为载酒堂。他与军使张中经常一起去造访俩兄弟，喝酒，钓鱼，玩得不亦乐乎，并诗云："城东两黎子，室迩人自远。呼我钓其池，人鱼两忘反。"①（《和陶田舍始春怀古二首并引》其一）黎子云家有菜圃，有果园，他便诗云："菜肥人愈瘦，灶闲井常勤。我欲致薄少，解衣劝坐人。临池作虚堂，雨急瓦声新。客来有美载，果熟多幽欣。丹荔破玉肤，黄柑溢芳津。"②（《和陶田舍始春怀古二首并引》其二）

他经常带着自己酿制的酒去儋人子云、威、徽、先觉家做客，有诗《被酒独行，遍至子云、威、徽、先觉四黎之舍三首》：

其一

半醒半醉问诸黎，竹刺藤梢步步迷。
但寻牛矢觅归路，家在牛栏西复西。

其二

总角黎家三四童，口吹葱叶送迎翁。
莫作天涯万里意，溪边自有舞雩风。

其三

符老风情奈老何，朱颜减尽鬓丝多。
投梭每困东邻女，换扇惟逢春梦婆。

其一，东坡先生写出与儋人高兴喝酒半醉后归家，陷入竹刺藤的

---

① 〔宋〕苏轼：《苏东坡全集》（全六册），北京燕山出版社 2009 年版，第 1053 页。
② 同上书，第 1053 页。

"迷团阵"，找不到归家的路，只好沿着牛屎到牛栏西边的家，呈现出他与儋人喝酒"好人相逢，一杯径醉"①（《王氏生日致语口号》）的酣畅之乐。

其二，是写到归途中，看到三四个可爱的黎童，口中吹着葱叶作的"乐器"围逗着他玩，呈现出他与总角黎童如"莫逆之契，义等于天伦"②（《寒食宴提刑致语口号》）的忘年之乐。

其三，是写符林老秀才虽然年老色衰头发白，却春心不忘，想用东西与大学士换扇子，去扇扇邻家女子的芳心，没想到被邻女投梭拒绝。不想换扇时遇见了春梦婆。

春梦婆，苏轼好友赵令畤《侯鲭录》有载：

> 东坡老人在昌化，尝负大瓢行歌于田间，有老妇年七十，为坡云："内翰昔日荣贵，一场春梦。"坡然之。里人呼此媪为春梦婆。坡被酒独行遍至子云诸黎之舍，作诗云："符老风情奈老何，朱颜减尽鬓丝多。投梭每因东邻女，换扇惟逢春梦婆。"是日，老符秀才言换扇事。③

东坡先生非常感激黎子云对他的真诚相待，不会因他是贬谪之人而有意嫌弃他，疏远他。他用《题赠黎子云千文后》来赞颂黎子云对他的厚爱：

> 登临览观之乐，山川风物之美，将归老于故丘，布衣幅巾，从邦君于其上。酒酣乐作，援笔而赋之。以颂黎侯之遗爱，尚未晚也。轼。④

到他临行离开海南，北移廉州之时，得到黎子云浓情赠送的佳酿，

---

① 〔宋〕苏轼：《苏东坡全集》（全六册），北京燕山出版社2009年版，第3020页。

② 同上书，第3021页。

③ 〔宋〕赵令畤：《侯鲭录》，孔凡礼点校，中华书局2002年版，第183页。

④ 〔宋〕苏轼：《苏东坡全集》（全六册），北京燕山出版社2009年版，第3227页。

便动情地题跋一诗给黎子云，折作酒菜钱，以报答黎子云的深情相待，即"新酿佳甚，求一具理。临行写此，以折菜钱。"①（《自题〈别海南黎子云〉诗》）

东坡先生与黎子云的真诚交往情谊，南宋费衮《梁溪漫志》有记载：

> 东坡在儋耳，一日过黎子云，遇雨，乃从农家借箬笠戴之，著屐而归。妇人小儿拍随争笑，邑犬群吠。竹坡周少隐有诗云："持节休夸海上苏，前身便是牧羊奴。应嫌朱绂当年梦，故作黄冠一笑娱。遗迹与公归物外，清风为我袭庭隅。冯谁唤起王摩诘，画作东坡戴笠图。"②

明代陆应阳《广舆记》也载有："黎子云兄弟，贫而好学，所居多林木水竹。东坡尝造访，遇雨，从农借笠著屐，小儿随行调笑。今世传东坡冒雨图，即此事也。"③黎子云家不仅好玩有趣，家中还藏有柳宗元诗文书籍。东坡最喜欢"南迁二友"，即陶诗与柳文。陆游《老学庵笔记》卷九："东坡在岭海间，最喜读陶渊明柳子厚二集，谓之南迁二友。予读宋白尚书《玉津杂诗》有云：'坐卧将何物，陶诗与柳文。'则前人盖有与公暗合者矣。"④由于东坡先生到海南，带书不多，便向黎子云借柳文阅读。《贵耳集》载有：

> 东坡在儋耳，无书可读。黎子家有柳文数册，尽日玩诵。一日遇雨，借笠屐而归。人画作图。东坡赞曰："人所笑也，犬所吠也，笑亦怪也。"用子厚语。⑤

北宋许顗（字彦周）的《彦周诗话》也载有东坡先生到黎子云家借

---

① 〔宋〕苏轼：《苏东坡全集》（全六册），北京燕山出版社2009年版，第3187页。

② 〔宋〕费衮：《梁溪漫志》，金圆校点，上海古籍出版社1986年版，第42页。

③ 颜中其编注：《苏东坡轶事汇编》，岳麓书社1984年版，第219页。

④ 〔宋〕陆游：《老学庵笔记》，李剑雄、刘德权点校，中华书局1979年版，第120页。

⑤ 颜中其编注：《苏东坡轶事汇编》，岳麓书社1984年版，第221页。

书："东坡在海外，方盛称柳柳州诗。后尝人得罪入浮，见黎子云秀才说，海外绝无书，适渠家有柳文，东坡日夕玩味。嗟乎，虽东坡观书，亦须著意研穷，方见用心处耶！"①

（二）受人馈赠

由于东坡先生与儋人友好相处，结下情谊，在衣食缺乏之下，常受儋人馈赠。

一是食物馈赠。由于海南粮食产量极低，大米多从大陆过海运来。故其在《纵笔三首》其三诗云："北船不到米如珠，醉饱萧条半月无。明日东家当祭灶，只鸡斗酒定膰吾。"②大陆之船运米不到的情况下，他们经常是半月后就无米下饮了。但是儋人这日那日有祭祀活动，有鸡有米有酒一定分给他们吃。粮断之后，他们还去儋人家做客，"叩门有佳客，一饭相邀留。春炊勿草草，此客未易偷。"③（《贫家净扫地》）苏过在他的诗文中也写到儋人馈赠给他们的食物有"薯芋""稻谷""蚶蛤""韭菘"，即"薯芋人人送，困庖日日丰。…… 海查羞蚶蛤，园奴馈韭菘。"④（《己卯冬至，儋人携具见饮，既罢，有怀惠许诸兄弟》）苏过最感动的是儋人馈赠坡鹿或野猪肉，他在《夜猎行》序中云："海南多鹿豨，土人捕取，率以夜分月出，度其要寝，则合围而周陷之，兽无轶者。余寓城南，户外即山林，夜闻猎声，且有馈肉者，作《夜猎行》以纪之。"晚上的时候，父子俩听到围猎的声音；到早上的时候，就听到有人敲门的声音，开门一看，儋人已送来一份坡鹿或野猪肉了。苏过觉得不狩不猎，十分愧对儋人的馈赠，有诗感兴云："朝来剥啄谁有馈，愧尔父老勤弓戈。"⑤元符二年（1099）冬至前二日，儋耳海边渔民赠送海蚝给苏轼，苏轼文《食蚝》记之曰："己卯冬至前二日，海蛮献蚝。剖之，得数升肉，与浆入水。与酒并煮，食之甚美。"苏轼是一个富有

---

① 〔清〕何文焕辑：《历代诗话》（全二册），中华书局1981年版，第383页。

② 〔宋〕苏轼：《苏东坡全集》（全六册），北京燕山出版社2009年版，第1072页。

③ 同上书，第1073页。

④ 《斜川集校注》，巴蜀书社1996年版，第100页。

⑤ 同上书，第98页。

生活情趣之人，会烹饪，会品味，"人莫不饮食也，鲜能知味也"①（《中庸·论下》）。从未品尝过海蚝鲜美的东坡对着儿子苏过调侃说："每戒过子慎勿说，恐北方君子闻之，争欲为东坡所为，求谪海南，分我此美也。"②

二是衣物馈赠。东坡先生有一次，在集市中，碰到一位黎族樵夫，担木柴入市卖。樵夫没见过身着儒衣冠之人，就觉得非常怪异，对着东坡先生大笑，但先生不与樵夫计较礼貌问题，因"生不闻诗书，岂知有孔颜"。然后，两人攀谈起来，可是彼此语言不通，只能用手指比画交流。先生问他家住哪里？樵夫比画"家在孤云端"。樵夫也问先生干啥的，先生猜他称赞先生，"似言君贵人，草莽栖龙鸾"。最后，樵夫起恻隐之心，赠送先生木棉大衣，用来抵御即将到来的寒冬。东坡先生用《和陶拟古九首》其九记载这段不寻常的情谊与馈赠：

> 黎山有幽子，形槁神独完。负薪入城市，笑我儒衣冠。生不闻诗书，岂知有孔颜。偿然独往来，荣辱未易关。日暮鸟兽散，家在孤云端。问答了不通，叹息指屡弹。似言君贵人，草莽栖龙鸾。遗我古贝布，海风今岁寒。③

苏过也用诗来记录儋人馈赠衣物："槟榔代茗饮，吉贝御寒风。"④（《己卯冬至，儋人携具见饮，既罢，有怀惠许诸兄弟》）

（三）反思得失

元符二年（1099），东坡先生反思他在儋耳是"得"胜于"失"，他在《书上元夜游》中写下：

> 己卯上元，予在儋州，有老书生数人来过，曰："良月嘉夜，

---

① 〔宋〕苏轼：《苏东坡全集》（全六册），北京燕山出版社2009年版，第1256页。
② 同上书，第3412页。
③ 同上书，第1045页。
④ 《斜川集校注》，巴蜀书社1996年版，第100页。

先生能一出乎？”予欣然从之，步城西，入僧舍，历小巷，民夷杂糅，屠沽纷然。归舍已三鼓矣。舍中掩关熟睡，已再鼾矣。放杖而笑，孰为得失？过问先生何笑，盖笑也。然亦笑韩退之钓鱼无得，更欲远去，不知走海者未必得大鱼也。[①]

其的反思主要是“笑”。一笑，上元良月佳夜之乐；二笑，儋耳人民安居之适；三笑，夜游兴尽归舍已三鼓，家门已掩关，家人已熟鼾；四笑，韩退之钓鱼不懂得失。其实是反思自己虽然遭贬儋耳，看起来是“有失”，但夜观儋耳各族人民和睦相处，没有政治斗争，生活安康幸福，身处其中得到的乐趣。从苏轼父子初来海南，看到“黎、蜑杂居，不复人理”[②]（《与程全父十二首》其九）的不适判断，到如今“民夷杂糅，屠沽纷然”的祥和气氛，这些“所得”不是谁人都能体验的。其实，苏轼是非常注重儒家“劝和睦”的主张，他早年时就在《策别·安万民二》中论述：“夫民相与亲睦者，王道之始也。昔三代之制，画为井田，使其比闾族党，各相亲爱，有急相赒，有喜相庆，死丧相恤，疾病相养。是故其民安居无事，则往来欢欣，而狱讼不生；有寇而战，则同心并力，而缓急不离。”[③]因此，他从“黎、蜒杂居”的初步认识，到“民夷杂糅”的景象称谓，是一种对海南固有观念的彻底转变。这种转变颠覆了他以往对海南儋耳的所有臆想，以及所有的片面理解与认识。

苏过则在父亲苏轼元符二年（1099）十二月生日时，也认为父亲遭贬谪海南是因祸得福，得多于失，即“塞马未还非叟病，莫邪偶弃岂铅铦？长生有道因辞宠，造物无私独与谦”[④]（《大人生日二首》其二）。

苏轼与儋人结下深厚情谊的过程，也是彻底改变以往对儋耳人格歧视的过程。他摒弃了以往用“蛮”“夷”“獠”等中原人对海南地域与儋耳人带有轻蔑的称谓，改用“海南”来称谓岛名，用“黎”“黎人”等

①〔宋〕苏轼：《东坡志林》，刘文忠评注，学苑出版社2000年版，第14页。

②〔宋〕苏轼：《苏东坡全集》（全六册），北京燕山出版社2009年版，第2645页。

③同上书，第1431页。

④《斜川集校注》，巴蜀书社1996年版，第105页。

来称谓儋耳人。元符二年，苏辙61岁生日，苏轼作《沉香山子赋》送给苏辙，云："往寿子之生朝，以写我之老勤。……盖非独以饮东坡之寿，亦所以食黎人之芹也。"苏轼借助沉香之清芬，不仅希望苏辙接受哥哥对他寿诞的美好祝福，还要感受到海南黎族人的盛情与厚意，其实就是苏轼想借助沉香的意象来表达儋人对他的善待，与他对儋人的感激之情。苏过则在《论海南黎事书》一文中，更是用了13次"黎人"这一客观平等的称谓。

当父子俩离开儋耳时，儋人携酒带食赶来相送，纯朴的儋人执手挥泪，依依不舍他们的苏内翰离去。苏过用诗歌记录儋人送别的情形是"蛙蟆与蚯蟉，敬我如族姻"①（《用伯充韵赠孙志举》）。苏轼则用诗歌来作别海南黎民，用"跨海去"来比喻像一次远游办事一样，表达他不忍作别海南黎民深切之情。《别海南黎民表》诗云：

> 我本海南民，寄生西蜀州。忽然跨海去，譬如事远游。平生生死梦，三者无优劣。知君不再见，欲去且少留。②

而宋人范正敏《遁斋闲览·海南人情不恶》也真实地记录了这段感人的送别场面：

> 东坡自海南还，过润州，州牧，故人也。出郊迓之。因问海南风土人情如何？东坡云："风土极善，人情不恶。"其初离开昌化时，有十数父老皆携酒馔，直至舟次相送，执手泣涕而去，且曰："此回与内翰相别后，不知甚时再得来相见。"③

东坡先生对海南儋人最真实与中肯的评价是"风土极善，人情不恶"。儋人也非常清楚，此次与苏轼父子相别，难涉"鲸波"的海南岛，"不知甚时再得来相见"。

---

①《斜川集校注》，巴蜀书社1996年版，第116页。

②〔宋〕苏轼：《苏东坡全集》（全六册），北京燕山出版社2009年版，第1085页。

③〔明〕陶宗仪：《说郛》（全十二册第六册），涵芬楼铅印本卷三二，中国书店1986年版，第16页。

四、提出自治

苏过与父亲苏轼在居儋中，度过了"食无肉，病无药，居无室，出无友，冬无炭，夏无寒泉"[1]（苏轼《与程秀才三首》其一）的困苦生活，政治也经过"问我何处来，我来无何有"[2]（苏轼《和陶拟古九首》其一）、"无问亦无答，吉凶两何如"[3]（苏轼《和陶拟古九首》其三）、"如挂钩鱼"（《夜梦并引》）的盘查，以及"旧居无一席，逐客犹遭屏"[4]（苏轼《新居》）被驱逐出官舍的打压，父子俩亲切体会到纯朴善良的儋耳人的包容。又在"尊王攘夷"的时代背景之下，他果断地提出了"自治"的主张。

（一）"华夷之辨"背景

宋代的社会政治主流价值观是"尊王攘夷"[5]。比较有代表性是程颐在《论政篇》中的"华夷之辨"说：

> 或问："蛮夷猾夏，处之若何而后宜？"子曰："诸侯方伯明大义以攘却之，义也；其余列国，谨固封疆可也。若与之和好，以苟免侵暴，则乱华之道也。是故《春秋》谨华夷之辨。"[6]

欧阳修《本论下》的"尊中国而贱夷狄，然后王道复明"[7]之说。范仲淹《上执政书》的"使夷不乱华"[8]之说。石介则有《中国论》之说：

> 夫天处乎上，地处乎下，居天地之中者曰中国，天地这偏者曰

---

① 孔凡礼点校：《苏轼文集》（全六册），中华书局1986年版，第1628页。

② 〔宋〕苏轼：《苏东坡全集》（全六册），北京燕山出版社2009年版，第1042页。

③ 同上书，第1043页。

④ 同上书，第1064页。

⑤ 陈植锷：《北宋文化史述论》，中国社会科学出版社1992年版，第26页。

⑥ 〔宋〕程颢、程颐：《二程集》（全四册），王孝鱼点校，中华书局1981年版，第1214页。

⑦ 李逸安点校：《欧阳修全集》（全六册），中华书局2001年版，第292页。

⑧ 李勇先、王蓉贵校点：《范仲淹全集》，四川大学出版社2007年版，第212页。

四夷。四夷外也，中国内也。天地为之乎内外，所以限也。夫中国者，君臣所自立也。……东方曰"夷"，被发文身，有不火食者矣；南方曰"蛮"，雕题交趾，有不火食者矣；西方曰"戎"，被发衣皮，有不粒食者矣；北方曰"狄"，衣毛穴居，有不粒食者矣。其俗自安也，相易则乱。^①

石介的"中国"论，就是汉族政权的代名词，处于统治天下的地位，是宇宙和世界的中心，其他民族必须要臣服。论中还对"四夷"进行鄙视。而苏轼嘉祐六年（1061）的《策略一》也谈到了"尊王攘夷"的观点，即"四夷交侵，边鄙不宁，是攘之而已也"^②，但他进步的一点是要进行社会的变革之说，即"方今之势，苟不能涤荡振刷，而卓然有所立"^③。而"卓然有所立"的前提与条件是民族平等观。

在当时的"尊王攘夷"背景之下，州官当权者便对"四海之夷"进行欺谩，儋耳之人自然也在被欺谩之列。苏轼看不惯这种情形，便用诗行记录下儋人受欺压的情况："天祸尔土，不麦不稷。民无用物，珍怪是殖。播厥熏木，腐馀是穑。贪夫污吏，鹰鸷狼食。"^④（《和陶劝农六首》其三）儋耳由于天灾，粮食没有收获，人民生活困苦，加上贪官与污吏，像鹰与狼一样吞吃儋耳百姓。具有"民本思想"与正义感的苏轼十分同情儋人的遭遇，对当权者进行了严厉的谴责。

（二）民族平等观

民族平等观是在苏过与父亲苏轼完全改变了过去对黎族的片面理解背景下，重新认识、重新审视以及重新评价海南文化特别是黎族文化，才逐渐形成了平等的民族观。苏轼本是一个善良之人，"四海皆弟昆"^⑤

---

① 曾枣庄、刘琳主编：《全宋文》（全360册），第29册，上海辞书出版社2006年版，第333页。

② 孔凡礼点校：《苏轼文集》（全六册），中华书局1986年版，第1403页。

③ 同上。

④〔宋〕苏轼：《苏东坡全集》（全六册），北京燕山出版社2009年版，第1040页。

⑤〔宋〕苏轼：《苏东坡全集》（全六册），北京燕山出版社2009年版，第519页。

（《东坡八首》其七），容易与社会各阶层人士相处。早年，苏轼就提出了"一视同仁"平等观、"至诚如神"的人人平等观与"赤心对待"的民族平等观。

"一视同仁"平等观。他在《韩愈论》一文当中，对儒家与墨家待人、待夷狄之道"一视同仁"的区别展开讨论：

> 愈之《原人》曰："天者，日月星辰之主也。地者，山川草木之主也。人者，夷狄禽兽之主也。主而暴之，不得其为主之道矣。是故圣人一视而同仁，笃近而举远。"夫圣人之所为异乎墨者，以其有别焉耳。今愈之言曰"一视而同仁"，则是以待人之道待夷狄，待夷狄之道待禽兽也，而可乎？教之使有能，化之使有知，是待人之仁也。不薄其礼而致其情，不责其去而厚其来，是待夷狄之仁也。杀之以时，而用之有节，是待禽兽之仁也。若之何其一之！儒墨之相戾，不啻若胡越。而其疑似之间，相去不能以发。宜乎愈之以为一也。①

苏轼还是赞同韩愈不管远近，都要"一视同仁"诚恳地待人、待夷狄。

"至诚如神"的人人平等观与"赤心对待"的民族平等观。

他主张："何谓至诚？上自大臣，下至小民，内自亲戚，外至四夷，皆推赤心以待之，不可以丝毫伪也。……《传》曰：'至诚如神。'又曰：'至仁无敌。'"②（《上初即位论治道二首·道德》）用儒家的"真诚"来使各民族人人平等，用儒家的"仁政"去处理各民族之间的矛盾关系。他这种"赤心至诚""对待至仁"的思想，与历朝历代统治者把少数民族"堪称"为野蛮民族来进行歧视与打压相比，无疑是一种历史的进步。

因此，"一视同仁""至诚如神""赤心对待"的民族平等观，才能获得"夷人"的尊重与臣服，及告慰"华夷之望"③（《天章阁权奉安神

---

① 〔宋〕苏轼：《苏东坡全集》（全六册），北京燕山出版社2009年版，第1303页。

② 同上书，第1320页。

③ 同上书，第2937页。

宗皇帝御容祝文》）；并要"与民同利"，才能"固将燕及于华夷"①（《显圣寺寿圣禅院开启太皇太后消灾集福粉坛道场斋文》），才能呈现一片"华夷交庆，草木增荣"②（《兴龙节功德疏五首》其三）的祥和景象。

宋人贾似道《悦生随抄》中转引宋人刘壮舆《漫浪野录》中评价苏轼最真诚的为人之道与人人平等观，曰：

> 苏子瞻泛爱天下士，无贤不肖，欢如也。尝自言："上可以陪玉皇大帝，下可以陪悲田院乞儿。"子由晦默，少许可，尝戒子瞻择交。子瞻曰："吾眼前见天下无一个不好人。"③

"眼前见天下无一个不好人"，在苏轼的眼里，人的地位无论尊贵，或是卑贱，人人都是一个好人，人人都能平等立足于社会，都要好好平等对待每一个人。在与儋人的相处过程中，苏轼提出了"咨尔汉黎，均是一民"④（《和陶劝农六首》其一）的民族平等观。强调不管汉族与黎族，都是平等的一民，汉人不要轻视与看不起黎族人，要以诚相待黎族人，要引导黎族人学习汉文化；不要采取怨愤的暴力，或相承不断的挑起战争来使黎族人屈服，要各民族和睦相处；欺侮蒙蔽黎族人太多不要推辞了，不公正不讲理的多是我们汉人，对汉人欺谩黎族人进行了告诫与反思。进而再次提出了"华夷两樽合，醉笑一欢同"⑤（《用过韵，冬至与诸生饮酒》）的民族平等观，主张汉族与黎族要像两个酒樽一样，平等地放在宴座之上，汉人与黎人一起饮酒同醉，一起饮酒欢笑，像兄弟一样团结，相互尊重，相互平等，同于天伦，享于太平。"华夷两樽合，醉笑一欢同"，也对应了他元祐年间提出的"华夷来同，天地并应，以谓福莫大于无事"⑥（《集英殿秋宴教坊词致语》）的主张。

---

① 〔宋〕苏轼：《苏东坡全集》（全六册），北京燕山出版社 2009 年版，第 2936 页。

② 同上书，第 2921 页。

③ 〔明〕陶宗仪：《说郛》（全十二册第三册），涵芬楼铅印本卷三二，中国书店 1986 年版，第 72 页。

④ 〔宋〕苏轼：《苏东坡全集》（全六册），北京燕山出版社 2009 年版，第 1039 页。

⑤ 同上书，第 1070 页。

⑥ 〔宋〕苏轼：《苏东坡全集》（全六册），北京燕山出版社 2009 年版，第 3007 页。

元符二年（1099）正月十五夜，他与老书生数人夜游儋耳城时，看到"民夷杂糅，屠沽纷然"的景象，汉人与黎人和睦相处，杂居在一起，卖肉店、卖酒店等各种店家井然有序相连，这种协和之邦，正是他所憧憬的理想社会。他觉得是一种"得"，不用去太远的地方去寻找这种"协和之邦"，在他的眼前与脚下就可找到。因此，他"笑韩退之钓鱼无得，更欲远去，不知走海者未必得大鱼也"。他后来为昌化峻灵王庙写下碑文时，非常赞赏海南汉黎人民的和睦杂居："琼崖千里块海中，民夷错居古相蒙。"① （《峻灵王庙碑》）

苏过在父亲的长期影响之下，也认同民族平等观。他在《志隐》一文之中，也反对北客鄙视儋耳黎族人："寓此世间，美恶几希。乃欲夸三晋而陋百粤，弃远俗而鄙岛夷，窃为子不取也。"② 他辩驳北客说，人生于世间，对真善美与假恶丑的认识是极少差别的，你总是夸赞"三晋"如何是好，而极力贬低南方百粤之民，鄙视边远之地的风俗与海南黎族，我认为你这样是不可取的。

詹贤武教授在《黎族文化主体性问题研究》中认为："苏轼平等的民族观不仅体现在他对待黎族人民的感情上，而且体现在他对待黎族文化的态度上，他以宽厚、仁爱的胸怀，通过自己的文化实践和文化理念维护着黎族人民的生存尊严，也捍卫着黎族文化的地位。苏轼提倡民族平等的思想，完全符合各民族人民的共同愿望，对民族团结和国家稳定有着不容忽视的现实意义。"③

（三）自治主张

其实，早年的苏轼就具有"自治"的朴素观，他在秘阁考试中，就有这样的答卷：

> 夷狄不可以中国之治治也。譬若禽兽然。求其大治，必至于大乱。先王知其然，是故以不治治也。治之以不治者，乃所以深治之

---

① 〔宋〕苏轼：《苏东坡全集》（全六册），北京燕山出版社 2009 年版，第 1686 页。

② 《斜川集校注》，巴蜀书社 1996 年版，第 480 页。

③ 詹贤武：《黎族文化主体性问题研究》，海南出版社 2016 年版，第 183 页。

也。[1]（《王者不治夷狄》）

他强调治理夷狄等少数民族，不能用中原国家的礼义制度去治理，就好比和禽兽一样，想要求得到完全成功治理，一定会有大乱。先王知道其中的道理是这样，因此用不治理的方法去治理他们。治理他们用不治理的方法，才是加深巩固治理的方法。其实就是"民族自治"的主张。他接着继续论述"夷狄"诉求与"中国"民族平等的会见：

　　夫以戎狄之不可以化诲怀服也，彼其不悍然执兵，以与我从事于边鄙，则已幸矣，又况乎知有所谓会者，而欲行之，是岂不足以深嘉其意乎？不然，将深责其礼，彼将有所不堪，而发其愤怒，则其祸大矣。[2]（《王者不治夷狄》）

他详细分析对方的意图，因为戎狄不能够通过教化使之顺服，他们不悍然起兵，与我们边防发生冲突，就已经是非常幸运了，又何况他们还知道彼此有会见和谈的事情，并想诉求按照平等会见的程序去做，这难道不值得大力去赞赏他们的有理要求吗？如果不这样，而一味要求他们按照"尊王"臣服的礼节去行事，他们必将不会有所接受这不平等条件，一旦他们发怒了，那么祸害就大了。因此，"以不治深治之"才是治理他们的最好方法。

当苏过与父亲苏轼被贬谪儋耳之时，刚好碰上政府官员议论所谓的"黎患"与"黎乱"，要采取军事打击与武力镇压。苏过与父亲苏轼和儋人相处久后，最了解所谓的"黎事"，其实是"汉曲""黎直"。为了保护日日与之亲近的海南黎族人，制止一触即发的战争，苏过"弃默而言"，于是写下著名的策论《论海南黎事书》，要求汉人理智地像"赤子之爱父母"[3]一样，平等地对待海南黎族人，且大胆地提出"上策莫如

---

① 〔宋〕苏轼：《苏东坡全集》（全六册），北京燕山出版社 2009 年版，第 1236 页。

② 同上。

③ 〔宋〕苏过原著，舒大刚、蒋宗许等校注：《斜川集校注》，巴蜀书社 1996 年版，第 494 页。

自治"①的政治主张，以正确解决所谓的"黎事"。

苏过详细分析"黎人犯事"的主要原因：

一是刑法苛刻，税赋无度，官吏贪腐。"法令之烦苛，调敛之无时，官吏之贪求。"②政府的法令太过于繁杂苛细，税赋又无时无刻来征收，汉人官吏又贪污腐败，黎人无法承受。

二是黎人无文字契据，易受欺夺。"黎人之性，敦愿朴讷，无文书符契之用；刻木结绳而已。故华人欺其愚而夺其财，彼不敢诉之于吏。"③黎人性格淳朴，不善言辞，又没有文字契据记载，多用刻木或结绳来记事，因此汉人欺负黎人愚笨老实，就骗夺黎人的钱财，黎人也不敢向汉人官吏申诉。

三是胥吏贪腐，黎人状告无门。"吏不通其语言，而胥吏责其贿赂，忿而无告，唯有质人而取偿耳。"④那些官吏听不懂黎人语言，贪官又向黎人索取贿赂，黎人气愤而又状告无门，只好绑架人质来获取赎金。其实，苏轼在诗中早已提示过苏过，黎人犯事主要原因也是"怨愤劫质，寻戈相因，欺谩莫诉，曲自我人"⑤（《和陶劝农六首》其一），黎人大动干戈，发生怨愤而持劫人质事件，主要是汉人欺谩黎人，并且黎人控诉无门，理屈来自我方汉人。

四是军队乃乌合之众，行劲卑劣。"扞拟之吏，皆用武夫，而士卒之籍，多出无赖。所过聚落，鸡犬一空。来则捶暴其家，人去则坏弃其器具。"⑥朝廷任用的守卫官吏，都是武夫，士兵的出身也是无赖流氓与地痞。他们一过村庄，鸡犬也要劫杀一空。进入黎人之家就暴打黎人，离开之后就毁坏黎人生产与生活器具。军队的行劲太过于卑劣。

如果贸然受取武力镇压；或大兵压境，胁迫黎人改弦易辙；或围困

①〔宋〕苏过原著，舒大刚、蒋宗许等校注：《斜川集校注》，巴蜀书社1996年版，第494页。

②同上书，第493页。

③同上书，第494页。

④同上。

⑤〔宋〕苏轼：《苏东坡全集》（全六册），北京燕山出版社2009年版，第1039页。

⑥《斜川集校注》，巴蜀书社1996年版，第495页。

黎人，使其走投无路，逼其屈服。这些昏招，只是"议者本以图功名、邀爵赏，不恤长久之计，苟目前之利也。"①议论者只顾目前之利益，图功名，邀爵禄，求赏赐，没有对黎人表同情的长久良策。因此，"上策莫如自治"，倒不如让黎人"自治"自理。"自治"的具体措施包括：

一是许以黎人官用，使吏拊民。"朝廷若捐数官以使人，则贤于用师矣。今黎人盗边民之畜，巨室不过从十余隶，径入其族数其罪，取之不敢拒命者，信异其人也。仆以为此可许以官而用矣。"②针对彼方黎人，苏过比较宽容，多站在黎人的角度上去思考问题，强调朝廷除去数个官职给黎人，则"贤于用师"，比用军队武力镇压好；对偷盗汉人的牲畜的黎人，不管其家族如何巨大，也要敢于直入其家族数算清楚他们的罪过，招取那些不敢抗拒王命的人，树立黎人官位的威信，来争取黎人的心。

二是编制黎人户籍，形成武装，给予黎人边防任务。"编户之家，家有武备，亲戚坟墓所在，人自为战；而又习其山川险阻，耐其风土瘴疠。吏若拊循其民，岁有以赏之，则吾藩篱不可窥矣。"③苏过继续延伸自己的换位思考，设身处地地为黎人着想，强调要一视同仁对待黎人，让其有正式的户籍，有稳定的祖先故土，他们就会有防守故土的职责。并且黎人又熟悉与适应自己的山川、风土等环境，再加上黎人的官吏，如果再安抚黎人的百姓，每年还有朝廷的奖赏，则边防更加的牢固了。

三是整饬官吏，约束司刑。"当饬有司严约束，市黎人物而不与其直者，岁倍偿之，且籍其家而刑其人；吏敢贿赂者，不以常制论；而守令不举者，部使者按之以闻。又为之赏典以待能吏。如此则能者劝，慢者惩，贪胥滑商不敢肆其奸，边有宁矣。"④针对我方汉人，苏过知道汉人官吏不讲道理较多，则强调要严格整饬官吏，约束官吏不再对黎人进行欺压与欺诈。货物交易要物价相等，物不当值，则要多倍进行赔偿，

---

① 《斜川集校注》，巴蜀书社 1996 年版，第 495 页。

② 同上书，第 494 页。

③ 同上书，第 495 页。

④ 同上书，第 494 页。

并且要登记造册，对贪官进行刑罚。如果有的官吏敢于向黎人索取贿赂，不用按常规，要进行加大处罚。对秉公、廉正、能干的官员要举行表彰典礼，大力宣扬，进行赏赐。如此这样，能干的官员要多勉励，懒散的官员要惩罚，贪财的小官吏与狡诈的商人就不敢放肆他们的奸诈行为，海防与边防就可安宁了。

任何的主张与见解都是经过深思熟虑的。苏过居儋"自治"理念的形成，深受其父亲苏轼在身边"朝夕导引存吾神"[①]（《次大人生日》）的教诲，又与"田父野老、闾阎之民"[②]（《论海南黎事书》）的儋人日日相处影响，"久推是心诚而均，可贯白日照苍旻"[③]（《次大人生日》）的启发，觉得社会上要人人平等，就像太阳无私地照耀着苍天一样平等。虽然在"尊王攘夷"的大背景之下，当他"窃见海南黎人一事"[④]，他经过严格的考证，才知"考其本则我曲而彼直"[⑤]，真相大白。他想保护厚爱与善待父子俩的儋人，他不能再"默而不言"了，果断地提出"上策莫如自治"的政治主张，"则远人受赐也"[⑥]（《论海南黎事书》），使最边远的少数民族百姓也受赐。此论断，堪称远见；此主张，堪称伟大。

李盛华先生在《小坡之隐者归来——苏过居儋诗文研究》一书中评价："苏过针对当时的时局，写下《论海南黎事书》一文，属于重大的朝政、朝纲以及正确处理'黎患''黎乱'的重头文章，是一篇富有现实意义和历史意义的完美策论。该文在中国历史上乃至世界历史上，卓有见识地第一次完整系统地提出了'自治'的政治主张，体现了苏氏父子崇高的政见和卓越的思想，更展现出青年苏过的胆识、见识与才华。"[⑦]

---

① 《斜川集校注》，巴蜀书社 1996 年版，第 31 页。

② 同上书，第 492 页。

③ 同上书，第 31 页。

④ 同上书，第 492 页。

⑤ 同上书，第 494 页。

⑥ 同上书，第 495 页。

⑦ 李盛华：《小坡之隐者归来——苏过居儋诗文研究》，海南出版社 2014 年版，第 333 页。

昌江的木棉花与东坡的吉贝布

李公羽 *

　　宋绍圣四年（1097），东坡先生贬谪海南。元符元年（1098）岁末，东坡居儋作《和陶〈拟古〉九首》，其九如下（图1）：

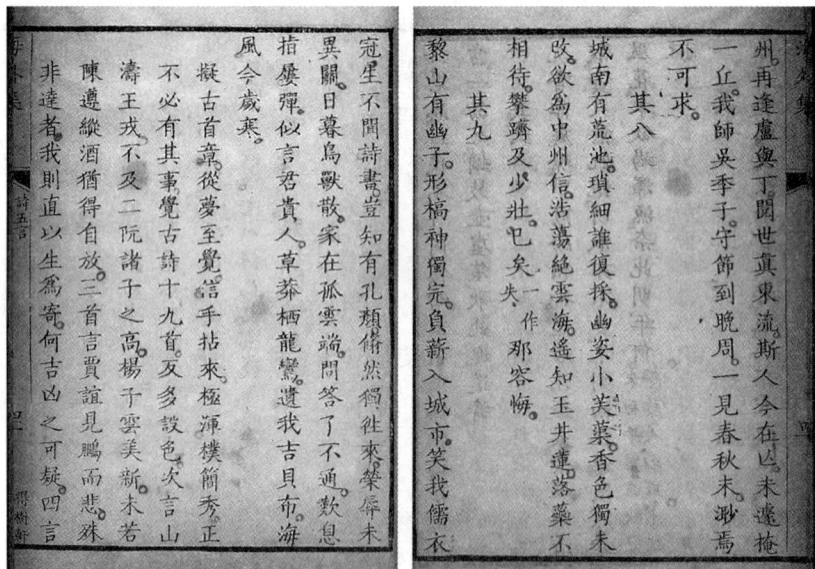

图1　《苏文忠公海外集》卷三载《和陶〈拟古〉九首》其九

　　* 作者简介：李公羽，海南省新闻工作者协会副主席、中国苏轼研究学会副秘书长、海南省社科联社会组织历史文化学部党总支书记，海南省苏学研究会理事长，高级编辑。

> 黎山有幽子，形槁神独完。
>
> 负薪入城市，笑我儒衣冠。
>
> 生不闻诗书，岂知有孔颜。
>
> 倏然独往来，荣辱未易关。
>
> 日暮鸟兽散，家在孤云端。
>
> 问答了不通，叹息指屡弹。
>
> 似言君贵人，草莽栖龙鸾。
>
> 遗我吉贝布，海风今岁寒。[①]

东坡先生用精彩细致的笔触，为我们记下了这样一个动人的场景：

时间：北宋元符元年岁末，某一天的傍晚。

地点：广南西路昌化军治（今海南省儋州市中和镇）城外。

人物：黎族卖柴青年；琼州别驾责授昌化军安置的苏东坡。

事由：这位黎族青年背负着一大捆木柴，向昌化军城走来。东坡正从城里走出去。青年虽然看起来面容有些憔悴，但精神饱满。他看到迎面走来的这位老先生，穿着一身大陆书生的服装，这与黎汉居民的差别太大了，显得极不协调，甚至有些好笑。青年人大概没有读过诗书，也肯定不知道世上还有孔孟颜曾。他独自一人，随意来往，心地平和，无关荣辱。暮色降临，他的家大概在很远的地方，在东坡看来，这是一位幽居之人。二人路遇，四目相视，惊奇与关爱的心潮涌起，却无言以对。因为，他们各自不同的语言体系限制了浓烈情感的表达。年轻人的语言，东坡听不懂；东坡的答话，他也茫茫然。不能沟通，有些着急，年轻人两手的手指互相弹击着，大概是想说：您是远方而来的显贵之人，我们这草莽村寨里，有您就如同降临了龙凤一般。东坡先生感受到黎族青年急于表达的崇敬和关爱的心情，也很欣慰。但没有想到，这年轻人将身上披着的一块吉贝布取下来，一定要赠送给先生，那眼神和语言中所表达的，分明是说：这里海风大，今年冬天冷。

---

① 〔宋〕苏轼：《和陶〈拟古〉九首》其九，樊庶编注：《苏文忠公海外集》卷三，康熙四十五年（1706）得树轩刻本，哈佛大学汉和图书馆原藏，国家图书馆现藏，第41—42页。

一、昌化江畔种植木棉、"黎峒织成文锦"至少在唐时已成规模

《康熙昌化县志》卷三《物产志》明确载有："扳枝花，又名木棉花。李卫公贬崖州时，唐人诗曰：'绛纱弟子音书绝，鸾镜佳人相会稀。今日置身歌舞地，木棉花发鹧鸪飞。'"又云："焰焰烧空出化炉，一春花信最先孚。看花未暇评牛李，且醉东风听鹧鸪。""扳枝花"，即今之"攀枝花"。唐人所记海南早春木棉盛开，如"焰焰烧空出化炉"，可以想知，不仅规模壮观，而且已成著名风景。①

同一志书，另有记载："绵花又名吉贝。""绵布，黎峒织成文锦，黎妇穿黎幔，金丝者为上，即《衡志》所谓黎锦、黎单、鞍搭之类。"②《光绪昌化县志》也有同样的记载。

与其他史料所记黎民不习耕种有所不同，《光绪昌化县志》之《风土》篇记载了黎民种植吉贝："昌邑东北近黎岐，高燥，民以刀耕火种为业，名曰斫山，集山木而焚之。播草麻子、吉贝二种于积灰之上，昌民之利尽于是也。"③可见昌化江畔黎汉百姓，在严重干旱的山区，每年烧山之后，即种植草麻子和吉贝，"昌民之利"，百姓的收益，尽在于此。

昌化江畔漫山遍野的木棉树，并非自然长成，而是祖上百姓"火种"之利。唐宋时期这种"昌民之利"，想必不是为了使人们可以兴奋地观赏"焰焰烧空出化炉，一春花信最先孚"，并不是为了"木棉花发鹧鸪飞"的自然更替，而是为了采摘棉絮，纺纱织布。所谓"昌民之利"，其实是昌民谋生的主要手段。

值得注意的是，直至中华人民共和国成立之后，昌江一带黎族妇女仍保留以木棉花絮纺纱织布的劳动方式。昌江黎族自治县摄影家协会主席邱瑞天，生于1958年，他记忆中，少年时家中就有人日夜纺织。

---

① 《康熙昌化县志》卷三，海南出版社2004年版，第48页。

② 同上书，第48—49页。

③ 《光绪昌化县志》卷一，海南出版社2004年版，第144页。

二、黎族先民以木棉花织作吉贝布，开辟棉纺布衣新时代

被誉为"服装活化石"的海南岛黎族树皮衣距今已有三千多年历史。海南黎族先民用树皮经过复杂工序手工制作树皮衣，遮羞、保暖，成为具有世界影响的重大发明。随后，人类又结束了原始的无纺时代，进入桑蚕纺织发展的新时期。大量史料记载，指向清晰：最古老、原始的棉纺织品，同样出自海南岛黎族先民之手。

两广、海南、云贵等地区少数民族同胞，最迟在汉代就已掌握棉纺技术。海南岛则因其独特的自然资源条件与黎族同胞的勤劳聪慧而领跑中国棉纺织业。

（一）乔木棉絮使海南岛成为中国棉织品的发祥地

《前汉书·地理志》（图2）记载了当时对于海南岛民的认知："自合浦徐闻南入海，得大州，东西南北方千里，武帝元封元年略以为儋耳、珠崖郡。民皆服布如单被，穿中央为贯头。男子耕农种禾稻纻麻，女子桑蚕织绩……"①有着"桑蚕织绩"传统技能的海南岛女子，并不满足于"桑蚕"类的织绩原材料，而是不断开发新的纺织资源，芭蕉、葛藤、竹子、棕榈等草木纤维，都可"绩以为布"，然而，最为理想的纺织材料，非木棉莫属。

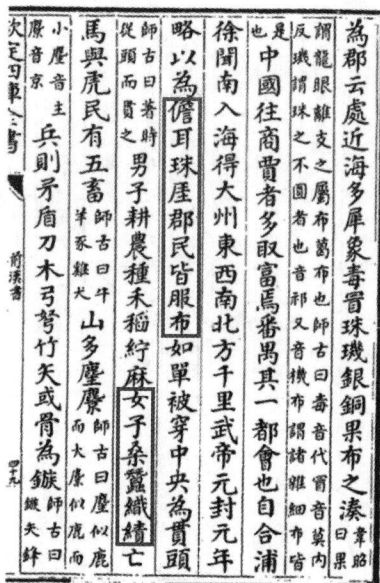

图2 《前汉书》载"儋耳、珠崖郡。民皆服布""女子桑蚕织绩"，是海南岛有织布历史的最早记载

---

① 〔东汉〕班固：《前汉书》，《钦定四库全书》卷二八（下），《地理志》第八（下），台湾商务印书馆影印文渊阁本（1982—1986），第50页。

1. 早在夏禹时期，至迟在战国初期海南岛即有木棉织品

有史料记载：早在夏禹时代即已有岛民以木棉制作衣服。清乾隆元年（1736）进士、刑部尚书秦蕙田撰《五礼通考》中，提出一个十分重要的观点。他在"岛夷卉服"下注："卉即花也，乃木棉之正名。后人知自六朝时传种中土，故所在多有不知，禹时岛夷已制以为服，故特别之曰卉服。而取其木棉之精者为织贝，以入于贡筐也。"[①] 秦蕙田认为：

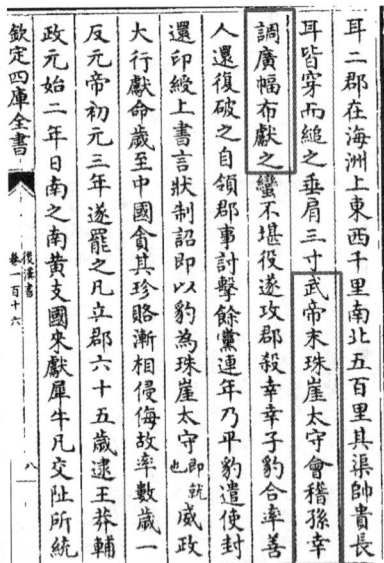

图3 《后汉书》关于武帝末珠崖太守进贡"广幅布"的记载

故所在多有不知，禹时岛夷已以木棉制以为服。只因远离中土，人多不知而已。

《后汉书》卷一一六（图3）载："武帝末，珠崖太守会稽孙幸调广幅布献之。"[②] 虽然此事导致珠崖民众不堪赋役而反叛，但也可见汉时海南尺幅宽大的棉布在朝廷已受厚爱。

《后汉书·西南夷传·南蛮》记载："哀牢人皆穿鼻、儋耳，其渠帅自谓王者，耳皆下肩三寸，庶人则至肩而已。土地沃美，宜五谷、蚕桑。知染采文绣，罽氍帛迭，兰干细布，织成文章如绫锦。有梧桐木华，绩以为布，幅广五尺，洁白不受垢污。""哀牢"，是澜沧江、怒江中上游地区的傣族部落于公元前5世纪组建的联盟性质国家。许多记载，特别是"穿鼻、儋耳""兰干细布，织成文章如绫锦""梧桐木华，绩以为布"等，都是海南黎族居民和木棉黎锦的

---

① 秦蕙田：《五礼通考》，《钦定四库全书》卷二二〇，台湾商务印书馆影印文渊阁本（1982—1986），第28页。

② 〔南朝宋〕范晔：《后汉书·西南夷传·南蛮》，《钦定四库全书》卷一一六，台湾商务印书馆影印文渊阁本（1982—1986），第8页。

典型特征。此记另有注释：晋郭义恭撰《广志》中有"梧桐有白者，剽国有桐木，其华有白氄，取其氄淹渍，缉织以为布也"①。

北宋李昉、李穆、徐铉等学者编纂著名类书《太平御览》，备天地万物之理，保存大量宋以前的文献资料。其卷九六〇《木部九》中有专条"木绵"，注为："广州记曰：枝似桐枝，叶似胡桃而稍大，出交、广二州。罗浮山记曰：木绵，正月则花，大如芙蓉，花落结子，方生绵与叶耳。子内有绵，甚白。蚕成则熟，南人以为缊絮。"②由此可知，《汉书》所记"梧桐木华"，即"枝似桐枝"的木绵之华（花）。而"子内有绵""南人以为缊絮"。

成书于战国时代的《尚书·禹贡》，作为我国最富于科学性的地理书籍，已有明确记载："淮海惟扬州……岛夷卉服，厥篚织贝，厥包橘柚，锡贡。沿于江海达于淮泗。"贵州黔东坡州文学艺术研究所陈江在《"岛夷卉服"和古代海南黎族的纺织文化》一文中指出："'岛夷'在何处，'卉服'为何物，盖因其文辞简约，语焉不详，后代学者的注解又不一致，故众说不一。"他在大量研究考证的基础上，发表意见认为："'岛夷卉服'在海南岛的说法，是成立的。""卉服"之"卉"，是各种花草的总称，"卉服"，既可以说是缀树叶花草为服，又可说为织有花草之纹的服装。原始人确曾有过缀树叶花草为服的历史，但在海南和台湾的新石器时代遗址，均发现有纺轮等纺织工具，这说明战国其以缀树叶花草为服已不可能。③

查《康熙字典》，印证了出自《尚书·禹贡》的"卉"是各种花草的总称这一说法，并且是木棉之属。《康熙字典》"岛"字注释中有："【书禹贡】岛夷卉服。【注】海曲曰岛，卉草也，木棉之属，以卉服来

---

①〔南朝宋〕范晔：《后汉书·西南夷传·南蛮》，《钦定四库全书》卷一一六，台湾商务印书馆影印文渊阁本（1982—1986），第23页。

②〔宋〕李昉等：《太平御览》，《钦定四库全书》卷九六〇《木部九》，台湾商务印书馆影印文渊阁本（1982—1986），第9页。

③陈江：《"岛夷卉服"和古代海南黎族的纺织文化》，《广西民族研究》1991年第3期，第95页。

贡也。"①

《嘉庆重修一统志·琼州府》在《土产》篇中"布"类明确载有："《唐书·地理志》：崖州贡斑布。《寰宇记》：琼州产吉贝布。"②

南京大学历史系副教授刘兴林有专文《〈尚书·禹贡〉"织贝"考》，明确论证至少在战国初期海南岛即有木棉织品："《尚书·禹贡》成书于战国时期，其所记扬州土贡'织贝'本是产自海南岛的木棉织品，与《后汉书》中的'广幅布'实为一类。'吉贝'，文献又常省称'贝'，'织贝'就是织木棉成布之意，织为动词，贝为吉贝省称，久之，织贝又用为名词，指代当地以木棉（贝）为原料的布。至今海南岛仍有织贝、吉贝的叫法，印证了海南岛悠久的木棉纺织历史。考之文献，《禹贡》中扬州南海卉服之岛夷就是海南岛的原住民，也为织贝出海南增添了证据。"③

2.东晋《吴录地理志》已载"交阯定安县有木绵树""如丝之绵又可作布"

更为清晰准确的，是《太平御览》中所引《吴录地理志》（图4）的记载："交阯定安县有木绵树，高大，实如酒杯，中有绵。如丝之绵，又可作布，名曰緤，一名毛布。"④寥寥数

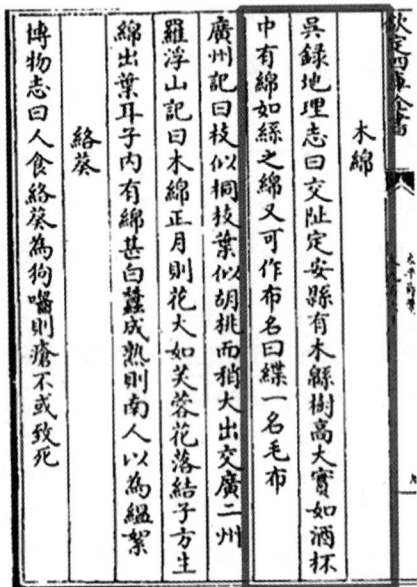

图4 《太平御览》引《吴录地理志》记载："交阯定安县有木棉树。"

---

①《康熙字典》，上海书店1985年版，第338页。

②〔清〕穆彰阿：《嘉庆重修一统志·琼州府》，海南出版社2006年版，第241页。

③刘兴林：《〈尚书·禹贡〉"织贝"考》，《江海学刊》2005年第4期，第125—131页。

④〔宋〕李昉等：《太平御览》，《钦定四库全书》卷九六〇《木部九》，台湾商务印书馆影印文渊阁本（1982—1986），第9页

语，信息丰富。

汉武帝时，海南隶属交阯。《后汉书·西南夷传·南蛮》（图5）载："及楚子称霸，朝贡百越。秦并天下，威服蛮夷，始开领外，置南海、桂林、象郡。汉兴，尉佗自立为南越王，传国五世。至武帝元鼎五年，遂灭之，分置九郡，交阯刺史领焉。其珠崖、儋耳二郡在海洲上，东西千里，南北五百里。其渠帅贵长耳，皆穿而缒之，垂肩三寸。"[①]

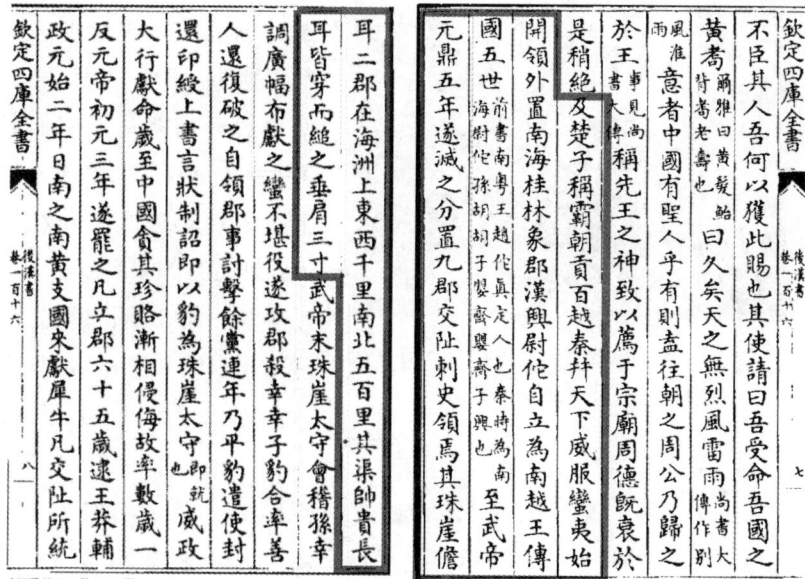

图5 《后汉书》关于交阯统领珠崖、儋耳二郡的记载

交阯，后世亦作"交趾""交址"，古地名。汉武帝时曾置十三刺史部，此其一，辖境相当今广东、广西大部和越南北部、中部，东汉末改称"交州"。旧泛指五岭以南地区。需要说明的是，海南历史上长期归属广西，即宋之"广南西路"，故"定安县"隶属交阯。

《吴录地理志》又名《吴地理志》《吴地记》等，是东晋时张勃所撰三国吴时区域地理志书，以州郡地理、山川土物等载入史册。张勃，吴

---

① 〔南朝宋〕范晔：《后汉书·西南夷传·南蛮》，《钦定四库全书》卷一一六，台湾商务印书馆影印文渊阁本（1982—1986），第7页。

图6　海南岛木棉树高大挺拔的枝干与北方梧桐树极其相像（作者摄于儋州东坡书院内）

郡（今江苏苏州）人，三国吴时分管外事接待事务的鸿胪寺卿张俨之子。

"木绵树高大，实如酒杯。"所记形象准确。木棉树高大，可达数丈。果实情况不同：或无果；或为蒴果，圆形；或长圆形，直径可达10厘米，表面光滑坚硬。海南多见果实如豆荚者，但长可达15厘米以上。农历二三月，花红如火；四五月间果实成熟，自动弹裂，暴出洁白的棉絮。现儋州东坡书院内有几株高大的木棉树（图6），四月间，棉絮飘飞，"卷起杨花似雪花"。

"如丝之绵，又可作布，名曰緤，一名毛布。"所言明确。"緤"（xiè），古同"絏"，今作"绁"。《康熙字典》《说文解字》《辞海》等注"絏"或"絏"，一般指名词绳索或动词捆绑。然而，旧时加"木"字的"楪"字，另有两种字义：（1）木棉的别称；（2）古书上说的一种布。此外其他字义还可指"缯帛番数"①。

中国17世纪著名科学家徐光启编著的大型农业科学巨著《农政全书》，包含了中国古代与农业有关的政策、制度、措施、工具、作物特性及技术知识等。《农政全书》卷三五开篇《蚕桑广类》，第一条即《木棉》，同样也有交阯定安县的记载："《张勃吴录》曰：交阯定安县有木棉树，高丈（李按：应为高大），实如酒杯口，有绵如蚕之丝也。又可

① 《汉典网》：https://www.zdic.net/hant/%E7%B7%A4。

作布，名曰白緤，一名毛布。"（图7）

元末明初陶宗仪《说郛》（图8）也专有《吉贝布》一节，记有："闽领已南多木绵，土人竞植之，有至数千株者，采其花为布，号吉贝布。"[1]"闽领已南"，应为"闽岭以南"。

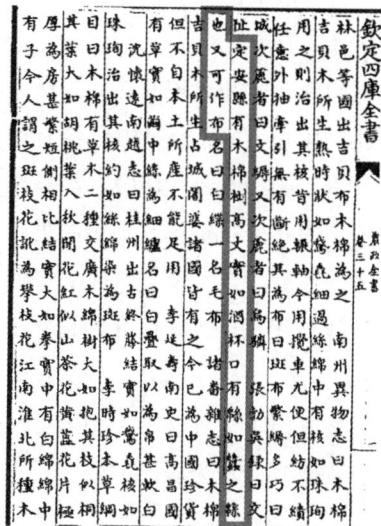

图7 《农政全书》所载"定安县有木
棉树，高丈，实如酒杯口，有绵
如蚕之丝也，又可作布"

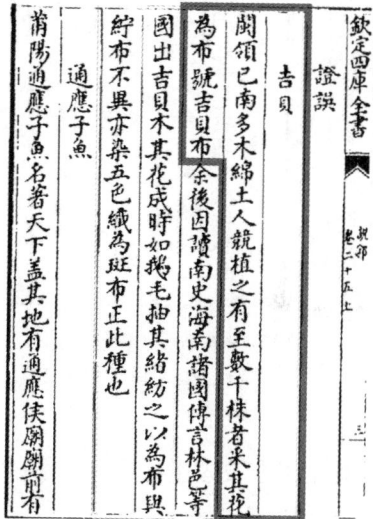

图8 陶宗仪《说郛》专有"吉贝布"
一节

3. 东坡与子苏过关于海南木棉、吉贝的记载生动而真实

以"岛夷"特指海南，古已有之。"卉服"应为色彩斑斓之衣，亦有考据。在棉花大规模种植并用于纺纱织布之前，木棉纺织衣物的绚丽色彩是前所未有的，因而给人们以极深的印象。这在东坡先生与子苏过贬谪海外时的多次记述相符。

东坡在海南，"食芋饮水，以著书为乐"，完成经典著作《书传》《易传》《论语说》。《书传》是他以毕生智慧与感悟对《尚书》的诠注。

---

① 〔明〕陶宗仪等编：《说郛》卷二五（上），第3页。文渊阁《四库全书》第0877
册，第0399d页。

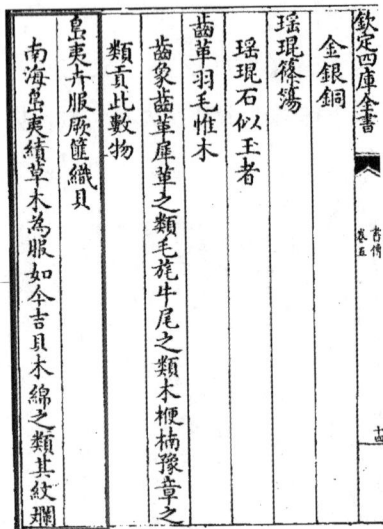

图9 东坡先生《书传》中说"如今吉贝，木绵之类，其纹斓斑如贝，故曰织贝"

东坡《书传》卷五《夏书·禹贡第一》中，他为"岛夷卉服，厥篚织贝"作注："南海岛夷，绩草木为服，如今吉贝，木绵之类，其纹斓斑如贝，故曰织贝。《诗》曰：'萋兮斐兮，成是贝锦。'"① （图9）这是我们现在可知北宋时对此句最为具体的解读。《诗经》中已经有记载：萋（qī）、斐（fěi），都是文采相错的样子。贝锦，即织有贝纹图案的锦缎。东坡所记"纹斓斑如贝，故曰织贝"，应是可以充分相信的。

秦蕙田《五礼通考》中即已明确肯定了东坡先生的这一论断："苏氏曰岛夷绩草木为服，如今吉贝木棉之类。"②

东坡再贬海南，幼子苏过随父谪居儋州。苏过自记："其初至海上，也为文一篇曰《志隐》，效于先生前。先生揽之曰：'吾可以安于岛夷矣。'先生因欲自为广志隐，以极穷通得丧之理焉。"③东坡看到小儿已有如此成熟的心态，放心地表示："我可以安心居于海南岛上了。"

苏过《斜川集·志隐》中记录："苏子居岛夷…… 其民卉服鼻饮，语言不通…… 岛夷绩草木为服，如今吉贝木绵之类。"苏过证实：北宋时海南居民即着卉服。卉服应是彩色棉布所制衣物。

苏过在《志隐》中还记有："儋耳者，又在二广之南，南溟之中。

---

① 〔宋〕苏轼：《书传·夏书·禹贡第一》，《钦定四库全书》卷五，台湾商务印书馆影印文渊阁本（1982—1986），第14页。

② 〔清〕秦蕙田：《五礼通考》，《钦定四库全书》卷二二〇，台湾商务印书馆影印文渊阁本（1982—1986），第28页。

③ 〔宋〕苏过：《斜川集·附录上》，《钦定四库全书·遗事》，台湾商务印书馆影印文渊阁本（1982—1986），第2页。

其民卉服鼻饮，语言不通 …… 海气郁闷，瘴烟溟蒙。"①

苏过在儋州期间所作《冬夜怀诸兄弟》有："我今处海南，日与渔樵伍 …… 舟居杂蛮蜑，卉服半夷虏。"②

东坡《书传》所记还有："厥贡漆枲缔纻，贡此四物。"东坡注为："厥篚纤纩，细绵也。"北宋之时，可以生产"细绵"，而形成品牌用以上贡的，即应是东坡在海南所记的"吉贝布"。

更为清晰的记载也出自苏过陪同父亲寓居昌化军时所作诗中：

> 寂寞三冬至，飘然瘴海中。不嫌羁寓远，屡感岁华穷。
> 已惯鸢飞堕，真忘马首东。南音行自变，重译不须通。
> 椰酒醒酺白，银皮琥珀红。伧狞醉野獠，绝倒共邻翁。
> 薯芋人人送，囷庾日日丰。瘴收黎母谷，露入菊花丛。
> 海蜑羞蚶蛤，园奴馈韭菘。槟榔代茗饮，吉贝御霜风。
> 怅望怀诸阮，遥知忆小冯。客身虽岭峤，逸想在瀛蓬。
> 介阶惟偕母，庞团独侍公。故山千万里，此意托飞鸿。③

"海蜑羞蚶蛤，园奴馈韭菘。槟榔代茗饮，吉贝御霜风。"这是多么友善、亲密的一幅琼州民族和睦图！儋耳固非北国那般严寒，但冬日海边仍然需要"御霜风"。苏过亲眼所见黎族乡亲们送来罕有的吉贝布，激动得立即写信给远在惠州、许州（颍川）的友人。

《书·武成》中有："惟其士女，篚厥玄黄，昭我周王。"比东坡晚生二三十年的孔传（孔若古）曰："言东国士女，篚筐盛其丝帛，奉迎道次，明我周王为之除害。"这些旁证也说明，东坡所注"岛夷卉服，厥篚织贝"，确是郑重其事地装入竹筐内、奉为贡品的精细绚丽的棉布。

---

① 〔宋〕苏过：《志隐》，《钦定四库全书·斜川集补遗》卷二，台湾商务印书馆影印文渊阁本（1982—1986），第1页。

② 〔宋〕苏过：《斜川集》，《钦定四库全书》卷一，台湾商务印书馆影印文渊阁本（1982—1986），第4页。

③ 《斜川集校注·己卯冬至儋人隽具见饮既罢有怀惠许兄弟》，巴蜀书社1996年版，第100页。

4. 木棉吉贝是海南岛黎族先民杰出的历史贡献

历史文献记载"原黎""生黎"等，几乎就是与贝衣或贝绵同时存在、同步记载的。《万历儋州志》在《黎岐志·原黎》中记载："生黎者，自古昔有此地，即有此人……贝布为衣，两幅前后为裙，长阔不过一尺，掩不至膝，两腿俱露。""用贝绵纺线，用色丝网成若锦，缝成圈套，从头穿下至腰，结住为裙，称曰'黎桶'。"

唐宋以后，岭南地区的吉贝布、斑布、白㲲、广西锦等，逐步发展为做工考究、色彩艳丽的黎锦、苗锦、壮锦、傣锦等各族织锦。"有织白紴，白质方纹，广幅大缕，佳丽厚重，诚南方之上服也。"①

关于此类以木棉"吉贝"制成的"卉服"，海南官修志书等史载不绝。

彭元藻修、王国宪纂《中国方志丛书·广东省儋县志》记有："木棉花，正月发蕾，似辛夷而厚，作金红、浅红二色。蕊纯黄，六瓣，望之如亿万华灯烧空，尽赤。结子如酒盅，老则坼裂，有絮茸茸。土人取以作袽褥。《泊宅编》云：'木绵纺绩为布，名曰吉贝。海南蛮人织以为巾，上出细字，杂花卉，尤工巧，即古所谓白叠布也。'"②

清巡抚广东、兵部右侍郎兼都察院右副都御史郝玉麟等监修《雍正广东通志》载："木棉树大可合抱，高者数丈，叶如香樟，瓣极厚，一条五六叶，正二月开大红花，如山茶而蕊黄色，结子如酒杯，老则坼裂，有絮茸，茸与芦花相似。花开时无叶，花落后半月始有新绿。其絮土人取以作袽褥。"③此志另记黎家妇女情状："常露其膝，椎髻跣足，插银铜钗，花幔缠头腰，戴藤六角帽，妇人高髻，钗上加铜环，耳坠垂肩，衣裙皆五色吉贝，无袴襦，多系裙，四围合缝，从足而上至腰而系之，名曰黎桶，戴花箬笠，文领露胸。""彩帛拆取色丝和吉贝织花，称

---

① 〔宋〕苏过《斜川集》，《钦定四库全书》卷一，台湾商务印书馆影印文渊阁本（1982—1986），第4页。

② 彭元藻修、王国宪纂：《中国方志丛书·广东省儋县志》，据民国二十五年（1936）铅印本影印；台北成文出版社有限公司（华南地方第一九一号）1974年版，第206页。

③《雍正广东通志》，《钦定四库全书》史部——，卷五二《物产志》，台湾商务印书馆影印文渊阁本（1982—1986），第51页。

为黎锦、黎单及鞍搭之类，其工多精。"所载"衣裙皆五色吉贝"，"彩帛拆取色丝和吉贝织花，称为黎锦……"十分精准、细致。

《万历儋州志》之《天集·土产》中载："木绵，一名攀枝花，其絮可织布被，铺袄褥。《辍耕录》：'闽广多种木棉，纺织为布，名曰吉贝。'"①《康熙儋州志》卷一《舆国志·土产》中"木绵"条记载相同。②

清代张庆长著《黎岐纪闻》记：海南"山岭多木棉树，妇女采实，取其棉，织而为布，名曰吉贝"。

南宋地理学家、隆兴元年进士周去非所撰《岭外代答》，是宋时岭南山川、古迹、物产资源以及多民族社会经济、生活习俗等状况的史料笔记。其中有专门一节即为"吉贝"，详细记录了吉贝的种类、习性、布质与名称，以及"雷化廉州及南海黎峒"织作吉贝布等重要史料。《岭外代答》记："雷化廉州及南海黎峒，富有以代丝纻。雷化廉州有织匹，幅长阔而洁白细密者，名曰慢吉贝；狭幅粗疏而色暗者名曰粗吉贝；有绝细而轻软洁白服之，且耐久者，海南所织则多品矣，幅极阔不成端匹，联二幅可为卧单，名曰黎单，间以五采，异纹炳然；联四幅可以为幕者，名曰黎饰；五色鲜明，可以盖文书几案者，名曰鞍搭；其长者，黎人用以缭腰。南诏所织，尤精好白色者，朝霞也，国王服；白氎，王妻服朝霞；唐史所谓白氎吉贝、朝霞吉贝是也。"③（李按：氎，音dié，本义即为细白布。）

康熙年间增编完成的《御定佩文斋广群芳谱》记有："李时珍曰：木棉有草木二种。交广木棉，树大如抱，其枝似桐，叶大如胡桃，叶入秋开花，红如山茶，花蕊花片极厚，为房甚繁。短侧相比，结实大如拳，实中白棉，棉中有子，今人谓之班枝花，讹为攀枝花。南史所谓林邑国出古贝，花中如鹅毳，吴录所谓永昌木棉，树高过屋，皆指似木之

① 〔明〕曾邦泰等纂修：《万历儋州志·天集·土产》，林冠群点校，海南出版社2004年版，第31页。

② 〔清〕韩佑重修：《康熙儋州志》，林冠群点校，海南出版社2004年版，第34页。

③ 周去非：《岭外代答》，《钦定四库全书》卷六，台湾商务印书馆影印文渊阁本（1982—1986），第13—16页。

木棉也。"（图10）"交广"，交趾与两广合称。"广"即广南东路、广南西路，包括今海南一带。

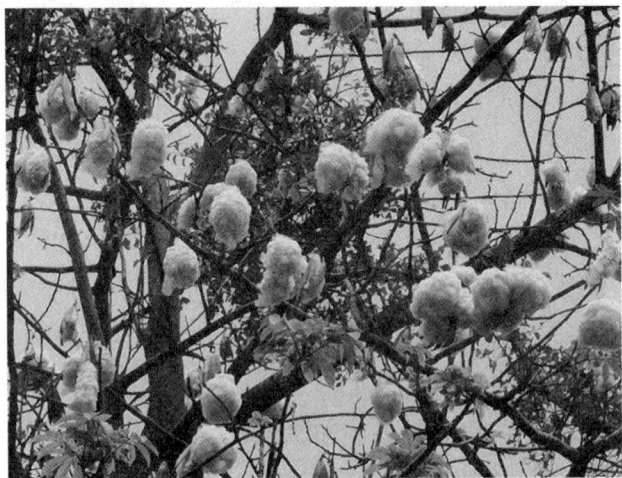

图10　农历三、四月间，木棉树红花凋落，白絮如雪（作者摄于儋州东坡书院内）

5."民皆服布"是古时海南岛与中原地区的重要区别

元代农学、农业机械学家王祯较早研究我国南方农学。中国17世纪著名科学家徐光启编著的大型农业科学巨著《农政全书》中记载了王祯在《木棉图谱叙》中所说的一段话："中国自桑土既蚕之后，唯以茧纩为务，殊不知木棉之为用。夫木棉产自海南，诸种艺制作之法，北来。江淮川蜀，既获其利。"①

中山大学历史系保存有中华人民共和国成立初期从黎族收集到的木棉织品，中国纺织大学（现东华大学）教授赵文榜先生对抽取出来的一段纬纱和构成该纱的纤维进行了测试、分析。测得木棉纱细度为175tex，捻度39.15捻/10cm，Z捻，木棉纤维直径16.5μm。经X射线衍射分析，纤维取自海南岛的木棉科木棉。通过实物分析，印证了我国古代新疆种植的为草棉，南方种植有亚洲棉，而海南岛有种植乔木木棉，

① 〔明〕徐光启：《农政全书》，《钦定四库全书》卷三五，台湾商务印书馆影印文渊阁本（1982—1986），第21页。

黎族有应用木棉织品的历史。[①]

海岛棉（Gossypium barbadensel）锦葵科多年生亚灌木或灌木，高2—3米，具有纤维细长的优势。

印度、阿拉伯地区种植棉花的历史悠久，木棉、草棉均有形成棉纺织品的早期历史。木棉袈裟即以木棉纺布所做的僧袍，西土禅宗历代师传都以木棉袈裟为凭。南北朝时，达摩尊师奉命到中国传播佛教文化，携来木棉袈裟。约在南北朝时期，我国边疆有棉花传入，宋末元初时大量传入内地。

海南岛民的木棉采摘、纺织、染色等技术，大致应与西土同期形成，或更早一些。只是限于区域和区划等因素，被中原认知时间较晚。

《嘉靖广东通志初稿·琼州府》在《风俗》篇中记载："民皆服布，专务农功，少事商贾；妇女少事蚕桑、纹绣，专纺吉贝、织麻布。"[②]在中原地区仍"遍身罗绮"之时，海南岛上已经"民皆服布"，不能不感谢黎族先民的勤劳智慧，以及海岛木棉的自然恩赐。

（二）不能机械理解宋末元初引进"木棉"以否定海南悠久木棉纺织史

值得特别注意的是，民国《儋县志》中，只有关于木棉的记载，并无"棉花"（或"绵花"）的记载。

棉花的原产地是印度和阿拉伯。约在南北朝时期，我国边疆有棉花传入，大量传入内地，应在宋末元初时。

南宋谢维新，字去咎，建安（福建建瓯）人，撰有《古今合璧事类备要》，据其自序，成书于宝祐五年（1257），是南宋大型综合类书，在叙写方式、引书范围、知识特征等方面均独具特色，广征博引，代表宋代博物学转向的诸多学术特征。《四库全书总目》称其"引书皆兼及宋代，并注明出处"，"所采究皆宋以前书，多今日所未见"。此书外集

---

① 曹秋玲、屠恒贤、朱苏康：《关于我国古代棉与木棉名实问题的探讨》，《农业考古》2007年第3期，第20—22页。

② 〔清〕戴璟主修：《嘉靖广东通志初稿·琼州府》，海南出版社2006年版，第110页。

卷六四"锦绣门"专有"布"编，开篇指出："布，按释文亦曰帛。然今世俗所谓布者，乃用木绵或旧葛麻苎花卉等物为之，则又似不可以帛概论焉。"①现在中学历史课本中，仍以此语，作为"我国中原地区衣被原料逐渐转变为以棉花为主"的依据。"2019—2020学年高一历史下学期期末考试复习知识点分类练习"等均采用这一例证。这既证明南宋之后中原区域种植结构发生重大变化，又足以证明南宋时的"布"，"乃用木绵或旧葛麻苎花卉等物为之"。

王桢《木棉图谱序》中说："木棉产自海南，至南北混一之后，商贩于此，服被渐广，名曰吉布，又曰棉布。"②明确指出：原产自海南的木棉布，是"南北混一"之后，"商贩于此，服被渐广"。元朝攻占南宋之后，棉布开始进入中原各地。

有研究者以《农政全书》记载了"宋元之间始传其种入"，之前的"宋元史食货志皆不载"为据，论证宋元之前全国无木棉。徐光启《农政全书》将宋元期间引入的棉花统称为木棉，应是并未注意到海岛木棉种植，针对此前的桑蚕绵织而言，将后世所称的棉花认定为木棉："故周礼以九职任民嫔妇惟治蚕枲而无木棉焉。中国有之其在宋元之世乎。盖自古中国所以为衣者丝麻葛褐四者而已。汉唐之世远夷，虽以木棉入贡中，国未有其种，民未以为服，官未以为调。宋元之间始传其种入中国关，陕闽广首得其利。盖此物出外夷，闽广海通舶商，关陕壤接西域，故也。然是时犹未以为征赋。故宋元史食货志皆不载。"文中又说："至我国朝其种乃遍布于天下，地无南北，皆宜之，人无贫富，皆赖之。其利视丝枲盖百倍焉。故表出之使天下，后世知卉服之利始盛于今代。"细研此文，恰是指证明代开始全国大规模推广草本棉花种植，所指显然不是木棉。

北宋文学家张愈，字少愚，又字才叔，号白云先生，虽生卒年不详，但史有记载：宋仁宗宝元初年（1039）西夏事起时，他曾上书朝廷

---

① 谢维新：《古今合璧事类备要》，上海古籍出版社1992年版。

②《御定分类字锦》，《钦定四库全书》卷四九，台湾商务印书馆影印文渊阁本（1982—1986），第8页。

论边防事。可知比东坡年长一些，同任仁宗朝时。他有一首著名的诗作《蚕妇》：

> 昨日入城市，归来泪满巾。
> 遍身罗绮者，不是养蚕人。①

罗，素淡颜色或者质地较稀的丝织品；绮，有花纹或者图案的丝织品。此诗描绘了北宋城市中人皆穿丝织品，而不见棉布。可以证明大量种植的棉花是"宋元之间始传其种入"。

然而，不能以此为据，否定海南岛此前早已形成规模的木棉种植与吉贝布纺织的史实。

上海东华大学纺织博物馆博士曹秋玲副教授等在《农业考古》杂志发表《关于我国古代棉与木棉名实问题的探讨》，从植物学分类、文献记载和实物分析以及木棉纺织加工等角度，对中国古代木棉纺织历史进行专业研究。文章指出："中国古代新疆种植的是草棉，南方种植的既有亚洲棉，亦有木棉科的木棉。有些古文献中所称'白叠'实指草棉；'古贝''木绵''吉贝''木棉'，实指亚洲棉；'桐华'可能指木棉科的木棉。近代文献中，又往往将多年生海岛棉与木棉科木棉混淆。木棉在古代和现代都可以进行纺织加工。"文章认为："陆地棉是19世纪传入中国的。""中国古代应用的棉花是草棉和树棉（系大陆棉种中的亚洲棉，又称中棉）两种。在中国种植并且其纤维在纺织上应用的木棉主要指木棉科木棉，别名攀枝花。""木棉纤维是果实纤维，纤维附着于木棉蒴果壳内壁，由内壁细胞发育而成，所以木棉纤维的初加工较棉花方便。"②

从此可以了解，棉花的传入有海陆两路。泉州的棉花是从海路传入的，并很快在南方推广开来，至于全国棉花的推广则迟至明初，是朱元

---

① 〔清〕厉鹗：《宋诗纪事》，《钦定四库全书》卷一七，台湾商务印书馆影印文渊阁本（1982—1986），第22页。

② 曹秋玲、屠恒贤、朱苏康：《关于我国古代棉与木棉名实问题的探讨》，《农业考古》2007年第3期，第20—22页。

璋用强制的方法才推开的。

明代著名政治家、思想家丘濬〔1420（一说1421）—1495〕，字仲深，别号海山老人，出生于海南琼山府城下田村（今海南省海口市琼山区金花村）。他对海南情况熟悉，但他认为唐以前无木棉织布。他著《大学衍义补》，卷二二《治国平天下之要·制国用》中"贡赋之常"，记有："臣按自古中国布缕之征惟丝枲（xǐ，指麻类植物纤维）二者而已，今世则又加以木绵焉。唐人调法，民丁岁输绢绫絁及绵输布及麻，是时未有木绵也。""木绵种于陕右，行之其他州郡，多以土地不宜为解。近世陶九成作《辍耕录》，亦云：闽广多种木绵，纺绩为布，松江民因谋树艺觅种于彼。盖自古中国所以为衣者，丝、麻、葛、褐四者而已。汉唐之世，远夷虽以木绵入贡，中国未有其种，民未以为服，官未以为调。宋元之间，始传其种入中国，关、陕、闽、广首得其利。盖此物出外夷，闽广海通舶商，关陕壤接西域，故也。然是时犹未以为征赋，故宋元史食货志皆不载。至我朝其种乃遍布于天下，地无南北皆宜之，人无贫富皆赖之。其利视丝枲盖百倍焉。臣故表出之，使天下后世知卉服之利始盛于今代。"①

他认为中国有木棉"其在宋元之世"。以政府征收的记载，论证唐时无木绵织品，不是有力的依据。主要原因，应是将西域、远夷入贡之棉，与海南岛古已有之的木棉混为一体了。"我朝其种乃遍布于天下，地无南北皆宜之，人无贫富皆赖之"，显然是指宋元时期推行全国的棉花。

此后，徐光启《农政全书》也转用了这一记载。②

元朝十分重视棉花种植与贸易，至元二十六年（1289），诏令"置浙江、江东、江西、湖广、福建木棉提举司，责民岁输木棉十万匹"③。

---

① 〔明〕丘濬：《大学衍义补》，《钦定四库全书》卷二二，台湾商务印书馆影印文渊阁本（1982—1986），第12—13页。

② 〔明〕徐光启：《农政全书》，《钦定四库全书》卷三五，台湾商务印书馆影印文渊阁本（1982—1986），第21页。

③ 《御定分类字锦》，见《钦定四库全书》卷三六，台湾商务印书馆影印文渊阁本（1982—1986），第24页。

朝廷专设"木棉提举司",可见全国棉花种植、使用、贸易等方面管理亟须加强。

丘濬、徐光启作为明代著名学者,已经明确地注意到将宋元时期引进的棉化,与中国历史上"丝麻葛褐"所形成的丝绵区分开来。并且有宋以来,在"绵"字通行的同时,又出现"棉"字,将引入的棉花一概称为"木棉"。其实,这类记载的主要问题,在于未能区分海南岛木棉与宋元之间由印度和阿拉伯等地传入的草本棉花。

从中原角度看全国,忽略区区海南岛木棉种植与纺织的悠久历史,也无可指摘。海南岛偏隅海外,民间纺织数量较少,"民未以为服,官未以为调",未列入政府征收范围,但不能因此否定唐宋之前岛民即已开始木棉种植与纺织。

(三)黎族妇女"不事蚕桑,止织吉贝"

能够孕育出著名"红色娘子军"的海南岛,自古以来就有劳动妇女勇敢、智慧、勤劳的传统。古代黎族女性,自孩提时代就开始学习织锦,年及耄耋,终生不辍。采摘与纺织,即是黎族妇女日常劳动的全部内容。一代代相传,而又一代代融入自己的智慧与情感,不断推动着纺织、印染的技术进步。棉织产品,逐步从原始的实用价值,融入丰富的民俗、奇异的观赏等元素,上升到超常的审美价值,以至于织锦产品成为贡品,成为中原帝王的珍爱。

多种官修志书在记载海南风俗时,都以海南妇女"不事蚕桑,止织吉贝"作为主要特征。

《乾隆续修大清一统志·琼州府》之《风俗》篇,仅有寥寥数语,但明确记载"妇女不事蚕桑,止织吉贝。俗皆卉服"[1]。

《道光广东通志琼州府》之《舆地略·风俗》中记:"《万安军图经》:'此邦与黎蜑杂居,多茅竹,绝少瓦屋。妇媪以织贝为业,不事文

---

①〔清〕和珅等:《乾隆续修大清一统志·琼州府》,海南出版社2006年版,第105页。

绣.'"① "儋州，习礼仪之教，有华夏之风。专务农业，不事商贾。淳朴俭约，少有储蓄。家习儒书，多艺吉贝布。妇女负贩，俗有古风。"② 另记有："崖州与黎獠错杂。妇女不事蚕桑，止织吉贝。"③

《正德琼台志》所载乡民风俗中，记有："妇女少事蚕桑、纹绣，专纺吉贝、绩麻，织布被、花缦、手帕，以为贸易之贵。"④ 在各地风俗记载中，多有以纺织为业：澄迈"女工专务纺绵绩麻"。文昌"纺绩吉贝，细密莹白……吉贝纺绩为布亦不细密"。儋州（昌化附）"以耕织为务，少有储蓄……多艺吉贝，织布被"。万州（陵水附）"以织贝为业，不事纹绣"。崖州（感恩附）"妇女不事蚕桑，止织吉贝"。⑤ 可见海南岛上全民（妇女）纺织，蔚成风气，由来已久。而且，也并不仅是黎族妇女所为。这既是传统沿习，亦"为贸易之贵"。

《万历儋州志》在《天集·民俗志》中，也记有"多艺吉贝，织布被"⑥。

（四）"吉贝布"是海南木棉织物中的精品力作

史志文献中，多记载木棉（木绵）即为吉贝，出自海南。

清代著名学者何焯、陈鹏年通经史百家之学，为首编修《御定分类字锦》卷四九专有《布帛》一章，所载翔实。"吉贝"一条，注为："《邃斋闲览》：闽岭以南多木棉，土人竞植之，有至数千株者。采其花为布，号吉贝布。"⑦ 同一卷内，还有"轻暖抵缯"词条，所注十分明确："王桢《木棉图谱序》：木棉产自海南，至南北混一之后，商贩于此，服被渐广，名曰吉布，又曰棉布。其幅廷之制，特为长阔茸密，轻暖可抵

---

① 〔清〕阮元总裁、陈昌齐总纂：《道光广东通志·琼州府》，蒋志华等点校，海南出版社 2006 年版，第 296 页。

② 同上书，第 296 页。

③ 同上书，第 297 页。

④ 〔明〕唐胄纂：《正德琼台志》，海南出版社 2006 年版，第 139 页。

⑤ 同上书，第 150—151 页。

⑥ 〔明〕曾邦泰等纂修：《万历儋州志·天集》，海南出版社 2004 年版，第 42 页。

⑦ 《御定分类字锦》，《钦定四库全书》卷四九，台湾商务印书馆影印文渊阁本（1982—1986），第 2 页。

缯帛。"①（图11）《四库全书》版中，已经使用木字旁的"棉"。

可见，产自海南的木棉织品，已以其幅匹宽阔、茸密细实、轻便保暖，可与此前任何丝织品相媲美，而"服被渐广"，深受官民喜爱。

《农政全书》中关于王桢《农书·木棉图谱叙》（图12）中木棉的记载，则更为详细："中国自桑土既蚕之后，惟以茧纩为务，殊不知木棉之为用。夫木棉产自海南……按裴渊〈广州记〉云：蛮夷不蚕，采木棉为絮。又〈诸番杂志〉云：木棉，吉贝木所生，占城、阇婆诸国皆有之，今已为中国珍货。"②

《万历儋州志》有"木绵"一条，注为："木绵纺织为布，名曰'吉

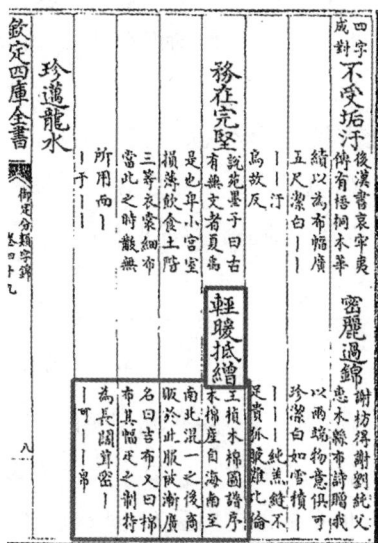

图11 《御定分类字锦》中"木棉"之
"轻暖抵缯"词条，引王桢语
"木棉产自海南"

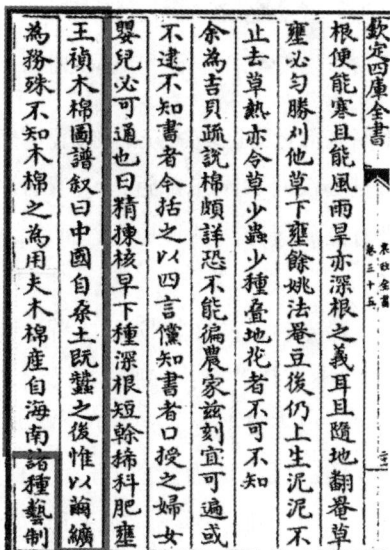

图12 《农政全书》中关于木棉的记载

①《御定分类字锦》，《钦定四库全书》卷四九，台湾商务印书馆影印文渊阁本（1982—1986），第8页。

②〔明〕徐光启：《农政全书》，《钦定四库全书》卷三五，台湾商务印书馆影印文渊阁本（1982—1986），第21—22页。

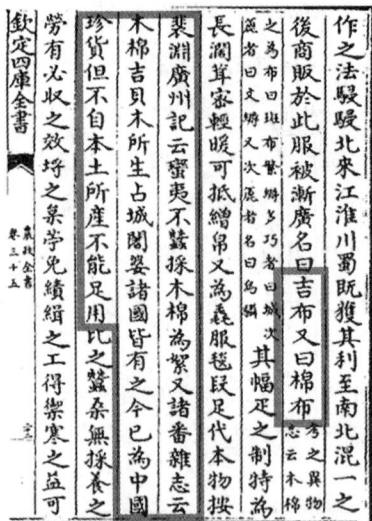

图13 《农政全书》中记"吉布又曰棉布"

贝'。"①《民国儋县志》同样如此记载。②

"吉贝"之称是有缘由的。

东汉著名史学家、文学家班固《前汉书》中记有："厥棐织贝。"唐朝初年经学家、训诂学家、历史学家颜师古注曰："织，谓细布也。贝，水虫也，古以为货。"刘敞曰："予谓织贝，特叙鸟夷之下，明鸟夷之棐也。缉贝为布，如厚缯，今亦有之，贝木名也。"③所织出的细布精品，称之为"织贝"。"鸟夷"，古时对中国东部近海区域民众的称谓。"缯"是古代对于丝织品和丝绵的总称。可见秦汉时中国东部近海一带居民已掌握纺织技术，并且对于所织布类有品质区分。贝，是指丝棉织品中可以作为商品和贡品的精品。（图13）

徐光启《农政全书》"木棉"条有：《禹贡》曰：鸟夷卉服，厥筐织贝。《蔡沉传》曰：卉服，葛及木棉之属，南夷木棉之精好者，亦谓之吉贝，以卉服来贡。而吉贝之精者，则入筐焉。裴渊《广州记》曰：蛮夷不蚕，采木棉为絮。方勺《泊宅编》曰：南海蛮人，以木棉纺织为布，布上出细字杂花，尤工巧，名曰吉贝布，即古白氎布也。范政敏《遯斋闲览》：林邑等国，出吉贝布，木棉为之。《南州异物志》曰：木棉，吉贝木所生。熟时，状如鹅毳，细过丝绵，中有核如珠珣，用

---

① 〔明〕曾邦泰等纂修：《万历儋州志·天集》，海南出版社 2004 年版，第 26 页。

② 彭元藻修、王国宪纂：《中国方志丛书·广东省儋县志》卷十，据民国二十五年（1936）铅印本影印，第 23 页；台北成文出版社有限公司（华南地方第一九一号）1974 年版，第 751 页。

③ 〔东汉〕班固：《前汉书》，《钦定四库全书荟要》卷三七五〇、卷二八（上），《地理志》第八（上），第 5 页。

之，则治出其核。昔用辗轴，今用搅车尤便。但纺不绩。任意外抽牵引，无有断绝，其为布，曰斑布。繁缛多巧……《诸番杂志》曰：木棉，吉贝木所生，占城、阇婆诸国，皆有之，今已为中国珍货。但不自本土所产，不能足用。"① 后文以大量篇幅记述木棉的种植与管理等。

陶宗仪《说郛》记："海南诸国，言林邑等国，出吉贝木，其花成时，如鹅毛，抽其绪纺之，以为布，与纻布不异，亦染五色，织为斑布，正此种也。"②

明代经济思想家、文学家陆楫编《古今说海》卷九〇《说略六》中，用了类似记载，版本稍异："闽岭以南多木棉，土人竞植之，采其花为布，号吉贝。余后因读南史，海南诸国传言林邑诸国出古贝木，其花成对，如鹅毳，抽其绪纺之以作布，与苎不异，亦染成五色，织为斑布，正此种也，盖俗呼'古'为'吉'耳。"③

徐光启文中明确指出："南夷木棉之精好者亦谓之吉贝"，"吉贝之精者，则入筐焉。"班固《前汉书》有："厥篚织贝。师古曰：篚与筐同。筐，竹器筐属也。织文锦绮之类盛于筐篚而献之。"④ 木棉织品，精好者，称为"吉贝"；而吉贝中的精品，则作为贡品献出。

《禹贡会笺》卷五也有同样记载："木棉之精好者亦谓之吉贝。海岛之夷以卉服来贡，而织贝之精者，则入筐焉。""当时岛夷布帛织为黄白青黑之贝文，因曰织贝，传以木棉之精好者，亦谓之吉贝。"⑤

《广芳群谱》也有类似记载："今南夷木棉之精好者，亦谓之吉贝。

---

① 〔明〕徐光启：《农政全书》，《钦定四库全书》卷三五，台湾商务印书馆影印文渊阁本（1982—1986），第1—3页。

② 〔明〕陶宗仪：《说郛》卷二五（上），第3页。《四库全书》文渊阁第0877册，第0399d页。

③ 〔明〕陆楫：《古今说海》，《钦定四库全书》卷九〇，台湾商务印书馆影印文渊阁本（1982—1986），第2页。

④ 〔东汉〕班固：《前汉书》，《钦定四库全书荟要》卷三七五〇，卷二八（上），《地理志》第八（上），第3页。

⑤ 〔清〕徐文靖：《禹贡会笺》，《钦定四库全书》卷五，台湾商务印书馆影印文渊阁本（1982—1986），第12页。

海岛之夷，以卉服来贡，而吉贝之精者则入筐焉。"[1]

刘兴林《〈尚书·禹贡〉"织贝"考》一文中说：有趣的是，今日广东番禺一带居民仍称棉为吉贝，广州话中还称棉花为蛤贝。据广东省农科院经济作物研究所的于绍杰先生说，海南三亚市家住黎区的教育局局长周振东告诉他："海南黎语称整株棉花为 jebei，称絮棉为 bei，是吉贝的语源。"用于纺线的纺车音"车贝"，显然也与棉有关。[2]

（五）黎锦代表着黎族棉纺织品的最高水平

《康熙广东通志·琼州府》卷二八《外志》有《杂蛮附》，记有："女工纺织。得中国彩帛，拆取色丝，和吉贝绵花，所谓黎锦、黎单及鞍搭之类，精粗有差。"[3]可见"黎锦"的称谓由来已久。

《道光广东通志·琼州府》之《舆地略·物产》篇则将近似的几种木棉纺织品加以区分，记载更为详细：

> 黎幕，出海南。黎峒人得中国锦彩，拆取色丝，间木棉挑织而成，每以四幅联成一幕。（《桂海虞衡志》）

> 黎单，亦黎人所织，青红间道，木棉布也。桂林人悉买以为卧具。（《桂海虞衡志》）

> 黎被，出儋、琼。名为被，实厚毯也。黎桶，黎人以蔽下体。紫花悦，儋织者佳。又有假悦。（《琼州府志》）

> 黎锦，出琼州。以吴绫越锦拆取色丝，间以鹅毳丝线，织成人物、花鸟、诗字，浓丽灿烂，可以为衾褥、幛幕。以有金丝间错者

---

① 〔清〕汪灏：《御定佩文斋广群芳谱》，《钦定四库全书》卷一二，台湾商务印书馆影印文渊阁本（1982—1986），第20页。

② 刘兴林：《〈尚书·禹贡〉"织贝"考》，《江海学刊》2005年第4期，第128页。

③ 〔清〕金光祖纂修：《康熙广东通志·琼州府》，海南出版社2006年版，第282页。

为上。(《广州府志》)①

　　作为海南岛特定历史、资源、文化背景下产生的特定历史产物，以木棉纺织为布，其中精品吉贝布，传承为今日黎锦，已经成为黎族文化中极为灿烂的一页，至今愈加辉煌。

三、不同的区域、时期与民俗，形成不同的物产和称谓

　　长达千年乃至二三千年的历史进化过程中，同一植物在不同地方生长，产生变异；不同地区、不同语言的人们对同一物种或可给予不同称谓；同一植物早先就可能有不同的名字，同一个名字可能早先就给了两种或多种不同的植物……

　　木棉作为棉纺织的主要原材料，早已成为尘封的历史。相关史料或冲突，或缺失，多种存疑，难能确认。不过，仍然可以通过寻找一些官修史志、历史著作，或今人研究成果中的可靠记载，作出相对明确、统一的结论，或就不同说法归纳整理出相对明晰的诠释。

（一）关于"吉贝"的其他几种说法

　　吉贝，即棉花梵语 karpasi 的音译，古时兼指棉花和木棉，又有"白氎""白叠""帛迭""白緤""钵咤"等多种称谓，古人还有误写为"古贝"。

　　"古贝"与"吉贝"，史载并不相同。宋人程大昌以格物致知为宗旨，记载了三代至宋朝杂事的《演繁露》，其中专有"古贝"一条，注为："《唐环王传》出古贝。古贝草也，缉其花为布，粗曰贝，精曰氎。按今吉贝亦缉花为之。而古吉二字不同，岂讹名耶，抑两物也。"②

　　清著名诗人、翰林院编修查慎行撰《苏诗补注》，详细解注东坡诗句。其卷四二东坡"黎山有幽子"诗中"古贝"后注有："《文昌杂

---

　　①《道光广东通志·琼州府》，海南出版社 2006 年版，第 306 页。

　　②〔南宋〕程大昌：《演繁露》，《钦定四库全书》卷十，台湾商务印书馆影印文渊阁本（1982—1986），第 9 页。

录》：闽峤以南多木棉，采其花为布，号吉贝。后读《南史》，言林邑等国出古贝木，其花成对，如鹅毳，抽其绪纺之，以作布，与苎不异，正此种也。盖俗讹古为吉耳。释氏翻译，名义劫贝，即木棉也。《琼州志》：东猊山，在文昌县东一百里，此山之形似猿猊，其地多田种薯芋给食，缉纺吉贝以为衣。方勺《泊宅编》：吉贝即古白氎布。此数处皆以古为吉，录存备考。"[1] 查氏明确指出：应为吉贝布，此前误为古贝。

周去非《岭外代答》作于南宋，其时亦专就吉贝名称事做考证，认为："吉贝木，如低小桑枝，萼类芙蓉花之心，叶皆细，茸絮长半寸许，宛如柳绵，有黑子数十……唐史以为古贝，又以为草属。顾'古''吉'字讹，草木物异，不知别有草生之古贝，非木生之吉贝耶。将微木似草字画，以疑传疑耶。"[2] 他那时已明确区分了木棉的草本和木本，指出：草生木棉为古贝，木生木棉为吉贝。

另有一说：吉贝是与木棉科木棉不同的另一种植物。吉贝〔学名：Ceiba pentandra（L.）Gaertn.〕，又名"美洲木棉""爪哇木棉"，是锦葵科，落叶大乔木，可高达 30 米，是优良的观赏树种，可用作行道树或风景树，原产于热带美洲，中国云南、广西、海南有栽植。

（二）与草本木棉不同的海南岛攀枝花木棉和斑布

中国地大物博，物产各异。各地所谓木棉，不尽统一。宋元以来我国中原地区广泛栽培和利用棉花，此后古籍文献中记载的吉贝，实多指草棉。使用木字偏旁的"棉"，是为区分过去蚕丝织成的"绵"。可见常将草本棉花与木棉科的木棉树相混淆。

《南都周刊》曾发表吴钩文章《入冬了，苏东坡兄弟告诉你用什么御寒神器》。作者提出：宋人习惯将棉花叫成"吉贝"，又常称之为"木绵"，因此今人读史料，很容易跟木棉科的"英雄树"木棉相混淆。宋人所说的木绵，"高仅数尺"，"二三月下种，秋生黄花，其实熟时，

---

① 〔清〕查慎行：《苏诗补注》，《钦定四库全书》卷四二，台湾商务印书馆影印文渊阁本（1982—1986），第 16 页。

② 〔南宋〕周去非：《岭外代答》，《钦定四库全书》卷六，台湾商务印书馆影印文渊阁本（1982—1986），第 14—15 页。

皮四裂，中绽出如绵"。符合这一描述的作物，只能是棉花，而不可能是今日的木棉。作者认为：由于棉花的种植已相当广泛，宋人的许多纺织品使用了棉花。① 然而作者或许没有注意到，这种一年生草本棉花，是宋元间才引种到边疆区域的，当时并未广泛种植。东坡兄弟所说"吉贝"，正是海南岛的木棉科木棉。尤其不能以宋元棉花开始广泛种植而否定海南岛先民悠久的木棉花纺织历史。

文中所引"二三月下种"的棉花，《格致镜原》《御定佩文斋广群芳谱》《康熙字典》等均有记载。以《御定月令辑要》卷二《春令》中"下棉花种"一条，全文如此："木棉，江南多有之，以春二三月下种，既生须一月三薅，及熟时，其皮四裂，绽出如棉，碾去其核，取如棉者以竹为小弓，牵弦以弹，即今之棉花也。"②《御定月令辑要》是康熙九年（1670）进士，翰林院编修、文渊阁大学士兼吏部尚书李光地纂校总阅，康熙五十四年（1715）皇帝御定。所记"今之棉花也"，应是清时已经普遍种植的草本棉花，与东坡当年吉贝布无关。

康熙年间进士陈元龙编纂《格致镜原》（图14）专有《布帛类》，已经对于此做出明确区分："杨慎外集：绵有三：一曰丝绵，出于蚕缲；一曰木绵，出于交广，名班枝花；三曰草绵，绵花是

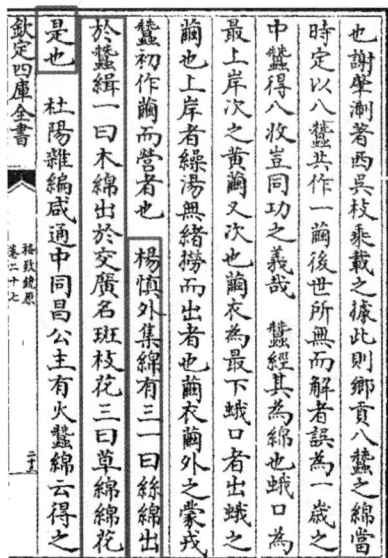

图14 陈元龙《格致镜原》专有《布帛类》

---

① 吴钩：《入冬了，苏东坡兄弟告诉你用什么御寒神器》，《南都周刊》2018年12月11日。

② 〔清〕李光地：《御定月令辑要》，《钦定四库全书》卷四《春令·天道》，台湾商务印书馆影印文渊阁本（1982—1986），第23页。

也。"①

上海东华大学纺织博物馆曹秋玲博士等也表示：棉花在古文献记载中名称繁多，这一方面是我国地域辽阔，民族成分众多，不同民族的语言不同，发音各异；另一方面是由于棉花不同品种和植株形态，棉纤维与木棉纤维在形态、性能、用途上也有许多相似之处，易于混淆。

《御定佩文斋广群芳谱》已就木棉名称种类之事指出"其诸家辩论不一"。其卷一二载"木棉花"条，注为："按班枝花。与木棉同类异种……其诸家辩论不一。""木棉，一名古贝。似木者名古贝，或作吉贝，乃古字之讹。"②古文献中，"班枝花""斑枝花""攀枝花""扳之花"间有，应认为同一物种的不同写法。

康熙年间进士、监察御史姚之骃撰《元明事类钞》卷二四《衣冠门》，有"布"条，解为："种出西番，梧寻杂佩吾松以棉布，衣被天下，而棉花之来莫详其始。相传为种出西番，元时始入中国。按通鉴，梁武帝送木棉皂帐。史照释文，谓即今之木棉花，非也。此乃扳枝花耳。杨用修曾辨之。"③

木棉树，别名攀（扳、扳、班、斑）枝花、琼枝花，又名娑罗树、娑罗木子。利用其果内纤维织成的布有娑罗布、莎罗布、沙罗布、棕罗布和白兜布、白氎布、罗锦等名称。自唐迄清，不少官修史志和文人著作都曾记载。

《正德琼台志》是海南琼山人唐胄居家 20 年撰写刊成，体例完备，资料翔实，为海南诸志之典范。其卷八《土产上》，在《花之属》中，有专条"攀枝花"："春前放花，无叶。土人以花信为寒候。《外纪》诗及序：树高数丈，花色红，开时烂熳，半空如火树然。正月元开为鹧鸪啼候，故唐李卫公贬崖州，时唐人诗云：'绛纱弟子音书绝，鸾镜佳人

①〔清〕陈元龙：《格致镜原·布帛类》，《钦定四库全书》卷二七，台湾商务印书馆影印文渊阁本（1982—1986），第 23 页。

②〔清〕汪灏：《御定佩文斋广群芳谱》，《钦定四库全书》卷一二，台湾商务印书馆影印文渊阁本（1982—1986），第 18 页。

③〔清〕姚之骃：《元明事类钞·衣冠门》，《钦定四库全书》卷二四，台湾商务印书馆影印文渊阁本（1982—1986），第 23 页。

旧会稀。今日置身歌舞地，木绵花发鹧鸪飞。'"①在《木之属》中记有："木棉：一名攀枝，极高大。"②在《杂植属》中另记有："绵花，出儋、昌、崖。吉贝，出儋、昌。"③这说明"绵花"与"吉贝"是不同的，而且至少在明正德年间，海南岛西南部已有草本棉花种植。

《康熙儋州志》也载有"攀枝花"条："即木棉。先春开，烂熳半空如火树。土人以花信为寒候，亦以为鹧鸪啼候。"④

《农政全书》研究记载了中国古代与农业有关的政策、制度、措施、工具、作物特性及技术知识等，有记："闽广不称木棉者，彼中称攀枝花为木棉也。攀枝花中作裀褥，虽柔滑而不韧，绝不能牵引，岂堪作布？或疑木棉是此谓，可为布而其法不传，非也。吴录所言木棉，亦即是吉贝，或疑其云：树高丈，当是攀枝。不知攀枝高十数丈。南方吉贝，数年不凋，其高丈许，亦不足怪。盖南史所谓林邑吉贝，吴录所谓永昌木棉，皆指草本之木棉，可为布意即娑罗木，然与攀枝花绝不类。又中土所织棉布及西洋布，精粗不等，绝无光泽，而余见曹溪释惠能所传衣，曰屈眴布，即白氎布云，是西域木棉心所织者，其色泽如蚕丝，岂即娑罗笼段邪？抑西土吉贝，尚有他种耶？又尝疑洋布之细，非此中吉贝可作。及见榜葛刺吉贝，其核绝细，绵亦绝软，与中国种大不类，乃知向来所传亦非其佳者。又曰：中国所传木棉亦有多种。"⑤

文中所指"林邑"，古国名，"象林之邑"的省称，故地在今越南中南部，西汉设为日南郡象林县，称为象林邑，略去象，故称林邑。永昌，是古哀牢国至东汉时所设之郡，大致为云南区域。可知明《农政全书》形成时，南方多地所谓"吉贝""木棉"，"皆指草本之木棉"，并非海南岛木棉（攀枝花）。

①《正德琼台志》卷八，彭静中点校，海南出版社2006年版，第169页。

② 同上书，卷八，第181页，

③《正德琼台志》卷八，彭静中点校，海南出版社2006年版，卷八，第175页。

④〔清〕韩佑重修：《康熙儋州志》卷一，林冠群点校，海南出版社2004年版，第29页。

⑤〔明〕徐光启：《农政全书》，《钦定四库全书》卷三五，台湾商务印书馆影印文渊阁本（1982—1986），第2页。

《农政全书》记载：“木棉，吉贝所生，熟时如鹅毛，细地丝棉，中有核如珠珣……其为布曰‘斑布’，繁缛多巧。”①

《御定分类字锦》卷四九专有一条“斑布”：“《南越志》：桂州出古终藤，结实如鹅毳，核如珠珣，治出其核，纺如丝绵，染为斑布。”②

《道光广东通志·琼州府》之《风俗》中记：“万安州，女人以五色布为帽；以斑布为裙，似袋，号曰都笼；以斑布为衫，方五尺，当中心开孔，但容头入，名曰思便。”③

（三）木棉科木棉、锦葵科木棉（美洲木棉、爪哇木棉）、锦葵科棉花

棉花，是锦葵科（Malvaceae）棉属（Gossypium）植物的种子纤维，原产于亚热带。现代自然科学界认定：在锦葵目（学名：Malvales）属下，棉花按花、果实和其他器官的结构特征分成不同的属，包括乔木、灌木、藤本或草本。在栽培棉属组成中有四类：即亚洲棉、非洲棉、陆地棉（又叫细绒棉）、海岛棉（又叫长绒棉）。我国不是棉花原产地，这些栽培棉种均由国外引进。

然而，我们研究的是古代，至少是宋元之前，而且应是我国原产地的木棉。笔者从历史记载中寻找规律，结合当代科学分类的主体框架，尽可能简单而直接地说明与古代木棉相关的基本情况。

著名人类学家、民族考古学家、中山大学人类学系教授容观琼，曾有专文《关于我国南方棉纺织历史研究的一些问题》，分析、论述历史上，主要是宋元之前我国南方——特别是海南岛木棉与纺织的相关问题。他认为：古代史籍特别是宋元以前的著作，普遍地把植物所产的棉通称为“木棉”，以别于传统的、动物所产的蚕棉，而对“木棉”之中

---

① 〔明〕徐光启：《农政全书》，《钦定四库全书》卷三五，台湾商务印书馆影印文渊阁本（1982—1986），第1—2页。

②《御定分类字锦》，《钦定四库全书》卷四九，台湾商务印书馆影印文渊阁本（1982—1986），第3页。

③ 〔清〕阮元总裁，陈昌齐总纂：《道光广东通志·琼州府》上册《风俗》，海南出版社2006年版，第293页。

既有草本又有木本，则缺乏严格的区分。这种情况，一直妨碍研究者的视线，往往使人们把原属木棉科的木棉误认为锦葵科的棉花。究其原因，主要是以为木棉纤维无捻曲性，柔滑而不韧，不能纺纱织布。这种看法很普遍。[①]

容观琼教授经调查了解到：海南岛黎族人民的先世利用木棉作纺织原料比草棉早得多。在称谓上，黎语木棉叫作 ha：u，棉花叫作 boi 或 bui，用于纺线的原始纺锤称为 veiha：u（木棉纺锤），比木棉纺锤先进的纺车则称为棉花纺车 biboi（bi 音车，直译为"车贝"），前者是旧有的工具，后者显然是从汉族地区引进的。在黎族古代的传说故事里，讲到黎人穿的衣服与汉人不同，黎人的上衣、包布、桶裙等都是木棉织的。

容观琼教授说：清人陈元龙著《格致镜原》卷六四引张七泽《梧浔杂佩》说：出广州的木棉树"高数丈，树类梧桐，叶类桃而稍大，花色深红类山茶，春夏花开满树"，花谢"结子大如酒杯，絮吐于口，茸如细毳，旧云海南蛮人织以为布"。我认为这段记载是可信的。它既记述了木棉科木棉的特点，又指出了海南岛黎族人民用木棉织布的事实。中华人民共和国成立后有关部门对全岛热带经济作物全面勘察的结果表明：大面积种植和分布很广的经济作物中有木棉，小面积种植和分布在少数地区的有爪哇木棉和海岛棉。其中木棉的历史有一千年以上，而海岛棉的栽培时间距今不到 50 年。事实上，黎族人民利用草棉织布并不普遍。中华人民共和国成立前，只有乐东县城附近的"佬"黎和东方县的"美孚"黎用自己培植的多年生海岛棉代替木棉作衣料（但仍然利用野生木棉纤维做被子）。这与上述有关部门勘察中指出的海岛棉在黎族聚居区只分布于乐东和东方两盆地的有限的地方，是一致的。

容观琼教授指出：木棉被（黎语与木棉同样，称 ha：u），一般由四幅拼成，每幅长约 180 厘米、宽约 35 厘米，一床木棉被计 25200（180×140）平方厘米，具有广幅的特点。因此，可以推断，汉代黎族

---

① 容观琼：《关于我国南方棉纺织历史研究的一些问题》，《文物》1979 年第 8 期。

先世所织的"广幅布"，就是木棉织品，绝不是用草棉织成的。

区分木本与草本的木棉，早在《农政全书》中就已明确："张勃所谓木棉，盖指似木之木棉也；李延寿、沈怀远所谓木棉，则指似草之木棉也。此种出南番，宋末始入江南，今则遍及江北与中州矣。"[①]《广群芳谱》中也指出，"桂州出古终藤，结实如鹅毛，皆指似草之木棉也。"[②]这里所指应是介于乔木木棉与草本棉花之间的一种多年生草本木棉。所谓"古终藤"，也属"锦葵目"。

当代不再将木棉系列植物作为棉花科属，因此锦葵目下没有木棉系列。因此，笔者提出，从传承与研究历史的角度，在"锦葵目"下，除亚洲棉、非洲棉、陆地棉、海岛棉四类栽培棉种，亦即"锦葵科棉花"之外，应增加中国原产地木棉属，其中应包括（但不限于）木棉科木棉（即乔木木棉）、锦葵科木棉（即多年生草本木棉）。

四、海南的木棉纺织技术温暖世界 800 年

经过世世代代的传承与发展，勤劳智慧的海南黎族先民，在宋元时期把木棉纺织技术提高到历史最高水平，而且领先全国。

（一）海南岛木棉纤维稍短，但古代手工纺织经验丰富技术成熟

木棉纤维是否可以用来纺纱织布？今仍存争议。其一说即海南岛木棉纤维细而短，不宜成纱。

有代表性的技术分析文章是《上海纺织科技》2013 年第 3 期发表的东华大学纺织学院和纺织面料技术教育部重点实验室安向英等研究成果《海南岛木棉与印度尼西亚木棉纤维的长度比较》。他们采用单根纤维长度测量法，分析测量海南岛攀枝花木棉和印度尼西亚吉贝木棉果实内

---

① 〔明〕徐光启：《农政全书》，《钦定四库全书》卷三五，台湾商务印书馆影印文渊阁本（1982—1986），第 2 页。

② 〔清〕汪灏：《御定佩文斋广群芳谱》，《钦定四库全书》卷一二，台湾商务印书馆影印文渊阁本（1982—1986），第 19 页。

不同部位的纤维长度。实验表明，海南岛木棉和印度尼西亚木棉果实中纤维的长度排列分布是连续的，长度根数分布形态类似棉纤维，都呈偏态分布，各种木棉果实的头、中、根部的纤维长度分布无显著性差异。研究发现：海南岛木棉的纤维长度明显小于印度尼西亚木棉，两者质量平均长度相差近 10 毫米，海南岛现有木棉纤维在 16.5 毫米以上，质量百分比偏低，结论是："不利于在纺织领域应用。"[①]

这一论文的一个重要贡献，是对海南岛木棉给予一个新的名称"攀枝花木棉"，这样既结合了古代文献中对于木棉即攀枝花的记载，又突出了木本木棉与草本木棉、草本棉花的区别。

海南岛木棉纤维长度偏小的问题，古代勤劳智慧的海南黎族先民在长期艰苦细致的纺织实践中，早已妥善解决。

《后汉书·西南夷传·南蛮》所记"剽国有桐木，其华有白毲，取其毲淹渍，缉织以为布也"[②]，所指桐木，即木棉。古人记载的"取其毲淹渍"，是指一种给湿的方法，可以提高纤维的强度。

曹秋玲博士等《关于我国古代棉与木棉名实问题的探讨》一文认为："实测产自海南的木棉纤维的干湿强力，湿强较干强提高了大约一倍。由于吸湿后纤维膨润，纤维与纤维间的接触面积增加，从而使纤维之间的抱合力增加，便于分缕和捻合成纱，这是古代加工木棉纤维的关键技术。"[③]

古代手工机械出现之前，黎族先民以徒手搓捻和纺坠纺纱，使不同纤维性状的木棉纤维都能用于生产棉纱。徐光启《农政全书》卷三五并且详细记载了去核、织棉等技术过程："木棉，吉贝所生，熟时如鹅毛，细地丝棉，中有核如珠珣。用之则治出其核，昔用辗轴，今用揽车尤

---

① 安向英、吴红艳、周金凤、王府梅：《海南岛木棉与印度尼西亚木棉纤维的长度比较》，《上海纺织科技》2013 年第 3 期，第 8—11 页。

②《后汉书·西南夷传·南蛮》，《钦定四库全书》卷一一六，台湾商务印书馆影印文渊阁本（1982—1986），第 23 页。

③ 曹秋玲等：《关于我国古代木棉与木棉名实问题的探讨》，《农业考古》2007 年第 3 期，第 22 页。

便。"①

周去非《岭外代答》中，专门记录了岭南人纺织吉贝布时，去除木棉花絮中黑子、纺为棉纱的操作过程："取其茸絮，以铁箸碾去其子，即以手握茸，就纺不烦，缉绩以之为布，最为坚善。"②（图15）

图15　现代木棉花絮加工，仍可"以手握茸，就纺不烦"（韦　　慎　摄）

当然，按现代棉纺织设备与技术的标准要求，海南岛木棉"不利于在纺织领域应用"是准确的。这也是当代人们只关心灿烂辉煌的木棉花盛开，而对此后棉絮情形不再关注的原因所在。但不能因此而否定海南岛古代先民以大量手工纺织劳动、丰富的织绩经验和粗放简易设备，在当时的技术手段条件下，利用木棉花絮编织精美吉贝布的历史事实。

（二）原产海南岛的木棉织品吉贝布传入中原，形成一道美丽风景

海南岛木棉纤维偏短，然而另有其他特殊优势，是普通草棉也不可

---

①〔明〕徐光启：《农政全书》，《钦定四库全书》卷三五，台湾商务印书馆影印文渊阁本（1982—1986），第1—2页。

②〔南宋〕周去非：《岭外代答》，《钦定四库全书》卷六，台湾商务印书馆影印文渊阁本（1982—1986），第14页。

比的。木棉结果棉絮丰富，数量大；木棉纤维虽短，但细软而无捻曲；此外，木棉纤维中空度高达86%以上，这一点远超人工纤维（25%—40%）和其他任何天然材料，因此具有很强的保暖性。木棉花絮不易浸湿，耐压性强，天然抗菌，不蛀不霉。因此木棉布也具有保暖、防潮、抗霉、少蛀等特点。

容观琼教授调查指出：直至中华人民共和国成立初，黎族人民仍然保有用木棉做纺织原料的传统。我们看到：黎族妇女在处理不能纺的木棉絮时，用手理成条，把絮花一丝丝地接起来，放在腿上搓捻，用左手转动一端装有泥饼或铜钱的小竹枝做的木棉纺锤，卷成纱锭，然后在手脚并用的腰机上织而成匹。在黎族地区，用木棉絮纺织的成品，不仅有被子（"黎单"）、吊檐（"黎厂"）和包布（"黎包"），还有男女的上衣和桶裙。

分析《广州府志》和明代中叶曾任福建提学副使的王世懋著《闽部疏》所记棉花特性，闽广两地的棉种就是多年生的海岛棉或连核离核灌木型的"木棉"。万震《南州异物志》有关棉织的记载，从全文内容看，说的是"徼外人"的手工业，点出这种"古贝木"织成的产品叫作"城城"、"文辱"和"乌驎"三者，恰恰证明是海南岛木棉织品的别称。可以想见，文中的"徼外人"似应是海南岛的居民——黎族，而不是泛指闽广一带的居民。

容教授的推论是有充分依据的。徼（jiào），有边界、边境之意。宋前史书多有以"徼外"指称海南的记载。《梁书·诸夷传·海南》中，将海南列为"徼外"："其徼外诸国，自武帝以来皆朝贡。"司马光《五哀诗·马伏波》中有："汉令班南海，蛮兵避郁林，天涯柱分界，徼外贡输金。"其中"天涯柱分界"的表述，所指海南，十分清楚。这两条史料，不约而同都提到朝贡之事。

海南史上向中原皇朝所贡之物，主要即珠、香与布。木棉织品中的精品吉贝布，密实、细腻、柔软，而且布幅甚宽，色彩斑斓，在各类麻布、葛布流行之时，领先潮流，成为宫中极品，又因其数量极少，远途押运，金贵无比。后伴随技术水平提升、产量增加，中原豪绅也得以享用。

（三）黄道婆带海南黎族木棉纺织技术入松江流域，南国纺织"衣被天下"

现有史料记载，宋时海南岛木棉纺织技术已经十分普及。白玉蟾（1134—1229），祖籍福建闽清，生于海南琼山五原，南宋时内丹理论家，海南历史上第一位中国著名诗书画家。他自幼聪慧，7岁赋诗，12岁应琼州童子试。①雍正元年（1723）进士、福建长乐玉田镇人郑方坤著《全闽诗话》中记载：考官现场以《织机》为题，令白玉蟾赋诗。他应声吟道："大地山河作织机，百花如锦柳如丝。虚空白处作一匹，日月双梭天外飞。"②由此可以看出，考官对当地的纺织也十分了解和重视，白玉蟾则更因为出生于琼州，自幼应有棉纺织技术的耳濡目染，对织机、双梭、棉纱、白布等都极为熟悉。

比白玉蟾晚一百多年的黄道婆，是更为著名的"棉纱纺织专业技术人员"。《道光广东通志·琼州府》载："闽广多种木棉，纺绩为布，名曰吉贝。松江府东去五十里许曰乌泥泾，其地土田硗瘠，民食不给，因谋树艺，以资生业，遂觅种植之。"③其后记载了黄道婆元初从海南到上海"松江府"传授编织技术之事。《农政全书》也有这一记载：松江府乌泥泾"民食不给，因谋树艺，以资生业，遂觅木棉之种"，"初无踏车、椎弓之制，率用手剖去子，线弦竹弧，置案间振掉成剂，厥功甚艰。国初时，有妪黄婆者，自崖州来，乃教以作造杆弹纺织之具，至于错纱配色，综线挈花，各有其法。以故织成被褥带巾兑，其上，折枝团凤、棋局字样，粲然若写。人皆受教，竞相作为，转货他郡，家既就殷。未几，妪卒，莫不感恩洒泣而共葬之，又为立像祠焉。"④

乌泥泾即今上海市徐汇区华泾镇。黄道婆出身贫苦，少年被卖作童养媳，备受欺凌。她不甘屈服，出逃求生，随船到达崖州，随当地黎族

---

① 《康熙澄迈县志》卷九《杂志》，康熙四十九年（1710）本，第507页。

② 〔清〕郑方坤：《全闽诗话》卷一一，第8页。

③ 《道光广东通志·琼州府》下册《杂录》，海南出版社2006年版，第896—897页。

④ 〔明〕徐光启：《农政全书》，《钦定四库全书》卷三五，台湾商务印书馆影印文渊阁本（1982—1986），第12页。

姐妹学会采摘木棉花絮和纺纱织布技术,熟能生巧,发展技艺,创新品种。她所织的被褥巾带,"其上折枝团凤、棋局字样,粲然若写",被尊为"布神"。元代元贞年间,年已50岁的黄婆重返故里。她以黎族人民棉织技术为基础,融合江南先进的丝麻织造技术,自己在生产实践中融会贯通。当代高中历史课本中介绍黄道婆,"授百姓织布之道",传授"捍(搅车,即轧棉机)、弹(弹棉弓)、纺(纺车)、织(织机)之具,错纱配色,综线挈花"等织造技术,许多织妇都学会纺织多彩美丽的棉布。

宋代是古代海南黎族纺织文化的繁盛期。这时期,黎族的纺织品不仅斑斓多彩,细腻结实,而且布幅较其他地方的织品宽出一倍多。这是纺织机械革新和织造技术进步的成果。布幅宽大,可以做更多种类的衣物而闻名遐迩,畅销内陆,特别是在桂林等岭南地区备受欢迎。受此影响,宋代棉花便由海南传植到岭南地区,并逐渐从岭南地区扩展到江南地区。到元代,海南黎族的先进纺织技术又被黄道婆传到江南,从而开创了我国纺织史上的新里程,使海南黎族纺织文化对祖国大陆的影响达到了顶点。[1]姚之骃《元明事类钞》在"布"条所说"衣被天下",实由此始。[2]

五、民族团结:"咨尔汉黎,均是一民"

东坡在儋,"与人民群众打成一片",受到百姓真诚爱戴。他十分感动,为来到海南而庆幸:"我是玉堂仙,谪来海南村。""昌化土人畚土运甓以助之,为屋三间",并"借我三亩地,结茅为子邻",他感动地表示:"鴃舌倘可学,化为黎母民。"[3]如果他能够学会十分难懂的儋州

---

① 陈江:《"岛夷卉服"和古代海南黎族的纺织文化》,《广西民族研究》1991年第3期,第98页。

② 〔清〕姚之骃:《元明事类钞》,《钦定四库全书》卷二四《衣冠门》,台湾商务印书馆影印文渊阁本(1982—1986),第23页。

③ 〔宋〕苏轼:《和陶〈始春怀古田舍〉二首》(其二),《苏文忠公海外集》海南出版社2017年版,第55页。

话，愿意变为黎母（海南岛山名）的子民，这不仅表达了东坡对儋州不舍不弃的感情，而且也从另一个角度，充分展示了儋民的宽容、仁厚与和善。

苏东坡和当地黎民群众相处融洽，百姓都很敬重他。就连乡间小童，也与他嬉戏不已，跟随迎送："总角黎家三四童，口吹葱叶送迎翁。莫作天涯万里意，溪边自有舞雩风。"[1] "寂寂东坡一病翁，白须萧散满霜风。小儿误喜朱颜在，一笑哪知是酒红。"街童顽皮，时时围在这个不太会说本地话的老头身边，经常看到那张笑吟吟的老面皮换上朱颜，他们哪里知道刚才坡翁又喝酒了。

东坡与当地百姓，尤其是与黎族人民，非常友善，情同手足。他从抵儋开始，目睹黎民遭受欺凌的现实，愤而提出民族平等的主张。他写诗呼吁："咨尔黎汉，均是一民。鄙夷不训，夫岂其真。怨忿劫质，寻戈相因。欺谩莫诉，曲自我人。"[2] 东坡与黎人友谊深厚，黎族百姓无论老幼，都喜欢这个大陆来的老头子。东坡与黎族小孩子也成为可以笑语指点的好朋友。"野径行行遇小童，黎音笑语说坡翁。"[3] 在他的心目之中，没有黎汉之异，没有尊卑之别，黎民中也无生黎熟黎之分，大家一视同仁，同学习、同事业、同饮宴。他着力文化教育，重点培养黎族人民自己的知识分子，哪里有什么华夷不合？哪里有什么民族偏见？

东坡郑重地写下来，向世界宣告："华夷两樽合，醉笑一欢同。"[4] 在其乐融融的民族盛会中，无论黎汉，全体儋民都沉浸在醉笑之中。东坡是促进民族团结的楷模，他告诉所有关注儋州的人们：这里各族人民，携手并肩，亲密友爱，春风美酒，同心同德。

东坡先生居儋三年，对民风民俗了解细致准确。他明确记载：海南人不作寒食，而以每年三月三作为重要节日，并祭典先祖。同时，他仔细地观察到，三月三时，木棉花落了："记取城南上巳日，木棉花落刺

---

①〔宋〕苏轼：《被酒独行，行遍子云、威、徽、先觉四黎之舍三首》（其二），《苏文忠公海外集》海南出版社 2017 年版，第 96 页。

②〔宋〕苏轼：《和陶劝农六首》，出处同上，第 38 页。

③〔宋〕苏轼：《访黎子云》，出处同上，第 95 页。

④〔宋〕苏轼：《用过韵冬至与诸生饮酒》，出处同上，第 42 页。

桐开。"①

虽然未曾到过海南，但与兄长心心相印的苏辙，也曾逼真地记载了东坡居儋时酣睡在温暖的吉贝布棉被里的情景：

呫呫书空中有怪，内热搜膏发痛疥。
羹藜饭芋如固然，饱食安眠真一快。
午鸡鸣屋呼不起，欠伸吉贝重衾里。
此身南北付天工，竹杖芒鞋即行李。
夜长却对一灯明，上池溢流微有声。
幻中非幻人不见，本来日月无阴晴。②

当年东坡先生初到儋州，抱怨这里"食无肉、病无药、居无室、出无友、冬无炭、夏无寒泉"③，在儋州黎汉百姓的关心和帮助下，喜欢午睡的东坡先生，此刻把自己放到一床吉贝布做成的厚实的棉被里，冬天不用炭火，他已经睡得听不见鸡鸣狗吠了。

六、结论

海南岛木棉，属木棉科木棉，不是锦葵科的棉花，也不是多年生草本木棉——锦葵科木棉。史料记载，至迟在战国时海南岛已有种植和以木棉花絮纺织为布的记载。因可染织，色彩纷呈，而曰"卉服"。木棉织品，精好者，称为"吉贝"；而吉贝中的精品，则作为贡品献出。

当然，作者并非植物学家，并非专注研究棉史，而仅是为北宋时东坡所记之事做进一步考证，以澄清一些模糊的认知而已。何种差池，无论显隐，悉请教正。

---

① 〔宋〕苏轼：《海南人不作寒食，而以上巳日上冢。余携一瓢酒寻诸生，皆出矣。独老符秀才在，因与饮，至醉》，《苏文忠公海外集》海南出版社2017年版，第86页。

② 〔宋〕苏轼：《独觉·附子由次韵》，《钦定四库全书·苏诗补注》卷四一，台湾商务印书馆影印文渊阁本（1982—1986），第29页。

③ 〔宋〕苏轼：《与程秀才三首》，《苏文忠公海外集》海南出版社2017年版，第163页。

增强三种意识　强力推动昌江东坡文化发展[*]

陈智勇[**]

海南省昌江黎族自治县拥有丰富的文化资源，其中，苏东坡文化是海南昌江的重要历史文化资源。在习近平总书记对海南文化发展寄予厚望、海南自贸港大发展的背景下，海南东坡文化更应该积极有为。昌江的东坡文化发展，在海南东坡文化发展中必须当仁不让，主动作为，务必深入挖掘，努力打造成在海南甚至在全世界具有一定影响力的特色文化品牌，助力海南自贸港发展。但是，要实现以上的目的，关键在于必须增强三种意识。

一、自贸港意识

现在的海南，已经进入了自贸港时代，我们所做的一切工作，均围绕自贸港时代的主题而展开。所有的思想、所有的意识、所有的工作，必须与自贸港时代同频共振，与自贸港时代主题高度一致。

（一）自贸港意识的认识

"自贸港意识"这个概念，好像目前为止还没有人提出来。在网上进行了搜索，没有这个概念的出现。但是，这并不等于说自贸港意识不

---

* 原载微信公众号"社科海军"2020年11月6日。

** 作者简介：陈智勇，海南省社会科学研究院地方历史文化研究所所长。

存在。实际上，一想到、一提到自贸港，脑海中马上出现"自贸港意识"，这说明自贸港意识在我们脑海中是存在的，只不过这种意识不是非常强烈，尤其是在具体的工作之中。

自贸港意识，也就是在所有的围绕自贸港工作而展开的时候出现的意识形态。海南自贸港意识，正是目前我们必须具备、必须加强的一种意识，这种意识是否强烈、是否集中，在一定程度上决定着我们的海南自贸港工作是否有效、是否成功。

（二）自贸港文化意识的认识

自贸港文化意识是自贸港意识中分量很重的一种形式。可惜，很多人一提到自贸港，就想到经济、金融等，忽略了或者压根儿就忘记了文化的存在。

海南不再是文化沙漠，海南自贸港建设中的"行稳致远"离不开文化的持久支撑。

这是习近平总书记对海南文化挖掘与发展寄予的厚望。

我觉得，这同时也是昌江文化发展的指南针、方向盘。昌江的"自贸港意识"必须聚焦于总书记的指示。

（三）自贸港东坡文化意识的认识

在海南文化之中，具有优秀禀赋的文化形态可谓满天星斗，而海南的东坡文化正是这满天星斗中最亮的一颗。今天，我们大力建设海南自贸港，在具备海南自贸港文化意识的同时，离不开对自贸港东坡文化意识的高度重视，尤其是对具有极大潜力的昌江东坡文化意识的重视。

二、追赶意识

海南自贸港刚刚起步，文化发展并不突出，因此，海南自贸港的文化发展必须具备追赶意识、奋起意识。虽然海南自贸港的文化发展基础薄弱，但是不可以妄自菲薄。从昌江的文化来看，应该趁着自贸港建设的东风，奋起直追，成就未来。

（一）文化自信是基础

2016 年 7 月 1 日，习近平总书记在《在庆祝中国共产党成立 95 周年大会上的讲话》中提到："坚持不忘初心、继续前进，就要坚持中国特色社会主义道路自信、理论自信、制度自信、文化自信"，"文化自信，是更基础、更广泛、更深厚的自信"。

我们在认识和研究海南昌江的文化发展时，必须把这种文化自信贯彻好、落实好。

海南昌江有丰富的东坡文化资源，这是昌江东坡文化发展得以自信的重要基础。

2019 年 5 月，中国苏轼研究学会副秘书长、海南省新闻工作者协会副主席、海南省苏学研究会理事长李公羽先生在第四届东坡居儋思想文化研讨会上，发布关于苏东坡元符三年（1100）三月参拜昌化江畔峻灵王庙，并于五月获旨北归时在儋州书写《峻灵王庙碑》的研究成果。此后完成近 30 万字的学术研究专著《峻灵独立秀且雄——苏东坡昌化江遗踪考论》。李公羽表示，苏东坡贬琼三年，在琼山、澄迈、临高、儋州和昌江——当年的昌化县，留下极其丰富、宝贵的历史文化资源，是千年苏学的重要研究基础，是当代社会发展、现代文明融合的重要历史财富，也是未来海南旅游文化消费面向国际市场形成独特品牌的重要条件。中共昌江黎族自治县委书记黄金城感谢苏学研究专家高度重视并热情参与昌化历史文化研究及确认苏东坡昌化江遗踪，认为这是一项对昌江文化具有开拓性、基础性和历史性的重要研究成果，对于具有悠久、独特文化历史的昌江县和各族人民，不断传承中华优秀传统文化，重视和发掘东坡文化、峻灵王文化等优秀历史文化资源，具有特别重要的现实意义和历史意义。可见，东坡文化是打造昌江特色文化的重要资源，是昌江发展的文化自信。

（二）积极对标是关键

1. 对标自贸港政策

海南自贸港政策中有丰富的文化表述，这些是昌江文化发展的标准性内容和总引领方向。

《海南自由贸易港建设总体方案》（以下简称《总体方案》）指出：转型升级旅游业，围绕国际旅游消费中心建设，推动旅游与文化体育、健康医疗、养老养生等深度融合，高水平建设文化旅游产业园区。要发展特色旅游产业集群，培育旅游新业态新模式，创建全域旅游示范省。

在自贸港建设的新时期，我们要深入学习贯彻习近平总书记视察海南重要讲话和关于文化旅游融合发展的重要指示精神，紧紧抓住自贸港给海南文旅融合提供的重大战略机遇，推动文化旅游高质量发展。

《总体方案》指出：积极创建区域性国际会展中心，推进国际艺术品展示交易拍卖、国际知识产权（版权）交易，建设国家对外文化贸易基地。

国家发展改革委印发的《海南省建设国际旅游消费中心的实施方案》明确要求："创新体制机制，不断优化发展环境，进一步开放旅游消费领域，积极培育旅游消费新业态、新热点，提升高端旅游消费水平，推动旅游消费提质升级，进一步释放旅游消费潜力，积极探索消费型经济发展的新路径，打造业态丰富、品牌集聚、环境舒适、特色鲜明、生态良好的国际旅游消费胜地。"

以上三点，即是昌江发展文化产业、建设国际旅游消费中心的对照标准。昌江有关方面，应该在文化政策的制定、文化符号的识别、文化资源的挖掘等诸多领域深入贯彻。

2.对标先进，见贤思齐

要增强追赶意识、看齐意识、对标意识，就要明确追赶谁、如何追的问题。顾名思义，昌江追赶的是在苏东坡文化研究方面走在世界前列、中国前列或者说海南前列的地方。其中，有欧美等发达国家在文化创意方面的经典案例，有深圳、上海等文化产业发展的排头兵，也有海南儋州等身边的苏东坡文化发展的好经验、好做法。

2020年10月14日，深圳经济特区建立40周年庆祝大会隆重举行，习近平总书记发表重要讲话。他指出："历史总是眷顾坚定者、奋进者、搏击者。40年前，历史选择了深圳，深圳创造了奇迹；今天，时代再次选择了深圳，深圳必须有新的更大作为。"这句话用在海南昌江身上，我想最应该突出的是：今天，历史选择了海南，海南苏东坡文化发展选择了昌江，希望昌江的苏东坡文化发展成为"奋进者、搏击者"，成为尽快居上的"后来者"，应该有新的更大作为。

三、创新意识

认识创新是前提。认识问题不解决或者解决得不彻底，后面的努力全是空的。多年来海南发展滞后，关键在于认识上不创新或者说创新意识不强烈、创新举措不落实。

创新是一个地区的核心竞争力。对于昌江文化发展来说，依然如此。

昌江的东坡文化创新发展，应该警惕"三个不够""两个缺乏"的出现。

三个不够，指的是不够主动、不够自信、不够清晰。

不够主动地去创新、去对标、去挑战。不够自信，是说自身的东坡文化发展是短板，比起有些地方来差距甚大。事实不是这样的，前面说过，昌江有丰富的东坡文化资源，苏学专家李公羽先生的昌江东坡文化遗踪考论专著乃海南"第一响"，发端肇始，昌江东坡文化发展的春天已来临。今天全国众多苏学专家齐聚昌江，专题研讨昌江的东坡文化，本身就是昌江东坡文化自信心展示的体现，也是县委、县政府认真、重视的结果。此次论坛的研究成果，要更加重视，充分消化、研究利用，进一步增强自信。不够清晰，是说在东坡文化发展路径上的方向不够清晰，这是需要提醒的方面，也正需要认真借助此次论坛的研究成果，确立和明晰东坡峻灵王文化研究发展的路径。

两个缺乏。

第一，不缺乏文创人才，缺的是文创人才对昌江本土文化资源的挖掘（包括东坡文化资源）。举目国内外，文创人才巨多，但是又有多少人才来挖掘昌江的东坡文化？

第二，不缺乏文化支持，缺的是昌江文化资源创新上的"聚焦聚力"。从国家到省里乃至昌江县，都对昌江文化给予多方面大力支持，但是"聚焦聚力"不够，尤其是对昌江东坡文化的"聚焦聚力"，仍有持续加大的空间。诚然，专著《峻灵独立秀且雄——苏东坡昌化江遗踪考论》的问世，是值得充分肯定的。希望此次"昌化江东坡峻灵王文化论坛"之后，昌江县在东坡文化的传承、研究和发展方面，会有更多的举措，推出更多的文化精品，形成更多的文化与旅游融合发展的研究成果。

最后，提一个建议：正视问题，强力发展。

研究层面的现状存在问题，需要正视。第一，刚刚开始，但是后劲足、有前途，有一批虔诚执着的研究人士（如李公羽、海滨等）在引领或者助推昌江的东坡文化研究力量。第二，不平衡或者说不均衡。有些地方热，有些地方冷，比如同样是苏东坡足迹所至、文化所在，昌江要比澄迈热；比如有的市县，政府部门冷，民间研究热。不少政府部门会议和文件中喊着高度重视，但是雷声大雨滴小，几乎没有任何效果；而民间虽然热，但是民间的助推力量极其弱小，空有"望洋兴叹"之感。第三，没有打出品牌、产生广泛的影响。表现在，没有"引进来"，没有在海南举办国际性的苏学论坛，也没有"走出去"，无论是政府有关部门还是民间，没有以海南苏学名义"走出去"，到国内其他苏学纪念地走访、交流，更缺少国际意识和世界影响。

为此，给出如下建议：以自贸港建设为契机，强力推动昌江县东坡文化发展，打造昌江的东坡文化品牌。整个海南的东坡品牌效应也有待提高，苏学研究应该走向全国化、国际化。海南省苏学研究会可以倡议成立"中国苏学联盟"，定期举办联盟论坛（借鉴博鳌论坛），一年一个地方（苏学有关纪念地的省份或者地区）。

以苏学遗存促进昌化江畔创新世界级旅游产品

李公羽

　　海南建设自贸区、自贸港，中共中央、国务院提出明确要求：积极培育旅游消费新热点，下大气力提升服务质量和国际化水平，打造业态丰富、品牌集聚、环境舒适、特色鲜明的国际旅游消费胜地。

　　昌江有丰富的自然资源，还有丰富的文化资源，包括古文化、黎族文化、峻灵王文化、东坡文化以及雨林文化、木棉文化、湿地文化、海洋文化等。昌江黎族自治县委、县政府立足自贸区、自贸港建设，找准自身定位，提出打造"五地两县"的战略目标：海南西部一流旅游目的地、海南新能源创新产业基地、海南热带高效农业产业基地、特色文化产业聚集基地、现代海洋渔业综合基地，全省生态文明示范县、全省基本公共服务均等化示范县。《2020年昌江黎族自治县人民政府工作报告》中明确提出：昌化江入海口打造成世界级旅游产品。

　　通过研究确认苏东坡的确到过昌化江，参拜过峻灵王庙，即应当而且可以将峻灵王文化与东坡文化二者更有特色地融合起来，打造具有昌江特色的"业态丰富、品牌集聚、环境舒适、特色鲜明的国际旅游消费胜地"。

一、宋徽宗崇奉道教为昌化峻灵王文化提供良好生存环境

宋徽宗赵佶（1082—1135），是宋神宗第十一子、宋哲宗之弟。作为宋朝第八位皇帝，徽宗在位25年，因终日沉迷于道教之中，荒丁国事，导致靖康之耻，后世恶评如潮。他的政绩往往被史家忽略。大观二年（1108），他派遣童贯讨伐青唐残部，发兵6万，远征至今新疆且末县附近，一度控制了西域的东南部地区；在其统治中期，他派遣将领王厚消灭了青唐羌政权，收复了自中唐以来陷于吐蕃人之手300多年的青唐地区。他在书画艺术领域的制度创新与实践成果，被载入史册。同时，他信奉道教，在道教文化的繁荣发展方面，做出了重要贡献。

宋徽宗自称"教主道君皇帝"，主张天人合一，在位期间大建宫观，并设道官26级，给道士发俸禄。他多次下诏搜访道书，设立经局，整理校勘道籍。政和年间（1111—1118）编成的《政和万寿道藏》540函5481卷，是我国道教重要文献。徽宗颁旨编写的《道藏》和《仙史》，是我国历史上规模最大的道教史和道教神化人物传记。此外，徽宗亲自作《御注道德经》、《御注冲虚至德真经》和《南华真经逍遥游指归》等。宣和元年（1119）八月十日，宋徽宗以其天下闻名的瘦金体，亲自书写366字的《神霄玉清万寿宫诏》，既作为他执政的政治理想和抱负，也作为推崇和奉行道教的纲领、章程。宣和元年下诏，全国各州府建立神霄玉清万寿宫，并令汴京神霄宫先刻碑，以其拓本颁赐天下，各地摹勒立碑。

据悉，另一块诏碑在福建省莆田市城厢区梅园路的元妙观内，已有部分破损。徽宗碑文诏示天下，多地尚未来得及勒石立碑，金兵已大举南下。有的地方已经立碑，但次年诏罢道学，即致毁损。徽宗时宰相蔡京第三子蔡绦，奉旨题写碑额"御笔手诏"4个大字，蔡京于汴京刻制第一块《神霄玉清万寿宫诏》碑时，即令同时摹刻一块，由海道运回家乡兴化军首邑莆田。后因此地偏处东南海隅，金兵铁蹄未至，该碑得以保存。

远离中原的海外琼州，时称琼管安抚司，依汴京神霄宫拓本刻制

《神霄玉清万寿宫诏》碑，于宣和元年立于府城。远离金兵战乱，经900年风雨沧桑，此碑今仍完整地保存于琼山区府城镇五公祠内。此碑按朝廷所颁统一规制，圆形碑首，碑额两边外侧满镌双龙。

据现场读碑，参照多种碑帖，并重点依李长青教授所著《海南现存金石铭文研究》一书所载①，点校全文如下：

道者，休之可以即至神，用之可以挈天地，推之以治天下国家。可使一世之民，举得其恬淡寂常之真，而跻于仁寿之域。朕思是道，人所固有，沉迷既久，待教而兴，俾欲革末世之流俗，还隆古之纯风。

盖尝稽参道家之说，独观希夷之妙。钦惟长生大帝君、青华大帝君，体道之妙，立乎万物之上，统御神霄，监视万国，无疆之休。虽眇躬是荷，而下民之命，实明神所司，乃诏天下，建神霄玉清万寿宫，以严奉祀。自京师始，以至崇极，以示训化。累年于兹，诚恍感格，高厚博临。

属者三元八节，按冲科启净供，风马云车，来顾来飨，震电交举，神光烛天。群仙翼翼，浮空而来者，或掷宝剑，或洒玉篇，骇听夺目，追参化元。卿士大夫，侍卫之臣，悉见悉闻，叹未之有，咸有纪述，著之简编。

呜呼！朕之所以隆振道教，帝君之所以眷命孚佑者，自帝皇以还，数千年绝道之后，乃复见于今日，可谓盛矣！岂天之将兴斯文，以遗朕，而吾民之幸，适见正于今日耶？

布告天下，其谕朕意毋忽，仍令京师神霄玉清万寿宫，刻诏于碑，以碑本赐天下，如大中祥符故事，摹勒立石以垂无穷。

宣和元年八月十二日奉圣旨立石

琼州《神霄玉清万寿宫诏》碑几经迁移，至1983年移立于五公祠内，1994年被公布为海南省第一批文物保护单位，2001年6月第五批

---

① 李长青：《海南现存金石铭文研究》，中国社会出版社2012年版，第121—122页。

全国重点文物保护单位公布，海口市五公祠在列，因有此碑，五公祠"时代"划为"宋至清"。该碑高 2.55 米，宽 1.3 米，厚 0.29 米，碑面光平如镜。碑文竖排，16 行，366 字，瘦金体。这是海南现存最古老的碑刻。徽宗作为皇帝和书法家，时年 37 岁，登基 19 年，其瘦金体书法艺术成熟，碑文价值，难能评估。

目前国内现存御碑无几，这也是目前国内尚存不多的徽宗瘦金体手书珍贵范本。与此同时，此碑文在中国道教发展史上，也是极其重要的历史文献。文中记录了当时道教表演艺术的发达与高妙，"风马云车，来顾来飨，震电交举，神光烛天。群仙翼翼，浮空而来者，或掷宝剑，或洒玉篇，骇听夺目，追参化元"。

值得关注的是，此碑在琼州府刻制落成之后仅仅九年，南宋建炎二年（1128），昌化县令何适与时贬儋州的折彦质，二人商办，利用朝廷不再查禁东坡文稿的短暂的宽松时期，在昌化江畔道教圣地峻灵王庙刻制落成苏东坡《峻灵王庙碑》，使得东坡此文得以有实物传承，校补了史料文献记载此文的重要缺失。

二、担当责任、保护民众是东坡峻灵王文化的"初心"与"使命"

苏东坡崇尚道教物我一致、天人合一的观点，充分说明他对生命的肯定、对生活的热爱，同时体现着以道家思想自我解决人生矛盾的通达乐观的人格与态度。

东坡文化是中华优秀传统文化中最深沉的精神追求与最深厚的文化软实力的杰出代表。东坡文化中蕴含的执政理念、民生情怀与世界观、幸福观、价值观，在当代仍然具有重要意义。峻灵王守护社稷、安定人民、"分宝镇世"的重要功业，是峻灵王文化的核心价值。峻灵王是护佑民众的英雄化身，是百姓心中的偶像和保护神，寄托着东坡和民众期冀平安的共同精神追求。

峻灵王文化与东坡文化，共同凝结和体现着执政者要勇于担当、与民同甘共苦的责任与意志。2013 年 4 月，习近平总书记在海南省考察时强调："改革开放之所以得到全国人民的衷心拥护，根本一条就是人民生活水平和质量不断得到提高，正所谓'享天下之利者，任天下之患；居天下之乐者，同天下之忧'，不断提高人民物质文化生活水平是事关党和国家长治久安的政治要求，我们要牢记在心，落实在行。"① 总书记引用的这一段话，是苏东坡在《赐新除中大夫守尚书右丞王存辞免恩命不允诏》中所说的。享受世间之利，则应当承担天下之危难；获享世间之乐，则必当同时分担天下之忧患。不论是神山封王，也不论是一方执政，都不能只享受利益，不分担忧患。勇于担当责任、保护民众利益、与民同甘共苦，才能得到百姓拥戴，才能与民一起享受世间之乐。这也是东坡文化和峻灵王文化所蕴含的"初心"与"使命"。

东坡一生先后在中央和地方近20个工作岗位任职，其中担任过八州太守、三部尚书。他在任职岗位上，深入调研，细察民间疾苦，竭尽全力，造福一方；不在自己管辖范围内，或被贬谪期间无职无权，他也坚持保护民众利益，千方百计反对伤民害农，竭尽全力为民众办实事、办好事。这些资历与感受，使他对于峻灵王特别敬重，共同的责任和目标，产生强烈的共鸣。东坡先生赞美的峻灵王品德，正是他自己一生追求与遵行的人格与理念的再现。

三、深刻认识和理解"东坡峻灵王文化"的核心价值

东坡关于峻灵王的作品，虽然仅有一篇《峻灵王庙碑》，但正是这篇碑文，把博大精深的东坡文化与南海一隅的峻灵王文化融为一体。我们可以称之为"东坡峻灵王文化"。东坡峻灵王文化的基本定位是战胜灾难，护国安民，企盼国泰民安；其核心价值，是中华民族的崇尚和谐的"和"文化；其文化内涵，传承着中国人民的伟大梦想精神。

2014年5月15日，习近平总书记出席中国国际友好大会暨中国人民对外友好协会成立60周年纪念活动时，发表了重要讲话。他指出：

---

① 黄晓华：《习近平考察海南讲话引经据典借古喻今寄厚望》，《海南日报》2013年4月14日。

"中华文化崇尚和谐，中国'和'文化源远流长，蕴涵着天人合一的宇宙观、协和万邦的国际观、和而不同的社会观、人心和善的道德观。在5000多年的文明发展中，中华民族一直追求和传承着和平、和睦、和谐的坚定理念。以和为贵，与人为善，己所不欲、勿施于人等理念在中国代代相传，深深植根于中国人的精神中，深深体现在中国人的行为上。"① 东坡《峻灵王庙碑》一文中体现出的核心理念，充满着道家思想的精华，道法自然，蕴含着辩证法因素，是中华优秀传统文化中"和"文化的充分展示。注重自然和谐、讲求人与宇宙和谐统一，这种古代天人合一关系的描写，具体地把人与自然之间的和谐、人的内心与外在世界的和谐、人与人之间的和谐等作了形象的刻画与论述。这一文化的原则，要求统治者遵守自然的原则，也要让人民自我发展、自我完善；民众也要自我约束，在自由、平等、安全、祥和的环境中，各尽其性，以使社会安泰和美。社会要消灭灾难、罪恶，减少和制止贪欲，互助利人，避免冲突，共建和谐。

千百年来，百折不挠为自己的前途命运而奋斗的中华民族，在任何困难和风险面前都不放弃、不退缩、不止步。《易传》中即已表达着"天行健，君子以自强不息"的信念与意志。远古神话流传的盘古开天、女娲补天、精卫填海、愚公移山等故事，无不深刻体现着中华民族自强不息的优良传统，彰显着中华儿女与自然灾害顽强斗争的坚毅品格。昌江县文联主席庞大海记载的峻灵王传说中，有关于陈姓兄弟临危不惧、救助乡亲、斩杀恶龙、护佑平安的故事。这虽然是民间传说，渲染着浓烈的神话色彩，但却充分折射着顽强拼搏的斗争意志，表达着黎民百姓对自然风险和邪恶势力的抗击精神。传说中含蕴着不屈的奋斗，神话里充满着和平的期望。这种保护民众、战胜灾害、迎战危机的勇敢与坚韧，智慧与气概，是中华民族走向伟大复兴光明前景的精神动力与智慧源泉，也是东坡先生一生经历所饱含民生情怀的集中体现。

2018年3月20日，习近平总书记在十三届全国人民代表大会第一

---

① 习近平：《在中国国际友好大会暨中国人民对外友好协会成立60周年纪念活动上的讲话》，新华社2014年5月15日。

次会议上讲话。他指出："中国人民是具有伟大梦想精神的人民。在几千年历史长河中，中国人民始终心怀梦想、不懈追求，我们不仅形成了小康生活的理念，而且秉持天下为公的情怀，盘古开天、女娲补天、伏羲画卦、神农尝草、夸父追日、精卫填海、愚公移山等我国古代神话深刻反映了中国人民勇于追求和实现梦想的执着精神。"峻灵王文化中体现的正是这样一种百折不挠、坚忍不拔，勇于追求和实现伟大梦想的精神。

东坡峻灵王文化，目前只是以昌化江为中心的地域性民俗文化，但其蕴藏与涵养着中华优秀传统文化的核心价值理念，在许多方面包含着社会主义核心价值观的思想源泉、理念基础和文化导向，对于当代社会特别是广大农村、渔港的和谐建设、文明建设、平安建设，具有特殊重要的意义和作用。

四、充分利用峻灵王文化的多方面影响力资源

峻灵王文化，作为一种长期以来由民众自发形成、自主成型、自我接受和自动弘扬的民族优秀文化，已经在海洋方面、道教方面、东南亚和世界华人领域等多方面，产生影响。自发形成的文化，也要有意识、有体系、有目标、有渠道地引导、净化与促进。

历朝历代，朝廷官府都十分注重峻灵王文化的保护与利用。《光绪昌化县志》卷一一《纪事》中，收录了《同治五年阖府呈请封昌化石碌山全案》。同治五年（1866），两广总督及琼州府官均就"无知大棍""串引洋人"非法开采"私往昌化开山"，奏请并发出告示，"将山场照例封禁，不准棍徒再往私开生事"。文告中称："东坡翁云：'上帝赐之以奠南极，琼向借之以启文明。'即谓此也。"而在文告附案中，再次表示："石碌山为吾琼发源地脉，与古胳膊山俱为峻灵王所镇。东坡所撰《庙记》言之綦详，山名载在《旧志》。"为保护这一山脉，抚院、两司、道、府和昌化县五道衙门立案严禁开凿，可见重视非凡。

进入21世纪以来，昌江县由政府指导、民众参与，对于峻灵王文

化的研究取得相当突出的成绩。同时，以史无前例的高规格设计，与众不同的强有力措施，加强昌化江流域文化旅游资源的保护与开发，并且明确提出，要把昌化江入海口打造成为世界级旅游产品。

现任县档案局党组成员、副局长邓世东[①] 曾于2013年6月撰文提出"峻灵王文化"，发于网络，并在百度撰写词条"峻灵王"。2014年，昌江县峻灵王文化研究会成立，会长孙如强主编出版了《海南有个峻灵王》一书；昌江黎族自治县政协于2016年出版《昌江文史·峻灵王文化专辑》，对于峻灵王和峻灵王文化的史料、传说等，做了多方面的研究，取得突出的成绩。

峻灵王文化在千年传承中，早已走出昌江流域，成为海南多地沿海区域民众的共同崇拜，甚至一些并非沿海区域，也有多种崇拜与祭祀活动。峻灵王，在昌江本地也称"老爷公"，临高、儋州渔民称为"神山爷爷"，乐东、东方多叫"昌化老爷公"或"昌化公"。澄迈县加乐镇德润村昌化老爷庙，迄今香火旺盛；临高县新盈镇新盈港有昌化老爷庙，美兰区灵山镇东营村也曾有过昌化老爷庙。

（一）认真研究归纳和总结提炼峻灵王文化概念的内涵、外延和思想精髓

中华优秀传统文化是社会主义核心价值观的源泉与基础。峻灵王文化中蕴含着富强、文明、和谐、平等、敬业、诚信、友善等一系列优秀传统品德和操守，包含着守护社稷、安定百姓、发展生产、追求幸福和保护人民生命、财产安全等积极因素。要通过认真研究、体验峻灵王文化的历史传承美好内涵，丰富和规范峻灵王文化的思想体系、文化价值、精神标志以及社会形象。

峻灵王文化的思想内涵和精神价值，不能仅仅停留在百姓的供奉与景仰层面，不能仅仅局限于民众的"有求必应"角度，更不能被传说中

---

① 邓世东，1969年生，海南乐东人，海南省作家协会会员，曾任中学教师、县教育局科员、县政协办公室副主任、《昌江文史》编辑、县文联副主席等。发表诗歌、散文、评论等，出版诗集《石头的童话》。

的迷信成分主导和"绑架"。峻灵王文化蕴含着丰富的民生情怀，包含着重要的执政理念与管理法则，体现着一代又一代执政者的民本思想，同时，也凝聚着世代百姓对安全、富裕、祥和生活的期冀与追求。人民对于幸福生活的追求和向往，在峻灵王文化中得到充分表现。

（二）充分用好峻灵王形象符号，增加识别力、渗透力、影响力和扩张力

《万历琼州府志》载：昌化县，山类，第一条即"峻灵山"。① 但现在地图、文件等正规资料、官方表述，多称为"大岭"。其实，"峻灵山"名称古已有之。东坡《峻灵王庙碑》中即已有记载："元丰五年七月，诏封山神为峻灵王。"东坡说："自念谪居海南三载，饮咸食腥，凌暴飓雾，而得生还者，山川之神实相之。"山神命名为"峻灵王"，山名当然就应是"峻灵山"。东坡碑文中最后的诗句写道"峻灵独立秀且雄"，所谓"独立"，所谓"秀"，而且"雄"，正是专指此山，而非其王。

所谓"昌化大岭"，据了解是1950年以后地方干部迫于反对"封建迷信"的压力，不敢称"峻灵山"，更不敢称之为"神山"，只好采取的没有任何色彩的变通措施。在"文化大革命"等运动中，人们也已经习惯了这种无风险的称谓。现在要打造"业态丰富、品牌集聚、环境舒适、特色鲜明的国际旅游消费胜地"，理直气壮地推出特色鲜明、业态丰富的昌江品牌，全面恢复并突出强调"峻灵山"的品牌价值，顺理成章、理所当然、责无旁贷。

对于峻灵山的名称使用，政府要形成共识，既要有正式渠道的更名，也要有日常使用的调整和规范，以使这一著名的特色品牌，作为一种文化符号，渗透到社会生活和文化建设之中。不仅山名要恢复，而且可以在新建设道路、小区、建筑物等命名时，充分利用峻灵王文化的特色元素，形成昌江特色鲜明、业态丰富的国际旅游消费胜地。

---

① 《万历琼州府志》，北京大学图书馆藏，书目文献出版社1990年版，第47页。

（三）依托东坡文化，把昌化江入海口打造成为世界级旅游产品

2020年4月25日，昌江黎族自治县第十五届人民代表大会第六次会议政府工作报告指出：高标准编制全县文化和旅游融合发展总体规划和概念性空间规划，加快将石碌铁矿、昌化江入海口打造成世界级旅游产品，加快昌化大岭森林公园、石碌国家矿山公园等项目有序建设，不断丰富全县全域全季旅游产品。

昌化江入海口打造成世界级旅游产品苏东坡的国际影响之广之大之强，是我们很难想象的。国外东方文化研究者认识苏东坡，是基于人类思想发展史和世界科技进步史这两大背景之下的。中国在11世纪的时代条件下，苏轼融合佛家出世、道家养生和儒家入世学说，从儒释道三者中寻求精神自由，对人类社会思想发展产生了重要影响。以苏东坡为杰出代表的北宋一批优秀士大夫，在科学与技术进步领域的创新成果，达到中国古代的巅峰，走在世界的前列。由高丽（朝鲜半岛古代国家之一）、东瀛（日本）等东北亚发端，逐步扩散到东南亚和西方世界的东坡文化，从20世纪中期开始，进入更加准确、全面、完整，更加快速、系统、广泛的研究新阶段。英语世界的东坡研究成果快速登上世界东坡文化研究的高地。这为昌江县东坡文化和峻灵王文化立足昌江、走出海南、影响世界奠定了重要的基础。

东坡文化的传承，特别是在海外的学习研究与弘扬，大量的仍是民间自发的热爱与尊崇，但海外华人以及热爱中华民族文化、推崇东方文明的国际友人，热情学习和研究东坡文化的动力日渐强盛。近年来，不少海外学人、国际友人慕名而来，景仰东坡、热爱东坡、学习东坡、体验东坡，从科学、文化、哲学甚至是书法、绘画、美食、酒水等自身喜爱的角度走进东坡，探求东坡文化中蕴含的人类共同精神价值，体验自然和谐与个性追求之美。这种态势，正是东坡文化走向世界、融入人类命运共同体所趋之大势。

东坡《峻灵王庙碑》全文，是东坡文化与峻灵王文化融合发展的桥梁与纽带，是峻灵王文化立足昌江、走出海南、面向全国、影响世界的

起点和重点。峻灵王文化本身，作为中华优秀传统文化中海洋文化、道教文化、民俗文化的重要部分和杰出代表，已经在省内外乃至东南亚沿海渔民心中，占有重要的地位，产生广泛而强烈的影响。充分利用这些基础条件，强化东坡文化与峻灵王文化的融合与传承，紧密结合昌江历史文化，推开峻灵王文化走向世界的大门，意义深远，价值重大。

五、推动东坡峻灵王文化融入昌江经济社会发展

充分挖掘东坡文化和峻灵王文化的特色资源，以东坡文化为核心，研究开发创立一批具有国际影响力的东坡文化体验、旅游、研究等重大活动项目，是全县经济、社会、文化和民生发展的需要，也是昌江建设海南西部一流旅游目的地的重要举措。以东坡文化、东坡文化产业，以及以东坡文化产业为龙头和支柱的东坡文化旅游发展项目，融合其他产业，在继承中创造，在创新中发展，才会形成超常规跨越式持续性稳健发展的新增内生动能。

（一）用东坡文化元素符号彰显城乡文化魅力

2017 年 1 月，中共中央办公厅、国务院办公厅印发《关于实施中华优秀传统文化传承发展工程的意见》。《意见》提出："深入挖掘城市历史文化价值，提炼精选一批凸显文化特色的经典性元素和标志性符号，纳入城镇化建设、城市规划设计，合理应用于城市雕塑、广场园林等公共空间，避免千篇一律、千城一面。"

历史的再现是生动的，再现的前提是"经典性元素和标志性符号"的传承。千年历史，在这些元素和符号的生动中充实丰富起来，丰满鲜活起来，就成为现代文明村镇、美丽乡村、文化名城的灵魂与核心。

名声是普遍被认定的一个人的品德操行。人过留名，雁过留声。地名、景点、建筑遗迹、风物故事等，往往是历代名人在某地留下的"名"，也可能是后世仁人纪念他们的"声"。在四川省眉山市，千年苏东坡不只是在纸上，而是"活"在了现实之中。眉山东坡城市湿地

公园所在地，命名为"东坡岛"，公园陆地面积有近千亩，加上水域面积有 2000 多亩。东坡岛与城区连接的三座桥分别叫"老泉桥""醉月桥""颍滨桥"，都与三苏父子有关。苏洵号老泉，苏辙自号颍滨遗老。醉月桥是根据苏轼《赤壁赋》和《明月几时有》意境而命名的。岛上还有十座桥，命名极具东坡文化创意，是从苏东坡典领八州，纵横北宋疆域，所到之处留下的史实和诗词文赋中选取精粹内容而命名：嘉祐桥、喜雨桥、徐州桥、明月桥、绿杨桥、西子桥、百坡桥、惠州桥、白鹤桥、载酒桥。令人不由赞叹东坡文化之丰富深邃。

常州是一个与东坡生命不可分的地方。他并未在此任职，却先后有 14 次到常州，包括经朝廷批准居住一年，同时这里也是东坡生命旅程中最后一站。常州把东坡文化的品牌效应，做足做满了。东坡公园自不必说，苏东坡到常州时泊舟登岸处，现有"舣舟路""舣舟亭"，东坡园、东坡古渡、藤花旧馆（苏东坡终老地）、苏家村（东坡后裔聚居的村落）等，都成为著名的旅游景点。

黄州名胜古迹多，每一座亭台楼阁都有一段感人肺腑的故事。有原址名称的如东坡雪堂、南堂、临皋亭、快哉亭、承天寺、遗爱亭、定惠院等，是与东坡直接相关的名胜古迹。在现代地名设计上，也充分体现了历史文化名城的名人资源优势。街道命名：赤壁大道，赤壁一、二、三路，东坡大道、东坡路，西湖一、二、三、四、五路等，且不说赤壁与西湖了。

杭州文化底蕴丰厚，为了纪念东坡把灵隐冷泉亭附近的两座亭子，取苏东坡的"西湖春涨一灵鹫"和"跳波赴壑如奔雷"的诗意而命名为"春涨亭"和"壑雷亭"，另有两条马路"东坡路""学士路"，专为纪念东坡而命名。

这些作为东坡文化符号的代表，已经超越时空，衍生发展，在民族文化中形成独特的精神品质，形成东坡文化之魂，借城乡符号元素的载体，将更为深入广泛、细雨润物地融入人心。

习近平总书记明确指出："我们讲要坚定文化自信，不能只挂在口头上，而要落实到行动上。历史文化遗产是祖先留给我们的，我们一定要完整交给后人。城市是一个民族文化和情感记忆的载体，历史文化是城市魅力之关键。古人讲，'万物有所生，而独知守其根'。中华文明延绵至今，正是因为有这种根的意识。现在，很多建设行为表现出对历史文化的无知和轻蔑，做了不少割断历史文脉的蠢事。""我讲过，城市建设，要让居民望得见山、看得见水、记得住乡愁。'记得住乡愁'，就要保护弘扬中华优秀传统文化，延续城市历史文脉，保留中华文化基因。"①总书记把"延续城市历史文脉，保留中华文化基因"作为坚定文化自信、延绵中华文明的重要内容，作为民族文化"根的意识"来看待，为我们保护和传承中华优秀历史文化遗产，指明了方向，提出了要求，确立了标准。

昌江县棋子湾开元度假村前道路，命名为"广德路"，即是十分重要而且富有历史文化内涵的一项决策。在城乡建设进程中，旧名更新、新区命名、广告宣传等，包括新建小区、文化广场、交通设施、商业楼盘、学校幼儿园等命名，充分考虑和采用与东坡文化、峻灵王文化密切相关的文化符号，以彰显昌江魅力、东坡情怀、峻灵王文化的精美融合，让昌江人民望得见雄秀的峻灵山、看得见清澈的昌江水、记得住东坡文化的千年乡愁，可以在城市历史文脉的传承中，诠释"中华文化独一无二的理念、智慧、气度、神韵"。这是大有文章可做的。

（二）加强与眉州、黄州、惠州等东坡纪念地的文化合作交流

从历史文献和田野调查等方面，严谨地考证确认东坡先生到过昌化江，把昌江黎族自治县正式列入东坡文化纪念地，不仅要在本地积极推进东坡文化传承和创新发展，而且要积极热情地走出去，与全国其他各东坡文化纪念地紧密合作，友情携手，多方取经，共同传承。以眉山等地市为代表的全国东坡文化研究，历史悠久，经验丰富，队伍强健，理论和学术研究功底深厚，国内外影响广泛。从横向看，昌江应主动地、积极地、创造性地向全国各东坡文化纪念地学习、取经；从纵向看，许

---

① 习近平：《在中央城市工作会议上的讲话》，《求是》2019 年第 12 期。

多发展的空间和项目，需要填补与提升；从深层看，东坡文化研究与交流，不能仅限于书法和绘画等方面的文化合作，应更深层次地发展到多地的东坡文化旅游联动，组织东坡生平路线图中各地的文化旅游机构、文学艺术组织、教育、青年等体系，联合起来，策划纪念活动、主题学术论坛、分项目研究和研学游体验等。

（三）策划专题活动，扩大媒介传播，增强东坡峻灵王文化渗透力

习近平同志在中央经济工作会议上讲话指出："要坚持创新驱动，推动产学研结合和技术成果转化，强化对创新的激励和创新成果应用，加大对新动力的扶持，培育良好创新环境。"[①] 昌江东坡峻灵王文化的研究、保护、应用与弘扬，同样要走创造性转化、创新性发展的良性循环之路。

1.举办"昌化江东坡峻灵王文化论坛"

以东坡《峻灵王庙碑》的研究、推广以及与旅游融合等核心资源、品牌价值为基础，组织省内外苏学研究、民族文化研究、宗教与民俗文化研究、旅游与文化研究、文物与考古研究等领域专家学者，定期举办"昌化江东坡峻灵王文化论坛"，每年一届，持之以恒。结合本地经济社会文化发展的工作重点，每届有不同侧重，策划提出不同主题。

2.打造"昌江县东坡峻灵王文化节"

祭拜峻灵王是昌化地区具有悠久历史和广泛影响的重大民俗活动。一年一度的民间纪念峻灵王诞辰活动从农历二月二十二开始，隆重而热烈。省内外沿海各地的渔民和商人，不约而同，聚集到峻灵王庙，祭拜峻灵王，许愿祈福，演唱民歌和地方戏，自发组织的歌舞、游戏、竞技体育活动，精彩纷呈，通宵达旦。充分利用和引导这一群众热情参与、影响广泛的民俗文化活动，增加艺术性、理论性和国际化、专业化，增

---

① 《中央经济工作会议在北京举行　习近平李克强作重要讲话》，《人民日报》2015年12月22日。

加政府引导和指导的力度，提升规模和档次。

结合昌江县历史文化特点，利用具有坚实历史基础、民间自发认定的峻灵王"诞辰"纪念日，以及东坡撰写《峻灵王庙碑》周年纪念等时间点，组织策划具有专题性质的东坡峻灵王文化纪念活动，打造"昌江县东坡峻灵王文化节"，由官办启动和引导，结合民间自发的峻灵王文化纪念活动热潮，逐步过渡成为社会化群众性艺术活动。

3. 研讨东坡峻灵王文化在中华优秀传统文化中的地位与价值

指导和帮助本县党校学校、企事业单位、民间团体和社会文化力量，依托本地优势，深化东坡峻灵王文化"护国安民"核心价值理念在城乡民众中的渗透，吸引、培养和指导本地书法绘画、诗词歌赋作者，通过创作东坡峻灵王文化主题作品，抒发感受，展示情怀，表达心境。与有关地市互动交流，共同研讨东坡峻灵王文化在中华优秀传统文化中的地位与价值，组织阅读、联合征文、协作出版、走访研讨等活动。

4. 策划业态丰富、品牌集聚、环境舒适、特色鲜明的旅游文化项目

利用东坡文化和峻灵王文化的历史资源，结合昌江县经济社会文化发展的实际需要，依托群众性旅游、消费、节庆与文化习俗，策划和推出历史、文化、旅游紧密融合的研学游成果，形成推进昌江县打造国际旅游消费中心的品牌性资源型文化旅游项目，构成全县全域旅游的整体价值，构成全省全域旅游中与众不同的新形象。

5. 积极利用媒体传播展现东坡峻灵王文化与文化昌江的现实魅力

研究制定政策，引导和组织新闻、文艺工作者和爱好者，积极向本省或外省媒体投稿。凡本县居民在省级主流媒体发表有关东坡文化、峻灵王文化和文化昌江内容的作品（文艺、理论、新闻、影视、书画等），均可凭作品原件或稿费单向市政府指定单位申请领取现金奖励。凡发表在省外、国外和中央级媒体的，则加倍奖励。凡外地人员，在省级和中央级媒体发表有关东坡文化和文化昌江内容的作品，均给予奖励。可由作者本人申请，也可由政府指定部门统计汇总、发放。以多种形式，形

成昌江特有的传承弘扬中华优秀传统文化的制度性措施和创新性安排。

（四）联动西部市县，开发东坡"我行西北隅"的历史文化品牌旅游项目

在新时代新起点上，紧密结合建设"海南西部一流旅游目的地""特色文化产业聚集基地"的发展定位，并且以国际视野，从全省全域旅游的资源配置、差异化互补等宏观战略高度，以东坡文化为核心和精神地标，做好中长期的文化旅游战略发展顶层设计，并配套制定翔实有效的实施细则。

2018年9月，中共中央政治局进行第八次集体学习时，习近平总书记专题作了《把乡村振兴战略作为新时代"三农"工作总抓手》的重要讲话。他特别提出，促进农业全面升级农村全面进步农民全面发展，要"弘扬社会主义核心价值观，保护和传承农村优秀传统文化"。[①]

昌江黎族自治县以昌化镇为中心区的历史文化资源，既有农村优秀传统文化的深度和广度，又有民族优秀传统文化的厚度和高度，二者融合在一起，形成独特的昌化历史文化资源优势。昌化古城、治平寺、二水洲以及双溪馆（书院）等著名历史文化遗存，需要结合现实中仍然发挥重要旅游消费作用的东坡峻灵王文化，在促进农业全面升级农村全面进步农民全面发展的背景和前提下，研究布局，重新规划，重点落地，创新发展，这些将会成为新时代昌江县农业、农村、农民振兴发展的重要资源和知名品牌。

二水洲具有的历史文化价值应当重视起来，引进战略合作机构，制定发展规划，加大具有重要文化旅游资源基础的重点项目设计和建设。尽管二水洲限于自然地理条件，在建设发展方面存在许多具体困难，但其历史文化品牌具有的资源价值，一旦开发起来，结合独特自然风光的综合利用，重现当年鱼米之乡的风貌，甚至于重建双溪书院，促进教育发展，带动乡村振兴，具有重要的发展意义和强烈的示范作用。

---

① 习近平：《把乡村振兴战略作为新时代"三农"工作总抓手》，《新华每日电讯》2018年9月23日第1版。

海南西部，唐宋时期的社会与文化权重，应是明显高于海南东部的。这是自然地理等方面的历史因素造成的。人力因素增强，生产力发展，原始的自然状态衰退，也是社会进步的表现。近现代海南西部发展落后于东部，原因是多方面的。然而，在改善与增加海南西部各市县旅游基础设施，提升营商环境水平等努力之外，加大力度增强文化的感召力、吸引力和向心力，特别是东坡先生"我行西北隅，如度月半弓"的名句，以及他走过琼山、澄迈、临高、儋州，并到过昌江，这一路线，恰是今日海南西部大力发展文化旅游的不可多得的历史文化资源，恰是为昌江作为海南东坡文化之旅的目的地而准备，也恰恰吻合当今昌江县委、县政府提出的"建设海南西部一流旅游目的地"战略目标。主动对接其他相关市县，面向国内外，积极策划和引导、组织有丰富东坡文化内涵的海南西部研学游系列活动，是极具挑战性，也极具发展远景的国际旅游消费新模式、新业态、新产品。

打造旅游目的地，要改变传统的"到此一游"的观念和模式，通过提供历史文化研学游的丰富业态，增加可以住下来、静下来、学起来、动起来的研学游项目，以教学式、体验式、互动式学习与研究的形式为主，在研学中提升品质、增强修养、吸取知识、体验历史，并且带动旅游，促进消费。

六、提升文物层级、扩大研究领域、申请遗产保护

习近平总书记指出："文物承载灿烂文明，传承历史文化，维系民族精神，是老祖宗留给我们的宝贵遗产，是加强社会主义精神文明建设的深厚滋养。保护文物功在当代、利在千秋。"[1]昌江县峻灵王文化的研究，不仅是架构在精神、文化层面，而且应当充分重视其文物载体的价值与意义。

峻灵王文化研究，应当以文物研究与保护为基础，以文物价值的开发和利用为依托，形成团队与个人结合的力量，形成专业与业余并行的

---

[1]《习近平对文物工作作出重要指示》，新华社北京 2016 年 4 月 12 日。

体制，形成本地与全省互动的机制，纳入东坡文化研究范畴，并且以推进文物合理适度利用，使文物保护成果更多惠及人民群众为目的。

（一）提升峻灵王庙和峻灵王庙碑的文物保护级别

专题学术会议、专职研究人员、专业出版机构、专门考论著作，已经确认昌江峻灵王庙残碑刻制于南宋建炎二年（1128），与徽宗瘦金体《神霄玉清万寿宫诏》刻制仅相距9年。根据国家有关规定，积极向省和国家有关部门申报提升文物保护级别，与此同时，切实加强残碑实物保护，刻不容缓。

（二）组织《苏东坡昌化江传说》积极向国家申遗

2011年，浙江省递交的《苏东坡传说》入选第三批国家级非物质文化遗产名录。组织力量，整理发掘苏东坡昌化江的传说，申请省和国家级非遗项目，大有必要，大有作为，大有前途。

昌化县令何适与时贬儋州的折彦质，二人商办，利用朝廷不再查禁东坡文稿的短暂的宽松时期，在昌化江畔道教圣地峻灵王庙刻制苏东坡《峻灵王庙碑》，使得东坡此文得以有实物传承，校补了史料文献记载此文的重要缺失。

（三）复建或改建"双溪书院"，形成文化、教育、旅游、观光综合性实体

"双溪书院"在昌化江流域的历史文化传承中，具有重要意义。结合当地教育资源配置，申请调整某学校更名为"双溪书院"，或图书阅览机构改名；或在新扩建教育教学机构时，重新建设一座"双溪书院"，都是十分重要历史文化复兴。选址也并不必须在二水洲上。以文化教育、图书阅览为主要功能，兼具东坡峻灵王文化展览、演示等传播功能，形成文化旅游融合的重要景区。

习近平总书记多次对文物工作作出重要指示。他要求："各级党委和政府要增强对历史文物的敬畏之心，树立保护文物也是政绩的科学理念，统筹好文物保护与经济社会发展，全面贯彻'保护为主、抢救

第一、合理利用、加强管理'的工作方针，切实加大文物保护力度，推进文物合理适度利用，使文物保护成果更多惠及人民群众。"[①]昌化江畔历史悠久的峻灵王文化，与东坡文化核心价值的融合、协调，对于全县乃至全省实施优秀传统文化传承发展工程，使海南重新形成"海内外名士接踵而来，从师东坡"的文化热潮，形成文化高峰、增加旅游文化内涵，在自贸区、自贸港建设中打造国际旅游消费中心，国际旅游岛，具有独特的现实意义和品牌价值。这样，以保护和合理适度利用为宗旨，就可以使文物保护成果更多惠及人民群众。

[①]《习近平对文物工作作出重要指示》，新华社北京 2016 年 4 月 12 日。

苏轼峻灵王文化的历史意义与当代价值

邓世东 *

峻灵王是道教文化的产物，是海南岛富有海洋文化特色的民间海神。最初是由位于海南岛西部昌江黎族自治县昌化镇昌化岭上的一块石头，因民间传说和三朝皇帝诏封，民间神化并受膜拜，逐渐发展成为一种民间信仰、民俗文化。

一、历史由来

昌化岭，古称落膊岗、大陈山，俗称昌化大岭，高460米，十里九峰、雄伟峻峭，风光壮美，石景迷人。与棋子湾山水相依，西北2公里处是古昌化城遗址。登山瞰海，一览岭下棋子湾及昌化江入海口的秀美与壮丽。在昌化岭腰300多米处，巍然矗立着一块高10米的巨石，史志描述为"有一巨石，似人直立，坐镇神山"。其外形酷似戴帽，被称为"神山""昌化岭大公"。自古以来，人们认为昌化岭的山神颇为灵验，故尊其为"神山"。

五代南汉乾亨元年（917），诏封昌化大岭山神为镇海广德王[①]，俗

---

* 作者简介：邓世东，海南省作家协会会员。曾任中学教师、县教育局科员、县政协办公室副主任、《昌江文史》编辑、县文联副主席、驻村第一书记。现在昌江县档案馆工作。

①《南汉书·高祖本纪》卷一。

称二月二十四日出生，于六月六日成道，乡人建神庙祀它。宋神宗元丰五年（1082）七月，诏封山神为峻灵王，用部使者承议郎彭次云之请也，①受封原因系昌化大岭为天帝分宝之所，"天以分宝以镇世也"，"上帝赐宝以奠南极"。清光绪十二年（1886）八月十八日，诏封为昭德王②。

五代南汉受封之时，当地建庙祭祀山神爷爷。宋代，在昌化城西建一座峻灵王庙，面积约有500平方米，非常精巧，砖石结构，设前后殿各3间，左右廊宅各2间，中庭设祭坛1个。宋峻灵王庙建成后，香火极盛，日日夜夜灯烛长明。后来，由于天长日久，水患和台风影响，庙宇坍塌。明代崇祯年间，时任昌化知县张三光主持重修，在今昌化岭下约100米处建起峻灵王庙，面积500平方米，与宋时的峻灵王庙一样壮观，香火终年不断。清光绪十七年（1891），临高县武举人王肇元首倡重修。1952年被飓风摧毁，"破四旧"和"文革"中又遭洗劫，庙宇中的遗物少量被村民收藏，大部分已散失。1984年，临高、儋州、东方、昌江等地沿海渔民自筹资金重建，共1幢3间，面积80平方米。1989年，峻灵王庙被列为县级文物保护单位。

二、相关文献典籍

记载有关峻灵王、峻灵山、峻灵王庙、峻灵祠等文献典籍多种，也有多处引用。根据查找到的资料整理，主要有以下几种文献记载。

1.《太平寰宇记》

记载峻灵王最早的文献是《太平寰宇记》，古代中国著名地理志史，记述了宋朝的疆域版图。北宋时期乐史撰。

乐史（930—1007），字子正，抚州宜黄（今属江西）人，生于五代后唐长兴元年（930），卒于宋景德四年（1007），终年78岁。乐史自

---

① 《苏轼文集》卷八六《碑十首·峻灵王庙碑》，唐宋八大家在线阅读网站。
② 《光绪昌化县志》卷一《舆地志·山》、卷二《建置志·坛庙》。

南唐入仕，入宋后历任知州、三馆编修、水部员外郎等多职，多与修撰事务有关。乐史知识渊博，在宋太宗心目中，他是"笃学博闻"之人。乐史一生著述丰硕，长于地理之学。宋太宗太平兴国年间（976—984年）撰《太平寰宇记》。

《太平寰宇记》卷一六九记："浴泊石神在昌化县（治今昌城镇）西北二十里。石形如人帽，其首面南。侧有桔、柚甘香，云不可携，去即黑雾暴风骇人。池中有鱼亦然，土人往往祈祷。"

2.《方舆胜览》

《方舆胜览》是南宋时期祝穆编撰的地理类书籍，全书共七十卷。主要记载了南宋临安府所辖地区的郡名、风俗、人物、题咏等内容。

祝穆，字和甫，南宋时建阳人。南宋理宗嘉熙三年（1239）撰成书，直至度宗咸淳二年（1266）才有刻本流传。

《方舆胜览》卷四三《海外四州·昌化军》之"山川"条："峻灵山，在昌化县西北，有庙。"

3.《舆地纪胜》

《舆地纪胜》是南宋中期的一部地理总志，王象之编纂，成书于南宋嘉定、宝庆间，二百卷。王象之（1163—1230），字仪父，婺州金华人，庆元二年（1196）登进士第，曾任江宁知县等职。王象之综合常年收集的大量地理书及郡县图经，开始编纂《舆地纪胜》。初稿约于1221年完成，至1227年全书始成。

《舆地纪胜》卷一二五："峻灵王庙，在儋州昌化县之西北，有山若冠帽者，里人谓之山落膊。五代末，望气者言是山有宝气，上达于天。舣舟其下，斫山求之。夜半，大风，浪驾其舟空中，碎之石峰之下，夷皆溺死。今碇石犹存。元丰中封——东坡有碑。"

"浴泊石神在昌化县（治今昌化镇）西北二十里。石形如人帽，其首面南。侧有橘、柚甘香，云不可携去，即黑雾暴风骇人。池中有鱼亦然，土人往往祈祷。"

4.《读史方舆纪要》

《读史方舆纪要》，清代顾祖禹著。顾祖禹（1631—1692），字瑞五，号景范，江苏无锡人。秉承父亲遗命，立志著述《读史方舆纪要》。经过30余年的笔耕，康熙三十一年（1692）前，50岁左右时，终于完成了这部举世闻名的历史地理巨著，共130卷，约280万字。

《读史方舆纪要》卷一五〇《广东》记有："峻灵山，县北十里。本名朝明山，一名神山岭。山有落膊冈，其旁石如冠帽，俚人呼为山落膊。南汉封其神为镇海广德王。宋元丰五年，改封为峻灵王，山因以名。海航往来，恒泊舟汲泉于此。"

5.《南汉书》

《南汉书》，清代梁廷楠撰。梁廷楠（1796—1861），字章冉，号藤花亭主人。广东顺德人，曾任广东海防书局总纂、内阁中书等职。他用数年时间，潜心研究家藏史籍，于道光九年（1829）秋，撰成《南汉书》。

《南汉书》中《高祖本纪一》关于峻灵王的记载："乾亨元年秋八月癸巳（公元917年9月10日，农历八月十六日，即丁丑年己酉月癸巳日），帝即位，国号大越。大赦。改元以是年为乾亨元年。追尊祖……"

"升广州为兴王府，分南海县为咸宁、常康二县。徙循州治龙川县，置正州于循之。立常乐州于合浦县，辖博电、零绿、盐场三县。置五岳，皆建行宫。封儋州昌化山为镇海广德王。建三庙，置百官。以赵光裔为兵部尚书，节度副使杨洞潜为兵部侍郎，节度判官李殷衡为礼部侍郎，皆同平章事，倪曙为工部侍郎，寻改尚书左丞。仿唐上京之制，置左右侍使。"

6.《琼台志》

《琼台志》，又称《正德琼台志》。明朝唐胄（1471—1539）编纂，记载宋元以来，明代正德时期有关琼州府及所属州县县域的方志等文献资料。它叙述了琼州府的政治、经济、军事、文化、人物、民族等社会历史与自然环境。

《琼台志》卷六《昌化》之"山类"记："峻灵山，在县北十里。旧名落膊山，后因宋改名峻灵山，又曰神山。岭上有石池、石峰、石船，《一统志》所谓落膊石。"

7.《光绪昌化县志》

《光绪昌化县志》，清光绪年间知县李有益纂修，共11卷。李有益，湖北蕲州人，1897年任昌化知县。李有益在康熙朝方岱旧志基础上，重新编纂县志。

《光绪昌化县志》卷一记载："峻灵山，在城西北十里，旧名神山，高百余丈。上有二石如人形，相传有兄弟向海捕鱼，化为石，号兄弟石。又有石若冠帽，乃二兄弟所遗。及石池、石船，乃其所游乘者。侧有橘、柚甘香，云不可携去，携去即黑雾暴风骇人。池中有鱼亦然。土人尝于此祈祷，东坡有记。南汉封山神为镇海广德王。宋元丰五年封峻灵王，下建峻灵祠。至国朝光绪十二年，加封昭德王。"

8.《苏轼文集》

《苏轼文集》卷八六《碑十首》之《峻灵王庙碑》："又西至昌化县西北二十里，有山秀峙海上，石峰巉然，若巨人冠帽，西南向而坐者，俚人谓其'山胳膊'。而伪汉之世，封山神为'镇海广德王'。皇宋元丰五年七月，诏封山神为峻灵王。"

三、神石何以受封为王

神石本来叫神山爷，这是民间相传的称呼。

传说峻灵王这位天地之子出生后，为了得道法，独自在一座深山里修炼。说来也巧，当他修道成真，可以派上用场的时候，天突然破裂了，大雨倾盆，天地间一片迷茫，分不清哪儿是天哪儿是地。女娲受天帝之命，派遣峻灵王南下补天，峻灵王克服重重困难，一直补到海南的昌化。由于峻灵王神力无穷，心地慈善，得到了天帝的赏识重用，于是安排他化成昌化岭上的巨石，守卫着这一方土地。

从此，这里的黎民百姓就过上了平平安安的日子。为了感激峻灵王的庇佑，当地百姓将峻灵王化身而成的昌化岭称为神山，而将神石称为神山爷膜拜。

据史料记载，大陈山（今昌化岭）上有一巨石，似人直立，坐镇神山。917年，山神被封为镇海广德王。1082年农历七月，诏封为峻灵王。1886年农历八月十八日，加封为昭德王。

清代顾祖禹著的《读史方舆纪要·广东方舆纪要叙》（卷一五〇）以及清朝《光绪昌化县志·舆地志·山》都有关于峻灵王的记述。

中国儒家文化的核心内容是礼，天子祭天，民间祭祀祖宗和圣人。古代，皇帝将历史上道德高尚的义人圣人加封为王，成为全民膜拜对象。比如孔子、关公、文昌帝君就是被历代皇帝不断加封，成为中国传统信仰对象。历史上，被多朝天子诏封的只有孔子、关公、文昌帝君这类在传统文化中地位很高的人物。五岳之首的泰山就因为秦始皇封禅而享誉古今。

昌化岭上形态各异的巨石众多，山顶云雾缭绕犹如仙境。昌化岭神石，看上去像孔子峨冠博带作揖问礼的形态。远看神石像是山的胳膊，而巨石顶端盖着的那一块薄石，像是巨人头上戴的帽子，有了这块薄石的点缀，整块神石看上去显得更像一位巨人的头颅。也许正是如此形似，让人们心生敬畏。

道教随着官员的莅任移民而传入海南。"景昌观，《九域志》：唐乾封中置（通志）"[1]。唐高宗乾封二年（667），海南昌化县建有景昌观，这是见之于地方志的海南最早的道观，可视为道教传入海南的标志。

景昌观是崇道的唐高宗下令昌化县所建。景昌观的建立，不但满足汉族移民的精神需求，也是唐中原文化对昌化黎人施以影响的范例。其时昌化大岭传说也是道教对当地黎汉民众发生影响的民俗表现。

当时，正是道教兴盛时期，崇尚道教的封建帝王，顺应民心，选择了昌化岭神石作为道教文化的典型代表进行敕封。

---

[1]《光绪昌化县志·寺观》。

地处南疆边陲的"神石"被册封，原因何在？有多种说法，包括"宗教说""灵验说"等。昌江县昌化镇的文人何焕强认为，那是当时的封建统治者为了稳定边疆，宣示主权，借助"神"的力量和民间影响，册封民间信仰的"神"，彰显天威，借以镇抚南疆，笼络人心，以达到政权稳定的目的。

从历史观点来看，昌江"神山、神石、神庙"已是客观存在，峻灵王镇守边陲海疆已有千年历史，多种文献史籍均有记载。此地已成为一处人文景点，游人经常寻访、游览。封建皇帝册封，用"敕命"宣示主权存在，天朝威力所及，乃我王土，是镇抚边疆、笼络人心、稳定政权的举措。

西南大学李文珠《唐五代民间神祇的空间分布研究》指出，根据《太平寰宇记》《全唐文》等文献列出唐五代时期《岭南地区地方神祇一览表》，历代先贤崇拜16个，自然崇拜9个，创世神崇拜3个，道教俗神崇拜1个，其他不详7个。地域分布为：桂州16个，韶州4个，广州3个，滕州、潮州各2个，康州、端州、雷州、儋州、柳州、富州、循州各1个。海南儋州有一个自然崇拜，祀浴泊石神，那就是后来敕封的峻灵王。

四、苏轼点赞峻灵王

苏轼被贬谪海南，居儋3年，其间祭拜峻灵王庙，并作碑文以记之：

> 古者王室及大诸侯国皆有宝。周有琬琰大玉，鲁有夏后氏之璜，皆所以守其社稷，镇抚其人民也。唐肃宗之世，有比丘尼若梦恍惚见上帝者，得八宝以献诸朝，且传帝命曰："中原兵久不解，腥闻于天，故以此宝镇之。"则改元宝应。以是知天亦分宝以镇世也。
>
> 自徐闻渡海，历琼至儋，又西至昌化县西北二十里，有山秀峙

海上，石峰巉然若巨人冠帽西南向而坐者，俚人谓之山胳膊。而伪汉之世，封山神为镇海广德王。五代之末，南夷有知望气者，曰："是山有宝气，上达于天。"舣舟其下，斫山发石以求之。夜半，大风，浪驾其舟空中，碎之石峰下，夷皆溺死。儋之父老，犹有及见败舟山上者，今独有碇石存焉耳。天地之宝，非人所得辄玩者，晋张华使其客雷焕发酆城狱，取宝剑佩之，华终以忠遇祸，坐此也夫。今此山之上，上帝赐宝以奠南极，而贪冒无知之夷，欲以力取而已有之，其诛死宜哉！

皇宋元丰五年七月，诏封山神为峻灵王，用部使者承议郎彭次云之请也。绍圣四年七月，琼州别驾苏轼，以罪谴于儋，至元符三年五月，有诏徙廉州。自念谪居海南三岁，饮咸食腥，陵暴飓雾而得还者，山川之神实相之。再拜稽首，西向而辞焉，且书其事，碑而铭之。山有石池，产紫鳞鱼，民莫敢犯，石峰之侧多荔枝、黄柑，得就食，持去，则有风雹之变。其铭曰：

琼崖千里块海中，民夷错居古相蒙。方壶蓬莱此别宫，峻灵独立秀且雄。为帝守宝甚严恭，庇荫嘉谷岁屡丰。小大逍遥逐虾龙，鹡鸰安栖不避风。我浮而西今复东，铭碑晔然照无穷。

苏轼（1037—1101），字子瞻，又字和仲，号东坡居士，北宋眉州眉山（今属四川省眉山市）人。北宋著名文学家、书法家、画家。苏轼是宋代文学最高成就的代表，在诗、词、散文、书、画等方面取得了很高的成就。有《东坡七集》《东坡易传》《东坡乐府》等传世。

宋绍圣四年（1097），年已60的苏轼被贬海南岛儋州。居儋期间，苏公慕名游览了昌化山水，登峻灵山，后撰写了《峻灵王庙碑》。

苏轼千古奇文《峻灵王庙碑》，有3个要点：

1.历史上中华民族的最高信仰——上帝传说。

2."上帝分宝镇世。"唐肃宗年间，一个尼姑真如梦见上帝，授予八宝，以镇兵乱，唐肃宗视为祥瑞，是得宝之应，称为"定国之宝"，遂改年号为宝应元年。八宝之一乃海南昌化县山秀峙海上的石峰，石峰宛若巨人，冠帽西南而坐。

3. 苏轼赞美峻灵王"为帝守宝甚严恭，庇荫嘉谷岁屡丰"——为上帝守护珍宝严肃恭敬，庇护地方百姓，风调雨顺、国泰民安。奠安南极，稳固南疆。

上帝，也称天帝，民间叫老天爷，华夏神话中天庭主宰，中国民俗传统中真正的三界之主。上帝是针对华夏文明，针对汉族来讲的至高天神，是作为华夏文明统治者的正典祭祀对象而存在的，特别要说明的是，他不依托于某一宗教存在，他是民族神话的最高信仰。

天帝是汉族神话中至高神天帝的尊号。作为华夏文明圈的上帝，自古受到朝廷公祭。在古文献记载中，虞舜、夏禹时已有上帝。在殷商甲骨文中，天帝称帝，或称上帝，他是自然和下国的主宰。据记载，中国早在周朝时就形成了完善的祭天仪式。每到冬至这天，周天子都要在国都南郊的圜丘，举行盛大的祭天仪式。

祭天是国家的头等大事，最庄严的礼仪，历代帝王都不敢懈怠祭祀上天。每年都要在特定的日子，率领群臣虔诚焚香，祷告国泰民安。唐宋时期，祭天成为一种由皇室进行的仪式，强调"君权神授"。

《荀子·政论》中说："居如大神，动如天帝。"汉代刘向《说苑·正谏》说："昔白龙下清泠之渊化为鱼，渔者豫且射中其目，白龙上诉天帝。"

《隋书·礼仪》中有："五时迎气，皆是祭五行之人帝太皞之属，非祭天也。天称皇天，亦称上帝，亦直称帝。五行人帝亦得称上帝，但不得称天。"

苏轼文中的上帝，一脉相承来自中华经典中记载的中华民族历史上虔诚信仰的最高神——天帝，也就是中华文明最宝贵的第一号历史文化遗产——天帝信仰，是中国传统文化中的重要元素。

从世俗观念看，苏轼贬来海南，离乡背井，万分痛苦，听闻村民说昌化岭上有峻灵王神石甚为灵验，他想来朝拜、祈祷，让自己"时来运转"能回乡。

好游山玩水的苏轼不辞艰苦，从儋州中和来到昌化岭登山朝拜神奇的峻灵王，身陷绝境的苏公，文兴大振，大力点赞峻灵王，写下《峻灵王庙碑》等诗文，默默祈祷，结果上帝满足了他归乡的愿望。居儋 3 年，公元 1100 年农历六月，获赦北归中原。

苏轼认为自己能九死一生离开海南，全赖峻灵王的庇护，对此深怀感激，撰写了《峻灵王庙碑》，"自念谪居海南三岁，饮咸食腥，陵暴飓雾而得生还者，山川之神实相之。再拜稽首，西向而辞焉，且书其事，碑而铭之"。

昌化岭上有石池，池中有紫麟鱼（又称"石麟鱼"），百姓不敢捕捞。昌化岭是神山，神山既然是有灵性的，池中的鱼当然就被当地人奉为灵性之物，灵物是不能捕食的。又说神石旁边有荔枝、黄柑，摘了在当场食是可以的，但要是拿走，山岭上马上就会出现暴风雨。但现在神石旁已经没有这些果树了。

对于神石，苏轼评价极高。他点赞说"今此山之上，上帝赐宝以奠南极"，又说"是山有宝气，上达于天"。

苏轼攀登昌化岭，领略美景，拜谒峻灵王，留下了美好的回忆，也给峻灵王披上了更加光彩夺目的人文纱衣，如果没有人文，山只是山，石头只是石头，不可能闪耀光辉灿烂的人文之光。

苏轼将昌化大岭的石头看成中华远古信奉的上帝分宝镇世的凭证，将其提升到中华传统文化的高度。山是文化，石头是神祇。

苏轼的《峻灵王庙碑》复原了古老的中华上帝信仰文化，解释了中华远古信仰——上帝分宝镇世的神话传说，将这座高度仅 460 米的看似寻常的昌化岭和中华民族最古老的上帝信仰文化联系了起来，让中国历史上最古老而悠久的上帝信仰文化垂注此地。《峻灵王庙碑》的历史、民俗、宗教、文化和社会意义，在海南文化史上是空前绝后的。

五、峻灵王文化

《昌化县志》载："凡旱涝灾难疾病，往祷辄应。"千百年以来，峻灵王是百姓心中的偶像和保护神，备受崇拜，以石貌异相，巍巍显像，赫赫呈身，担负着荡寇、伏魔、御灾、除患的民俗功能。尤其是渔民，把生命和生产都寄托于峻灵王，出海前酬拜，祈求保佑出海平安，海产丰收。祭拜的旺季，众信徒汇聚峻灵王庙广场铺席露宿，热闹非凡。听渔民说，峻灵王像一盏航海明灯，在茫茫大海中，不管遇到多大的风浪，只要看到峻灵王石，渔民心里就踏实，有了安全感。广东、广西沿海一带和本岛各市县等地信徒，经常相邀来祭拜，可以说峻灵王是有广泛影响和良好群众基础的民间信仰。

峻灵王文化是基于对峻灵王的崇拜信仰而形成的具有海洋特色的民俗文化。峻灵王文化的内涵：平安、健康、幸福、美满。这是天下百姓追求的美好愿望。峻灵王文化核心"和"——消灭灾难、罪恶、贪欲，避免冲突，达到和畅，其精神实质是：人与自然和谐，人与社会和谐，人与人和谐，人自身的和谐。清代儋州进士王云清写的《解真经》，称峻灵王教谕民众"惟在反身修德，始能改祸呈祥""入由孝亲敬长，出则睦里和乡，毋去顺而效逆，勿欺弱而恃强"。这种劝人从善、与人为善、和谐相处的理念，符合中国传统文化的观念，符合国民心理。这种理念教化和影响了人民群众，对带给人类社会博爱、安宁、祥和生活的神祇，产生感激和无限崇拜。

峻灵王三朝敕封，名扬遐迩。昌化大岭是峻灵王文化的发源地和圣地。得天独厚的自然生态，神奇美丽的传说故事，悠久厚重的人文积淀，坚定充实的民间力量，为峻灵王添加了一份让人品读不已的人文内涵。以昌化大岭、峻灵王神石为物质载体，以祭祀、传说、文学、民歌等为途径，名播四方，成为华南地区重要民俗文化现象。历代文人墨客纷至沓来，吟咏诗词载之史志，传诵不断，影响深远。

峻灵王文化是地域性的民间、民俗文化资源，负有传播中国传统文化的价值理念、塑造健康人格、凝聚人心的独特功能。挖掘、做深、做细峻灵王文化，发挥其在践行社会主义核心价值观建设、构建和谐社会、创建平安昌江、打造幸福家园方面的积极能动作用，意义重大。当下，弘扬峻灵王文化，就是深入恢复和更新中国传统文化的价值观体系，推动诚实守信、安富乐道、和谐幸福、休闲养生的价值理念。

六、峻灵王文化资源

（一）得天独厚的自然生态

昌化大岭是峻灵王文化圣地，以"林秀""石奇""泉甘""花香"而闻名，又有"洞异""树怪""宝藏"之美誉。遍布山间的花岗石，大小不一，奇形怪状，构成无数绝妙的景致。石景中，以纤尘不染的"洞天仙境"和被神化了的"兄弟石"最可称道。在山上第一峰西南方，有一处景致叫"洞天仙境"，由6块巨石在3个方位环围而成。在东南方的石面上被雨水冲刷出许多裂纹，看上去像是一些自然生成的字，更神奇的是石面上由石粒结成两道褐色的斑纹，一道如"亻"、一道为"山"，看上去像是"仙"字，或"仙山"二字。还有"蓬莱亭""宫廷金鼓""摩天金龟""夫妻石""和尚念经""雄狮""香炉鼎"等，不一而足。山里原有多处甘泉，常流不息，积渚成潭，清澈甘甜。后因山林破坏严重，现已干涸。

山上树木茂盛，自成森林，珍贵的树种有龙舌、花梨、土檀、沉香等，还有榕树、鸡翅、黄杨等。盛产荔枝、龙眼、黄柑、石榴、香蕉、杧果等果树。还有许多奇形怪状的树木，如十里香、博兰、福建茶、继木等。

（二）神奇美丽的传说故事

关于峻灵王，民间有许多传说，无论是记载于史籍，还是流传在市井，无一不是神乎其神，给本身就充满神奇色彩的昌化岭留下了一笔让人称奇的文化遗产。

除去前文所说女娲受命派遣峻灵王南下补天的故事之外，另有传说：相传在古代，昌化海中来了一条恶龙，经常兴风作浪，鲸吞大量的鱼虾，连渔民也不放过，搞得天昏地暗。天上一位大力神听说此事，愤怒异常，下凡为民除害，斩杀了恶龙。为了扶善镇恶、保护生灵，他就地化作巨石，打坐昌化岭上。各种传说和故事，引来历代百姓对它的仰拜。

（三）悠久厚重的人文积淀

宋代大文豪苏轼遭贬儋州，游览昌化山水，登临昌化大岭，拜谒峻灵王，他写道："有山秀峙海上，石峰巉然，若巨人冠帽，西南向而坐"，称昌化岭"山有石池，产有紫麟鱼，民莫敢犯"。他极力赞美峻灵王："琼崖千里块海中，民彝杂居古相蒙。方壶蓬莱此别宫，峻灵独立秀且雄。为帝守宝甚严恭，庇荫嘉谷岁屡丰。小大逍遥逐虾龙，鹍鹏安栖不避风。我浮而西今复东，铭碑晔然照无穷。"后人把诗雕刻于碑，以志纪念。文坛宗师结缘峻灵王，挥毫题铭，妙笔生辉，诗文赞神石，给地处南荒边陲的峻灵王增添了经久不衰的人文魅力。

自此，峻灵王享负盛名，古昌化县成为海南历代道教圣地，昌化县及周边地区以至两广地区渔民、农民笃信道教的人，经常来烧香祀拜，历久不衰。

清代知县李有益于戊戌年（1898）二月十九日登山游览，作诗赞颂："万石矗太空，何缘得一面。惜此洞中天，终古无人见。中有守宝神，此语洵堪传。传言兄弟化，姑妄从古谚。俯眺并遐观，惟少吹笙院。拜问峻灵王，妙境何年现。我来石有灵，一啸形神变。偶然获角沉，默荷山神眷。我去白云飞，化作甘霖遍。愿与石千秋，海疆永安奠。"

清光绪十五年（1889），儋州进士王云清《峻灵王出世纪略》揭示了峻灵王的身世：他本是天皇氏第五子，生于戊午年戊午月戊午日戊午时，修成道后，女娲下旨，敕令同补南天，每每显灵，官民军吏，有祷皆应，因其崇奉为神，并称其山为"神山"。富有传奇色彩的故事和身世，让百姓对峻灵王顶礼膜拜。

达官贵人，文人墨客，无不仰慕，前来膜拜，留下墨宝，歌颂峻灵王的神功奇迹。苏轼的《峻灵王庙碑》，张三光的《重立峻灵王庙记》，以及近现代仰慕者的吟咏，历代文人墨客的辞章文字，留下了弥足珍贵的丰富史料，为峻灵王文化空间的塑造提供了丰富的人文资源。

（四）坚定追随的民间力量

峻灵王三次受皇帝敕封，历史地位不断提高、神化，影响力巨大，进而成为粤桂琼沿海的民间神祇。千百年来，神庙几易其址，而信众有增不减，香火历年不断。大官小吏，文人墨客，庶民商贾，考学求嗣，甚至赌博者，都到峻灵王庙祷求保佑。苏轼被赦北归途中"谨再拜稽首，西向而辞"。渔民海上遇险，也要焚香跪求峻灵王保佑。凡此种种，不胜枚举。据昌城村老人说，以前的渔汛期，广西钦州、廉州、北海和广东、海南的两三千艘渔船云集昌化，祀拜峻灵王，以便到北部湾捕鱼顺利丰收。渔民、商人、赌博者、演戏者，络绎不绝地到峻灵王庙烧香祭拜，日夜灯烛辉煌，香烟缭绕，鞭炮响个不休。人们杀鸡、宰羊、担酒，还赠送各种礼物，难计其数。曾有商人以光洋铸成银船赠送，抗战初期也有人用黄金铸成飞机模型赠送。这热闹的气氛，年年如此，香火极盛。

峻灵王是人们崇拜的镇抚一方的保护神，是心灵的寄托。所以，峻灵王庙数毁续建，是群众自发捐款，积极筹资，把神庙建起来，可见峻灵王是百姓崇拜的神圣。现昌城村西边的峻灵王庙，就是1984年群众筹资自建的。

目前，前来峻灵王庙烧香祈求的人越来越多，已经传播到岛内外，生活在海南的内地游客也有不少。有的从海口、三亚或各市县，不辞路途遥远，开车、包车前来祭拜。逢春节、峻灵王诞辰等日子，香客满堂，甚至有的席地露天而睡。这说明，社会环境的变化，时代观念的变迁，并不能泯灭民俗信仰，崇拜峻灵王的根基并不动摇，依然有深固的民众基础。

七、峻灵王文化的经济社会效益

那么，峻灵王文化有什么价值？对经济社会发展有何意义？

文化是软实力。在知识经济浪潮中，文化与经济相互渗透、相互融合而形成的新兴产业——文化创意产业，兼具经济和文化双重性，具有精神和物质双重属性，是市场经济条件下繁荣发展社会主义文化的重要载体，是满足人民群众多样化、多层次、多方面精神文化需求的重要途径，也是推动经济结构调整、转变经济发展方式的重要着力点。文化可以为旅游注入广阔的发展空间，建设峻灵王文化产业园区将产生极大的经济效益和社会效益。

（一）传播文化理念，塑造健康人格

峻灵王是海南乃至岭南沿海地区的民间信仰，其文化形态是传统文化的"山寨版"。它以大众可理解和接受的形式，表达了大众共同认可的价值观念。通过参观峻灵王文化园和提供文化服务，使大众在参观、欣赏的同时，受到其价值观念以及相应行为准则的影响，为人们提供关于真与假、善与恶、美与丑、好与坏、是与非等判断标准，使人产生正义感、耻辱感等一系列思想观念，塑造出新的健康人格。同时，开发和保护峻灵王历史文化遗产，有利于挖掘资源，对科学研究和育化后人有着重要的意义。

（二）凝聚人心，构建和谐社会

在对外开放不断扩大的新时期，大量的西方文化产品涌入国门，特别是西方所谓的民主思潮、霸权主义等形形色色的文化观念，冲击国民的思想，不断入侵我们的思想领域。甚至一些西方政客公开叫嚣，在同社会主义的斗争中，最终起作用的是思想、是文化，而不是武器。我们面临着"西化""分化"的威胁和危险。在这种情况下，加快发展文化创意产业，奉举民间信仰，弘扬中国优秀传统文化，保持中国文化的独立性，凝聚人心，构建和谐稳定的社会秩序，维护国家安全，尤为必要。

（三）扩大就业渠道，拉动经济快速发展

峻灵王文化遗产是昌江的历史文化积淀，是重要的旅游资源和资产。随着社会的发展和节假日增多，发展文化创意产业，不仅为大众提供各种文化娱乐和文化服务，满足大众放松身心、活动肌体、愉悦感

情、陶冶心灵的作用，而且促进文化游、观光游、休闲游。开发和保护这笔财富，可以提升昌江的资产价值和文化品位，带动全县旅游业的可持续发展，促进旅游经济收益不断提高。峻灵王文化的创意开发，需要游、导、购、吃、住、玩等各种服务，有大量的就业岗位，接纳大量的从业人员，对周边农村转移剩余劳动力、促进就业有积极的牵引作用，带动昌江现代服务业的快速发展，有利于转变经济发展方式，旅游创收，提高税收的收入。

八、为峻灵王文化旅游开发提供智力支持和文化引领

峻灵王文化有一千多年的历史。峻灵王，三朝皇帝敕封，有苏轼题碑，千年积淀，影响深远，辐射华南地区，是富有传奇色彩的地方民俗文化。

开发峻灵王文化旅游，把峻灵王文化旅游园区建设成为文化底蕴深厚、思想内涵深刻、充满人文情怀、彰显地域特色的新型景区。实现这一目标，要重点抓好4项工作：

（一）举办"峻灵王杯"全国性征文比赛

以县委、县政府的名义举办第一届"峻灵王杯"全国性征文，以期吸引更多的文人学者、作家诗人、网络作者等对峻灵王文化的关注，提高知名度。重金征集优秀作品，借此宣传峻灵王文化。这是一种特殊的宣传方式，也是一种提升峻灵王文化层次的重要手段。此后逐年延续，形成品牌。

（二）充分发挥峻灵王文化研究会的作用

峻灵王三朝受封为王有一千多年的历史，在民间有着大量的故事传说，有深厚的民众基础，在官方史料上也有不少记述。但峻灵王文化有多少资源，至今从史志上查找的资料屈指可数，要搞大旅游还远远不足。因此，必须要挖掘出更多更丰富的文化元素，为旅游开发做好准备。昌江峻灵王文化研究会已于2014年成立，通过这一群众性学术团

体，充分利用各种社会资源和人才，投入资金，开展调查摸底和研究活动，深入挖掘，搜集、整理并加以提炼，归纳并类，连点串线，深挖峻灵王文化资源和历史遗产，很有必要。建议编辑出版《峻灵王》会刊。比如把景区搞起来，建设展览厅，做好资料说明，别看是寥寥几句，这可是要从浩如烟海的史书志书里查找出来，如果临时找，能找得到吗？要花费多少人力？如果不提前做好这方面工作，以后就被动了。

（三）举办"峻灵王文化节"

农历二月二十四是传说中峻灵王的生日。借助峻灵王诞辰举办"峻灵王文化节"，将之常态化，增强游客对峻灵王文化的感知，使峻灵王文化更好地为大众所接受和理解，进而使峻灵王精神在当代得到传承和发扬光大。

（四）建设"峻灵王文化网"

当今信息时代，传播渠道十分畅通。峻灵王的研究成果，必须及时通过网络形式宣传。以网站刊出研究会的最新成果，把代代相传的传说故事变成文字资料，提高旅游关注度。要发挥网络优势，加快"峻灵王文化"网站建设，图文并茂地宣传峻灵王文化；开设网上朝拜功能或版块，开发峻灵王文化网上虚拟旅游，进一步加强互动，吸引网民关注，争夺游客资源，为海南建设国际旅游消费中心发挥重要的文化引领作用。

参考文献

[1]〔北宋〕乐史：《太平寰宇记》，金陵书局光绪八年五月刻本，现代影印版。

[2]〔南宋〕祝穆：《方舆胜览》。

[3]〔南宋〕王象之编纂：《舆地纪胜》。

[4]〔清〕顾祖禹：《读史方舆纪要》。

[5]〔明〕唐胄纂修：《正德琼台志》。

[6]《康熙昌化县志》，海南出版社2004年版。

[7]《光绪昌化县志》，海南出版社2004年版。

[8] 孙如强主编:《海南有个峻灵王》,中国文联出版社 2012 年版。

[9] 〔清〕梁廷楠:《南汉书》,广东人民出版社 1981 年版。

[10] 符和积:《道教在海南黎族地区的传播》,《中国道教》2006 年第 3 期,第 40—43 页。

[11] 符和积:《海南道教的兴起与扩散》,《海南师范学院学报》(社会科学版) 2005 年第 2 期,第 152—155 页。

[12] 李文珠:《唐五代民间神祇的空间分布研究》,西南大学硕士学位论文,2008 年,第 44—46 页。

阐释苏东坡道家思想　弘扬峻灵王道教文化

黄安雄*

　　苏东坡的文化思想，深受儒、释、道三家影响，他早期对儒家"治国平天下"的思想特别向往，并立下雄心壮志。当经历了多次坎坷的人生和复杂官场后，他渐渐对道家、佛家产生浓厚兴趣，并将三家融会贯通、化为一体，构筑自己的思想文化体系。

一、苏东坡作品中的道家思想

　　下面这三首诗，传颂古今，最能反映苏东坡的道家思想。

临江仙

夜饮东坡醒复醉，归来仿佛三更。

家童鼻息已雷鸣，敲门都不应，倚仗听江声。

长恨此身非我有，何时忘却营营。

夜阑风静縠纹平。小舟从此逝，江海寄余生。

　　说的是"东坡"这块地方，是他寄托情思的精神家园，苦闷寂寞时，他就来东坡释解情怀，感叹自己为名利所累没意义。于是，向道家"无"的境界发展，就是所谓"小舟从此逝，江海寄余生"。

---

　　* 作者简介：黄安雄，海南省作家协会理事，履新昌江县地方志编纂中心。

望江南

老未老，风雨柳斜斜。

试上超然台上望，半壕春水一城花。

烟雨暗千家。

寒食后，酒醒却咨嗟。

休对故人思故国，且将新火试新茶。

诗酒趁年华。

苏东坡在春特有的美丽景象中，追求真正的超然快乐，而以道家思想，快乐源自于心，而非由外在决定。不以物喜，不以己悲。

定风波

莫听穿林打叶声，何妨吟啸且徐行。

竹林芒鞋轻胜马，谁怕？一蓑风雨任平生。

料峭春风吹酒醒，微冷，山头斜照却相迎。

回首向来萧瑟处，归去，也无风雨也无晴。

苏东坡的雨中漫步，心胸阔达，惬意无穷。"也无风雨也无晴"就是道家"无"的境界。苏东坡的诗词，诠释道家思想的还很多，《水调歌头·明月几时有》《临江仙·赠王友道》写出仙阙希望和贪念不可过。

遥想当年，苏东坡的父亲苏洵年近30没子嗣，于是到张仙洞祭拜。张仙是中国神话谱系中唯一一位男性送子神祇。也许送子张仙有感于老乡的虔敬，于是送给苏洵两个傲视北宋文坛的"文曲星"——苏轼和苏辙。

苏东坡从小就浸染道家思想，早年入学私塾，老师就是张易简。"易简而天下之理得矣"，这正是《易经》思想的精髓之一。《易经》被道教奉为经典，而张易简就是一名道士。

苏东坡跨入仕途后，曾经体内炼丹功，修雷法，颇有心得："龙从火中生，虎向水中生"，这种修炼，使苏东坡在官场一番沉浮后，便以道教的思想和法术抗击打压，强健体魄。以致流放到海南这无毛之地，也能"此心安处是吾乡家",而得以生还。

苏东坡经历人生沉浮后,看透名利,转而把人生的理想寄托于山水清风明月之上,作品流露出参悟修行的哲思。他眼界高远,心胸豁达,热爱人生,积极进取,创作迈向新的高度。

二、道家思想对苏东坡人生的影响

道家思想对苏东坡人生的影响,是多方面的。

（一）顺其自然,处世洒脱

封建入仕的主流思想是儒家,但道家思想特别是庄子的浪漫主义思想在苏东坡一生中所起的作用和影响是深刻的。道家思想认为,人生的价值和意义在于顺乎自然和适情任性。自由而不受约束,思想和生活大解放,这是道家人生发展的目标。苏东坡在其文学艺术创作和处世哲学上,极力贯彻这一理念,在纷繁复杂的政治环境和社会背景下,独占鳌头,态度和思想流芳古今,令后来人效仿。

（二）自我调控,应对自如

苏东坡在仕途和处世上,不是一味追崇道家"清静无为"的思想,而是结合儒家"经世务实"思想,把二者有机联系在一起,把道家随性洒脱的自我调节运用到仕途和生活中,努力而为,又保持乐观态度,凡事豁达不羁,应对自如。这种辩证联系思想,在《前赤壁赋》中,达到完美体现。不是遇到挫折和失败就气馁,感叹人生不得志,而是学会自我调节和解脱。东坡每每遭贬谪,都能调控,特别是"乌台诗案"中深陷囹圄,险掉性命,但他纵情山水,寄情创作,很快调整过来,走出阴霾。

（三）"技道、尚意"融合,创作达到巅峰

苏东坡的词、散文以及书画创作,除了遵循一般的韵律技法外,他力推"尚意""疏淡",尤其书法创造更堪。道家认为"道法自然",

"道"是"先天地生"的宇宙本体，"道"的运行要遵循自然规律，以"道"为本原回归自然的人生追求，道家认为自然中无为存在着最高的美，从自然的本原审视美，是道家审美的追求。道家的"自然美"，派生出素、朴、淡、拙理念，这些"道"的体现，形成书法"朴拙"风格和审美追求。苏东坡在书法创作上，高举"尚意"旗帜，倡导"尚意"书风，这是道家思想在影响其创作心态。在书法艺术性质认识上，苏东坡认为，书法不是一种能获取功名利禄的工具或手段，它只能是主体自身在其中寻找快乐，得以"自娱"的"游"和"戏"。只有这样，才能还原作为艺术的真正本质和作用。崇尚"无""疏淡""尚意"，使苏东坡独具一格，创作达到巅峰。

苏东坡的人生诠释，真正是明儒暗道。

三、苏东坡与《峻灵王庙碑》

苏东坡谪居海南三载，宗师结缘峻灵，获赦北归之时，写下著名的《峻灵王庙碑》：（黄按：以孔凡礼先生校本为准，文中［ ］内文字系增加，【 】内文字系与校点志本不同之处。）

> 古者，王室及大诸侯国皆有宝。周有琬琰太玉，鲁有夏后氏之璜，皆所以守其社稷，镇［抚］其人民也。唐肃【代】宗之世，有比丘尼若梦，恍【怳】惚见上帝［者］，得八宝以献诸朝，且传命曰："中原兵久不解，腥闻于天，故以此宝镇之。"即改元"宝应"。以是知天亦分宝［以］镇世也。

> 自徐闻渡海，历琼至儋耳，又西至昌化【县】。西北［二十里］有山，秀峙海上，石峰巉然，若巨人冠帽，西南向而坐者，里【俚】人谓之"山落【胳膊】"。而后【伪】汉之世，封其山神［为］"镇海广德王"。五代之末，南彝【夷】有［知］望气者，曰："是山有宝气，上达于天"。舣舟其下，斫山发石以求之。是夜【夜半】，大风，浪驾其舟空中，碎之石峰之右【碎之石峰之

下】，彝【夷】皆溺死。儋之父老，犹有及见败船【舟】于山上者。今犹在钉【矴】石存焉耳。天地之宝，非人所得睥睨者。晋张华使其客雷焕发酆城狱，取宝剑佩之，[华]终以[忠]遇祸，坐此也[夫]。今夫【无"夫"字】此山之上，上帝赐宝以奠南极，而贪冒无知之彝【夷】，欲以力取而已有之，其诛死宜【哉】!

[皇宋]元丰五年七月，诏封山神为峻灵王，用[部使者]承议郎彭次云之请也。

绍圣四年七月，琼州别驾苏轼，以罪谴于儋，至元符三年五月，[有]诏徙廉州。自念谪居海南三载【岁】，饮咸食腥，凌【陵】暴飓雾，而得生还者，山川之神应相之。谨再拜稽首，西向而辞焉。且书其事，碑而铭之。

山有石池，产有【无"有"字】紫麟【鱼】，里人不【民莫】敢犯。石峰之侧，[多]有【无"有"字】荔枝【支】、黄柑，得就食；持去，即【则】有，风云【雹】之变。

[其]铭曰：琼崖千里块海中，民彝【夷】杂【错】居古相蒙。方壶蓬莱此别宫，峻灵独立秀且雄。为帝夺宝甚严恭，庇荫嘉谷岁屡丰。大小逍遥逐【远】虾龙，鹧鸪【鹪鹩】安栖不避风。我浮而西又复东，铭碑烨【晔】然照无穷。

苏东坡说，古代王室及大诸侯国皆有宝，海南昌化县的峻灵王，世所罕见。他谪居海南三载，在这"千之千不还"的蛮荒瘴疠之地，还得以生还，乃山川之神相助矣。他告辞北归之前，再拜稽首，铭碑记之。苏东坡赞颂峻灵王"守其社稷，镇抚其人民"，十分认同峻灵王守护国家、安定民众、"分宝镇世"的功效。他认为，谪居海南三年，功业圆满，离琼北归，应当拜谢峻灵王。

神仙峻灵王，大岭一神石。道教文化，中国创造。初于东汉，兴盛唐宋。海南道教，源于昌江。昌化大岭，别有洞天。林秀石奇，泉甘物异。念经诵文，佳境胜地。巨石成仙，顺理成章。拓疆军士传知，信徒道士云集。商贾客旅膜拜，凡间庶民祭爱。唐太宗建景昌道观，神山爷受尊崇祭拜。渐成道教圣地，誉为蓬莱别宫。

民间传说，神乎其兮。峻灵王出生现世，年月日时皆戊午。天帝皇氏第五子，赐讳皇极号生成。修炼成道，女娲敕令，弥补南天，神力无穷。至昌化大岭，化作凡间一巨石，成为镇守南海神。有祷必应，济世显灵。

马伏波拓疆开郡北上，遭遇高风黑浪；神山爷施法鼎力相救，安然化险为夷。禀明皇帝，封赐神石。南汉首封"镇海广德王"，兴建三庙，设置百官。元丰五年（1082），彭次云上书，皇帝诏封神山爷为"峻灵王"。光绪年间，加封"昭德明王"。朝廷正式封号"峻灵王"传呼至今。

峻石显灵，惹一代文豪，作《峻灵王庙碑》。宗师结缘峻灵，神誉闻名遐迩。

苏东坡谪居海南兴教育，促进当地的文化发展；苏东坡祭拜峻灵王，推动海南道教文化兴盛。文化传播出现了一批信众和道士（道公），海南岛各地以及两广、福建一些地方建庙宇祭拜数不胜数，但目前遗传下来的不多，且名称有所变化。有昌城村的"峻灵明王庙"、昌化港边的"昌化古庙"、海尾镇沙鱼塘的"神山庙"、南罗村的"峻灵明王庙"、临高调楼镇抱吴村"神山庙"、调楼村文上巷"神山庙"、澄迈瑞溪"福灵舍移造碑"、峻灵庙内"真灵碑"、海口市外墩村"昌化庙"、海口市儒堂村"昌化庙"，而出现"镇海广德王庙"牌匾的仅存两座，一座位于临高县调楼镇，一座位于澄迈县东水港。这可能与苏轼说"镇海广德王"系"伪汉"政权南汉所敕封有关。宋灭南汉统一岭南以后诏封为"峻灵王"，"镇海广德王庙"牌子纷纷易名，但影响力依然，有增未减。目前，遗存下来的峻灵王庙香火依然旺盛，昌化的峻灵明王庙更甚。庙宇所建之处，信众和道士传播道教文化，道教文化盛行民间。

古昌化县是海南历代道教圣地，峻灵王盛名远播，昌化县及周边地区以及两广、福建地区渔民、商贾客旅、农民笃信道教者众，常来烧香祀拜，历久不衰。《光绪昌化县志》载："凡旱涝灾难疾病，往祷辄应。""土人尝于此祈祷，东坡有记。"千百年来，峻灵王是百姓心中的偶像和保护神，峻灵王庙是东坡和民众期冀平安的共同精神寄托，备受崇拜。尤其是渔民出海前和丰收归来的酬拜，众信徒汇聚峻灵王庙，广场铺席露宿，热闹非凡。

"方壶蓬莱此别宫，峻灵独立秀且雄。"千百年来，昌江峻灵王文化经过三朝皇帝诏封和道教信徒的长期打造以及民众的信拜，加上苏东坡的传道祀拜，已被世间客观认可，并显得日益受尊重崇拜，完成了一个从"山神"至"海神"的蜕变。峻灵王为人们的精神生活留下珍贵的文化财富。

四、弘扬峻灵王道教文化，打造南海之神品牌

在传播峻灵王道教文化中，要深度挖掘和阐释苏东坡的道教思想，融会贯通，创新发展。中国在历史上作为一个内陆型国家，眼光和思维是内视和收敛的，缺乏大海洋意识。但中国的宗教观念有海神。东海120平方公里海域，有东海神（庙），在山东莱州，之后是女海神妈祖，从福建北上到天津后称天后娘娘（庙），都是惩凶驱恶，施恩降福，保佑平安的神祇。而200万平方公里的南海，南海之神在哪呢？或者说谁可尊崇为南海之神？昌化峻灵王从山神崇拜到海洋崇拜，历经朝廷敕封、诏封、加封，现今香火仍旺盛，已是民众心目中的南海之神。南海之神就在昌江！就在濒临滨海的昌化岭上。宋朝时已把这个神灵说清楚了。现在我们要提高海洋意识，建立海洋强国，需要文化支撑。传承打造南海之神，从政治角度讲，是海洋开拓的一种文化方式，也是宗教信仰为国家所用、服务国家的一种好举措。南海之神峻灵王，历史有凭证，文化有根基，市场有需要，海洋战略有依托，时代需要传承。我们要传承的不仅仅是神，而是神的人格化，用神力聚集民众力量，铸就梦想。这就需要非常高明的顶层设计。

（一）充分发挥峻灵王文化研究会的重要作用

峻灵王文化研究会已成立，然而由于多方面原因，不能正常运作。

这一研究会，作用重要，意义重大。要编设峻灵王档案，征集和收集峻灵王文化的历史故事、民间资料，对散落省内外的峻灵王庙宇及当地祭祀活动进行挖掘研究，挖掘苏东坡道家思想和道教文化传播，不断充实和完善文化内涵，编出丰富多彩的故事，打造出峻灵王文化品牌。创作以峻灵王为题材的文艺作品，可竞聘文艺名家，根据历史、民间传说和故事，创作文学剧本、歌剧、歌词、舞台短剧等，创造条件拍电视剧、电影，通过各种艺术手段和形式展现南海之神峻灵王除暴安良、驱魔逐妖、扬善抑恶、护佑平安、镇守南海的气概和精神。可定期不定期举办全国性征文，冠名"南海之神——峻灵王"，用特殊的宣传方式挖掘、宣传峻灵王文化。可创办"南海之神——峻灵王文化网"，利用网络平台提高旅游开发的关注度。希望得到有关方面关心、支持。

（二）恢复民间"春秋祭拜"峻灵王活动

春秋祭拜南海之神——峻灵王活动，将之常态化。政府可支持指导，活动可交由民间组织举办，使峻灵王文化为大众接受推崇，得到传承和光大。

（三）打造建设峻灵王文化产业园

昌江已制订《昌江·南海文化园旅游项目总体策划及重点区域修建性详细规划》（以下简称《南海规划》）。《南海规划》可作为重点项目招商，也可到每年一度的深圳文博会推介。从《南海规划》得悉，项目通过南海一神、昌江一山、海南一路的文化之锚、转型之锚、发展之锚，开发南海文明战略区、昌江中央休闲区、后工业格局引导区、旅游产业集聚区，用二平方公里规划撬动200万平方公里的中国南海海域，形成大旅游格局和海洋方略。《南海规划》的基本架构是：一站式的南海文明体验地，一体化的南海文化产业园区和枢纽型海南西部中央文化区，建成南海文化展示之地，昌江文化汇集之地，海南国际旅游岛山海联动特色文化旅游目的地。功能分两个区：一是南海之神——峻灵王文化体验区，由一轴、一道、两座地标、四个海神部落和十大奇迹构成。通过打造路、桥、奇迹、道场、文化中心等景点，来展示南海之

神 —— 峻灵王文化。二是南海文化体验区，由南海大观的海上丝绸之路风情街、文化产业园、龙宫水世界等构成。围绕峻灵石建观景平台，近可祭石膜拜，远可眺望浩瀚南海，景点模拟南海形态塑造微缩式岛礁景观，规划东沙、中沙、西沙及南沙四个岛屿，建设南海之神 —— 峻灵王地标性建筑，参照九段线位置规划建造串海屿栈道，体现南海文化丰富内涵。

南海文化园开发建设，按"一轴一道、两区两地标、四部落十大奇迹和一带三中心"的项目规划建设。完成后，昌江将成为名副其实的海南国际旅游岛、自由贸易港山海互动特色文化旅游目的地。

参考文献

[1] 李公羽：《峻灵独立秀且雄·苏东坡昌化江遗踪考论》，上海古籍出版社 2020 年版。

[2]《昌江：南海文化园旅游项目总体策划及重点区域修建性详细规划》。

[3] 李有益编纂：《光绪昌化县志》，《海南地方志丛刊·昌化县志二种》，海南出版社 2004 年版。

千年苏学是昌江特色文化聚集地的宝贵资源

吴书芹*

2018 年 4 月 13 日，习近平总书记在庆祝海南建省办经济特区 30 周年大会上发表重要讲话，他要求海南："着力打造全面深化改革开放试验区、国家生态文明试验区、国际旅游消费中心、国家重大战略服务保障区，争创新时代中国特色社会主义生动范例，让海南成为展示中国风范、中国气派、中国形象的靓丽名片。"讲话提出了"三区一中心"的战略目标。次日，中共中央、国务院发布的《关于支持海南全面深化改革开放的指导意见》进一步提出："大力推进旅游消费领域对外开放，积极培育旅游消费新热点，下大气力提升服务质量和国际化水平，打造业态丰富、品牌集聚、环境舒适、特色鲜明的国际旅游消费胜地。"

苏东坡贬琼 3 年，在琼山、澄迈、临高、儋州和昌江 —— 当年的昌化县，留下极其丰富、宝贵的历史文化资源，是千年苏学的重要研究基础，是当代社会发展、现代文明融合的重要历史财富，也是未来海南旅游文化消费面向国际市场形成独特品牌的重要条件。坚持创造性转化、创新性发展的原则，坚持唯物主义历史观，坚持学术研究客观性、严肃性、系统性的科学标准，努力推进东坡文化融入当代经济社会文化发展，形成海南西部研学游的新型旅游产品，为自贸区、自贸港建设做出新的贡献，这是研究和挖掘东坡峻灵王文化历史资源价值的重要的时

---

* 作者简介：吴书芹，海南省苏学研究会副秘书长，供职于海南广播电视总台。

代定位与现实意义。

一、东坡峻灵王文化是昌江独具特色的传统文化地标

海南建设自由贸易区、自由贸易港，打造国际旅游消费中心，不仅要构建物质消费的国际化平台，而且要高度重视和积极推进构建文化消费的国际化平台。对于苏东坡的研究，近千年来多注重于他的诗词书画。国际社会对于东坡的研究，是放在人类思想发展史和世界科技进步史的背景下给予高度评价的。海南省学者近年来提出，全面系统地研究苏学，对于东坡在思想、哲学、改革等方面的功业，要有系统、全面、深刻的认识和研究。

东坡自己强调毕生功业在"黄州、惠州、儋州"。东坡先生居儋3年，达到了中国传统士大夫人格的最高境界，将中国儒、释、道文化的精髓发挥到了顶峰，为我们弘扬优秀传统文化树立了鲜活的样本。东坡文化，是唯一从中原地区贬谪海岛，而又反哺中原、影响世界的民族传统文化。

苏东坡贬儋3年，其间亲临昌化江畔。"东坡先生于元符三年（1100）三月，在获旨北归之前两个月，由幼子苏过陪同，乘船由儋州北门江出海，沿海岸线西行，到昌化县，在海上远望峻灵山，'秀峙海上，石峰巉然'。登陆县治所在的二水洲，后拜山并谒峻灵王庙。回到儋州后两个月，即接旨，以琼州别驾'移廉州安置'。离琼之前，东坡特意撰写《峻灵王庙碑》文稿，'再拜稽首，西向而辞'。"[1]东坡在昌化并写下《自昌化双溪馆下步寻溪源至治平寺二首》。

在国际旅游消费胜地的建设中，如何充分发挥文化旅游的作用，使千年苏学真正彰显历史意义和现实意义，彰显国际品牌和文化价值，为国际旅游消费增添内生动能。这方面的研究，几乎是空白。在海南历史上的东坡文化研究与传承，数百年来，也多限于东坡诗词书画方面的介

---

① 李公羽：《峻灵独立秀且雄——苏东坡昌化江遗踪考论》，上海古籍出版社2020年版，第183页。

绍和传播。

以苏东坡《峻灵王庙碑》为桥梁,紧密结合昌江县的实际情况,在自由贸易港建设的背景下和框架内,充分利用东坡峻灵王文化研究与发掘的新成果,提升和扩大峻灵王庙以及峻灵王文化的历史文化影响力,改造和扩建相关历史文化基础设施,形成传承、观赏、体验等丰富业态的旅游消费园区、景区,培育文化和旅游相结合的消费新热点,推进旅游消费领域对外开放,建成文化特色鲜明、历史遗存灿烂、旅游消费方便的国际旅游消费胜地,这是加快建设自贸区、自贸港的软实力,也是真正形成昌江文化与旅游结合,长期引领国际旅游消费的重要品牌。

海南在从严控制和消除房地产"绑架"影响的背景下,必须提升文化发展的核心价值。自贸区、自贸港的建设,特别是国际旅游消费中心的创立,没有文化的支撑与引领,仅靠自然风光和免税购物,是不行的。将东坡峻灵王文化的历史影响和国际形象,作为涵养昌江文化的重要品牌和特种资源,是昌江县深度发掘文化产业精神内涵和全面提升旅游产业文化品牌的重要任务。海外华人以及关注中华民族文化的国际友人,对东坡赞美与热爱的程度,远超想象。这是建设昌江特色文化聚集地的宝贵资源,也是海南国际旅游岛建设最应借助的文化影响力,是国际旅游消费的强大动能。

苏东坡不仅文章盖世,功业丰伟,其文化人格亦自足千古。东坡的治国理念、民本情怀、坚强意志和兼容儒、释、道的豁达人生,都体现了中华优秀传统文化的深刻性、丰富性、包容性和开放性,代表着中华民族最深厚的文化软实力。这些,在苏东坡《峻灵王庙碑》一文中有着生动的记载和丰富的展示。

2017年1月,中共中央办公厅、国务院办公厅印发的《关于实施中华优秀传统文化传承发展工程的意见》开篇指出:"中华文化独一无二的理念、智慧、气度、神韵,增添了中国人民和中华民族内心深处的自信和自豪。"东坡一生任职14个地州,时间最长的不过四五年,最短的只有5天。但他在将要登陆海南时写过:"他年谁作舆地志,海南万里真吾乡。"贬儋期间,他自称"我本儋耳民,寄生西蜀州"。他在海南

3年，离开时又写道："余生欲老海南村，帝遣巫阳招我魂。"苏东坡在海南实现的人格审美与意志升华，完整准确地诠释了"中华文化独一无二的理念、智慧、气度、神韵"；东坡文化集中展示和代表了中华优秀传统文化传承发展主要内容的3个方面：核心思想理念、中华传统美德和中华人文精神。东坡贬谪海南3年，为海南构建了千年不朽的文化高地。他在即将离别海南时，写下的《峻灵王庙碑》一文，与在昌化江畔流传千年的峻灵王文化，一起构成昌江历史文化的制高点，成为昌江独具特色的传统文化地标。

著名苏学研究大家王水照先生曾明确指出苏学研究的主要方向和路径："我们要走近'苏海'，就应努力缩短古与今的时间隔阂，追踪和品味苏轼的生活遭际与心灵律动，重视他的文化创造与外部环境、人文生态的密切关系。"[①]东坡先生在《峻灵王庙碑》和《自昌化双溪馆下步寻溪源至治平寺二首》中，充分表现出来的生活遭际与心灵律动，充分表露了他的文化创造与外部环境、人文生态的密切关系，为我们今天深入研究与理解东坡先生的历史文化思维，感受他人格与意志的高尚，提供了丰富的历史资源。

二、东坡峻灵王文化是国泰民安的生命寄托和文化象征

苏东坡在《峻灵王庙碑》文中，高度赞美峻灵王"守其社稷，镇抚其人民"[②]。尽管峻灵王只是一种传说，是地方民俗文化中美好的民众期盼与愿望，然而，东坡峻灵王文化中守护社稷、安定人民、"分宝镇世"的重要精神价值，体现着中国天人合一的文化核心理念，含蕴着道家思想的精华，同时，也包含着道法自然的朴素的唯物论，是中华优秀传统文化中"和"文化的充分展示。苏东坡亲自记载的"山有石池，产紫鳞鱼，民莫敢犯。石峰之侧多荔枝、黄柑，得就食，持去即有风云之变"，

---

① 王水照：《走近"苏海"——苏轼研究的几点反思》，《文学评论》1999年第3期，第136页。

② 〔宋〕苏轼：《峻灵王庙碑》，《康熙昌化县志》海南出版社2004年版，第97页。

要求民众和统治者遵守自然法则，民众要自我约束，减少和制止贪欲，以此来保持环境和自然生态稳定、维护社会安泰。

苏东坡在《峻灵王庙碑》中写道：帝命曰"中原兵久不解，腥闻于天，故以此宝镇之"①。李公羽《峻灵独立秀且雄——苏东坡昌化江遗踪考论》一书中对此有精辟的论述："峻灵山尽忠尽责，护佑生灵，恩泽稻菽，这代表着东坡一生的理想和追求。峻灵王'为帝守宝甚严恭，庇荫嘉谷岁屡丰'，以自己的奉献与坚守，为黎民百姓谋福利，这彰显着东坡的人生哲学和信念。'峻灵独立秀且雄'，有情有义、有爱有恨的东坡先生，倾注了这般的心血，书写这'晔然照无穷'的碑文，感天动地。"②峻灵王文化，作为一种民俗，作为一种传承数千年之久的地方历史文化，已经从旧有的迷信和传说的意义上，升华为包含着民族的风俗习惯、心理素质，甚至折射着地方民众的文化意识、思维模式和心理积淀的重要能量。

世代以出海捕鱼为生的昌化江入海口一带广大民众，以这里最高的大岭山和山上的峻灵王，作为一种信仰，同时也作为一种信号，是出海渔民的生命保障系统，进一步又演化为沿海民众的保护神。东坡先生的碑文记载，客观上又起到进一步传播的作用，通过更加强化的信息处理，把此前不同的民俗文化诸要素，凝练结构为具有更多层次的传播模式，更加强烈地制约和影响这个民俗文化场中人们的思想认识。通过东坡峻灵王文化的传播及行为模式，对于包括昌化江畔，以及海南岛更多的沿海渔民，甚至东南亚一带许多国家地区的沿海民众，也形成思想知识、行为模式、价值观念等方面的影响。从这种意义上说，东坡峻灵王文化，已经升华为远远超出一般地方迷信色彩和宗教意识，具有祈求国泰民安、民众幸福价值理念的生命寄托和文化象征。

昌化江畔，棋子湾一带，由于海岸地形和水流的作用，海流状况比

①〔宋〕苏轼：《峻灵王庙碑》，王时宇重校，《苏文忠公海外集》海南出版社2017年版，第26页。

② 李公羽：《峻灵独立秀且雄——苏东坡昌化江遗踪考论》，上海古籍出版社2020年版，第26页。

较复杂，稍有不慎就可能触礁石、沉船。昌江黎族自治县文联主席庞大海曾介绍说："自古以来航行在北部湾上的渔民都流传一句谚语：'棋子湾，棋子湾，十船经过九船翻。'有了峻灵山作为坐标，航行的人们就可以校正航向，顺利行船。而峻灵山上矗立着一座很像巨人的神石，经过不断的反复认证，人们就认为这是上天的特意安排，是指引人们航行的神灵，人们顶礼膜拜，越传越神。"苏东坡的《峻灵王庙碑》，不仅客观记叙了峻灵山上的风貌与物产，记录了传说中的峻灵王护国安民的"丰功伟绩"，而且十分有力地提升了峻灵王的历史地位，强化了峻灵王的社会功能，传播了峻灵王传说丰富的文化内涵。

旧时代的民俗，有的不断被淘汰，有的不断被强化。有民俗就会有传播，它们如同手心与手背一样须臾不能分离。凡是有人群生活聚居的地区，都会有民俗，当然也就存在民俗传播。东坡峻灵王文化代表的时代思想倾向，所反映出的情感的波澜，东坡作为超群的艺术家的奇特构思，不但融合着哲学、政治、宗教、民众、文艺等因素，而且也通过强烈地对国泰民安的期盼，深刻地反映出来。

近代国学大师梁启超先生认为："民独具之特质，上自道德法律，下至风俗习惯、文学美术，皆有一种独立精神，祖文传之，子孙继立，然后群乃结、国乃成，斯实民族主义之根底源泉也。"[1]东坡峻灵王文化作为一种民俗文化，风俗习惯，与民族精神有着极为密切的关系。民俗文化虽然源自传播，又在现实社会中变异，它承接古今，蕴藏着民族的主体精神和民俗文化中人的主体意识。东坡一生强烈的爱民意识与实践，融合了峻灵王文化的民族精神，形成代表着最基层民众利益、反映着百姓性命安危的独特文化现象，向死亡挑战，与命运抗争，在战胜自然灾害、战胜命运磨难等斗争中，唤起民族精神。

苏东坡为昌化江畔人文风情所作《峻灵王庙碑》和治平寺诗二首等文学作品，既有生动的现实艺术描写与塑造，又蕴含丰富的传统文化、爱国主义、民族精神和道德情操、意志理念，都是民族优秀传统文化的

---

① 梁启超：《新民说·释新民之义》。

精髓。这些作品，通过护国安民的基本理念与善良愿望，在诚信、自由、和谐、友善等许多方面，体现着社会主义核心价值观的本源和本质，也体现着人类共同的幸福期盼，蕴含着构建人类命运共同体的基本理念与方向。

三、昌江是既有丰富人文内涵又有优美自然环境的世界旅游胜地

海南建设办特区近30年来，始终有"文化沙漠"的阴影。一提到海南独特的资源，有不少人认定是阳光海水沙滩，没有把历史赋予海南的最为宝贵、世之独有、无可替代的历史文化资源放在足够重要的位置上。

（一）东坡是海南仰止行止的文化高峰

纵观世界各处著名旅游胜地，要么有环境，要么有人文。新西兰、澳大利亚、加拿大等景色都很美，但由于缺少历史文化沉淀，在那里只适合休闲疗养。大凡世界历史文明传承地址，却极少有如同海南这样美好的自然环境。二者兼得，海南独具。

我们经常自得于美不胜收的自然环境，同时又经常自卑于"文化沙漠"，没有把举世称雄的东坡文化认作自己的文化祖师，没有把东坡自己反复宣称是海南人这一历史事实，认真当作一回事儿。我们固然没有许多文化强省那么雄厚、那么伟岸的文化高地，但我们有奇异挺拔、世人景仰的文化高峰。有东坡文化滋养的精神地标，海南才真正是既有源远流长博大精深的历史文化，又有世所少见美不胜收的自然风光的国际旅游目的地。

（二）学习、研究、传承和弘扬苏学对海南越来越重要

有专家论述：历史没有假设，但是我们还是会说，如果没有苏东坡的到来，海南的文明进程也许要改写。东坡海南3年，留下的学术巨著三书——《东坡易传》、《东坡书传》和《论语说》，以及大量诗文，每日每时都在人类文明史上增生意义和价值，而且越来越深远，越来越厚

重，越来越丰富。

苏东坡的确是一种说不完、说不全、说不透的奇特文化现象。东坡这样一个具有百科全书式的多面性，而且极为有趣的人物，在不同的时代、不同的阶层、不同的知识领域中，都能激发不同的认知，产生不同的共鸣，出现不同的解读，形成不同的语境和论题，也带来各地文化旅游产业勃兴。东坡文化的集大成，是在海南；海南是东坡真正的精神家园。海南充分利用东坡给予的"得天独厚"的历史优越条件，结合国际旅游消费中心文化品牌的打造与推广，大有文章可做。我们可以自豪地告慰东坡先生：而今已作舆地志，海南万里是家乡。

（三）具有独特品质与魄力的东坡峻灵王文化是南中国海域广大民众共同的信仰与钟爱

史料记载，峻灵王庙多次修建，多次迁徙，也多次被风暴摧毁。1984 年，临高、儋县、昌江等地渔民出于感恩和敬奉之意，捐资在原址重建峻灵王庙。1992 年又重新修建。[1]不仅是在昌江，而是海南岛上沿海诸多市县，以渔民为主的广大民众，都十分景仰与信奉峻灵王。峻灵王的传说，在多地也存在差异。最为广泛而基本一致的传说是，清代王云清进士在《峻灵明王出世纪略》中说："明王本天皇氏第五子，生于戊午年戊午月戊午日戊午时。及地皇氏嗣立。"不同地区也还有昌化岭大公、飞来庙、补天遗石等不同的动人故事。这些故事寄托着人民向往过上没有强暴欺凌，安宁、祥和生活的美好前景。[2]这一带流传着一个动人的故事。光绪丁酉重修版《昌化县志》有记载：峻灵山在城西北十里，旧名神山，高百余丈，上有二石如人形。相传有兄弟向海捕鱼，神化为石，号兄弟石；又有石若冠帽，乃一兄弟所遗……土人尝于此祈

---

① 李公羽：《峻灵独立秀且雄——苏东坡昌化江遗踪考论》，上海古籍出版社 2020 年版，第 331 页。

② 谢志勇：《昌化古邑东坡情》，《峻灵独立秀且雄——苏东坡昌化江遗踪考论》上海古籍出版社 2020 年版，第 313 页。

祷。①古时的海南西部地区，飓风暴雨，海水陡涨，水患不绝。这样两位渔民兄弟在海潮狂卷危在旦夕时，吹响海螺，催醒人们避难，实在应当感动玉皇大帝，把兄弟二人点化为神。②

东坡在《峻灵王庙碑》中这样描述峻灵王："自徐闻渡海，历琼至儋耳，又西至昌化县西北二十里，有山秀峙海上，石峰嶽然，若巨人冠帽西南向而坐者，里人谓之山胳落膊……南夷有望气者，曰：'是山有宝气，上达于天。'舣舟其下，斫山发石以求之。夜半大风，浪驾其舟空中，碎之石峰下，夷皆溺死。儋之父老，犹有及见败船于山上者，今独有碇石存焉耳……山有石池，产紫鳞鱼，民莫敢犯。石峰之侧多荔枝、黄柑，得就食，持去即有风云之变。"苏东坡认为被贬海南3年，凄风苦雨，"饮咸食腥，凌暴雨飓雾而得生还"，实为得到峻灵王的保护。因此，他"谨再拜稽首，西向而辞焉。且书其事，碑而铭之"③。东坡北归之时，满怀感激之情，用纪实的手法写下这一《峻灵王庙碑》。这一重要文献，已经不仅是昌化江畔的重要历史文化遗存，而是包括东南亚多国沿海民众共同尊奉的历史信仰。

四、新时代"山海黎乡大花园"建设需要东坡峻灵王文化的引领与推进

中共昌江黎族自治县委提出"五地两县"发展布局，确定了着力打造新时代"山海黎乡大花园"的总体目标。建设海南西部一流旅游目的地，需要整合昌江的各种优质资源，探索通过"产业化、企业化、市场化"的模式，使文化产业能够可持续发展，实现打造昌江特色文化聚集地的目标。这是实现城市发展转型、促进经济发展，提高人民群众的获

---

① 〔清〕李有益纂修：《昌化县志》卷一，光绪二十三年（1897）丁酉版，广东省中山市图书馆影印1982年版，第12页。

② 李公羽：《峻灵独立秀且雄——苏东坡昌化江遗踪考论》，上海古籍出版社2020年版，第23页。

③ 〔宋〕苏轼：《峻灵王庙碑》，王时宇重校，《苏文忠公海外集》海南出版社2017年版，第26—27页。

得感和幸福感的重要举措。

（一）打造东坡峻灵王文化节庆活动，促进文化旅游市场快速增长

昌江县委、县政府十分重视传承和弘扬中华优秀传统文化，在文化自信、文化自觉、文化兴县方面，体现出与众不同的高度和前瞻。苏东坡关于峻灵王的作品，虽然仅有一篇《峻灵王庙碑》，但是作为千年英雄苏东坡的重要作品，特别是离别海南，"西向而辞"，恭敬严谨地完成的这一历史文献，把博大精深的东坡文化与南海一隅的峻灵王文化融合为一体，形成独特的、世无前例的东坡峻灵王文化的基本定位。海南省苏学研究会理事长李公羽先生，在多方面支持、帮助下，耗时数年，以田野调查和精研文献的大量心血，完成《峻灵独立秀且雄——苏东坡昌化江遗踪考论》一书，为东坡峻灵王文化的发掘、传承和弘扬，奠定了具有历史意义的学术基础，形成昌化江畔新时代"山海黎乡大花园"建设的文化内涵和发展引领。

近年来，全国各地以东坡文化为灵魂的旅游市场特色凸显。眉山、黄冈、惠州、常州等东坡遗踪纪念地，创造性地推出东坡文化为主题的城市节庆活动，使国内外游客感受中华优秀传统文化的节庆魅力。

2020年7月，农历五月下旬，海南省苏学研究会在海南大学成功举办苏东坡《峻灵王庙碑》撰写920周年专题纪念活动。来自高校、科研机构、政府部门、媒体和多家专业研究组织的专家学者，共同学习、研究东坡文化，解读东坡《峻灵王庙碑》的历史定位与时代意义。这一时间节点，可以作为每年集中研究、传承和弘扬东坡峻灵王文化的重要时段，每年以不同主题和角度，结合昌江县当年文化旅游和社会发展重点，促进文化旅游融合，提升旅游市场增长指数。

进一步研究考证苏东坡《自昌化双溪馆下步寻溪源至治平寺二首》的具体写作时间，确定重要的时间节点，定期或不定期举办这一诗作的研讨交流活动，也是十分重要的昌江文化发掘和发扬的历史机遇。

经济社会和文化的日益发展，使游客对旅游项目体验性、文化内涵

体验的要求不断提高，节庆活动丰富的表现形式、深厚的文化底蕴，需要不断契合游客对文化旅游产品的需求。在东坡峻灵王文化节庆活动中，祭祀仪式、巡游、餐饮、书法展览、碑刻拓片、戏剧舞蹈、雕刻绘画等形式，都可以转化为游客参与体验的文化旅游项目。国内外游客在参与节日娱乐活动过程中，提升旅游体验，增加互动感受，亲身融入传统文化，从而加深对东坡峻灵王传统文化和丰富自然遗产的了解与认同，具有重要的品牌价值与经济价值。

在旅游产业提质升级、促进文化旅游融合发展的进程中，重视和挖掘好民族、民俗节庆文化资源的丰富"宝藏"，为旅游文化注入更加丰富的内涵，这是当代旅游文化发展的规律。多种多样的少数民族传统节日是中国传统节庆文化的重要组成部分，其中不少已经被列入非物质文化遗产。东坡诞辰日、峻灵王"诞辰"日等，在千年传承中，已经成为当地民族文化的重要载体，新时代需要进一步加强挖掘、整理、净化和传承。

中华传统文化资源宝库，根植于各地源远流长的地方文化和民族记忆之中。地域特色和民族个性，特别是节庆活动背后生动的历史传说、民间故事，体现着古老的生活习俗和审美情感，寄托着人们的美好愿望。传统民族节日的现代化继承，更需要在厚重的文化底蕴中，增加新时代精神内涵，在传承中创新，在融合中发展。

（二）重视和推进东坡峻灵王文化保护、发掘、利用的基础项目建设

新时代"山海黎乡大花园"建设，是一个系统工程，不仅需要大量的物质条件和环境建设，同时也需要丰富的文化涵养与精神建设。东坡峻灵王文化，应是以昌化江为中心的地域性民俗文化，其蕴藏与涵养着中华优秀传统文化的核心价值理念和文化导向，对于素来有民族团结、黎汉一家优良传统的昌江民俗文化发展，对于昌江以及琼海、文昌、东方、澄迈、临高、儋州乃至海口等地广大农村、渔港渔民的和谐建设、文明建设、社区建设等，具有特殊重要的意义和作用。

中共中央、国务院发布《关于支持海南全面深化改革开放的指导意见》，要求"大力推进旅游消费领域对外开放，积极培育旅游消费新热点，下大气力提升服务质量和国际化水平，打造业态丰富、品牌集聚、环境舒适、特色鲜明的国际旅游消费胜地"。以东坡文化为基础，以三苏及三苏相关文化为主体的苏学，已经成功地在多个东坡文化遗址纪念地，发展成为文化内涵独特、文化底蕴丰厚、文化品质优秀的中高端旅游消费资源。苏学的文化符号与地方经济社会文化发展融为一体，形成新时代文化和旅游密切结合、促进消费的内生动能，已经成为海南国际旅游岛供给侧结构性改革的重要课题，同时，也是昌江打造新时代"山海黎乡大花园"的重要实践。

中国特色社会主义进入新时代，人民日益增长的美好生活需要，越来越多地体现在文化和旅游的消费方面。党的十九大报告提出："完善促进消费的体制机制，增强消费对经济发展的基础性作用。"这一要求，不仅有利于更好地满足人民日益增长的文化旅游消费的美好生活需要，而且提醒我们：包括文化和旅游在内的消费，对于经济发展具有重要的基础性作用。

推进东坡峻灵王文化保护、发掘、利用的基础项目建设，目前至少可以在以下几个方面着手。第一，昌化镇昌城村峻灵王庙及庙前广场的保护、规划和开发。李公羽等专家学者现场考证，具有充分翔实的文献支撑，并经国家一流专家学者研定、上海古籍出版社审核出版专著确认：峻灵王庙前断碑为南宋建炎二年（1128）刻立。海南省南宋的碑刻实物，极为稀少，应采取重点措施加以保护，并积极申报省和国家级重点保护文物。第二，昌化镇新城村"治平寺碑"的保护与利用，同样亟待采取重点措施，防止损毁和风化，并做好宣传、推广等工作。第三，研究规划、重建"双溪书院"，或将某所就近的学校，改名为"双溪书院"。

（三）结合东坡峻灵王文化，推进昌江社会文化建设和精神文明建设

历史文化的元素和符号，是传承中华优秀传统文化重要的物化标志，要更多更好更有意义地融入海南自贸区、自贸港建设，融入昌江经济社会文化发展和民众日常生活。路名、校名、山名、水名，特别是新建部分，尽可融入东坡峻灵王文化元素，学校、小区、商场、酒楼等名称都可化用东坡峻灵王符号。东坡《峻灵王庙碑》和《自昌化双溪馆下步寻溪源至治平寺二首》中的名句、词汇，都可作为昌江独有的公益广告、商务广告标志性品牌，增添独特文化内涵，形成昌江独有的文化旅游风景线。现在已经在棋子湾区域道路中命名有"广德路"，这是一个很好的开端。还可以有"镇海广场""碑铭小区""块海商场""蓬莱酒楼""嘉谷小学""安栖大厦""铭碑桥""烨然河"等。

要使昌化江畔真正成为世人瞩目的文化深厚、环境美好的旅游目的地，还要做许多扎实具体的工作。包括在思想文化和社会习俗领域，应通过党校和学校、培训教育机构等，传承和弘扬东坡执政理念，介绍和推广东坡峻灵王文化中为民、为国的优秀传统文化，以及不畏强暴、战胜灾难的英雄主义精神。教育和培养党员干部做好基层工作，坚持为民办实事；青少年学习东坡文化，增强克服困难、适应环境的信心，磨炼意志，顽强生存，敬业报国。政府公务人员要学习东坡理念与实践，实事求是，为国分忧，不随大溜，清正廉洁。社区和居委会要组织学习东坡家风，尊老爱幼，家族和睦，立身处世、持家治业，有素守序。全民学习东坡情怀，宽容礼让，助人为乐，忍辱守信，乐观豁达。

享有"千年英雄"称号的苏东坡，不仅在诗词书画领域独领风骚，而且作为政治家、思想家、科学家、美食家，在其他诸多领域也享有盛名。东坡峻灵王文化的融合发展，借助学术研究、媒体传播、景点建设和社会认知等渠道，将是昌江新时代"山海黎乡大花园"的最美名片、最佳广告，以及最具实力的招商品牌。

五、东坡峻灵王文化是国际旅游消费胜地的海南名片

我国近现代社会对苏东坡的研究，受到意识形态方面的严重影响，长时期不能公正、完整、准确地评价和展开，"文化大革命"期间更加极端，批判苏东坡是"保守派""保皇派""两面派""反动派"，民间也只能从诗词书画方面学习东坡。国际社会对苏轼的研究，并不定位为文人或文豪，而是置于人类思想发展史和世界科技进步史的大背景之下加以审视，对于苏轼文化研究、推崇与追寻的狂热程度，远超出我们的想象。苏东坡被西方世界认定是当之无愧的可以继续影响人类社会10个世纪的"千年英雄"。

（一）东坡峻灵王文化具有海南岛信奉和东南亚等沿海国家传播的基础与需求

在东坡先生《峻灵王庙碑》影响之下，明清时期峻灵王信仰的影响越来越大。据调查，峻灵王信众遍布北部湾东岸海南西部沿海地区，从海口的新埠岛到三亚港门一带，都曾在不同朝代设立峻灵王庙，供奉峻灵王。

据海南热带海洋学院陈智慧、丁晓辉两位研究，海南有多地兴建峻灵祠、庙，甚至一地多所，原有的祠庙也不断翻新重建。明代时"北岸都乌坭港"口处新建了一处庙宇。康熙年间，昌化的峻灵王庙有3座，除了上面提及的两座，还有一座位于昌化县千户所南。琼山县也出现了"峻灵祠"两座，在"东城外"，元代建。另一在"县城西门内"。据《道光琼州府志》载：临高"县城西门内"有峻灵王庙，"康熙四十三年，知县樊庶重建"，记载中提到此庙乃"重建"，可见早在康熙四十三年（1704）之前临高就有峻灵王庙了，这也说明临高地区此前一直有峻灵王信仰。至清朝，峻灵王信仰在海南，除了庙宇增多、信众越来越多，人们对峻灵王的传说、身世来源也越传越神、有专门的祭祀日、祭祀方式，峻灵王由原来的"山神"逐步转变成了"人神"。据《康熙昌化县志》记载：峻灵王"二月二十四日生，六月六日成道。

有司至期祭以镖牛，俯仰验岁丰歉"。由此可见，峻灵王信仰已趋于成熟、系统化，而这应该是道教助推的结果。官方也不断地予以支持，光绪二十年（1894）八月十八日，原"峻灵王"被奉旨加封为"昭德王"。[1]

与此同时，伴随海洋贸易的兴起与发展，海南岛与周边东南亚，以至西亚、东亚等国家和地区的交往增多，峻灵王文化也对外输出，形成一定的国际影响。海南各地沿海的港口激增，仅明代史籍记载的昌化的坞泥港、州府的海口港、文昌的铺前港和清澜港、万州港门港、陵水的桐栖港、崖州新地港、大疍港、望楼港、毕潭港等就都是当时外来商船经常停靠的港口。本地渔民也不断地探索海洋，外出渔猎或贸易，《更路簿》记录海南渔民已有往东南亚、西亚、东亚以至地中海沿岸国家航行的路线。[2]

由于国内受到政治因素的影响较多，我们习惯地只认为东坡在诗词书画等文学艺术领域贡献卓著。国际社会对于东坡赞美与热爱的程度，远超我们的想象。他们更多的是从自然科学、哲学和社会科学领域全面研究东坡。走出国门，"苏东坡"三个字，就是东方文化的通行证，就是海南国际旅游岛文化内涵中最有国际影响力的王牌，就是"一带一路"国际合作与民心相通工程中的"海南话""昌江话"。

（二）"护国安民"的核心价值与理念是人类命运共同的追求和实践

2017 年 1 月 19 日，习近平总书记在联合国日内瓦总部发表题为《共同构建人类命运共同体》的演讲，阐述人类命运共同体理念，主张共同推进构建人类命运共同体伟大进程，要让文明的光芒熠熠生辉。习近平总书记介绍了中华文明，提出了构建人类命运共同体的"中国方案"。

---

① 陈智慧、丁晓辉：《南海海神"峻灵王"的历史变迁》，《佳木斯职业学院学报》2019 年第 7 期，第 218 页。

② 同上。

苏东坡生前就享有盛誉。他在知徐州（1080年，43岁）之后，就已形成崇拜，官方和民间对他作品的热爱与传播十分惊人。"但愿一识苏徐州""嫁人当嫁苏学士"反映的就是这种现象。随后，伴随对外文化交流，从高丽（朝鲜等儒学圈）、东瀛（日本）开始，海外人士不断了解、认识苏东坡，东坡文化的国际化传播与研究就已形成潮流。

通过东坡文化，使国际友人更好更多地了解东方社会文明。面对"一带一路"建设和发展的大背景，从构建人类命运共同体的高度重视传承东坡文化，是我们当代思想理论、哲学和社会科学等领域的新课题。我国北宋时期佛教式微、儒学重兴，这一时代条件下，苏轼力图融合佛家出世、道家养生和儒家入世学说，从释道儒三者的会通合流中寻求精神自由，不仅是千年文豪，而且是"千年英雄"。东坡文化所代表的中华民族最基本的文化基因，其基本内涵和价值导向，与当代文化相适应、与现代社会相协调，人们喜闻乐见，广为传颂，经久不息；东坡所代表的那个时代的文化、哲学、医学、农学、军事学、工程学、管理学等方面的成果，至今仍具有广泛的参考价值与参与价值。近千年以来，跨越时空、超越国度，已被确认为富有永恒魅力、具有当代价值、富含国际意义。东坡文化"走出去"，既继承传统优秀文化，又弘扬时代精神，既着眼昌江、立足海南、面向全国，又走向世界，是昌化江畔东坡峻灵王文化创新成果、国际传播的重要内容，也是面向全球，构建国际旅游消费中心，推动昌化江文明走向世界的重要使命。

（三）提升东坡峻灵王文化影响力，实现自贸区文化旅游产业供给侧结构性改革

东坡文化的国际化、大众化、专业化等不同层面，都有极大的吸引力；我们以东坡在海南创造的文化稀缺性、原创性和一生思想集大成的完整性为独特优势和品牌资源，加深研究，加大推广，加强策划，加快布局，使东坡文化的培育和"消费"，成为全省旅游产业推进供给侧结构性改革的新实践，提升文化海南的气质与品位，在高质量文化旅游产品供给上形成新作为、新气象。栽好梧桐树，吸引凤凰来。

海南旅游接待的淡旺季差异性极大，表明当前海南旅游过度倚重生态气候优势，旅游的吸引力不够多样化。全省或各地市外出招商推介，极力推介海南风光，自恃"阳光海水沙滩"、空气质量指数等自然资源优势，没有找到我省在海内外旅游产业市场中的核心竞争力资源。这是我省旅游产业发展致命的弱点。在产业市场开拓初期，难以避免这种现场，但长期没有产品创新，没有市场开拓，没有结构调整，没有世人瞩目的文化品牌作为旅游资源的精神地标，则严重影响着全省整体旅游市场的健康发展。

海南虽是旅游大省，但并非旅游强省，其关键问题也在于此。旅游产品数量供给，部分时段部分区域严重超量；大量时段大量区域，旅游产品供给数量严重不足，可供选择的余地极少，与海内外游客日益增长的旅游需求之间的矛盾日益突出，日渐激化。

苏东坡与幼子苏过在琼行经之地和贬居之所，有大量历史记载和文化遗存，在海内外具有极高的知名度与影响力。当年的"海内外名士接踵而来，从师东坡"，已发展成为"接踵而来寻访苏学"。苏学本身就是文化内涵独特、文化底蕴丰厚、文化品质优秀的中高端旅游消费资源。在我省西线旅游规划中，高度重视东坡文化的旅游消费需求，具有重要意义。东坡与苏过在海南行经之地和贬居之所，从澄迈通潮阁登陆海南开始，夜宿通潮驿，日游永庆寺；到海口府城"履职报到"，借寓金粟庵，开凿浮粟泉；再过澄迈、走临高，临高夜宿，史有"苏来村"；"我行西北隅，如度月半弓"，在海南岛西北沿海一线行走数日，且行且吟，讴歌海南，终至昌化；谪居儋州，几近3年，其间登陆昌化江畔二水洲，住双溪书院，寻访治平寺，作《自昌化双溪馆下步寻溪源至治平寺二首》，拜峻灵山、祭峻灵王庙，返回儋州后，再写《峻灵王庙碑》；获旨北归，离开儋州，再宿澄迈。东坡和苏过在琼3年，留有大量历史记载和文化遗存，在海内外具有极高的知名度与影响力，但没有系统、全面、高起点地形成旅游消费资源。

建设国际旅游岛，充分挖掘海南文化资源，要与改变海南省旅游产业"西冷东热"的资源结构相结合。昌江是东坡贬谪海南3年中，所到最远的历史遗存区域，也是海南西部旅游产品供给中，数量少、热度低、名声弱的区域之一我们早一天认识到这些问题，早一些做出结构性调整，早一步突破这种障碍和制约，就会早一天迎来海南旅游供给侧改革的新成绩，早一步跨入建成国际旅游岛的新境界。

海南建设自由贸易区、自由贸易港，千年苏学应当成为国际旅游消费胜地最具特色的传统文化地标。在自由贸易的背景下和框架内，通过建设高标准东坡文化基础设施，开发国际水平的东坡研究、传承、观赏、体验等丰富业态的旅游消费园区、景区，培育东坡峻灵王文化和旅游相结合的消费新热点，推进旅游消费领域对外开放，建成文化特色鲜明、历史遗存灿烂、旅游消费方便的国际旅游消费胜地，这是加快建设自贸区、自贸港的软实力，是昌江对内形成国际品牌吸引力、对外形成昌江文化国际影响力的重要渠道。

习近平总书记在庆祝海南建省办经济特区 30 周年大会讲话中，再一次引用苏东坡的名句："不似天涯，卷起杨花似雪花"。他指出："推动海南建设具有世界影响力的国际旅游消费中心，是高质量发展要求在海南的具体体现。""要培育旅游消费新业态新热点，提升服务能力和水平，推进全域旅游发展。"人民群众潜在的高品质文化旅游消费的需求，需要由供给侧提供高端产品与服务，这种日益增多的文化和旅游消费需求，需要有新的发展理念和现代化经济体系支撑。

2020 年 6 月 1 日，中共中央、国务院公布的《海南自由贸易港建设总体方案》中明确要求：围绕国际旅游消费中心建设，推动旅游与文化体育等深度融合，支持建设文化旅游产业园，发展特色旅游产业集群，培育旅游新业态新模式。东坡峻灵王文化，是昌江独特的，海南稀缺的特色旅游文化。通过"推动旅游与文化体育等深度融合，支持建设文化旅游产业园，发展特色旅游产业集群，培育旅游新业态新模式"，昌化江畔迎来重大历史机遇，新时代"山海黎乡大花园"的美丽图景，将在海南自贸港建设的大背景下，变为生动、丰富、美好的现实，东坡峻灵王文化中"护国安民"的朴素愿望与善良企盼，将成为百姓幸福安康生活的获得感、成就感。

参考文献

[1] 冷成金：《从传统文化中汲取前进力量》，《人民日报》2014 年 12 月 3 日。

[2] 冷成金：《苏轼的哲学观与文艺观》，学苑出版社 2003 年版。

[3] 闫广林：《海南岛文化根性研究》，社会科学文献出版社 2013 年版。

[4] 阮忠：《我本海南民慈游冠平生 —— 流寓儋州的苏东坡》，南方出版社 2015 年版。

[5] 李景新：《天涯孤鸿苏东坡》，中国文史出版社 2005 年版。

[6] 李公羽：《峻灵独立秀且雄 —— 苏东坡昌化江遗踪考论》，上海古籍出版社 2020 年版。

[7] 阎根齐：《昌江黎族自治县史》，《海南地方史研究丛书》（2014 海南省社会科学专项重点课题），社会科学文献出版社 2016 年版。

[8] 海南省昌江黎族自治县地方志编纂委员会：《昌江县志》，新华出版社 1998 年版。

[9] 郭承贤主编：《昌江县二千年事记》，南海出版公司 1992 年版。

[10] 李公羽：《苏学的历史性定位与新时代价值》，《中国苏轼研究》（第九辑），学苑出版社 2018 年版。

[11] 李公羽主编：《东坡文化创新性发展研究》，学苑出版社 2018 年版。

附录

走别人没有走过的路　收获别样风景
——苏东坡海南诗文中的文化力量*

刘　旭**

习近平总书记在庆祝海南建省办经济特区30周年大会上的重要讲话中指出："只有敢于走别人没有走过的路，才能收获别样的风景。"920年前，苏东坡在琼3年，以"石中火"点燃海南文明之火，收获了别样人生、别样风景。近日夜读《东坡海外集》，苏东坡的智慧、广博、淳朴、豁达再次扑面而来，他对国家民族忠诚、对民众百姓良善、对人生积极率真。今天的海南正站在一个崭新的历史起点，我辈当从东坡身上汲取文化"原力"，让这种文化力量在琼州升华。静夜感怀，倍感浮浅，借古开今，共励共勉。

坚定"白袍端合破天荒"的豪情壮志

苏东坡来琼时年逾六旬，"荡志隘八荒""四海环我堂"，矢志设堂讲学，蛮夷之地方"书声琅琅"，中华文化的血脉在天涯海角得以薪火相传，"宋苏文公之谪儋耳，讲学明道，教化日兴，琼州人文之盛，实自公启之"。当年学生姜唐佐应试临行，东坡为其扇上题诗："沧海何曾

---

* 原载《海南日报》，2021年1月8日。

** 作者简介：刘旭，中共海南省委政策研究室副主任。

断地脉，白袍端合破天荒。"姜唐佐不负厚望，夺魁科场，成为海南第一个举人。滔滔沧海冲不断人气地脉，书生白丁有志气可破天荒。在海南建设中国特色自由贸易港，是一项前无古人的开创性事业，这就是当前和今后一个时期海南的"志"！这是一项神圣使命，也是一场严峻考验，更是一次接力赛跑。我们要以舍我其谁、笃志开新的时代担当，解放思想、敢闯敢试、大胆创新。在海口施茶村，千百年来，受地质条件限制，村民只能在石头缝里种庄稼。近年来，村民从深层地下抽出火山矿泉水喷灌，原来的石头荒地变成石斛生长乐土，"火山石斛"成了当地的闪亮品牌。"火山石上种仙草"，就是海南人民敢想敢试、无中生有、人有我优的生动实践。因循守旧没有出路，畏缩不前坐失良机。我们要持续弘扬特区精神，当好"拓荒牛"，善于以"小切口"改革带动重点难点突破，逢山开路、遇水架桥，努力向历史和人民交出一份合格答卷。

涵养"无限春风来海上"的气度胸襟

苏东坡在《减字木兰花·己卯儋耳春词》中写道："春牛春杖，无限春风来海上。"他在《儋耳》诗中也说："垂天雌霓云端下，快意雄风海上来。"风从海上来，东坡的旷达之怀，最令人钦佩。"海纳百川，有容乃大。"海南因海而生、向海而兴，海南的历史，就是一部海纳百川、开放包容的历史。自由贸易港是当今世界最高水平的开放形态。建设自贸港，需有大海般的宽广胸怀，坚持开放为先，坚定不移践行"中国开放的大门不会关闭，只会越开越大"。我们要承继千百年来海南人民在航海闯海中涵养的开放包容、厚德载物的宝贵品格，抬头看、放眼望，以前所未有的国际视野、开放思维和创新意识，学习借鉴先进经验，引进消化吸收再创新，做到"青出于蓝而胜于蓝"；要笑迎八方客，欢迎全世界投资者来琼投资兴业，共享自贸港建设机遇；要聚天下英才而用之，不拘一格引进海内外人才。"甘瓜苦蒂，天下物无全美。"自贸港建设需独辟蹊径开新路，机遇、风险与挑战并行，尤应怀宽容之心、励担当之责。成功的反义词不是失败，而是平庸。要拎着"乌纱帽"立潮头，困知勉行、勇于试错，失败亦是成长。唯有为敢闯者撑腰、为试错者护航，方能激发敢为人先的锐气。

永葆"天容海色本澄清"的纯粹本色

苏东坡在《六月二十日夜渡海》中感慨："云散月明谁点缀？天容海色本澄清。"青天碧海本就是澄清明净的，正是东坡一生淡如清风的写照，他的眼睛总是纯粹而明亮。他在《椰子冠》中说："更著短檐高屋帽，东坡何事不违时？"苏东坡"清苦有气节"，不苟随、尚节操，"人生如逆旅，我亦是行人"，始终守着一份平淡的、纯粹的坚韧。建设自贸港，我们一方面要精心呵护好青山绿水的自然生态禀赋，把绿水青山、碧海蓝天留给子孙后代；另一方面要永葆政治生态的"青山绿水"。毛泽东在《纪念白求恩》中说："要做一个高尚的人，一个纯粹的人，一个有道德的人，一个脱离了低级趣味的人，一个有益于人民的人。"党员干部要牢记权力是党和人民赋予的，摆脱名缰利锁，不好高骛远、好大喜功，心明眼亮、襟怀坦白，经得起诱惑、躲得过"围猎"、守得住底线。唯有守住内心的"青山绿水"，才能造就政治生态的"青山绿水"，中国特色自由贸易港建设方能行稳致远。

厚植"此心安处是吾乡"的家国情怀

苏东坡"责授琼州别驾，昌化军安置，无以事签"，不能享受俸禄，不能处理公务，但他无论穷达升沉，始终以苟活为羞、避事为耻，融入当地、造福一方。他在《定风波·南海归赠王定国侍人寓娘》中写道："试问岭南应不好，却道：此心安处是吾乡"；在《别海南黎民表》中说："我本儋耳民，寄生西蜀州。忽然跨海去，譬如事远游。"苏东坡心安于海南的心境值得我们来自五湖四海的每一个自贸港建设者学习体悟。唯有心安，方能真情真性，"恐北方君子闻之，争欲为东坡所为，求谪海南，分我此美也"，才能像椰树一样"伫立凌云诉苍穹，狂风暴雨不弯躬。炎凉四季春常在，赖自根生岛土中"，以赤子之心扎根守土，深情融入海南、热爱海南、奉献海南。唯有心安，方能包容共进，才能虽"食无肉，病无药，居无室，出无友""播厥薰木，腐馀是耘""芋魁尚可饱，无肉亦奚伤"仍倍感欣慰，才能感受到"鸡犬识东坡""奇峰望黎母，何异嵩与邝"，与当地黎民百姓间"遗我吉贝布，海风今岁寒""明日东家知祀灶，只鸡斗酒定膰吾""但愿饱杭稌，年年乐秋成"而相得友善，才能与944万海南人民心心相印、同甘共苦，用智慧、勇气、汗水书写美好新海南的辉煌篇章。唯有心安，方能保持历史耐心，"他年谁作舆地志，海南万里真吾乡""九死南荒吾不恨，兹游奇绝冠平生"，才能以功成不必在我的精神境界和功成必定有我的历史担当，处实效功、接续奋斗，不图虚名、不做表面文章、不急功近利，为后人栽树、甘当铺路石，多行打基础、利长远之事。

"人生到处知何似，应似飞鸿踏雪泥。"全力以赴地做事，云淡风轻地生活，这便是苏东坡给我们的启迪和力量。恰逢盛世，机遇千载难逢。庚子渐去，辛丑将启。我辈当只争朝夕、不负韶华，乘风破浪、阔步前行！

构建立体的海南东坡文化形态

——在纪念苏东坡《峻灵王庙碑》撰写920周年学术研讨会暨李公羽《峻灵独立秀且雄》首发式上的总结讲话（摘要）

阮 忠[*]

　　这次会议研讨苏东坡的《峻灵王庙碑》。《峻灵王庙碑》后面有一个很大的文化背景，即东坡文化。东坡文化是海南文化最亮丽的名片。刚才海滨教授说："海南建设自贸港，需要投资，需要建设，但没有文化肯定不行，这是毫无疑问的。"而这文化中东坡文化是很重要的一块，需要继续建设和弘扬。在东坡文化引领的进程中，我们苏学研究会的一项重要使命，就是积极推动苏学研究，推动海南东坡文化的发展，使之与自贸港建设结合在一起，从海南岛走向全国，也走向世界。

　　令人高兴的是，今天昌江的东坡文化很有起色，昌江县重视东坡文化，从峻灵王庙、昌化故城，到东坡广场、治平寺碑等，呈现出浓郁的东坡文化氛围。但从学界来看，对昌江东坡文化的研究还重视得不够，《峻灵王庙碑》一文在一些相关的历史文献中没有记载。

　　今天，这一问题被公羽先生提出来了，且受到昌江重视，这不仅是公羽先生的研究成果，也是昌江东坡文化进一步的发掘与光大。昌江做了很好的工作，我们应该感谢昌江，感谢他们对东坡文化——当然也

---

　　* 作者简介：阮忠，海南省苏学研究会会长、海南师范大学文学院教授。

是对中华优秀传统文化的重视！感谢他们对海南苏学研究的推动！同时，我们祝贺李公羽先生，因为这一著作把我们苏学研究会这一年，或者说自成立以来的研究成果，推向了一个高峰。我们也祝贺昌江，因为有这样一部《峻灵独立秀且雄——苏东坡昌化江遗踪考论》，昌江东坡文化的名片也变得更加光彩夺目了。这实在是一件好事。

刚才李长青教授特别提到了公羽先生的研究方法，既重文献史料，又重田野调查，还运用王国维先生的二重证据法。这些方法是学界通用的。我觉得，苏学的研究人员都应十分重视这些方法，学术研究没有捷径可走，这也是我们今后研究苏学的必由之路，要把这条路走稳走好。

话说回来，公羽先生的著作，仅仅是进一步坐实东坡去过昌江。东坡自己说绍圣四年（1097）七月，以罪从惠州遣于儋州；元符三年（1100）五月，诏徙廉州。在离开儋州之前，他觉得实在应去感谢一下峻灵王对自己的保佑。因为他到海南之前，战战兢兢，以为此行不可能生还，首当做棺，次当做墓，再也回不了大陆。现在居然可以生还了，他要感谢峻灵王也是情理中的事。以这篇碑文为据，我是主张东坡去过昌江的。

公羽先生从田野调查、文献考据等论证东坡到过昌江，让人们更加信服东坡的昌江行。但他提出的有些问题仍可以再研究，如说东坡《治平寺诗二首》。公羽先生认为，东坡治平寺诗里有海南的农作物，诗中反映的景象是海南景象，所表现的晚年情绪应当符合东坡的晚年心境等。但这里我说一句：如果我们把诗里的农作物、景象和东坡心境带入杭州，好像也是可以的。东坡这个人，常说他老，在密州38岁时就说"老夫聊发少年狂"，那时何老之有？但不妨他这样写，这样说。所以我说公羽先生提出的有些问题，还可以再研究，可以做得更扎实些。

公羽先生东坡昌化江遗踪考，已经做得很实了，他的辛苦是值得的。他的工作做得很细，像海滨、长青等教授刚才说的，我们这些业内的人，没有他做得这样细。我们除了向公羽先生学习，努力从事东坡文化或苏学研究之外，我认为海南的澄迈、临高、琼州，包括儋州，也需要动起来。为什么？因为海南的东坡文化，要想走向世界，不能是单打独斗，仅靠这一本书，靠一个昌江，还不成气候。需要有更多的研究成果，各地行动起来，构成立体的东坡文化形态，才可能使东坡文化更加厚实，才可能行稳致远。

因此，我很希望琼山五公祠里的苏公祠，能有专门的东坡研究；很希望临高的苏来村，除了那一片森林里面的小茅房外，能够有一点其他的动作或声音；也希望澄迈的通潮阁，不要总是停留在口头上，不要总是说东坡先生那两首诗；还有那座古桥，是不是可以修一修？通潮阁是不是可以建一建？把澄迈的东坡文化做实。我们也希望，这些地方能够有像公羽先生《苏东坡昌化江遗踪考论》这样的著作，譬如《东坡澄迈通潮阁记》。因为任何一种文化形态，如果单一，就太单薄；太单薄，就不容易久远，不容易流传。对此，我们每一个人，都肩负着深入研究的责任与重担。

今天这个会，的确是一个很有意义的会，进一步鼓起我们的信心，让我们继续再向前走。我们也真心希望，以后的海南，在国际旅游岛、自贸港建设这样大的社会背景之下，真正能够把东坡文化搞起来。我们也希望，在自由贸易港建设进程中，我们所谈论的、所接触的、所从事的，不仅是经济，还有文化。这文化里面最重要、最坚实、最亮丽的一环，就是东坡文化，让我们共同努力吧！

（根据录音整理，未经本人审阅。题目为编者所加）

2020 年 7 月 18 日于海南大学

建成特色文化聚集地　奋力打造世界级旅游产品

——在"昌化江东坡峻灵王文化论坛"开幕式上的讲话

何顺劲 *

远道而来的各位专家学者，同志们、朋友们：

今天是中华民族的传统节日——重阳节。东坡先生在《丙子重九二首》诗中说道："登山作重九，蛮菊秋未花。"在这样一个有特殊意义的日子里，古人评价为"十里九峰"的昌化江畔，迎来各位苏学研究专家，在着力研究和传承苏东坡文化、峻灵王文化的同时，亲临昌江，"登山作重九"，追寻 920 年前苏东坡探访峻灵山、祭拜峻灵王庙的历史足迹，为弘扬中华优秀传统文化而跋山涉水、殚精竭虑。请允许我代表昌江黎族自治县委、县人民政府、县人大、县政协，以及全县 26 万人民，向各位专家学者，向随行采访的中央和海南省新闻媒体的负责同志、记者朋友，表示热烈的欢迎和真诚的感谢！

在海南自贸区、自贸港建设进程中，中共昌江黎族自治县委、县人民政府立足昌江实际，找准自身定位，提出打造"五地两县"的战略目标：海南西部一流旅游目的地、海南新能源创新产业基地、海南热带高效农业产业基地、特色文化产业聚集基地、现代海洋渔业综合基地，全省生态文明示范县、全省基本公共服务均等化示范县。2020 年 4 月，在

---

* 作者简介：何顺劲，昌江黎族自治县人大常委会主任。

昌江黎族自治县政府工作报告中进一步明确提出：要把昌化江入海口打造成为世界级旅游产品。

各位专家学者已经了解到，昌江除了有丰富的自然资源之外，还有丰富的文化资源，包括古文化、黎族文化、峻灵王文化、东坡文化以及雨林文化、木棉文化、湿地文化、海洋文化等。

920年前，苏东坡在昌化江畔参拜峻灵王庙，随后撰写著名的《峻灵王庙碑》，为我们千年之后将源远流长的峻灵王文化，与博大精深的东坡文化，更有特色地融合起来，提供了不可多得、不可轻视、不可复制的历史文化品牌，为我们打造具有昌江特色的"业态丰富、品牌集聚、环境舒适、特色鲜明的国际旅游消费胜地"，提供了重要的历史文化资源。东坡《峻灵王庙碑》一文与东坡北归中原的历史遗踪，对于我国历史文化、民俗文化、地理文化、宗教文化和文物保护等工作，具有特殊重要的意义与价值。

峻灵王是源于海南昌化江畔的独特历史文化现象。苏东坡所撰文的《峻灵王庙碑》，凝聚着中华优秀传统文化中挑战命运、不畏艰险、护佑生命、融入自然的价值观，也彰显着护卫家园、守望南海的期盼和信念。

东坡峻灵王文化是中华优秀传统文化在海南的具体展示与丰富呈现，是自贸港建设背景下打造昌江特色文化聚集地的重要历史文化资源，对于昌化江畔，海南沿海多地乃至北部湾城市群中峻灵王文化崇拜区域，新增了生动、美丽、丰富而充实的旅游文化品牌。以护国安民为主旨的峻灵王民俗文化，在东坡文化的融合与促进下，通过创造性转化、创新性发展，必将形成极具昌江特色的文化产业聚集基地，成为全省、全国乃至国际性文化旅游融合示范区、目的地。我们将高度珍惜这一重要历史文化资源，充分发挥优秀传统文化的核心价值，以东坡峻灵王文化的美丽传说，推进经济社会文化发展的实际，促进文化旅游经济发展，为昌江县在海南自贸区、国际旅游消费中心建设进程中，彰显峻灵王文化、东坡文化的独特品质，打造昌江特色文化聚集地，奠定具有昌江特色的重要基础。

当前，昌江全县上下正在按照"五地两县"发展布局，围绕建设新时代"山海黎乡大花园"总体目标，着力打造海南西部一流旅游目的地。借助各位专家学者通过此次考察、交流、论文等多种方式，为我们提供的重要研究成果，我们以苏学遗存促进昌化江畔经济社会文化发展，以东坡峻灵王文化的历史意义与当代价值，打造昌江特色文化聚集地，促进国际旅游消费中心建设，就更加有信心、有优势、有动能，也必然更加有智慧、有收获、有成就。东坡峻灵王文化的美丽传说，必将在新时代昌化江畔经济社会文化发展的重要实践中，在推进城市发展转型、促进文化旅游经济发展的进程中，不断促进和提高全县人民群众的获得感和幸福感！

借此机会，谨向指导此次论坛的中共海南省委宣传部、海南省旅游和文化广电体育厅、海南省社科联（院）和海南省新闻工作者协会表示感谢；向海南大学、海南省苏学研究会等所有支持、帮助昌江县发掘、研究和传承东坡文化、峻灵王文化的各位专家、学者，各界朋友，一并表示衷心的感谢！

920 年前，东坡先生为昌化江写下了"峻灵独立秀且雄"的名句。祝福并期盼各位专家，各位朋友，在昌江期间充分体验和感悟这里独特的历史文化；在离别昌江之后，仍然珍藏昌化江畔"兹游奇绝冠平生"的难忘经历，不断回味和传唱"峻灵独立秀且雄"的昌江风采！

2020 年 10 月 25 日

传承东坡峻灵王文化　打造昌江特色文化聚集地

——在纪念苏东坡《峻灵王庙碑》撰写920周年学术研讨会暨李公羽《峻灵独立秀且雄》首发式上的致辞

黄兆雪[*]

各位专家学者，学术研究机构和新闻媒体的各位朋友，同志们：

非常高兴应邀出席纪念苏东坡《峻灵王庙碑》撰写920周年学术研讨会暨李公羽《峻灵独立秀且雄》首发式。受县委常委、宣传部部长文艳同志委托，我专程参加此次会议，谨代表县委、县政府、县委宣传部和全县26万人民，对支持、帮助昌江县发掘、研究和传承东坡文化、峻灵王文化的各位专家、学者，表示衷心的感谢！对利用周末时间出席此次重要学术研讨活动的各方面朋友，说一声：你们辛苦了！谢谢各位！

海南自贸港建设进程中，昌江县正按照"五地两县"发展布局，打造新时代"山海黎乡大花园"的总体目标，打造海南西部一流旅游目的地。传承千年的东坡文化，与传承更为悠久的峻灵王文化，通过李公羽先生这样一部专业学术论著，在新时代实现了新融合、新定位、新发展，为我们进一步整合昌江各种优质资源，探索通过"产业化、企业化、市场化"的模式，使文化产业保持可持续发展，增添了新的历史资源和文化品质。

---

* 作者简介：黄兆雪，中共昌江黎族自治县委宣传部副部长。

海南省苏学研究会理事长李公羽同志，近年来多次深入昌江县昌化镇，在咸田村、昌城村、杨柳村、新城村、旧县村等地，考察调研。昌江黎族自治县高度重视对于东坡文化、峻灵王文化的研究与传承，积极配合支持李公羽先生的研究、考证活动。经过几年的努力，今天，摆在各位专家学者面前这样一部学术专著，确属不易。

昌江是海南岛建置较早的郡县，也是海南岛佛教、道教等文化传播较早的地方。峻灵王文化作为重要的历史资源，是中华优秀传统文化在我们身边的具体展示与丰富呈现，在海南省包括海口、澄迈、琼海、文昌等地都有峻灵王崇拜，北部湾、东南亚地区也有峻灵王文化传播。东坡先生《峻灵王庙碑》一文，又为我们新增了更具品牌价值的东坡文化的丰富内涵，为我们在自贸港建设背景下，打造昌江特色文化聚集地，带动昌江周边，辐射海南沿海多地乃至北部湾城市群中峻灵王文化崇拜区域，新增了生动、美丽、丰富而充实的旅游文化品牌。我们将高度珍惜这一重要历史文化资源，充分发挥优秀传统文化的核心价值，助力打造昌江特色文化聚集地，共同以东坡峻灵王文化的美丽传说，推进经济社会文化发展的重要实践，推进城市发展转型、促进文化旅游经济发展，提高人民群众的获得感和幸福感。

使东坡文化成为文化昌江旅游产业推进供给侧结构性改革的新实践，既可为现代文化旅游提供丰富的个性化消费产品，为海南西部多市县联动开发东坡文化之旅，增添全新的、特殊的、重要的文化旅游聚集区，又可以提升文化昌江、文化海南的气质、形象与品位，在高质量文化旅游产品供给上形成新作为、新气象。这是昌江发展的新机遇和经济增长点。

920年前的此时，东坡先生为昌化江写下了著名的《峻灵王庙碑》，他说"方壶蓬莱此别官，峻灵独立秀且雄"。再次感谢李公羽先生和各位专家学者的辛勤努力、优异奉献！我谨此热情欢迎并邀请各位朋友，秋天我们共游棋子湾，同登峻灵山，体验"峻灵独立秀且雄"的昌江风采！

（根据录音整理，未经本人审阅。题目为编者所加。）

2020 年 7 月 18 日于海南大学

峻灵公信仰与海南渔民的海神祭祀[*]

宋可玉　李一鸣 ^{**}

　　海南岛犹如一颗耀眼的明珠镶嵌在中国南海之上。早在一万年前，海南先民就已经在岛上生活栖居，人们滨海而居，面朝大海，以海为田，耕海为生，海洋因素深深地渗入其文化生活之中，海南历史文化因此而具有鲜明而独特的海洋文化色彩，逐渐形成了悠久的海神信仰崇拜习俗。妈祖崇拜、水尾圣娘崇拜、海龙王崇拜、峻灵公崇拜、108兄弟公崇拜、伏波将军崇拜，等等，海南海神信仰文化不仅历史源远流长，而且往往是独具特色而又丰富多彩。时至今日，在海南人民的日常生活之中，仍然能够见到海神文化的深刻影响。而海南的海神文化也随着海南人民的足迹，传播至海外许多国家，只要是海南人足迹所至之处，几乎都能看到海南海神信仰文化的历史遗存或者是当代状况。海神信仰文化成为海南人民的重要文化符号，也是海南文化的重要表现形态之一。

　　然而在一段时期以来，由于对民间信仰和民间文化的认识误区，许多人将包括海神信仰习俗在内的民间信仰文化视为落后的、迷信的、世俗的文化，以致一些海神庙宇、塑像遭到一定程度的损毁，许多海神信仰活动也被禁止，也导致了大量的涉海民间信仰文化长期以来没有得到

　　* 本文节选自宋可玉、李一鸣：《海南海神信仰文化研究》，知识产权出版社2018年版。标题为编者所加。

　　** 作者简介：宋可玉，中共海南省委党校（海南省行政学院、海南省社会主义学院）副教授；李一鸣，中共海南省委党校（海南省行政学院、海南省社会主义学院）副研究员。

应有的重视、系统整理和研究分析。20世纪80年代以来，在"实事求是"和"解放思想"的时代潮流之下，民间信仰活动开始得以逐渐恢复，民间信仰文化研究也得以重新开展。特别是21世纪以来，相关研究进一步深入，这也为我们进行具有海南地域特色的海神信仰文化研究提供了极大的便利。

一、海南渔民的海神信仰是海南文化丰厚的历史积淀

21世纪以来，由于海洋的全球战略地位不断提升，海洋文化的研究日渐成为当前的热潮，海南因其特殊的海岛地理、辽阔的海洋面积以及与东南亚接壤的重要区域位置成为中国海洋事业发展的重点和热点，海南海洋文化的研究也成为研究的热点。司徒尚纪先生以为："在经济全球化背景下，以海为商南海商业文化已获得新发展机遇。特别是2001年中国加入世界贸易组织（WTO），海洋将更加开放，市场竞争将会进一步加剧，商业贸易将以全球为大市场开展。……改革开放促进中西文化大交流、大碰撞、大融合和大整合，南海海洋文化由此经过蜕变、新生，集聚了巨大的文化势能，形成对外倾泻态势。"[①]应当说，海南海神信仰文化作为南海海洋文化的一个部分，也在这种交流、碰撞、融合之下，呈现出新的面貌，凸显了新的价值，并且有待于我们继续发掘其内在的价值。

海南省地处中国最南端，以海南岛为所辖陆地主体部分，陆地面积并不算大，四面临海，所辖海洋面积却颇为广阔，往北以琼州海峡与广东隔海相望，往西以北部湾与越南海域相接，往东与台湾同属南海领域远远对望，往东南和南方则以南海与菲律宾、文莱、马来西亚、印度尼西亚为邻。海南居民自古以来主要居住在海南岛，多数居民生活在沿海地区，周边小岛适宜生活者少，多以渔期居住、过路休息为主。海南岛上的居民尤其是沿海地区的居民，其生产、生活、交通往来都与海洋密

---

① 司徒尚纪：《中国南海海洋文化》，中山大学出版社2009年版，第60—61页。

不可分，其历史与文化被深深地打上了海洋的烙印。在论及海洋文化与海南文化之关系时，陈智勇先生指出："海南海洋文化为海南文化的发展提供了源源不断的资源支持和强大推动力。几千年来，在海南岛这个热带海洋岛屿上积累了丰厚的海南文化。海南文化发展到今天，离不开海南海洋文化的富集与充实。例如海南文化中丰厚的历史文化积淀，有相当部分来源于海南海洋的人文历史成分。又如海南文化中富于进取和开放的新鲜气息和开拓精神，正是来源于海南海洋那浩瀚壮观、自由奔放的自然天性。再如海南文化中包罗万象的包容精神，则来源于海南海洋那浩瀚无边的海洋景观以及热带海岛源源不断的海洋移民波动潮。再如今天海南文化中日渐火爆的海南旅游文化，更是离不开海南蓝天碧海、椰风海韵所赋予的独特的海洋旅游景观的强力支持。"①

海南海神信仰文化的产生与发展，无不是渊源于千百年来海南人民与海洋相斗争、相共存的历史情状；换言之，海神信仰文化正是海南人民认识海洋、尊重海洋、利用海洋、珍惜与保护海洋的重要文化见证。了解海南人民与海洋之间的历史，理解海南海洋文化所独具的特征与内涵，离不开对海南海神信仰文化的探寻与挖掘。海南海神信仰文化不仅是海南海洋文化的一部分，而且是其重要组成部分，可以从深层次解释海南海洋文化的精神特征和气质禀赋。海南海神信仰作为一种宗教文化，与海南沿海社会文化之间有着紧密的内在的联系。西方宗教文化学家克里斯托弗·道森提出"宗教是历史的钥匙"②，在西方社会近代以前，宗教长期以来是文化的主宰，宗教中的精神信念、价值观念被内化为社会和个人的生活准则。在古代海南，海神信仰虽然没有占据宗教信仰的全体，因为沿海居民同样还有着与陆地生活相关的神灵信仰，但是海神信仰同样深入了社会生活的方方面面，对当地文化的形成与发展产生了巨大的影响。海南海神信仰文化在当代社会依然具有蓬勃的生命力，与海南沿海地区居民的生产生活、传统习俗仍然紧密相连，与海南侨民的

---

① 陈智勇：《海南海洋文化》，南方出版社 2008 年版，第 9 页。

② [英] 克里斯托弗·道森：《宗教与西方文化的兴起》，长川某译，四川人民出版社 1989 年版，第 5 页。

故土情结紧密相连，海神信仰文化中的妈祖信仰、冼夫人信仰已经成为海南的一张张文化标签，成为海南与国内外进行文化交流的平台之一。深入发掘海南海神信仰文化对于展示海神信仰文化在当代的社会意义与现实价值具有重要的意义。

同时，中国传统文化尤其是非物质文化遗产的价值得到越来越多的认可和重视，海神信仰作为海洋文化的组成部分，作为非物质文化遗产的重要部分，它的独特的社会文化经济价值也得到了认同。海南的"天后祀奉"被列入国家级非物质文化遗产项目名录，琼海市的"祭祀兄弟公出海仪式"则被列入海南省省级非物质文化遗产代表性名录；同时，大量的涉及海神信仰的庙宇、文化遗址和遗存、海神塑像等被列入各级文化保护单位。故此，不管是物质文化保护还是非物质文化保护，都亟须在文化渊源与文化精神上，对海南海神信仰文化的历史与现状进行必要的梳理与研究。

更为重要的是，在南海诸岛中，至今留下了包括海南渔民在内的中国人民在南海经略开发的重要历史文化遗存，其中就包括海南渔民所建的大量涉及海神信仰的大小石庙。据学者研究论述，"目前，南沙群岛有据可查的庙宇史迹，共有太平岛（台湾地区管辖）、中业岛（菲律宾侵占）、南子岛（菲律宾侵占）、北子岛（菲律宾侵占）、西月岛（菲律宾侵占）、马欢岛（菲律宾侵占）、南威岛（越南侵占）、南钥岛（越南侵占）、奈罗礁（越南侵占）、鸿庥岛（越南侵占）等岛屿"①。而据郝思德《南海文物》所附录《西沙群岛珊瑚石小庙登记表》，在西沙群岛的琛航岛、和五岛、北岛、广金岛、甘泉岛等岛屿上有渔民所建立的大小石庙14座，其中大多用珊瑚石所砌成，有的还祭祀有神像。②这些都是中国渔民，特别是海南渔民经略海南的重要物证。故此，对南海诸岛的石庙及其信仰历史文化进行必要的研究，对于展示和梳理中国人民开发南海诸岛的历史、维护国家主权和权益也具有重要的意义。

---

① 陈进国：《南海诸岛庙宇史迹及其变迁辨析》，《世界宗教文化》2015年第5期。

② 郝思德：《南海文物》，南方出版社2008年版，第181—182页。

二、昌江县峻灵公信仰历史悠久影响广泛

昌江县位于海南岛西部，东方市北端。昌江县原为昌化县，由于与浙江昌化县同名，因发源于五指山的昌化江贯城而过，故于1914年改为昌江县。1950年5月，昌江、感城二县解放，成立昌感县。1962年5月，复立昌江县；1987年，设立昌江黎族自治县。昌江地区人们多信奉峻灵公、天后等海神。载诸史志的峻灵王（公）庙有两座："峻灵王庙，一在坞坭港口，一在千户所南。神甚灵应，东坡有记。"①《正德琼台志》则明确记载："神山峻灵王庙，在县北北岸都乌坭港口，五代乡人建。国朝洪武已巳，知县姚源重建。"②即谓峻灵王庙始建于五代时期，历代又有重建。峻灵王之初当是山神，因其庙依山临海，后来也成为人们普遍信奉的海神。关于天后宫，《光绪昌化县志》载："天后宫在城西小岭上，知县璩之璨等捐修。……乡人于水旱、疠疫、海警求祷辄应。今渡者祭卜方行。"③这里所记天后（妈祖）颇为灵应，当地百姓在大水干旱、发生灾疠、海上遇难等情形的时候，祈祷都有应验，得到妈祖护佑。因此，人们在渡海出行之前都会祭祀祈祷，才开始启程。

海南的峻灵公崇拜，具有鲜明的海南本地特色。峻灵公是海南西部沿海渔民主要祭祀的神灵，与其他人格神不同的是，峻灵公是因为岭具有灵气而得名。据《道光琼州府志》记载，昌江县境内有两座峻灵王庙，"一在坞坭港口，一在千户所南。神甚灵应，东坡有记"④。其中位于昌江县北北岸都乌坭港口的峻灵王庙，据载创建于五代时期。所谓"东坡有记"是指苏东坡被贬儋州时曾拜谒昌化岭，归作《峻灵王庙碑》，其中云："自念谪居海南三岁，饮咸食腥，陵暴飓雾而得生还者，山川之神实相之。谨再拜稽首，西向而辞焉，且书其事，碑而铭之。山有石池，产紫鳞鱼，民莫敢犯，石峰之侧多荔枝、黄柑，得就食，持去，则

---

① 〔清〕萧应植修，陈景埙纂：《乾隆琼州府志》，海南出版社2006年版，第275页。

② 〔明〕唐胄纂：《正德琼台志》，海南出版社2006年版，第554页。

③ 〔清〕李有益纂修：《光绪昌化县志》，海南出版社2004年版，第161页。

④ 〔清〕明谊修，张岳崧纂：《道光琼州府志》，海南出版社2006版，第400—401页。

有风雹之变。"①在苏轼看来，谪居海南期间得到神灵的护佑，特此撰文记述峻灵王庙之来历、神异应验之事等。其中所述"又西至昌化县（作者按：今昌江县）。西北二十里，有山秀峙海上，石峰巉然，若巨人冠帽，西南向而坐者，俚人谓之山胳膊。而伪汉之世，封其山神为镇海广德王。……皇宋元丰五年（1082）七月，诏封山神为峻灵王"②云云，皆为《正德琼台志》等诸多地方志记载所本原。据其说，在五代十国时期，南汉国封其为"镇海广德王"；宋代赵神宗元丰五年（1082），封为"峻灵王"。

对于苏轼的"封其山神为镇海广德王"的说法，《道光琼州府志》在按语中提出：《通志》引用《十国春秋·南汉太祖本纪》所云"乾亨元年（917），封峻灵山为峻灵王。儋州昌化县山为镇海广德王"，以为封为广德王的当是昌化县的另外一山，而不是峻灵山。二说不知孰是孰非，因此"并载之，以俟识者考证焉"③。

而在临高县，也建有峻灵王庙。《康熙临高县志》载："峻灵王庙，在县治西门内，其神又在昌化西北二十里……其建庙塑像于临者，分祀也。"④临高所建的峻灵王庙是昌江峻灵王的"分祀"所在，即供奉信仰的同样是峻灵公。据《正德琼台志》，在琼州府的东门外半里，自元代时期乡人建有峻灵行祠，所祭奉的与昌化（今昌江县）的神灵一致，也是峻灵公神⑤。

时至今日，在琼西的儋州、临高、昌江、东方、乐东等地渔民，多有立庙崇祀。如在临高大雅村海边，由大老村和大雅村船主（渔民）及村民等捐资修建神山庙，内祀"神山广德峻海明王"。至于商贾、平民，每遇灾难病疾，困顿险恶，也多有前往峻灵王庙祭拜，祈求平安。

海南西部地区包括了儋州、东方、澄迈、临高、乐东、昌江等6个

---

① 〔宋〕苏轼：《苏轼文集》，岳麓书社2000年版，第1289页。

② 同上书，第1289页。

③ 〔清〕明谊修，张岳崧纂：《道光琼州府志》，海南出版社2006年版，第401页。

④ 〔清〕樊庶纂修：《康熙临高县志》，海南出版社年2004年版，第71页。

⑤ 〔明〕唐胄纂：《正德琼台志》，海南出版社2006年版，第537页。

市县。一般而言，海南岛西部地区的文化和习俗，与东部地区有着一定的差异，呈现出自己的特色。如在海神信仰方面，峻灵王信仰就为西部的昌江、东方、临高、儋州、澄迈等地区人们所重视。但天后（妈祖）、龙王、108兄弟公等海神信仰，在西部沿海地区也是广为流行。

祭祀活动除了在官庙里举行，而且也可以将神灵恭请至家中进行崇拜祭祀，以便朝夕崇拜，这是信众将崇拜融入日常生活的重要方式之一。不仅像妈祖、水尾圣娘等在家庭祭拜塑像，在琼西一些地区还将峻灵公请至当地，如东方港门的"港门老爷"，其实就是峻灵公①。

三、海南渔民的海神信仰与祭祀

海南渔民常年出海捕鱼为生，不得不面对风涛巨浪，稍有不慎极有可能葬身海底。因此，海南渔民对于给予其生计又有可能威胁其生命的海洋非常敬畏，他们崇祀海洋神灵，希望其能保护渔民海上往来航行平安，同时也祈祷能够渔业丰收。海南渔民的海神信仰不仅历史悠久，而且许多信仰活动及仪式文化等都延续至今。

（一）渔村的海神信仰与祭祀

在海南岛的沿海，几乎每个渔村都有自己的海神庙宇，崇祀海洋神灵，如妈祖、水尾圣娘、108兄弟公、峻灵王、南海龙王等等。海南岛东部沿海地区多以信仰妈祖、水尾圣娘和108兄弟公等海神为主，西部沿海地区多以信仰龙王、峻灵王等海神为主。时至今日，在民间重要的一些重要节日，出海捕鱼前、捕鱼期间以及捕鱼归来，渔民都会举行隆重的祭祀海神活动。如在农历二月二日传统的"龙抬头"节日，渔民祭祀龙王等海神；8月初捕鱼期开渔，渔民祭祀妈祖、108兄弟公等诸神。

据海南大学王恩等的调查："潭门渔民远海航行作业中分四个阶段祭祀'108兄弟公'：一是出海前，二是归航后，三是渔船到达某一海域开捕前，四是逢年过节。出海前举行的'祭兄弟公出海仪式'祭祀活

---

① 詹贤武：《海南民间禁忌文化》，海南出版社2008年版，第292页。

动俗称'做福',归航后举行的祭祀活动俗称'洗咸',开捕前和节日的祭祀活动俗称'做兄弟公'。"[1]海南潭门渔民的"祭兄弟公出海仪式"除了供奉丰富的贡品,还要请道士施法敬请"108兄弟公"以及其他诸神到坛,驱除渔船上的妖魔鬼怪等等仪式。"做兄弟公"则是渔民到达西沙群岛,或者是前往南沙捕鱼时渔船经过西沙及到达南沙开始捕鱼前,都要祭祀"108兄弟公",意味着向"兄弟公"报告,前来捕鱼作业,请求神明护佑渔船平安和丰收。

(二)渔船上的海神祭祀

渔民不仅在海神庙宇祭祀神灵,在开渔及重要节日举行祭祀活动,而且在渔船上也悬挂写有海上神灵名号的旗帜,以及供奉海神神位和祖宗神位。

在海南临高渔民的渔船上,"渔船上挂满了旗帜,旗帜的特点是一杆两旗,上面为一三角形小旗,下面为一长方形小旗,上写有'华光大帝''都统真君''御史真君''神山明王''辛帝判官''祖师功曹''玄天土帝''英烈天妃''五佛大帝''护法大将军'或'班帅侯王'等四五个字,旗帜镶边,颜色各异,远远望去,赫然醒目。"[2]而这些名号,都是渔民们在海上的保护神。如黄姓船主的渔船上供奉的神灵牌位为:"船主敕赐鲁班师傅至巧大神、敕赐浮汉忠显灵应大侯王、南无大慈大悲救苦救难灵感观世音菩萨、九天开化文昌司禄梓潼帝君、敕封三界伏魔忠义仁勇护国保民关圣帝君、港主会中一切圣众、宣封掌教都统御天显应法师、太祖玉昭天门北府座道灵公天英上帅、黄家香火有位福神一切圣众。"[3]桂姓船主的渔船上供奉的神灵牌位为:"港主敕赐神山峻灵广德明王、港主敕赐超佳嘴广德明德大王、港主宣封辅门萌著英烈天妃、桂家雷灵副帅青帝铁笔辛天君、船主敕赐鲁班师傅至巧大神、神山峻灵

---

[1] 王恩等:《帆船时代潭门渔民更路南海技术与航海习俗》,《南海学刊》2017年第1期。

[2] 林贤东:《海南岛的海洋民俗文化》,《浙江海洋学院学报》(人文科学版)2005年第1期。

[3] 林贤东:《海南岛的海洋民俗文化》,《浙江海洋学院学报》(人文科学版),2005年第1期。

广德明王、敕赐三十三天都天教主五灵五显火光大帝、庙主韩家香火观赵马将军、船头船尾二大将军、港主港口庙神一切圣众、桂家香火有位福神。"①

渔民在海上遇到危急情况，都会众神名号，向神灵祈祷护佑。在渔民的口口相传中，很多时候海上众神往往都会显现神通，能够使渔船逢凶化吉、转危为安。琼海渔民口述自己出海遭遇风险的经历："有一次，从清澜开船往南沙，途中遇大风，船上的东西都翻了，我们央求'108兄弟公'保佑，在海上漂流七天七夜，最后漂到越南的白马，幸好，人都活着。"②在他们看来，这已经是不幸中的万幸了，而其缘由，亦与海上神灵的护佑不无关系。

（三）海南诸岛的海神信仰

明清以来，海南渔民前往西沙群岛、南沙群岛等海域捕鱼作业，同时他们也将海南的海神信仰文化带到南海诸岛，在这里祭祀海神，祈求海神护佑。在南海诸岛，几乎只有要海南渔民足迹所到之处，渔民们就会在岛礁上用珊瑚石搭建简单的小型庙宇，祭祀妈祖、土地公、108兄弟公等神灵。

海南渔民驾船前往西沙群岛和南沙群岛海域捕捞，他们在海上航行及捕捞作业极其辛苦，颇有生命之忧。为了祈求渔业丰收和航海平安，海南渔民不仅在渔船航行中祭祀祈祷妈祖，而且在捕捞期间所停驻、躲避风雨的南海诸岛上立庙祭祀。据1977年所整理的海南渔民口述材料："在黄山马（今太平岛），还看到我们渔民先辈所建的天妃（天后婆）庙，用珊瑚砌成低矮的小庙，我们到岛后都要去祈求保佑平安，这天妃庙建成至此至少也有百年以上历史。"③在西沙永兴岛，古时也建有妈祖庙，"西沙群岛最大的庙，是在猫注（今永兴岛），祀奉天妃，渔民们称她曰猫注娘娘"，"海神天妃娘娘或天后娘娘，在西、南沙群岛除了称

---

① 林贤东：《海南岛的海洋民俗文化》，《浙江海洋学院学报》（人文科学版），2005年第1期。

② 韩振华：《我国南海诸岛史料汇编》，东方出版社1988年版，第411页。

③ 韩振华：《我国南海诸岛史料汇编》，东方出版社1988年版，第425页。

她为'娘娘'之外，也称她为天后婆"①。在西沙群岛，其实还建有很多包括妈祖庙在内的海神庙宇，"这些庙宇历经多次的重建、增建、修茸，是东南沿海的渔民或疍家、过往商船、客商的避灾祈福之所"②。

除了祭祀妈祖，在南海诸岛，最为常见的"兄弟公庙"，或称为"孤魂庙"。海南渔民崇信108兄弟救助海上兄弟的故事，故到南海岛屿，独有建立有孤魂面祭祀。"在南沙各岛，凡有人住的地方都有庙，铁峙、红草、黄山马、奈罗、罗孔、第三、鸟子峙等岛都有我们渔民祖先建造的珊瑚庙。渔民到南沙后都要到庙里去祈求保佑平安和生产丰收。"③而其中所谓"珊瑚庙"主要是孤魂庙居多。"这种庙（孤魂庙）数量甚多，几乎各岛均有，仅西沙群岛就发现了14座，分布在东岛、赵述岛、北岛、南岛、永兴岛、琛航岛、晋卿岛、广金岛、珊瑚岛、甘泉岛等地，在南沙群岛的双子礁、中业岛、太平岛、南钥岛、南威岛、西月岛、马欢岛等地也有。庙的规模同内地乡村的土地庙差不多。渔民们就地取材，用珊瑚石板或石块砌造。有些庙中设有神像或供器，还有门额、对联和神主牌。"④2014年初，笔者前往西沙群岛的永兴岛调研，在岛上即见到立于港口处的兄弟庙。

四、海南海神信仰的特点分析

海南海神信仰因其独特的地理位置、居民社会构成、社会需求和历史的演变发展，素来具有独特的性质。

（一）地理分布：主要在沿海地带和江河交汇处

从地理分布位置来看，海南海神信仰主要是在海南岛沿海地带、海

---

① 韩振华、金明：《西、南沙群岛的娘娘庙和珊瑚石小庙》，《南洋问题研究》1990年第4期。

② 陈进国：《南海诸岛庙宇史迹及其变迁辨析》，《世界宗教文化》2015年第5期。

③ 韩振华：《我国南海诸岛史料汇编》，东方出版社1988年版，第416页。

④ 何纪生：《海南岛渔民开发经营西沙、南沙群岛的历史功绩》，《学术研究》1981年第1期。

港津口以及江河交汇处。如在海口白沙门、文昌清澜港、澄迈马村港、琼海博鳌等，都分布有妈祖、水尾圣娘、木头公、108兄弟公等海神信仰活动，特别是在沿海地带的广大农村地区，只要有渔民出海弄潮捕鱼的村落，就会有海神崇拜现象。海神信仰深深地融入海南岛沿海渔民的日常生活。

究其原因，其一，沿海地带主要居住的是海南本地渔民，他们常年出海捕鱼，立庙祭祀诸海神以祈求海上平安和捕鱼丰收。所以时至今日，在"二月二日"龙抬头及农历八月初结束南海渔禁开始下海捕鱼，沿海各市县的渔民都会举行隆重的祭祀活动，主要祭祀南海龙王、天后娘娘、水尾圣娘、108兄弟公、木头公等海洋神灵，既"表达了衣食于海洋的人民对大海的感恩与崇敬心情"[1]，也是祈求在海上捕鱼时祈求平安与丰收。

其二，海神信仰的庙宇主要建立在渡海过江的海港津口，主要是因为来往商贾、官兵、普通民众等，在此祭祀祈求出行往来平安。海南岛地处南海，往来大陆地区、去往南洋，离不开海上行船，为此祭祀诸海神祈求平安。如海口天妃庙乃是元代创建，历代均有修葺，"今渡海来往者，官必告庙行礼，四民必祭卜方行"[2]。苏轼《伏波庙记》也记载："海上有伏波祠，元丰中诏封忠显王，凡济海者必卜焉……南北之济以伏波为指南，事神其敢不恭。"

虽然如此，但是在海南岛的内地山区及远离滨海地区，并非没有海神信仰。如在定安县城中街、昌化县城西小岭上等地都建有天后宫，是为外来商人或当地民众为祭祀妈祖所建。这是因为在商业繁荣地区，人员流动频繁，一则外来商人带来妈祖信仰文化，二则是当地民众在外来信仰文化影响下，出于自身需要，立庙祭祀。

---

① 许春媚、宋瑞国：《海口假日海滩举办祭海大典》，《海南日报》2015年3月19日。
② 〔清〕吴南杰纂：《康熙琼山县志》，康熙二十六年（1687）本，海南出版社2006年版，第60页。

（二）信众构成：以基层群众和渔民为主

海南海洋信仰作为"土人私祀"的民间信仰，其信仰主体自然是以基层群众特别是渔民为主，然而商户特别是福建、广东等地迁移而来的移民，亦多信仰妈祖、伏波等，而在历代修葺妈祖庙、伏波庙等庙宇中，不乏官员捐助修建，或者是迁移重建。

海南海神信仰之中，伏波祠庙较之其他"土人私祀"，更受官方重视，多次祭祀、迁建、修葺都是有官员主持或参与。如《乾隆琼州府志》载："汉二伏波祠，在教场演武亭西。明万历四十五年（1617），副使戴熺创建，以祀路博德、马伏波援二公，有记。康熙五年（1666），巡道马逢皋复创于郡治北关外。三十七年（1698），商人陈国龙复修。雍正八年（1730），文武捐修。"①这里的汉二伏波祠，从创建到重建、复修，都是由官员主持，在雍正八年，更是"文武捐修"，文武官员都参与捐资修建。由此也可见伏波信仰在当地官民都有信仰崇拜。

另外，不可忽视的妈祖信仰作为从外传入的海神信仰形式，虽然当初主要是来自福建、广东等地的移民信仰崇拜，但是由于历代政府的高度重视与推崇，多次加封赐封，而且由于海南岛独特的地理位置，海上交通较为发达，是为海上交通的重要枢纽，因此这也促进妈祖信仰在本地的广泛传播，妈祖信仰在海南岛沿海地区乃至中部山区都有较为广泛众多的信众。

（三）社会功能：具有增强民族凝聚力、和睦家庭与和谐社会的作用

历代以来，民间信仰在整合社会与维系秩序、调适个人心理与促进社会和谐等多个方面都发挥着积极的作用。海南海神信仰在社会功能的发挥上，也起到了积极的整合、维系与调适作用，另外因为海南地处边疆，从两汉以来对两位伏波将军的祭祀和信仰，以及元代以来对妈祖的

---

① 〔清〕萧应植修，陈景埙纂：《乾隆琼州府志》，海南出版社2006年版，第260—261页。

信仰，都将一海之隔的海南岛与内地在文化、风俗和民族心理上紧密相连。

像妈祖、伏波将军等，长期以来在岭南地区具有极高的威望，成为民众心目中的神灵而予以崇拜祭祀。中央政府对此也予以明确的支持，多次赐封，试图以此有助于巩固国家对于边疆地区特别是少数民族地区的管辖与治理。如两伏波将军，生前先后数次领军南下岭南地区，并且平定叛乱，为安定社稷立下了赫赫战功。同时，他们也成为当地民众心目中的神灵。朝廷的数次加封赐号，极力抬高这些神灵的地位，有助于当地社会民心民力的凝聚，众心所向，进而维护社会稳定。

同时，共同的海洋神灵崇拜和信仰，对于社会个体而言，也有一定的控制和约束作用。因为民众所信仰的神灵，都有规劝世人不作恶、多从善，神灵都会赏善罚恶，因此而淳化社会风俗。特别是在多民族地区以及移民社会，因为习俗、文化等不同，难免存在民族、群体之间的隔阂。而共同的海神信仰文化，有助于消除这种隔阂。正因为如此，闽粤移民将妈祖信仰文化传入琼岛之后，很快地与海南本土文化相融合，在信奉妈祖崇拜的同时，也促进海南本土海神信仰发展。

最后，在心理调适方面，海神信仰也有积极的作用。海南岛作为较为对外交通比较封闭的岛屿，渔民商贾舟楫来往，不可避免地穿梭在海洋洋面。岛上民众不仅仅会面临自然灾害、海盗劫匪等危险，而且前往远海捕鱼，短则三五天，长则十数日，甚至是几个月，外出经商谋生则更有可能是经年累月，骨肉至亲之间的担忧、思念与期盼，有时使人难以负重。而共同的信仰与期盼，相信神灵的保佑和庇护，则可以尽可能地化解这种焦虑。因此，这表现在海神崇拜的仪式上，既有出行之前的祈祷与许愿，也有安全归来后的感谢神灵护佑"还愿"。

峻灵王文化是自然与民俗的完美造就

——我所经历的峻灵王文化考察与调研

谢来龙[*]

在峻灵王文化浸染的海南西部，民间往往感到充满中国古代哲学的禅意，抑或某种心理暗示和心灵感应。

昌化大岭以北沙地村流传的民谣："大岭公戴帽，大雨就来到。"

昌化大岭十里九峰横卧在沙地村以南的山坡上，与沙地村的直线距离也不过5公里。昌化大岭自古以来就和沙地人有着很密切的关系，以它为界限，山南的昌化城建有峻灵王庙，拜的是峻灵王，也就是大岭公；山北沙地人拜的是妈祖，也叫天妃娘娘或天后娘娘。所以沙地村供的是天后庙，没有峻灵王庙，但临近的白沙村有明王庙拜的是峻灵王，沙鱼塘也是有民国时建造的一座神山庙，祭拜的也是大岭公（峻灵王）。沙地村民相信大岭公（峻灵王），是因为它远近闻名的传说，以及它与沙地村人直接的生产生活的关系。

沙地村人的田地从村前一直延伸到大岭坡，大岭坡的官路口就是我们当年生产队的旱地。沙地村人在大岭公的身后生产劳动，大岭公坐东北向西南坐落在昌化岭三分之二的山坡上，沙地村人是看不到它的真面目，只看到它头上的祥云（云朵）。每次昌化岭头顶上乌云密布的时

---

* 作者简介：谢来龙，昌江县委党史研究中心主任、海南省作家协会会员。

候，沙地村必下雨无疑，而且给你准备躲避雨的时间也不足半个小时。当年，生产队每逢夏季收获番薯的时候，全村各家各户浩浩荡荡，赶着牛车，挑着担子，将从地里挖回的地瓜拉（挑）到村后洁白的沙漠上。用棍子、草席、尼被、尼龙绳搭起小凉棚，遮挡直射的阳光。大人们就在凉棚下开始刨地瓜片，一边刨，一边将地瓜片洒落在洁白的沙滩上。不到一天时间，阳光蒸发，加上沙漠像海绵一样将地瓜片的水分吸收，地瓜片很快就被晒干了。大人们晒完地瓜干，就各自去忙别的活了。有回家忙家里杂活的，有到附近田地里干农活的，吩咐小孩子在凉棚里看守着。这时偶尔会来一场阵雨，不过不用担心，因为大岭公会提醒你，孩子们一看到大岭公戴帽就马上跑回家呼叫大人收地瓜干，全村老小都会出动，耙的耙，收的收，装袋的装袋，十来分钟的时间就将晒在沙滩上的地瓜干收得干干净净，放到麻袋里运回家。大雨降临时，人们已经躲在家中了。生产队在谷场上晒集体的谷子时，也是派一个老人专门观测大岭公的变化，大岭公戴帽就赶快敲钟召集队人收谷子。各种农事海事对标大岭公都永远走不偏。

棋子湾民谣："棋子湾、棋子湾，十船过海九船翻。"我1990年3月27日在《海南日报》发表的散文《棋子湾谣》中这样描述棋子湾：

> 海涛一次又一次地来回涌荡着，仿佛一个巨人要连根拔起这片海岸。海浪鞭打着岸边的礁石，可每次浪过之后，都只见铁青色的礁石露出湿淋淋然而又是威严的面孔，傲视苍穹……

这里的洋流古怪极了，距岸百米左右，你无法把握住洋流的走向，如果停着船任其漂泊，那么，海水会将船儿拧得团团转，直到触礁，沉没。据本地渔民说，这根本不是什么洋流作怪，而是因为这里的海底地形复杂。当年地壳运动，大角山并没有在海边悬崖勒马，而是继续驰入海底，在海底不仅潜伏着许多危险的暗礁，还埋藏着许多岩洞，造成此片海域急浪滔天，旋涡滚滚。昔日人们航海从此经过，多因不了解这里的海底地形，翻船触礁时发生。棋子湾也因此变得神秘诡谲。大角山由此惊心动魄地镶进每一个闯海人的梦魂。每一只船从它身边经过，都要烧上一束香，虔诚膜拜。多少年来，这里流传着一首民谣：

棋子湾，棋子湾，十船过海九船翻……

这里所描述的棋子湾，自古以来作为海上"丝绸之路"，海上捕鱼作业和商船往来，经过此海湾，又不熟悉具体情况，多数翻船遇难。人们也是在不断与大自然的较量中，掌握大自然的规律，聆听自然的暗示，在险恶的风浪中，绝处逢生，化险为夷。在人们完全不知道棋子湾海底世界的情形下，昌化大岭和峻灵神话是支撑他们战胜困难的意志和勇气。

昌化大岭（昌化江）以南的哥隆人认为：昌化大岭是他们的靠山，峻灵王是他们祖祖辈辈供奉的神灵。

昌江县七叉镇重合村的黎族人石祖崇拜与峻灵王有否关系，还有待考证。但昌化江下游原先居住着黎族人是事实。由于生态环境的破坏，昌化大龄下黎族村子大陈村，沿昌化江往上迁移至十月田镇保平等地也是事实。2009年我带领的县普查队员与海南省文物考古所所长、考古专家郝思德，在昌化镇内坑角普查发现的陶片、石斧等。经考古专家郝思德认定有三四千年的历史，正好与黎族人上岛的时间相吻合。

1987年一次与昌化表哥鲁照昌出海捕捞，偶尔发现横亘天边和沧海之上的昌化岭像一把宝剑，气势威严的峻壁角像座城堡。

丰富而形象的传说之外，也有许多疑问令人颇费猜测：峻灵王石身后一棵榕树，为什么传说不能高于峻灵王石？苏东坡《峻灵王庙碑》中有关于峻灵王不可冒犯的传说，渔民对峻灵王的生死托付，形成每年农历二月二十四日信众的顶礼膜拜，然而，临高渔民的哩哩美、儋州渔民的调声，三亚、乐东渔民的崖州民歌为什么往往同时在峻灵王生日那天同台演出？信众为什么如此之多？（我亲历的一次有两三万人）峻灵王庙为什么天天膜拜香火不断？儋州渔民送给峻灵王的金戒指为什么失而复得？这一传说被渔民广泛信奉：要向峻灵王呈送自己最宝贵的礼物，可峻灵王更看重是他们那颗虔诚的心。为什么民众对峻灵王会如此热爱？也有人说峻灵王其实是一位战神，即镇守南海之神，朝廷最早赐封它主要也是这种功能。昌江当地文化人何焕强的观点是历代朝廷对周边国家宣誓南海的主权，这种说法有无依据？峻灵王庙倒塌后重建捐资，为什么是那么多沿海市县的渔民？临高碉楼镇重修峻灵王庙为什么到昌江取得真经？当时我担任县文化局副局长时，接待临高县前来寻找资料的客人，问他们为什么偏偏要来昌江要资料，他们说昌江是峻灵王文化源头的总部。以东坡先生为杰出代表的历代文人，三次朝廷的认可和赐封，等等，给人们留下可供想象与推测的空间，实在太大了。

一种文化的诞生，绝非无源之水，无本之木。一种文化最终成为众人的信仰，也绝非"妖言惑众"所可以形成并持续的。考察它的成因，必须得弄明白它的来龙去脉，而要寻找根源必须深入实际，对它的地理、自然、民间传说等，进行深入细致的探究，拨开层层迷雾，方能见得真容。

科学的思想诞生于对自然规律的尊重与把握，朝廷也是顺乎民心，尊重天意。"天地人，三才者。"而人立于天地之间，必须学会察言观色。察天空之象，观大地之色，倾听万物之语，才能在乌云翻滚之时做出判断，在万物枯荣中掌握节气的变换，才有春夏秋冬，才知春华秋实，才有五谷丰登……

在人类众多掌握和探究事理的方法中，最早最初使用的无疑是观察法，他们通过反复观察才得出结论，峻灵王具备神力，就是他们在反复不断的观察和实践中得出的结论。

所以笔者认为，对峻灵王的信仰，包含着对自然的尊重；对峻灵王文化的尊重和探究，就是对自然奥妙的探究，是对自然之力下人心善恶的分辨，对公平、对正义、对美好未来的追求……

其实，民间很少人懂得"信仰"一词，也很少有人用"崇拜"一说，说的更多的是敬奉。而敬奉与崇拜有很大程度的意义重合。千百年来，人们从对自然的观察和敬畏，上升为对自然的崇拜，从自然崇拜不断被传说、发酵，过渡到神话的崇拜；从神话崇拜，经文化人的辨别分类和长期传播，进而成为民间信仰，包括道教信仰或佛教信仰。民间对峻灵王的崇拜最初应该就是自然的崇拜，随着时间的变化，在民间形成了一种信仰。这是一种不可更改的民俗，我们只能顺应自然，加以引导，去其糟粕，存其精华，让这种民俗文化更能合乎民意又适应时代发展的要求，融入中华民族优秀的文化传统，为维护社会稳定和激发人们干事创业发挥积极的作用。

在民间的流传和史料记载中，苏东坡是对峻灵王最尊敬尊重的文人之一。自小就听到传说，苏东坡自海上乘船到昌化，刚入昌化港（英潮港）时，迎面而来的昌化大岭像一面巨型大鼓，坐落在天地间，如此气势已使苏东坡敬畏三分。他登陆后，围绕昌化岭绕了一圈，当南望昌化岭十里九峰，绵延展开，像一面迎风招展的大旗时，他下马而行，猜想这里肯定是有高人。后来绕到北面，北望昌化岭，如一把犀利的宝剑横空出世，他放下心来，断定昌化这里只有武星，并无文星，才又重新骑上马。这些传说在民间盛传，有人说那人是苏东坡，也有人说不明白，只知道是个读书人或大官员。不管来人是不是苏东坡，但对自然的敬畏不无道理。至于说到的昌化大岭似大鼓，像旗帜，如宝剑，这些对地理现象的观察，今天仍然可以实地印证。

在任职昌江黎族自治县文化广电出版体育局副局长时，我分管了文博这一块的工作。那时正值全国第三次田野调查，我作为昌江文物普查队的队长，带领队员深入全县进行文物普查田野调查，其中，昌化镇的时间待得最长。因为除了承担地上文物普查外，我们还陪同海南省文物考古所的专家，在昌化海域（昌化渔场）进行为期一周的水下文物调查。也就是在这一周的亲身经历和切身体验，感知峻灵王文化的奥妙，撩开它神秘的面纱。

一是印证大鼓的传说，坐船进出昌化港，特别是从海面进入昌化港时，昌化大岭似大鼓的感觉特别强烈。从港口仰望昌化岭像一个圆形的巨鼓摆放在那里，那隐隐约约传来的鼓声，震撼心灵，其实，并没有人打鼓，是昌化港中村庄市井、码头船舶，八路来风之声及浪拍堤岸之声等，各种声音的敲击汇合，形成一种奇怪的合音，那合音如同擂鼓传来的声音相似，冲击的不仅是你的耳膜，还有你的内心。苏东坡至昌化，入乡随俗，顺应自然，朝廷政治生活给他闭门羹，他却通过自然之窗，看到了人生的另外一个缤纷世界。

二是印证渔民心中峻灵王就是救命稻草的事实。我们的考古普查船80吨位，是考古所从琼海一位渔民手中租来的，开船的也是那位渔民。我们顺着调查时渔民们提供的卡网点寻找，船一直开到东方市鱼鳞洲附近海面才停下来作业。因为我从出港口就一直观察昌化大岭和岭上的峻灵王石，并把去时的观察和回时的观察验证了一遍，得出的结论是：昌化大岭是一个圆心轴，海岸呈扇形般展开，过往船只无论从哪个角度观测，昌化大岭和峻灵王石的距离都似乎一样远，人们不但在船上看昌化大岭很清楚，看到昌化大岭上的峻灵王巨石也巍峨挺立，清晰可见。

在人们不懂得使用航标的时代，昌化大岭天造地设，像一个巨型的航标，给世世代代过往的船只指明方向，由此深得历代渔民的崇拜。峻灵王石其实就像镶嵌在航标灯塔上的巨大灯柱，无论白天黑夜，无论春夏秋冬，给人们送去光明，照亮前程！所以峻灵王石的现实作用是第一位的，它的客观存在也是第一位的，而它的被神化是第二位的。当然，这种神化是有价值的，就像我们对英雄的歌颂和膜拜，因为英雄引领了历史，而峻灵王和英雄一样，在民众心中，已经成为引领他们走向平安，走向和睦，走向祥和，走向富裕小康的代名词。它已经成为海南西部这个地方的特色文化，并约定俗成。后来人祭拜它，生发出多种表现，虽然都是一种形式，但它千百年来沉淀在民众心中的位置才是最重要的！

在昌化江进行水下文物调查时，还有一个事实，虽然不一定可以证明峻灵王的神奇，但它完全可以证明历史上自然之力的强大。根据当地渔民提供的线索和传说，我们走访几位七八十岁的老人，了解到一件事情：在日本人占领昌化时，一次日本兵舰在昌化港发生事故，导致沉船。据几位老人回顾，大概是一九四几年，一艘日本兵舰骄横跋扈，在这带海域为非作歹，鱼肉百姓。一日正值山洪暴发，日本人这艘兵舰从海上强行开进昌化港，不知是日本兵不熟悉山洪情况，还是过于相信自己的舰艇，他们逆流而上，艰难地行驶不足200米，就被昌化江的山洪掀翻。老人们说是亲眼看见那兵舰沉下去的，船先是在旋涡中迅速地打转，船上的日本兵招手呼救，但顷刻间，船和人都消失了。据当地人说，日本人后来打捞那些遇难的尸体，共找到了七八具，先是埋葬在昌化港北边的沙滩上，每个坟墓都插一块木板十字架，上面用日文写着名字。后来这些埋葬的尸体统统给迁走了。至于沉船，据说现在还沉埋在昌化港里。据昌化港上些岁数的人说，以前每次潮水退去，都可以看到露出的桅杆，后来泥沙俱下，桅杆越埋越深，什么都看不到了。我们只好根据指认地点做GPS定位，标识存档。通过这件事，也会给人某种心理暗示。"顺天者昌，逆天者亡！"日本侵略中国本来就违背天理，岂有天理容之？当然，也不排除正是这里的水下隐患，应验了"棋子湾，棋子湾，十船过海九船翻"的民谚。

苏东坡对自然的领悟出类拔萃。他在昌化这个充满自然启迪的地方，寻找生存的真谛。所谓"明人不必细提，响鼓不必重槌"，苏东坡应该是属于这种人。在流放儋耳期间，无论走村串户，还是看见山，遇见水，都成为启发他智慧的钥匙。他在将要离别儋耳时，写下感谢峻灵王的碑文，歌颂峻灵王"为帝守宝甚严恭，庇荫嘉谷岁屡丰"，赞美峻灵王保护国威，庇护百姓五谷丰登。这也是东坡先生一生自我追求的目标，是他实现自己人生价值的一种精神寄托。

在这个人神共舞、充满道教色彩的地方，会让你偶然遇到一些事情，但太多的偶然联系集中在一块，又不得不让你觉得并非偶然。许许多多类似于善恶报应的传说，或是实实在在发生的故事，一再在民众身边上演，往往使人产生特殊的心理暗示和心灵感应。其实或许就是人心对万事万物运动规律的禅悟，从而形成比较稳定的生活经验。这种民间的，从个体感悟到整体认同，从个人心领神会到众人心灵相通，形成一种普遍的认知，这种认知在某个特定的环境或地域逐步约定俗成，进而形成民俗，成为世世代代规范人们行为的意识准则。峻灵王文化就是人们在历史的长河中，不断对这种自然现象的观察、感应，民俗经验的积累、判断中，碰撞和淬炼，飞扬出神话的色彩。

苏东坡是峻灵王文化重要的传播者。因为他最能领会峻灵王神话的精髓，从中吸取精神和力量。他的《峻灵王庙碑》对峻灵王为帝守宝的精神给予歌颂，普度天下苍生的胸怀给予赞美，对自私自利的人和事给予批判。在峻灵王文化的传播和研究中，我们懂得了很多道理，让我们在不断的实践和磨难中树立顽强的意志，找到自己的信仰。苏东坡从一开始为官就坚持他的民本思想，虽然历尽沧桑和磨难，在流放儋州之后受山川神灵的启发，与乡野相融，与民心相通，"吾本海南民，寄生西蜀州，突然跨海去，譬如事远游"，过完他最苦难也是最充实的海南三年。

　　其实，一个人的出发点是错的，他永远不会取得好的结果。但一个人的出发点是对的，虽然历尽千辛万苦，终归会得到好的结局。峻灵王和东坡先生，都是关爱百姓、敬重国家、心存友善的文化代表，他们同时也彰显着中华优秀传统文化的杰出风采。

峻灵王文化辐射 *

峻灵王民间信仰已不局限在昌江县，岛内外都有众多信众。

各地的峻灵王庙主要有：

昌江县海尾镇沙渔塘村神山庙（门前还有一座香炉为清代遗物。正厅供神山爷爷塑像，现庙内还保存有铁钟一口，高80厘米，钟面上有"神山爷爷"和"宣统贰年冬月吉日昌化信众……"等文字。现神山庙为沙渔塘村民于1981年在原址上重建。）

昌江县南罗峻灵明王庙，建于清代，2015年重建。

临高县调楼镇抱吴村神山庙始，建于1630年，距今已有300多年的历史。1976小修整，1998年重建。

临高县调楼神山庙，1875年在调楼村文上巷和大中巷之间，兴建"神山庙"。1972年，神山庙被拆。1988年重建神山庙，面积242.76平方米。

海口市东营镇外墩村昌化庙，清光绪二年（1876）村民立庙奉祀，香火传袭至今，兴旺不衰。

海口市儒堂村昌化庙，建于清乾隆年间（1736—1795）。

---

* 原载海南省昌江黎族自治县昌化镇志编纂委员会编：《昌化镇志》，方志出版社2020年版，第112页。

峻灵王文化 *

物格神化的海神

环北部湾地区的先民有"万物有灵"的观念，会产生对大海的崇拜，把自然之物均看成是灵性之物。因而产生了物格神化的海神。奉昌化大岭为神山，是原始宗教自然崇拜的产物。人类早期盛行"万物有灵"的原始宗教，认为山岭是有灵性之自然物，人们可以求它庇佑。把自然物人格化，有难可求其相助。

峻灵王为海南西部地区渔民祭祀的神灵。因供奉峻灵公的庙宇坐落在神山昌化岭下，民间也称之为"昌化公""神山明王"，是海南本土产生的海神之一。峻灵公不是人化的神灵，而是因岭有灵气而得名。据史料记载：大陈山（今昌化岭）上有一巨石，似人直立，坐镇神山，后汉时被封为"镇海广德王"，宋元丰五年（1082）改封"峻灵王"。峻灵王庙建于宋代，当年苏轼被贬儋州还为其写过《记峻灵王庙碑》，称昌化岭"山有石池，产有紫鳞鱼，民莫敢犯。石峰之侧多荔枝、黄柑，得就食，持去则有风霜之变"。当地渔民出海捕鱼，若看见昌化岭上乌云突起，这就是"昌化公"显灵，告诉渔民风暴即将来临。这时渔船就要即刻返回，否则就会船覆人亡。峻灵王庙属山神庙，峻灵王的信徒不仅仅是渔民，许多商贾、农民等在有灾有难时，也到峻灵王庙祈愿，以求得全家平安，万事如意。

---

* 原载海南省昌江黎族自治县昌化镇志编纂委员会编：《昌化镇志》，方志出版社 2020 年版，第 107—110 页。

道教渊源

峻灵王是道教文化的产物。汉代，汉军过琼征战，而后，解甲的军人沿昌化江两岸定居。为了寻求精神上的寄托及传承中原文化，道教文化开始在海南传播，据目前史料可知，昌江是海南道教的发源地之一。昌化大岭成了当时的道教圣地。

道教涉及海南，最早见之于唐代的昌化县境。

据清朝《光绪昌化县志·寺观》载："景昌观，《九域志》：唐乾封中（667）置。"唐高宗时的昌化县景昌观，是见之方志的海南最早的道观。海南素为移民之岛，主要来自中原地区的朝命职官、戍边将官、从征士卒、贬官谪宦、贸易商贾和迁徙农民。明代名臣邢宥就有诗句描述海南在唐代时已是"故家大半来中土，厚产偏多起外庄"。景昌观是崇道的昌化县任职官员所建，满足了汉族移民的精神需求，是唐中原文化对昌化黎人施以影响的范例。昌化大岭之传说是道教对当地黎汉民众发生影响的民俗表现，明《正德琼台志·坛庙》载：中唐时，代宗（762—779）梦见一上帝者，授与八宝，以镇兵乱，代宗因此改元宝应，"以是知天亦分宝以镇世也"。昌化大岭上的石峰，宛若巨人，冠帽西南而坐。因代宗梦得镇国平叛八宝而负山神之盛名，当地黎汉民众崇拜甚隆。

北宋真宗咸平年间（998—1003），全国大修道教宫观。宋元丰五年（1082）七月，神宗诏封山神为峻灵王。元符三年（1100）苏东坡题刻《峻灵王庙碑》，感念山神相护，"自念谪居海南三载、饮咸食腥，凌暴飓雾，而得生还者，山川之神实相之"。苏轼在碑记中称："方壶蓬莱此别官，峻灵独立秀且雄；为帝守宝甚严恭，庇荫嘉谷岁屡丰"，将此地喻为道教蓬莱仙境别官。昌化大岭成为海南道教圣地。至清光绪十二年（1886）八月十八日，又加封昭德王。长期以来，昌化县和周边地区以及大陆渔、农民众笃信道教者，多往烧香供奉，求神祈佑，长盛不衰，延至当今。

本土信仰

祭祀峻灵王已成为昌化地区的一种民俗。道公主持祭祀仪式，念诵斋文，俗称"作斋"。一年一度的庆祝峻灵王诞辰活动隆重，全岛沿海各地的渔民和商人聚集到昌江县峻灵王庙，祭拜，祈愿，举办各项活动。

求雨仪式

中华人民共和国成立前，大旱之年都举行打坛求雨。一般干旱，举行的求雨时间短，规模不大。遭受三年大旱时，就要举行大规模的打坛求雨活动。其过程是：

1.设坛

请来数名道公，在峻灵王圣庙前打坛作斋求雨49天，在香案上烧香点烛，设酒、茶、饭、菜和牛、羊、猪、鸡等供品。活动费用由村中群众捐助解决。

2.请神

众道公穿红袍，头扎红巾，手拿五雷号令印的令牌，边舞边念咒语，向东西南北方位祈请天皇、玉皇、雷王等天神降临人间："家家喜仰仁天，户户欣贴帝德，望天哀怜，稽首陈情，大悲大愿。祈求大圣大慈的五方行雨雷公，沛云下雨，降雨于民，解除百姓灾年之旱。"

3.请水

其目的是辟邪、赶鬼、保平安。求雨斋期中，道公念咒语，请求天上各天神来辟邪除灾。村里父兄（有威望的人）都得穿着用白纸制作的纸衣，群众穿白布孝衣，头扎白巾，聚集在村子的圣庙前向神像跪拜。打斋49天后，为首的道公在前面引导，众人抬着木雕广德明王像、龙王像，以及四苍公（张天公、土地公、关公、天蓬师）像和牛、羊等祭品，八音、锣、鼓、钱同时奏乐，于烈日当空的晌午，从峻灵王庙呼泣着前往昌化大岭上的峻灵王求雨。三步一拜，九步一跪叩首。到达昌化岭后由一名道公手执法剑起舞，祈求上苍降雨。

附：清代曾纪光孙教德易经华林崇德《真灵碑》

光绪戊申年六月望日，奉崖州委兼昌化县典史念四日接铃，该县日（月？）余无雨，禾苗死者大半；暑症初起已伤十数人。四民设坛求平安而不知求雨，盖时症者乃久不雨之。

所至天地，如大人在火中，故生火症。天阴地润，大症自消，人可免灾，禾可免死。一雨而救。七月初四日，余祷祝神山，求赐甘霖以救灾禾，是日更后，余亲至学堂道邀商易教员经华、孙教员德教、林管理员崇德诸绅合心诚求，均各欢诺。

忽然，雷作雨至。退后思维，见雨到而设坛求雨，恐无知之人妄为谈笑。诚求之念刻刻□□□行祝祷，初六七八连日又雨，共喜甘雨苏苗，灾禾得复生，薰衣风解愠，暑症才消。□□神山灵应所救，真昌江之福神也！余秉性憨直，素不信神，惟神山有求必应□□不信耳。

一十一年余到感恩任时，黎反未靖，周李而营口辩年。余毫无头绪，□□□前经过即进庙拜过祷求护佑，感邑黎事在三个月内安抚无事。余接印后，力□□官营官通禀上宪主抚，一面设法安抚，果在三个月抚绥。可见神山之灵应如此。

余并求签一支。签曰：黎庶讴歌乐太平，昌江流水一番清。琼台日暖春常在，满县栽花记姓名。此签如面。谈黎事就抚，意肃此勒碑铭志，真灵以答神麻于万一云雨。沐恩北沙渠籍特授感恩兼昌化典史曾纪光暨昌邑府两案原生孙教德、案元扇生易经华、县案附生林崇德同敬立。

人文积淀

宋代大文豪苏东坡是海南转山文化旅游序幕的开启者。他在海南的传奇经历告诉全世界一个最重要的信息是：海南岛上有神山，海南是中国文化圣地。他与峻灵王神石的传奇，是海南历史上最神秘的事件。是海南国际旅游岛世界品牌千百年来的四大（其余三位：元代帝王元文宗、唐高僧鉴真和尚、纺织大师黄道婆）顶级代言人之一。

苏东坡遭贬儋州，游览昌化山水，登临昌化大岭，拜谒峻灵王，他在《峻灵王庙碑》中描写道："有山秀峙海上，石峰巉然若巨人，冠帽西南向而坐"，称昌化岭"山有石池，产有紫鳞，里人莫敢犯"。并题写碑铭："琼崖千里块海中，民彝杂居古相蒙。方壶蓬莱此别宫，峻灵独立秀且雄……"后人把诗雕刻于碑，以志纪念。

清代知县李有益于戊戌年（1898）二月九日登山游览，作诗赞颂："万石矗太空。何缘得一面。惜此洞中天，终古无人见。中有守宝神，此语洵堪传。传言兄弟化，姑妄从古谚。俯眺并退观，惟少吹笙院。拜问峻灵王，妙境何年现。我来石有灵，一啸形神变。偶然获角沉，默荷山神眷。我去白云飞，化作甘霖遍。愿与石千秋，海疆永安奠。"

清光绪十五年（1889），儋州进士王云清《峻灵王出世纪略》揭示了峻灵王的身世：他本是天皇氏第五子，生于戊午年戊午月戊午日戊午时，修成道后，女娲下旨，敕令同补南天，每每显灵，官民军吏，有祷皆应，因其崇奉为神，并称其山为"神山"。

除了苏东坡的《峻灵王庙碑》外，明朝崇祯时期（1628—1644）的昌化知县张三光的《重立峻灵王庙记》等历代官吏，文人墨客的辞章文字，给昌化岭留下了一笔让人称奇的文化遗产和弥足珍贵的丰富史料。

苏轼《自昌化双溪馆下步寻溪源至治平寺二首》写作的时间和地点 *

韩国强 **

苏轼《自昌化双溪馆下步寻溪源至治平寺二首》：

其一

乱石滴翠衣裘重，双涧响空窗户摇。

饱食不嫌溪笋瘦，穿林闲觅野芎苗。

却愁县令知游寺，尚喜渔人争渡桥。

正似醴泉山下路，桑枝刺眼麦齐腰。

其二

每见田园辄自招，倦飞不拟控扶摇。

共疑杨恽非锄豆，谁信刘章解立苗。

老去尚贪彭泽米，梦归时到锦江桥。

宦游莫作无家客，举族长悬似细腰。

苏轼这两首诗均见于《儋县志》和《昌化县志》。《昌江二千年事

---

* 原载《琼苑》2012 年第 2 期，收入《品读东坡》，海南出版社 2013 年版。

** 作者简介：韩国强，中国苏轼研究学会常务理事，儋州东坡文化研究会常务副会长。

记》①写道："绍圣四年（1097）农历四月十七日，苏东坡被贬儋州，五月间，巡游考稽昌化县山水文物，从双溪泉步行到治平寺，题诗。载于《昌化县志》。"文中的"题诗"，即《自昌化双溪馆下步寻溪源至治平寺二首》。1990年出版的《苏轼海南诗文选注》和2009年出版的《昌化江集韵》皆将此诗收入书中。

苏轼的《自昌化双溪馆下步寻溪源至治平寺二首》写作的时间和地点果真像《昌江二千年事记》说的那样吗？

反复阅读此诗，不禁使人萌生怀疑。我思考许久，在查阅大量资料后，终于明白《儋县志》和《昌化县志》收入苏轼《自昌化双溪馆下步寻溪源至治平寺二首》是错误的，而昌江黎族自治县编纂委员会则是以讹传讹，误导读者。

这样一个严肃的学术问题，不能人云亦云，要实事求是。作为东坡的景仰者，皆有责任还其真相。我不认可此诗作于海南昌化的理由是：

一、"却愁县令知游寺，尚喜渔人争渡桥"与苏轼贬谪海南时期的现状不符。《自昌化双溪馆下步寻溪源至治平寺二首》其一写的是作者游览治平寺的情景。上述引用的两句诗是说，作者担心游治平寺让县令知道了带来欢送的麻烦。他混迹在渔人中游览，高兴地看到渔人不认识他，与他争着过桥。这种轻松、欣喜、幽默的情怀绝不像他晚年贬谪海南时那样沉重。请看《纵笔三首》之二："父老争看乌角巾，应缘曾现宰官身。溪边古路三岔口，独立斜阳数过人。"诗中写出作者贬谪的寂寞与无奈，表达作者孤独无聊的心情。苏轼居海南时形同"罪人"。关心他的军使张中被罢官，此时，不可能出现"却愁县令知游寺"的情况。苏轼谪居海南，与黎民百姓打成一片，已是"久安儋耳陋，日与雕题亲"（苏轼《和陶与晋安别》）、"华夷两樽合，醉笑一欢同"（苏轼《用过韵，冬至与诸生饮酒》）了，还会出现"渔人争渡桥"吗？

二、"每见田园辄自招，倦飞不拟控扶摇"正是苏轼请求外任、居杭的心态。我们知道，熙宁间，苏轼《上神宗皇帝书》《再上皇帝书》

<hr />

① 昌江黎族自治县地方志编纂委员会，南海出版公司1991年版。

反对王安石变法。苏轼的言行激怒了所谓"新进"。有小人谢景温，觉得有机可乘，罗织罪名上疏皇帝，闹得朝廷沸沸扬扬。苏轼深感人心险恶，再也不愿在是非之地待下去，于是请求外任。他到杭州后，游西湖，探寺庙，与僧人佛印、惠勤等结下深厚的友谊。"每见田园辄自招，倦飞不拟控扶摇"是苏轼经历了朝廷的激烈斗争，倦于仕途，不再有飞黄腾达之想的表露。《自昌化双溪馆下步寻溪源至治平寺二首》其二集中抒发了这种情怀。我们还可举这一时期的《除夜野宿常州城外二首》诗来印证："病眼不眠非守夜，乡音无伴苦思归""老去怕看新历日，退归拟学旧桃符"。

此外，诗中"老去尚贪彭泽米"，也不像苏轼晚年对陶渊明的认识。苏轼一生崇拜陶渊明，从扬州任上到谪居儋州，就和遍陶渊明的诗，开创追和古人的先河。他在给弟弟苏辙的信中说："吾真有此病（韩按：指"性刚才拙，与物可忤。自量为己，必贻俗患"）而不早知，至生平出仕以犯世患，此所以深愧渊明，欲以晚节师范其万一也。"苏轼在《和陶怨诗示庞邓》又说："但恨不早悟，犹推渊明贤。"显然，苏轼晚年对陶渊明有了更全面的认识。

三、"桑枝刺眼麦齐腰"等句非海南的景物。桑树为落叶乔木，叶子是蚕的饲料。养蚕是江浙一带农村的主业。苏轼《浣溪沙·徐门石潭谢雨》就有"归家说与采桑姑""谁家煮茧一村香""村南村北响缫车"句叙述"采桑""煮茧""响缫车"等活动。种桑少见于海南史书。麦是一年或二年生草本植物。《现代汉语词典》指出，麦"是我国北方重要的粮食作物"。苏轼在黄州的《东坡八首并叙》其五："桑柘未及成，一麦庶可望……农夫告我言：勿使苗叶昌。君欲富饼饵，要须纵牛羊。"苏轼是大家，对农作物也很了解，不会在海南写下"桑枝刺眼麦齐腰"的诗句，贻笑后人。

四、此"昌化"非彼"昌化"。在中国的史籍上有两个"昌化"，一个在今浙江临安区境。据《太平寰宇记》载，昌化县在杭州西240里。唐初为紫溪县，后改为唐山，梁为金昌。《咸淳临安志》，太平兴国三年（978），改吴县为昌化。另一个在今海南昌江县。《琼管志》载，隋复置儋耳郡，领县五：毗善、昌化、吉安、感恩、义伦。又据《通志》载，熙宁六年（1073），废州为昌化军，属广南西路。民国三年（1914）海南昌化县因与浙江昌化县同名，便改名为昌江县。几年前，黎子云在广东顺德的一支后裔寻宗到上海档案馆。黎子云是当年苏轼在儋州的好友。他们从志书找到"昌化"，却始终看不到有关黎子云的记载。原来，他们找的"昌化"是浙江的"昌化"，而不是海南的"昌化"。很明显，《儋县志》和《昌化县志》误解了苏诗中的"昌化"。

苏轼居杭时喜欢游寺庙，吟诗参禅。治平寺为佛教圣地，自古以来，河北、山西、安徽、浙江等地都建有治平寺。苏诗中的治平寺即浙江临安治平寺。据《咸淳临安志》卷八五载："治平寺在（昌化）县西一里，旧名忻平。（唐）大中二年建。开平二年改为治平寺。"又据《咸淳临安志》卷三六载："双溪，在（昌化）县前一百步。"徐冠《新亭记》载："县治之前，溪分南北流，旧有双溪馆。熙宁间，县令陆之长临北流为亭，东坡经游亭上，题诗纪事，有'双涧响空'之语。"这段文字写得清清楚楚，毋庸置疑。再说，《苏轼年谱》记载苏轼绍圣四年（1097）七月二日到达儋州。当年五月苏轼还在雷州，怎么可能游海南昌化治平寺呢？《昌江县二千年事记》关于苏东坡绍圣四年五月间，巡游考稽昌化县山水文物并题诗的说法，是站不住脚的。

我们通过上述的分析，完全可以肯定，苏轼《自昌化双溪馆下步寻溪源至治平寺二首》写的是浙江的昌化，时间应是苏轼任杭州通判时。

把苏轼《自昌化双溪馆下步寻溪源至治平寺二首》当作是在海南的昌化县之作，康熙年间任昌化县令的陶元淳应是始作俑者。他在《治平寺碑文》中一厢情愿，表错了情。不过，我们从他的碑文中也隐隐约约看出他对昌化治平寺多少有点迷惑："行求所谓双溪馆治平寺者，了不可得，亦莫有知其名者，盖古迹沦废已三百年矣。"遗憾的是人们没有深入下去思考，打破砂锅璺到底，至今还津津乐道苏轼在昌江县写作此诗。

其实，《自昌化双溪馆下步寻溪源至治平寺二首》写作的时间和地点，在学术界早有定论。清代著名评论家王文诰的《苏文忠公诗编注集成总案》把《自昌化双溪馆下步寻溪源至治平寺二首》编在苏轼通判杭州时期。当今著名的苏学专家孔凡礼的《苏轼年谱》记载，熙宁六年（1073），"至昌化。自双溪馆下步寻溪源至治平寺，有诗。传尝筑亭凿池于该邑。"《苏轼全集校注》是当今最权威的苏轼作品编年全集。本书在苏轼通判杭州时期就刊载《自昌化双溪馆下步寻溪源至治平寺二首》。

也谈苏轼《治平寺二首》写于海南昌化江畔

孙如强 [*]

宋代大文豪苏轼一生写下了大量的诗歌，其《自昌化双溪馆下步寻溪源至治平寺二首》的写作时间和地点，后人时有质疑。

自昌化双溪馆下步寻溪源至治平寺二首
其一

乱石滴翠衣裘招，双涧响空窗户摇。

饱食不嫌溪竹瘦，穿林闲觅野荞苗。

却愁县令知游寺，尚喜渔人争渡桥。

正是醴泉山下路，桑枝刺眼麦齐腰。

其二

每见田园辄自招，倦飞不拟控扶摇。

共疑杨恽非锄豆，谁信刘章解立苗。

老去尚贪彭泽米，梦归时到锦江桥。

宦游莫作无家客，举族长悬似细腰。

据查，最早收入苏轼这二首诗的是《王梅溪诗注》，《王梅溪诗注》即《百家注分类东坡先生诗注》。王梅溪，即王十朋，字龟龄，号梅

---

* 作者简介：孙如强，昌江黎族自治县文化馆原馆长。

溪，徽宗政和二年（1112）出生于浙江省乐清市四都乡梅溪村，是宋朝著名的政治家、诗人。王十朋给这二首诗作注为"《昌化县图径》云：双溪馆，在县治前。"

其后，清朝乾隆海南人王时宇编的苏东坡《海外集》、清光绪广东新会人刘凤辉编的苏东坡《居儋集》均收入这两首诗。清道光年间张岳松的《琼州府志》及1935年的《儋县志》亦收录其中。1990年出版的《苏轼海南诗文选注》亦将此诗予以收录。

1986年，昌江县文化局为筹备成立县博物馆和编写《昌江县文物志》，指派我和冯所能同志负责对昌江历史文物和昌江历史文化进行调查。这一年，我和冯在田野调查中发现了清朝昌化知县陶元淳撰写的《重建治平寺碑》。其碑被弃于新城村路口。我们给碑拓片后，对村干部阐述了此碑的重要性，要求村干部必须重视对此碑的保护。后来，村里把此碑镶入了村土地庙的东墙。

《重建治平寺碑》高200厘米，宽80厘米，厚10厘米，额横书，文直书，共724字。碑文除了记述重建治平寺的情况，还记载了苏东坡自昌化双溪馆下步寻溪源至治平寺，赋诗二章一事"以《王梅溪诗注》证之，双溪馆在县治前。考，宋县在今之昌化村。溪水发源五指，经德霞枕木岗而下，至县之东境，分为南北二流，故曰'双溪'，坡公自馆下步寻溪源，至治平寺……"据碑文所记，此时的双溪馆，在陶元淳的脚下"沦废已三百年矣"，遗址只留下"一片黄沙共白草"。故此推断，双溪馆沦废应在明朝，也就是说双溪馆是因县治从二水洲迁至昌化城后，无人管理而致沦废。

县治迁移至昌化城后，昌化县又在城内文昌祠旁建起了双溪馆，并"与时俱进"更名为"双溪书院"，书院几经损毁又几经修复，一直至清末才荡然无存。民国昌化县县长廖逊我曾作《寻双溪馆感吟》："别驾曾浮瘴海游，双溪何处剩沙洲。八千里外充军地，九百年前伴读楼。赤日毒照蛮荒处，夕阳西下起孤丘。风流到此应消减，岂为苍生感不休。"

对苏轼《自昌化双溪馆下步寻溪源至治平寺二首》写作的时间和地点，最先界定为南宋嘉定六年（1213）苏轼在初守钱塘时而作，由施元之、顾禧注，施元之儿子施宿补注的《注东坡先生诗》。此"施注苏诗"编撰时已离苏东坡游昌化双溪馆100多年。施注是被史学家视为一部"质量差，错误多，容易造成误会"的东坡诗注。因诗中有"老去尚贪彭泽米，梦归时到锦江桥"。便从字面上断定海南没有"彭泽米"和"锦江桥"而将此诗注为苏轼通判杭州时而作（其实，锦江桥在四川成都，也不在杭州），但这些诗句若不被断章取义而整首读取，便可看出，这是苏东坡触景生情，不由自主发出的思乡之情。施注晚于王注，且王是浙江人，编注苏诗时与苏东坡游昌化双溪馆时间相隔年月不久，王不可能将苏在浙江所作之诗注为在海南之作，特别是若浙江也有双溪、也有二水洲、也有双溪馆的话，王十朋作为著名的政治家和文学家并生于浙江长于浙江，更不可能"按图径"，将苏在浙江之作注为在海南而作。此后，清朝查慎行所注的东坡诗注（简称"查注"）亦沿袭施注，将此诗注为苏初守钱塘时作。

而后，现代有儋州人林冠群先生质疑此诗作于海南。冠群先生质疑的理由是：第一，《正德琼台志》记载昌化县"川类"条说昌化江源自五指，虽与陶元淳所言情况相符，但却没有提到什么双溪馆、治平寺遗址，只提到峻灵山，若苏东坡在琼写有昌化诗，《正德琼台志》不会遗漏。第二，《儋县志》已怀疑此诗作于海南，称"此二首，施注、查注俱编在初守钱塘作。详诗中'老去尚贪彭泽米'云云，疑是再守杭州时作。然当日由琼之昌化军即系儋耳，今郡邑志载有治平寺，则又难定为非居儋之作也"。林冠群先生并以"查注"为铁证，断定陶元淳未看过"查注"，故把彼昌化（浙江昌化）认为此昌化（海南昌化），况且只有《琼州府志》记有昌化治平寺，《琼州府志》系被陶元淳误导。[①]

林先生质疑的第一条理由根本站不住脚，史志挂一漏百的现象比比皆是，不可能《正德琼台志》不记载就断定昌化没有治平寺和双溪馆，《正德琼台志》不收录此诗，就断定此诗不是苏轼在昌化所写。正如海南历代郡邑志均未记载昌化景昌观一样，景昌观却在唐667年就屹立在

---

① 林冠群：《海南方志揭疑》，《海南大学学报》（人文社会科学版）2004年第3期，第300—301页。

昌化（宋《九域志》有载）。林先生质疑《琼州府志》所载系陶元淳误导，那么，《正德琼台志》不载会不会是施注误导呢？林先生的第二条理由亦过于草率。唐乾封元年（666），唐朝在泰山完成封禅大典，唐高宗即下诏全国各州各建观、寺一所，次年，海南即在昌化县（时称吉安县、现为昌化镇旧县村）建起道观景昌观、佛寺治平寺。

韩国强先生（亦是儋州人）质疑更甚[①]，其质疑理由与林文大同小异外，他断定苏是大家，对农作物很了解，不会无知到把海南不常见的植物写到海南诗中，贻笑后人。韩指的是"桑枝刺眼麦齐腰"一句。认为养蚕是江浙一带农村的主业，麦是北方粮食作物，这两种作业海南少见。故断定苏诗作于杭州。韩忽视了早在唐代，朝廷就在海南大力推广养蚕和种麦这一史实。据文献记载，秦汉至唐，海南岛的农业和纺织业就已相当发达，《汉书》卷二八（下）《地理志八》记载海南："民皆服布，如单被，穿中央为贯头。男子耕农，种禾稻、纻麻，女子桑蚕织绩。"

而日本真人元开在《唐大和上东征传》中记载唐代海南："十月作田，正月收粟，养蚕八度，收稻再度。"在长江流域尚"火耕而水耨"时，海南农业就"正月收粟，养蚕八度，收稻再度"，怎么能说海南无养蚕业、无桑树、无麦子呢，以此来否定苏诗作于海南，实在是太牵强附会了。

韩国强先生还列举了清代王文诰（韩认定此人为著名评论家）的《苏文公诗编注集成总案》把苏这二首诗定为在杭州所作是权威判定，孔凡礼（韩认定此人是当今著名苏学专家）的《苏轼年谱》把苏此二首定为杭州所作是学术界的定论，而将陶元淳判定为是误解苏诗在海南而作的始作俑者，把《琼州府志》《海外集》《居儋集》《儋县志》等众多史书中认定苏此二首诗作于海南昌化县一概认定为误解了苏诗中的"昌化"，对和苏东坡同时代的浙江著名政治家、诗人王十朋按图径（即按图径，浙江并无苏东坡这二首诗描绘的场景，场景在海南昌化）将此诗

---

① 《琼苑》2012年新总第4期。

界定作于海南昌化闭口不提。

国强先生为证明此二首诗不是苏东坡游海南昌化时而作，还举诗中"却愁县令知游寺，尚喜渔人争渡桥"为例，认为这种轻松、欣喜、幽默的情怀绝不像他晚年贬谪海南时的那样沉重。先生此言差矣！通读苏轼居儋三年诗文，我们便可以得出这一结论：坚持思想追求，不屈不挠，不畏艰难困苦，不顾个人升沉是苏东坡居儋时期的主导思想和精神支柱。赴儋途中，苏便写诗言志："平生学道真实意，其与穷达俱存亡……它年谁作舆地志，海南万里真吾乡。"其后又有"渺观大瀛海，坐咏谈天翁。茫茫太仓中，一米谁雌雄。幽怀忽破散，咏啸来天风。安知非群仙，钧天宴未终"等许多昂扬向上的诗词。而苏东坡只是"令责授琼州别驾，昌化军安置，不得签书公事"，以苏东坡善于吸收佛教的感悟人生，追求心灵超脱的生活态度，圆通应物处世，左右逢源，无所不适，无往不乐的生活方式，苏写出"却愁县令知游寺，尚喜渔人争渡桥"应是情理之中。

对苏东坡在海南3年轻松、幽默、洒脱的生活态度和生活方式，我们还可以从海南众多民间传说中信手拈来。在昌化一带流传苏有一天碰见一农妇送饭去田园给丈夫。苏东坡即对农妇吟道："头发篷篷口污污，锄头担饭送田夫。"苏话音刚落，农妇即答："是非只因多开口，记得朝廷贬你无？"惊得苏东坡目瞪口呆。关于苏在海南无往不乐的民间传说，这里就不一一列举了。

写到这里，我不由想到一个人，这个人叫谢有造，也是儋州人。谢是我见到的第一个亲口对我肯定苏东坡来过昌江的人。我与谢出席省文艺家换届会议时，谢说："苏东坡到过昌江，游览过昌江，白纸黑字记录在案，不是谁能否定得了的！"谢的这番话让我激动得晚餐时连敬了谢三杯。因为，这是我有生来第一次听到一位儋州人亲口说出：苏东坡到过昌江。

40岁"倚壮卖老"与60岁"以老怀壮"

——兼及苏东坡《治平寺二首》写于海南昌化的补充认识*

李公羽

拙著《峻灵独立秀且雄——苏东坡昌化江遗踪考论》甫一问世，各界师友关注评论，感人至深。研讨之时，亦有诚挚提出的不同意见。凡提不同意见者，首先必是诤友，不然人家大可嗤之以鼻，而不必晓之以理；其次必是高人，不然难以发现问题，并提出质疑；再次，必是耗时费心的，要说明原委，言之有理，并非易事。

不同意见主要是指东坡先生《自昌化双溪馆下步寻溪源至治平寺二首》。主张写于浙江昌化者，与主张写于海南昌化者，各有所思，各有所据，各有所考，也各有所得。拙著计十章，其中五章考论此事，不可谓不重。尤其是第八章《由治平寺诗解读东坡晚年的人生感悟，可证二诗作于海南》，不再从东坡所述地理、场景、风情、事物和历代版本等角度论辩，而是侧重从诗作情绪与诗人感悟方面，分析作者写作时的社会环境、生存状态、心理变化，以及触景生情所引发的人生感慨的唯一性。结论是："如此饱经沧桑、倍受磨难的感悟与思考，如此痛彻心扉、感慨万千的体会与倾诉，如此回味一生、反思生命的总结与教导，怎么会是三十几岁，并无太多惨痛经历，且正处于上升时期的年轻的苏轼能

---

* 原载《苏学研究》2020 年总第 7 期，第 55—60 页。

写得出来呢？只有政治上、生活上、家庭中一再惨遭打击，经历过无数次痛不欲生的毁灭，才有可能得到这样深切的感悟和认知。"①

一、东坡三四十岁时即时常以老自居

旧时寿终苦短，"人生七十古来稀"。东坡出生于 1037 年 1 月 8 日（1036 年农历十二月十九日），病逝于 1101 年 8 月 24 日（农历七月二十八日），享年 64。换言之，三四十岁的苏轼虽然已经度过了自己大半个人生了，但是也绝对不应达到"老夫"的境地。然而，东坡先生本一怪人，自出新意是其习性，因此在通判杭州和知密州、徐州时，已多有诗文自称"老夫""老人"等。但细究起来，此"老"并非彼"老"。虽表现形式都是自我称"老"，但纵观诗文内容，感受作者心境，即可发现：东坡先生三四十岁时，是"倚壮卖老"，诗文所显，尽是意气风发，豪迈无比，牵黄擎苍，千古风流。而《治平寺二首》，特别是第二首，字里行间，均是对自己一生的沉痛反思与无奈定论，也是对后人修身、治家、从政、为官的谆谆告诫。此诗此时之"老"，是东坡此前不曾有过的体验，只能是 60 岁以后的"以老怀壮"。

熙宁五年（1072），东坡 35 岁，自请外放任杭州通判已是第二年。是年三月二十三日，跟随杭州太守参加吉祥寺万人赏花大会，"酒酣乐作，州人大集"。东坡即作《吉祥寺赏牡丹》：

> 熙宁五年三月二十三日，余从太守沈公观花于吉祥寺僧守璘之圃。圃中花千本，其品以百数。酒酣乐作，州人大集，金槃彩篮以献于坐者，五十有三人。饮酒乐甚，素不饮者皆醉。自舆台皂隶皆插花以从，观者数万人。
>
> 人老簪花不自羞，花应羞上老人头。

---

① 李公羽：《峻灵独立秀且雄——苏东坡昌化江遗踪考论》，上海古籍出版社 2020 年版，第 166 页。

醉归扶路人应笑，十里珠帘半上钩。①

一句"人老"，一句"老人"，但却有头簪菊花的欢乐，酒酣乐作的豪情。

神宗熙宁七年（1074）十一月，东坡以朝奉郎知密州军州事。次年十月，作《江城子·密州出猎》：

老夫聊发少年狂，左牵黄，右擎苍，锦帽貂裘，千骑卷平冈。为报倾城随太守，亲射虎，看孙郎。

酒酣胸胆尚开张，鬓微霜，又何妨！持节云中，何日遣冯唐？会挽雕弓如满月，西北望，射天狼。②

38岁的东坡，自称"老夫"，但词作豪放刚毅，强劲爽朗。无论如何，此词被后来史家与词论家都作为豪放派的开山之作。张志烈、马德富、周裕锴《苏轼全集校注》注释此诗，有评曰："老夫，作者自谓。苏轼其年虚岁40。称老是强调某种情趣而夸张的言辞。"③

神宗元丰元年（1078），东坡以尚书祠部员外郎、直史馆权知徐州军州事。四月到任，正遇洪水，东坡亲率徐州军民，勠力奋斗，战胜洪水，遂在徐州城北门之上建造黄楼，既为镇水，也为纪念。九月初，黄楼初成，画家、诗人王巩前往拜访，同游泗水，登魋山，吹笛饮酒，乘月而归。九九重阳节，东坡与王巩登黄楼，曾对王巩说："太白死，世无此乐三百年矣！"王巩作诗致东坡，41周岁的东坡写下《九日次韵王巩》：

---

① 〔宋〕苏轼：《吉祥寺赏牡丹》，张志烈、马德富、周裕锴主编：《苏轼全集校注》卷七《苏轼诗集校注》，河北人民出版社2010年版，第656—657页。

② 〔宋〕苏轼：《江城子·密州出猎》，《苏轼全集校注》卷一《苏轼词集校注》，河北人民出版社2010年版，第136—137页。

③ 《苏轼全集校注·苏轼词集校注》，第137页。

我醉欲眠君罢休，已教从事到青州。

鬓霜饶我三千丈，诗律输君一百筹。

闻道郎君闭东阁，且容老子上南楼。

相逢不用忙归去，明日黄花蝶也愁。①

此诗几乎每句均有旧典暗指，与"郎君"对应，东坡自称"老子"，诗句却处处雄健，字字豪放。纪昀评此诗曰："此嫌有粗犷气。"②

二、东坡自己不断称"老"是有原因的

东坡早年即已才智过人，年轻气盛，有些自负，是难免的。在朝中见惯世态，时常恣意，虽不得志，自求倅杭，以至密徐太守，既有成熟老练的素常，也有居高临下的含意。而且，在一地"知军州事"，即为"老爷"，作品中自称"老夫"，也顺理成章。

世人尽知，东坡37岁知密州时，即已"鬓微霜"，只不过他认为"又何妨"。历经"乌台诗案"，更是"早生华发"。40多岁在黄州赤壁时"何殊病少年，病起头已白"③，已经像少年一般，一病而白头。

东坡十分喜爱的唐朝诗人韩愈，在《祭十二郎文》中曾说："吾年未四十，而视茫茫，而发苍苍，而齿牙动摇。"东坡也大致如此，有早年苦读寒窗的劳累，有朝廷事务党争等压力，也有家中丧葬生计等折磨，心身疲惫，早生华发，因而半是自嘲、半是夸张，这段时期便不断自称老人。

东坡三四十岁，此时自谓之老，年龄不是问题，心态也并不老，诗文中言辞所示，情绪所指，也是老当益壮之老，老骥伏枥之老，豪迈奔

---

① 〔宋〕苏轼：《九日次韵王巩》，《苏轼全集校注》卷一七《苏轼诗集校注》，第1809—1810页。

② 〔宋〕苏轼：《九日次韵王巩》，《苏轼全集校注》卷一七《苏轼诗集校注》，第1811页。

③ 〔宋〕苏轼：《寒食雨二首》（其一），《苏轼全集校注》卷二一《苏轼诗集校注》，第2342页。

放，开阔豁达，峥嵘飞动，雄伟昂扬。

同样是被贬谪，黄州时期，有闰之相伴，子孙绕膝，家事宽和，文赋鼎盛。虽生活拮据，然而州守关爱，有城东坡地；虽瓦砾遍布，却地亩广阔。黄州东坡，"鬓霜饶我三千丈"①，豪气满怀十万行。

惠州时期，岭南异域，财物不继，饮食不适，樽俎萧然，仍有惠循二守馈送薪米；白鹤峰居，墙里佳人，朝云六如，敛云凝黛，苏迈苏过，子孙相守；半亩青菜，芥蓝茵蔖。此时的东坡，家事少忧，身心尚健，"少壮欲及物，老闲余此心"。东坡虽"白头萧散满霜风，小阁藤床寄病容"，却也得以"春睡美"②。

三、儋州之老，才是东坡生命中真实之老

而真正步入晚年，则是花甲已逾，垂老投荒，海外儋耳的东坡。他身体状态每况愈下，"忧患不已"，"多病瘦瘁"，"须鬓雪白加瘦"，③而且衰老得很快，"白发日夜出"④，苍颜摧颓，齿根浮动。⑤苦于病痔，走路不便，拄杖已成日常"标配"。虽有过儿服侍，但时常"萧条半月"，食不果腹。

东坡一生，为饥肠所累，儋州时期，恐以为最。后世论者，或许研究与欣赏东坡此时意志与品格有余，而认识与重视东坡父子时常为吃饱操虑则不足，只看到东坡潇洒超脱的风流气韵，未觉察东坡精神与身体承受的苦痛和折磨。

初抵儋州，东坡"饮咸食腥"，极不适应。他要买米，并且很想如同黄州一样，自己有一块地，春种夏收，自食其力。他作《籴米》，表

---

① 〔宋〕苏轼：《九日次韵王巩》，《苏轼全集校注》卷一七《苏轼诗集校注》，第1809页。

② 〔宋〕苏轼：《纵笔》，《苏轼全集校注》卷四〇《苏轼诗集校注》，第4770页。

③ 〔宋〕苏轼：《与元老侄孙四首》（其一），王时宇重校、郑行顺点校：《苏文忠公海外集》，海南出版社2017年版，第165页。

④ 〔宋〕苏轼：《息轩》，《苏文忠公海外集》第47页。

⑤ 〔宋〕苏轼：《和陶〈下潠田舍获〉》，《苏文忠公海外集》第64页。

达这种强烈愿望：

> 籴米买束薪，百物资之市。
>
> 不缘耕樵得，饱食殊少味。
>
> 再拜请邦君，愿受一廛地。
>
> 知非笑昨梦，食力免内愧。
>
> 春秧几时花，夏稗忽已穟。
>
> 怅焉抚未耜，谁复识此意。①

获悉弟弟苏辙得第四孙，东坡写诗祝贺，告诫说：一餐一饮，自得其乐，不必去求乘车加冕，官位爵禄；希望孙辈早些谋划两项田地，自食其力，不必如同东坡自己那样去做八州太守："箪瓢有内乐，轩冕无流瞩。人言适似我，穷达已可卜。早谋二顷田，莫待八州督。"②

听说弟弟苏辙近来瘦了，即作《闻子由瘦》（李按：儋耳难得肉）。他说："土人顿顿食薯芋，荐以薰鼠烧蝙蝠。旧闻蜜唧尝呕吐，稍近虾蟆缘习俗。"儋耳百姓每日以薯芋为食，也请东坡一起吃薰鼠烧蝙蝠。初时一闻即想呕吐，后来渐渐可以随俗吃一些蛤蟆。想当年，"十年京国厌肥羜，日日蒸花压红玉"。而今"相看会作两臞仙，还乡定可骑黄鹄"③。变瘦了的弟弟与生活极为艰难的哥哥，将来如果回家乡去，两人清瘦如仙，骑一只大鸟就可以了。陶渊明曾有《乞食》诗，记叙因饥饿而出门借贷之事。东坡作《和陶〈乞食〉》诗说："渊明端乞食，亦不避嗟来……幸有余薪米，养此老不才。"④

由此，东坡生发"但愿饱粳稌，年年乐秋成"⑤的美好期冀。然而，现实比想象残酷得多。抵儋次年，灾荒少产，"米皆不熟"，"儋人无蓄

---

① 〔宋〕苏轼：《籴米》，《苏文忠公海外集》第45页。

② 〔宋〕苏轼：《借前韵贺子由生第孙斗老》，《苏文忠公海外集》第43页。

③ 〔宋〕苏轼：《闻子由瘦》，《苏文忠公海外集》第75页。

④ 〔宋〕苏轼：《和陶〈乞食〉》，《苏文忠公海外集》第57页。

⑤ 〔宋〕苏轼：《和陶·九日立闲居（并引）》，《苏文忠公海外集》第56页。

藏"①，"资养所给，求辄无有"②。"北船不到米如珠，醉饱萧条半月无"，东坡不得不到东家祭灶台前去吃些祭品充饥。③甚而至于除夕之夜饥肠辘辘，以牛粪烧几个小芋头就过新年了："松风溜溜作春寒，伴我饥肠响夜阑。牛粪火中烧芋子，山人更吃懒残残。"④为了生存，东坡"尽卖酒器，以供衣食"⑤。他也尽力自己动手，解决饭菜之事："红薯与紫芋，远插墙四周……一饱忘故山，不思马少游。"⑥偶有一两次可以放开肚子吃，便觉尽是人间美味："过儿忽出新意，以山薯做出玉糁羹"，东坡即感到"色香味皆奇绝，天上酥陀则不可知，人间绝无此味也"⑦。乡亲送一些生蚝，顿觉"食之甚美，未始有也"⑧。

然而，元符二年（1099），儋州灾荒愈甚，米贵如珠。"又海南连岁不熟，饮食百物艰难。又泉、广海舶绝不至，药物酱酢等皆无，厄穷至此，委命而已。老人与过子相对，如两苦行僧耳。"⑨东坡遂"有绝粮之忧"。"旦随老鸦起，饥食扶桑暾"⑩，早上早起，饥饿时吞噬一些东方的阳光。老小二人同学龟息法，"吸初日光咽之"⑪……居儋三年，东坡瘦弱多病。"老人住海外如昨，但近来多病瘦弱，不复如往日。"⑫离琼北归时的东坡先生，竟至"病骨瘦欲折，霜鬓蓬更疏"⑬。

面对诸般生活磨难，东坡习以为常。然而精神世界的抚慰缺失，使

---

① 〔宋〕苏轼：《记薯说》，《苏文忠公海外集》第181页。

② 〔宋〕苏轼：《与程全父推官四首》（其一），《苏文忠公海外集》第162页。

③ 〔宋〕苏轼：《纵笔三首》（其三），《苏文忠公海外集》第96页。

④ 〔宋〕苏轼：《除夜访子野食烧芋戏作》，《苏文忠公海外集》第99页。

⑤ 〔宋〕苏轼：《和陶连雨独饮二首》，《苏轼全集校注》卷四一《苏轼诗集校注》，第4858页。

⑥ 〔宋〕苏轼：《和陶〈酬刘柴桑〉》，《苏文忠公海外集》第59页。

⑦ 〔宋〕苏轼：《过儿忽出新意……》，《苏文忠公海外集》第95页。

⑧ 〔宋〕苏轼：《食蚝》，《苏文忠公海外集》第249页。

⑨ 〔宋〕苏轼：《与侄孙元老四首》，《苏轼全集校注》卷六〇，第6650页。

⑩ 〔宋〕苏轼：《入开元寺》，《苏文忠公海外集》卷六〇，第46页。

⑪ 〔宋〕苏轼：《学龟息法》，《苏文忠公海外集》第185页。

⑫ 〔宋〕苏轼：《与元老侄孙四首》（其一），《苏文忠公海外集》第164页。

⑬ 〔宋〕苏轼：《和孙叔静兄弟、李端叔唱和》，《苏文忠公海外集》第84页。

东坡难免心生郁闷，豪放的躯体中那原本柔弱的灵魂更加悲切。贬谪之痛，生活之苦，朝云之故，子孙别离，相见无期。昌化军使张中，因关爱东坡而被免职、调离；后任守官定是接受"教训"，再与东坡父子无涉，也因此而史册不载。东坡居儋期间困穷日甚，亲友疏绝。① "从我来海南，幽绝无四邻。耿耿如缺月，独与长庚晨。"② 多有书信和诗作，寄与中原友好，表露孤独之情："海外穷独，人事断绝。"③ "此中枯寂，殆非人世。"④ "厄穷至此，委命而已。老人与过子相对，如两苦行僧耳。"虽给友人书时自曰"胸中亦超然自得，不改其度"，是为使友人"知之免忧"⑤，而"老病之馀，复此穷独"⑥，与众亲友"后会无期"的心境与状态，是难以掩饰的。

在军守张中和儋州乡亲们面前，东坡是快乐而风趣的。每每独处，或触及情景，他仍难免生发万种感慨："与幼子过南来，余皆留惠州。生事狼狈，劳苦万状。"⑦ 天涯已作无家客，"举族长悬似细腰"。红颜尽去，子孙别离，年老体衰，孤鳏海外，"流离僵仆于九死之余"⑧。而且不知此番境遇何时终结。只有此时此地，东坡才悲切苍凉地想到：家室完整、子孙康健、生活稳定、衣食皆备，这才是做人、为宦之大福。而这一切的基础，仍是"民以食为天"的古训所示。身贬海外，而仍在内地的子孙及其妻小十多口人，因受东坡牵连，生计也十分艰难。此事时常萦绕心头。东坡念及此事，不能不喟然长叹："老去尚贪彭泽米""宦游莫作无家客"。这些，都不可能是他杭州高就、衣食无忧、家室欢颜之时所可写出的。甚至，他居杭州时根本不会想到：自己晚年当真会成"无家客"，当真"尚贪彭泽米"。

———————

① 〔宋〕苏轼：《与程全父推官四首》（其三），《苏文忠公海外集》第163页。

② 〔宋〕苏轼：《和陶〈杂诗〉十一首》（其一），《苏文忠公海外集》第66页。

③ 〔宋〕苏轼：《与程全父推官四首》（其一），《苏文忠公海外集》第162页。

④ 〔宋〕苏轼：《与郑嘉会二首》（其一），《苏文忠公海外集》第171页。

⑤ 〔宋〕苏轼：《与元老侄孙四首》（其一），《苏文忠公海外集》第164页。

⑥ 〔宋〕苏轼：《与罗秘校二首》（其一），《苏文忠公海外集》第175页。

⑦ 〔宋〕苏轼：《与杨济甫二首》（其一），《苏文忠公海外集》第163页。

⑧ 〔宋〕苏轼：《与范元长八首》（其二），《苏文忠公海外集》第167页。

儋州时期，尽管意志顽强、人格成熟、思绪豁达已至巅峰状态，然而，此时身体之老、心境之老、穷独之老，则是老气横秋之老，老态龙钟之老，愧对远方子孙的无能为力之老。

元符三年（1100）五月，东坡获旨北归，离别儋州时，再作《儋耳》诗：

> 霹雳收威暮雨开，独凭栏槛倚崔嵬。
> 垂天雌霓云端下，快意雄风海上来。
> 野老已歌丰岁语，除书欲放逐臣回。
> 残年饱饭东坡老，一壑能专万事灰。

论者往往只赞赏颔联，感叹东坡先生垂天雌霓之美、快意雄风之壮，而忽略了最后两句："残年饱饭东坡老，一壑能专万事灰。"自己年事已高，此生余年，只要能吃饱饭，有栖身之地，就再无奢求了。可见儋州时期，晚年东坡，"彭泽米"已成当务之急，"饱饭"对于东坡，已然成为强烈的诱惑和生命的企盼，是东坡北归之后的第一目标。当然，这并不影响他在回首3年、告别海南之际由衷赞叹"兹游奇绝冠平生"，而且恰恰正是这3年中常人难以承受的苦难、常人难以感受的快乐和常人难以收获的功业，使得老先生宁可"九死南荒"。九死，本意是中医理论所指虚劳病的九种危重证候。东坡此用显然并非实指虚劳病的中医理论，应是指海外贬谪的9种死法。那么，或许其中之一就是饥馑而死吧？

四、经历惨痛人生，发此晚年心声

此时，我们再来认真读一下东坡先生《自昌化双溪馆下步寻溪源至治平寺二首》（以国家图书馆藏万历年本《宋苏文忠公居儋录》版本为据，括注文字为其他常见版本之异文）。

其一

乱山滴翠衣裘招（重），双涧响空窗户摇。

饱食不嫌（妨）溪竹（笋）瘦，穿林闲觅野芎（芳）苗。

却愁县令知游寺，尚喜渔人争渡桥。

正似醴泉山下路，桑枝刺眼麦齐腰。

其二

每见田园辄自招，倦飞不拟控扶摇。

共疑杨恽非锄豆，谁信刘章解立苗。

老去（却）尚贪（餐、食）彭泽米，梦归时（归时应）到锦江桥。

宦游莫作无家客，举族长悬似细腰。

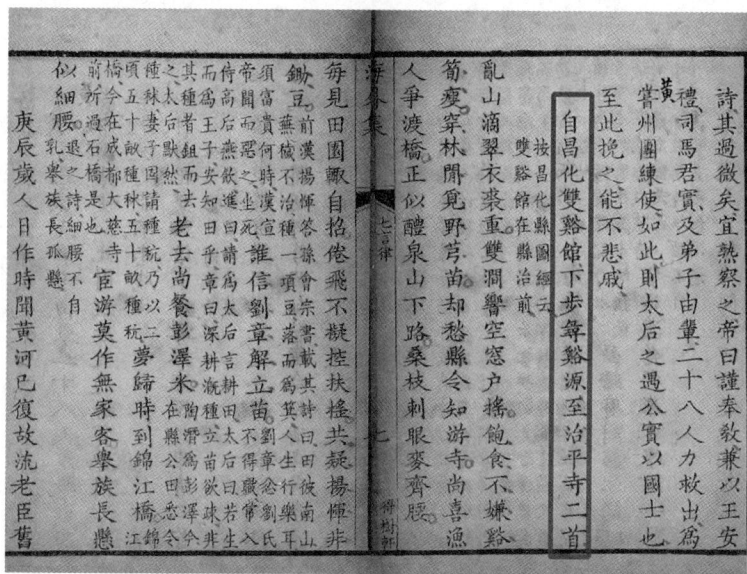

哈佛大学汉和图书馆藏，樊庶编注《苏文忠公海外集》，在《七言律》中收录东坡《治平寺诗二首》

其一以写景为主，游寺时却"愁见县令"，此必是东坡贬谪海南、踏访昌化时颇为苦恼的心情记录：如告诉县令，他可否来见、如何来见？他如来见，见或不见？此前刚因戴罪之身牵累一位好友、昌化军使张中，如何可以再使无辜县令遭飞来横祸？如不告诉县令，则大有不恭之嫌啊！如此愁肠，何人可解？如在杭州昌化，则县令高接远送，鞍前马后，甚而推杯换盏、诗词唱和，何有"愁见"之说？

其二则以抒情为主："老去尚贪彭泽米"则是东坡晚年在海南儋州饥馑苦痛所发的感慨。如在杭州，且不说不可能忍饥挨饿，甚至不可能想到自己老时会连一日三餐也不能保证。喜欢昌化田园的祥和，厌恶宫廷争斗的险恶，而且只在儋州，东坡才会有无家的悲痛与对家室的怀念，告诫世人"宦游莫作无家客"，而且极为伤感、痛悔：人生不要像细腰蜂那样"举族长孤鳏"。东坡先生"举族长悬似细腰"，一个"悬"字，将晚年东坡家小没有着落、职场没有结果的官宦悲剧，刻画得入木三分。

如果认定此诗写于杭州时期，出自那位年轻气盛、英姿焕发、红颜倚伴、子嗣绕膝的苏轼，不知这些诗句，该当如何解读？

对东坡这含蕴生命思考、充满社会哲理、回顾人生起伏、表露晚年心声的治平寺诗二首，如果认定是写于杭州，不论是通判时还是知州时，都缺乏足够的理由。

当然，对于此诗究竟写于何地，仍可广为探究、激烈争辩。一时或者多时难有定论，也不为奇，正说明东坡先生诗文精深，正标志苏学研究任重道远，正展现千年苏海你我畅游。

弘扬护国安民的优秀传统文化

——纪念苏东坡《峻灵王庙碑》撰写920周年学术研讨会暨李公羽《峻灵独立秀且雄》首发式在海南大学举办

高中桥*

　　7月18日，中央驻琼新闻单位与海南省多家媒体负责人、记者，同苏学研究专家、学者汇聚海南大学思源学堂，共同研讨920年前苏东坡在海南撰写的《峻灵王庙碑》。海南省苏学研究会理事长李公羽所著《峻灵独立秀且雄——苏东坡昌化江遗踪考论》一书，同日首发。

　　宋元符三年（1100）农历五月，贬琼三年的苏东坡获旨，仍以"琼州别驾"身份量移廉州（今广西合浦）。离别海南之前，东坡撰写了著名的《峻灵王庙碑》，感谢位于昌化江畔（今昌江黎族自治县）的"峻灵王"护国安民，也感谢山川之神相助，自己"谪居海南三载，饮咸食腥，凌暴飓雾，而得生还"。

　　"峻灵王"是源于昌化江畔的一种独特的历史文化现象。位于今昌江黎族自治县昌化镇东北处的昌化大岭，延袤十里九峰，气势恢宏，汉时人们认为此是五指山脉的来龙，是海南岛的源头，被誉为"神山"。坐落于岭上面向大海的一尊十余米高的巨石，是出海渔船回港靠岸时的方位坐标，传说是保护民众的"神山爷"，护佑南海的镇海之神，盛名

---

　　* 作者简介：高中桥，海南省苏学研究会秘书长。

远播。

苏东坡在《峻灵王庙碑》中，详细记载了他"自徐闻渡海，历琼至儋耳，又西至昌化县，西北有山，秀峙海上，石峰巉然，若巨人冠帽，西南向而坐者，俚人谓之山胳膊"的行程和感悟，并具体记录了峻灵山上奇特的生态物种、自然现象等细节，歌颂峻灵王为国护宝，为民保安。五代十国时期的南汉朝廷，封山神为"镇海广德王"；宋元丰五年（1082）七月，宋神宗封之为"峻灵王"；清代道教文化在海南得以发展普及，各路道家纷纷来朝，光绪十二年（1886）八月十八日加封为"昭德王"。一块山石，被三个王朝敕封为王，史无先例。

苏东坡是否亲自到过昌化江畔祭山拜庙？东坡《峻灵王庙碑》一文写于何时何地？现位于峻灵王庙前的一块断碑，是何时所刻，何人所刻？是否东坡碑文？这些问题，史料中缺少明确记载，学术界历来存有争议。中国苏轼研究学会副秘书长、海南省苏学研究会理事长、海南省新闻工作者协会副主席李公羽，以3年多时间认真研究考证，在多方面专家和昌江县有关专家学者帮助下，多次实地读碑、田野调查，查检比对大量文献史料，经多次学术会议研讨，业界权威专家指导、点评，完成《峻灵独立秀且雄——苏东坡昌化江遗踪考论》一书，近日由我国著名古籍研究、出版单位上海古籍出版社严格审校，正式出版，全国发行。李公羽在首发式上介绍了书稿撰写、出版的过程，以及东坡峻灵王文化的历史定位和时代意义，感谢各有关方面的指导、支持与帮助。

中共昌江黎族自治县委宣传部副部长黄兆雪专程出席会议并致辞。她表示："通过李公羽先生这样一部专业学术论著，在新时代实现新融合、新发展，为我们进一步整合昌江各种优质资源，探索通过'产业化、企业化、市场化'的模式，使文化产业保持可持续发展，增添了新的历史资源和文化品质。东坡峻灵王文化是中华优秀传统文化在我们身边的具体展示与丰富呈现，为我们在自贸港建设背景下，打造昌江特色文化聚集地，带动昌江周边，辐射海南沿海多地乃至北部湾城市群中峻灵王文化崇拜区域，新增了生动、美丽、丰富而充实的旅游文化品牌。我们将高度珍惜这一重要历史文化资源，充分发挥优秀传统文化的核心价值，以东坡峻灵王文化的美丽传说，推进经济社会文化发展的实际，推进城市发展转型，促进文化旅游经济发展，提高人民群众的获得感和幸福感。"

昌江县文联主席庞大海表示："邀请参加在海南最高学府海南大学举办的这一活动，十分高兴。近年来，我们多次陪同公羽先生在昌化江畔实地考察，顶烈日，逐沙尘，在村头、江边、山下，向当地村民了解历史传说，考证现实场景。多年来许多领导、专家、记者参观峻灵王庙，观看庙中断碑，没有人细读碑文。公羽先生在现场逐句研判，逐字辨认，深入分析解读每个字含蕴的历史信息，然后大量阅读史料，查找文献，逐步形成新的结论。这种学术研究考据的精神，值得我们认真学习。"

海南省社会科学界联合会原副主席、中国社会科学院副院长祁亚辉博士说："公羽同志著述甚丰，时常跨界发展。早年就有《邓小平金融理论研究》《陈云金融思想学习与研究》等专著出版。近年专注于苏学研究，新著由上海古籍出版社出版，确属不易。这一研究成果，方法是旧的，观点是新的，材料是新的，结论是新的。"

中共海南省委党校原副校长、海南行政学院副院长包亚宁教授指出："公羽同志这一研究成果，思维与逻辑方式，十分严密，丝丝入扣，是站得住脚的。对碑文每一个字，都深入解析，说清来龙去脉，表现了科学研究的基本态度。有人可能认为：东坡是不是到过这个地方，很重要么？的确很重要。一个地方的文化积淀、文化脉络，乃至于文化精神的传承，不可或缺的一个层面就是历史文化，中华优秀传统文化，特别是东坡先生这样具有重要历史地位与特殊国际影响的千古风流人物，对于当今和未来的一地经济社会文化发展，是极其宝贵的财富。海南自贸港建设，不仅要有物质方面的发展，而且必须要有精神和文化方面的发展。考证和确认重要的历史遗存、文化现象，为海南自有的原生土壤培植和增添文化养分，为自贸港建设奠定重要的文化基石。"

海南历史文化研究基地主任李长青教授，从宋史、海南金石史和文献校勘学等角度，利用考古学、文化人类学等知识，结合"二重证据法"，对峻灵王庙碑文和残碑的历史信息等作严谨分析，认为李公羽这一研究成果，文献价值高，"解决了长期以来言之不详的残碑立碑人问题，梳理了该残碑从立碑到重现于明末的大致历程，同时一并分析了峻灵王庙的历史沿革。补充了东坡贬谪海南过程中的重要历史细节，在苏轼文化研究和海南历史文化研究方面是一项重大成就。把传统的方法，运用到残碑的考辨上，不仅是苏学研究的新成果，同时也可以认为是古老的金石学、文献学的新发展，新成果"。

担任海南省文物局局长。他在座谈交流中，充分肯定了李公羽昌化江东坡遗踪考论与研究的重要意义。他指出："希望这一考论成果，可以进一步促进峻灵王庙的保护和开发利用工作。一是提高对峻灵王庙的保护级别。峻灵王庙现在还是县保单位，保护级别偏低，保护范围和保护力度远远不够，希望县里和省里高度重视，放眼长远，尽快把峻灵王庙列为省保单位，进一步加强保护工作。二是高度重视峻灵王庙前的残碑。在海南发现一块宋碑是极其有价值的事情，不可等闲视之。可以进一步组织文物专家论证，尽快明确并提高保护级别。三是希望旅游文化和文物管理部门重视对峻灵王文化遗产进行合理活化利用。峻灵王庙不能只是烧香求神的地方，应该是集东坡文化、道教文化、自然风光于一体的文化名胜。建议县里和省里的旅文部门做好峻灵王庙的保护规划，在保护中开发，在开发中利用，在利用中发展，打造成为西部文化旅游的重要景点，打造成为文化和旅游融合发展的新典范，大力助推国际旅游消费中心建设。"

海南省苏学研究会会长、海南师范大学文学院阮忠教授做总结讲话。他指出："公羽先生这一著作，把我们苏学研究会这一年，或者说自成立以来的研究成果，推向一个高峰。我们除了向公羽先生学习，努力从事东坡文化或苏学研究之外，我认为海南的澄迈、临高、琼州，包括儋州，也需要动起来。为什么？因为海南的东坡文化，要想走向世界，不能是单打独斗，仅靠这一本书，靠一个昌江，还不成气候。需要有更多的研究成果，各地行动起来，构成立体的东坡文化形态，才可能使东坡文化更加厚实，才可能行稳致远。因此，我很希望琼山五公祠里的苏公祠，能有专门的东坡研究；很希望临高的苏来村，除了那一片森林里面的小茅房外，能够有一点其他的动作或声音；也希望澄迈的通潮阁，不要总是停留在口头上，不要总是说东坡先生那两首诗，还有那座古桥，是不是可以修一修？通潮阁是不是可以建一建？把澄迈的东坡文化做实。我们也希望，这些地方能够有像公羽先生东坡昌化江遗踪考论这样的著作，譬如《东坡澄迈通潮阁记》。因为任何一种文化形态，如果单一，就太单薄；太单薄，就不容易久远，不容易流传。对此，我们每一个人，都肩负着深入研究的责任与重担。我们也真心希望，以后的海南，在国际旅游岛、自贸港建设这样大的社会背景之下，真正能够把东坡文化搞起来。我们也希望，在自由贸易港建设进程中，我们所谈论的、所接触的、所从事的，不仅是经济，还有文化。这文化里面最重要、最坚实、最亮丽的一环，就是东坡文化。"

会议认为：习近平总书记指出，要让海南成为展示中国风范、中国气派、中国形象的亮丽名片。东坡文化是中华优秀传统文化的杰出代表，使苏学的文化符号与地方经济社会文化发展融为一体，形成新时代文化和旅游密切结合、促进消费的内生动能，已经成为海南旅游文化产品供给侧结构性改革的重要课题。包括东坡峻灵王文化在内的东坡文化，集中展示和代表着千百年来广大民众热爱生活、战胜灾难、追求幸福的夙愿，凝聚着中华优秀传统文化传承发展的核心思想理念、中华传统美德和中华人文精神。东坡文化是推动地方旅游形成文化内涵独特、文化底蕴丰厚、文化品质优秀的中高端旅游消费资源的独特品牌，是打造业态丰富、品牌集聚、环境舒适、特色鲜明的国际旅游消费胜地的重要资源。

此次学术研讨会由中共海南省委宣传部、中共昌江黎族自治县委员会指导，中共昌江黎族自治县委宣传部主办，海南省苏学研究会、海南大学人文传播学院联合承办，海南省社科院地方历史文化研究所、海南文化研究院、海南历史文化研究基地、海南省民间文艺家协会、海南省文物研究会、海南省民俗学会、海南省文旅地产商会、海南省国学教育协会、海南省新闻界书画家协会、昌江县文联、昌江县史志办公室等单位协办。来自海南省委党校、高等院校、科研单位，以及本省历史、文学、文物、古籍、民俗、文旅、国学等专业学术团体、社科组织的专家学者，省旅文厅、文联、社科联等单位有关负责同志出席会议。

新华社、《人民日报》、中新社、中央人民广播电台、求是《小康》、《经济日报》、《国际商报》等驻琼新闻单位，《海南日报》、海南广播电视总台及所属媒体有关负责同志，《海南特区报》、《国际旅游岛商报》、《海口日报》、海口广播电视台等新闻单位，以及中国网、新浪网、凤凰网、今日头条等海南机构负责人和记者出席座谈会。

海南举办"昌化江东坡峻灵王文化论坛"
研讨与发掘昌江特色文化聚集地的历史资源

高中桥

　　10月25日是农历重阳节,"昌化江东坡峻灵王文化论坛"在海南省昌江黎族自治县开讲。中国苏轼研究学会、海南省旅游和文化广电体育厅、昌江县委、县政府、海南省新闻工作者协会等有关方面负责同志出席论坛,与来自全国30多所高校、科研和古籍出版机构的50多位东坡文化研究专家、学者,共同研讨、考论海南特色文化聚集地昌化江畔丰富独特的历史文化资源价值,助力海南自贸港建设的文化引领与国际旅游消费。

　　宋元符三年(1100)农历五月,苏东坡接到北归旨意后即撰写《峻灵王庙碑》一文,真诚感谢昌化峻灵王护国安民,保佑一方。随后即与三子苏过离开谪居3年的海南,北归中原,由此迈出东坡文化反哺中原、影响世界的第一步,迄今整整920周年。东坡《峻灵王庙碑》一文与东坡北归中原的历史遗踪,对于我国历史文化、民俗文化、地理文化、宗教文化和文物保护等工作,具有特殊重要的意义与价值。

　　海南省苏学研究会专家学者在昌江县历史文化工作者和昌化镇等多方面支持帮助下,以数年时间专题调研、考论苏东坡昌化江遗踪,查阅大量官修史志等文献资料,召开多次专业学术研讨会,广泛征求国内外苏学研究专家意见,发现并论证昌化镇昌城村峻灵王庙有南宋建炎二年（1128）时任昌化县令何遹刻制的石碑，刻有苏东坡《峻灵王庙碑》全文，并有一段史无记载的跋文。虽然石碑已经断裂，但从残存部分所载文字信息，与史志文献记载印证，可确定苏东坡于元符三年（1100）农历三月曾到过昌江。2019年春，我国重点古籍出版机构上海古籍出版社，认真关注此事，并组织专家严格编审李公羽著《峻灵独立秀且雄——苏东坡昌化江遗踪考论》书稿。此书于2020年3月正式出版发行。7月18日，海南大学人文传播学院与海南省苏学研究会在海南大学举办首发式，并召开"纪念苏东坡撰写《峻灵王庙碑》920周年专题学术报告会"。

来自全国各地的苏学研究专家艰难攀缘，到达峻灵石前，合影留念。

"峻灵王"是源于海南昌化江畔的独特历史文化现象。位于今昌江黎族自治县昌化镇东北处的昌化大岭，延袤十里九峰，气势恢宏，汉时人们认为此是五指山脉的来龙，是海南岛的源头，被誉为"神山"。坐落于岭上面向大海的一尊十余米高的巨石，是出海渔船回港靠岸时的方位坐标，传说是保护民众的"神山爷"，护佑南海的镇海之神，盛名远播。

中共昌江黎族自治县委书记黄金城出席论坛，昌江黎族自治县人大常委会主任何顺劲在论坛致辞。何顺劲指出：传承千年的东坡文化，与传承更为悠久的峻灵王文化，在新时代实现新融合、新发展，为进一步整合昌江各种优质文化资源，探索通过"产业化、企业化、市场化"的模式，使文化产业保持可持续发展，增添了新的历史资源和文化品质。

中国社会科学院、中华书局、四川辞书出版社等单位专家代表认为：东坡峻灵王文化是中华优秀传统文化在海南的具体展示与丰富呈现，是自贸港建设背景下打造昌江特色文化聚集地的重要历史文化资源，对于昌化江畔，海南沿海多地乃至北部湾城市群中峻灵王文化崇拜区域，新增了生动、美丽、丰富而充实的旅游文化品牌。要高度珍惜这一重要历史文化资源，充分发挥优秀传统文化的核心价值，以东坡峻灵王文化的美丽传说，推进经济社会文化发展的实际，促进文化旅游经济发展，为昌江县在海南自贸区、国际旅游消费中心建设进程中，彰显峻灵王文化、东坡文化的独特品质，打造昌江特色文化聚集地，奠定具有昌江特色的重要基础。

与会专家学者为论坛提供了40多万字的学术报告，既有对于苏东坡峻灵王庙碑的史地考证、峻灵王文化的历史与现实状态分析、峻灵王信仰的变迁与原因研究等史学意义重大的论文，又有让残碑"活"起来、以苏学遗存促进昌化江畔经济社会文化发展、东坡峻灵王文化的当代价值、打造昌江特色文化聚集地促进国际旅游消费中心建设等现实意义强烈的研究成果，还有对于苏东坡与苏过父子融入黎族文化、倡导黎事自治等民族文化的研究。

10月26日，来自各地的苏学研究专家，亲临昌江县昌化镇，实地考察峻灵山、峻灵王庙、昌江故城和治平寺碑亭等著名历史文化资源，现场研判苏东坡所撰文的峻灵王庙碑，进一步认真研讨和感悟以护国安民为主旨的峻灵王民俗文化。

专家们提出：昌江峻灵王庙残碑，确认为南宋碑刻，是极为珍贵的历史文物，建议保护好，提升文物保护层级。

"第二届苏学研究高端论坛暨昌化江东坡峻灵王文化论坛"会议综述

梁　晖　李世禹*

2020年10月23至26日，"第二届苏学研究高端论坛暨昌化江东坡峻灵王文化论坛"在海南大学及昌江黎族自治县召开。会议邀请到来自全国高校、研究机构、出版社等50多位专家学者，共提供了43篇论文，达60余万字。会议论文集中展示了近年来苏学研究各个方向的动态趋势，并涌现出许多非常具有代表性的特色研究成果。本文围绕传统苏学研究与地域特色苏学研究两个大方面，概略综述此次会议所提交的论文。

一、传统苏学研究成果斐然，新角度层出不穷

传统的苏学研究论文占此次论文总量的半数以上，主要包括苏轼的思想研究、文本与审美研究两个角度。苏轼是一个文学家，对他作品文本的各方面研究从其生前开始就一直不曾间断，一直是研究苏轼的一个重要的切入角度。苏轼还是一个思想家，对其人其文的思想组成、思想

---

*　作者简介：梁晖，海南省苏学研究会会员，海南大学人文传播学院中国古代文学专业在读研究生。李世禹，海南省苏学研究会会员，海南大学苏学研究会理事长，海南苏学文化传媒有限公司总经理。

内涵的研究也是学术界一直以来的热门话题，把握苏轼思想的多样性和复杂性，并从复杂中精准地识别出苏轼思想的内核，是透彻理解苏轼作品的前提之一，因此这也是学术界一直在努力的一个方向。此外，本次会议还包含了提纲挈领式的带有总结和指导性质的论文，对新时代苏学研究的成就和不足都有所思考。基于传统研究材料和方法的新的研究角度也层出不穷，代表了苏学研究及古代文学研究领域的新视野。

（一）总结性研究

方永江《开放发展的苏轼研究》从开放合作和创新发展两个方面对近年来以四川苏轼研究会为代表的中国苏轼研究所取得的成果进行了总结回顾；高中桥《海南当代苏学研究概论》总结了当代海南苏学研究所取得的丰厚成果，指出了海南发展苏学研究既具备得天独厚的先天条件，又得到了海南学者孜孜不倦的后天努力，是海南苏学研究发展良好的原因，同时作者还指出了当代海南苏学研究发展的许多不足、弱势以及困境，道出了海南苏学研究未来的发展还需强化之处。总结性的文章能够在梳理既有成果的基础上，结合各种形势和条件，指出现有研究的长处和不足，并对发展方向提出建议，有利于学术研究向前推进。

（二）思想文化研究

何新文《"莫作天涯万里意　溪边自有舞雩风"——略论苏轼对屈原贾谊的接受及其"适中""处穷"的人生智慧》认为，尽管苏轼一直十分推崇屈原和贾谊的文章辞赋，但对二人的处世方式并不认可，批评屈原"不适中"，贾谊"不善初穷"，这两点又恰是苏轼毕生所践行的人生哲学和处世策略。阮忠《流贬海南的苏轼与庄子》指出，苏轼流贬海南的三年最能体现其受庄子思想影响之深，并点明苏轼在海南对庄子的接受主要体现在"庄得吾心"的随缘委命、"化庄入己思"的超然以及融"庄理"于"和陶"的安处三个方面，此时的苏轼对庄子的接受已经达到了以庄心为己心，以庄理为己理的境界。王晨《"情"之所起——从艺术创作角度探析苏轼的"自然观"》分析得出苏轼的"情本论"对原始本能情感的追求在苏轼的文艺思想中体现为"自然"观，并从创作对象、创作实践、创作主体方面对苏轼的"自然"观进行了探究。张国文《茶经历和北宋茶业政策与苏轼"民本"思想之养成》参考诸多文献材料，侧重从苏轼生平中的茶经历、北宋茶业政策的变化，特别是苏轼对王安石变法中利用茶政"剥取"百姓的做法的强烈反对等方面，对苏轼的"民本"思想做了探究。贺黎明《苏东坡的"余独不觉"与"独觉"》通过对苏轼黄州时期的《定风波·莫听穿林打叶声》与儋州时期的《独觉》两首作品的分析，探究了苏轼人生中从黄州到儋州的十六年间心路历程的变化。北宋时期，文化整合的趋势逐渐明显，因此对苏轼儒释道三教合一的思想的研究也一直是学界的热点，杨钥《以苏轼居儋之作探其人格境界的升华》认为，苏轼在海南期间将中国儒释道三家文化的精髓发挥到了极致，达到了传统士大夫人格的最高境界，并对此现象及其成因进行了分析；刘佩德《苏轼儒学思想初探》则从诸子学研究角度对苏轼的儒学思想进行探究，深入发掘苏轼思想中所具有的儒本位思想、圣本体思想、《易》本源思想以及调和三教思想。

（三）文本与审美研究

对苏轼的文学文本的研究主要有文献考证研究、文本内容研究、文本比较研究等方面；审美研究的讨论则集中在苏轼的文艺美学方面。

考证研究方面，王永波《苏轼〈和陶集〉版本考》梳理了苏轼《和陶集》从宋代到明清的发展流变情况。《和陶集》由苏轼晚年亲手编订，独立成集，在宋代多次刊刻；明代则开始出现将《和陶集》的作品混入他卷的情况，使其丧失了原集面貌；清代延续明代混编的传统，尤其是编年本的出现，苏轼的和陶诗被彻底打散，按照年代顺序编入了诗集。此外，作者还对苏轼和陶诗数目的争议提出了自己的看法，认为应以苏轼原话"凡一百有九篇"为准。周泉根《苏轼海外诗文考评三则》针对苏轼《海外集》的诗文，选择了与"沧海何曾断地脉"、"黎山有幽子"及《题女娲山女娲庙》有关的三个问题，进行了文化及地理上的考据，作者身体力行，前往相关地区实地考察，使得材料翔实而具有说服力。

内容研究方面，张翠爱《论苏轼对婉约词的继承与开拓》结合苏轼婉约词创作的时代背景、题材和创作对前人的继承开拓及其地位和贡献几个方面，论述了苏轼婉约词取得的成就。唐瑭《从苏轼〈江城子〉词看东坡词的发展转变》以苏轼《江城子》词为研究对象，选取了苏轼的10首《江城子》词，这10首词创作时间跨度为10年，作者认为这10年是苏轼词从初创到成熟的转变期，而这10首《江城子》恰可以展示这种转变。苏学研究虽然以苏轼为绝对的核心，但也应包含与苏轼有密切关系的其他文人，庆振轩、张馨心《汪洋淡泊，一唱三叹；稍自振厉，警发愤愤——苏辙〈黄楼赋〉个性特色探论》以苏辙《黄楼赋》文本为研究对象，结合苏轼的评价，系统地分析了《黄楼赋》的艺术特色和成就，赞同苏轼对其"汪洋淡泊，一唱三叹；稍自振厉，警发愤愤"的评价，并指出苏辙个性对文风的影响，以及苏轼毕生推崇和追求一唱三叹，汪洋淡泊的诗文风格的文艺观。

比较研究方面，郑慧霞《〈秀州报本禅院乡僧文长老方丈〉之"吴音"——以辛弃疾〈清平乐·村居〉为比较对象》探讨了苏轼和辛弃疾的两首词作中的"吴音"的内涵，指出苏轼的"吴音渐已变儿童"和辛弃疾的"醉里吴音相媚好"都是以"独在异乡为异客"的身份在书写；与苏轼对话的是操持"吴音"的蜀人，蜀人"乡音"的渐变象征着朝政的渐变，而坚持蜀音就如同"自甘守旧"，这才是苏轼"取国"的根源所在；作者进一步点明苏、辛"吴音"差异之所在，辛弃疾是完全置身"吴音"之外，而苏轼则是置身"吴音"之中。闫续瑞、王婷婷《苏轼、苏辙送别诗情感之比较》在对苏轼和苏辙的送别诗做出比较后，分析得出了二者诗中情感的异同：相同之处在于都有着济世利民的价值追求，都对蜀地有着一以贯之的感情，且不时流露出归隐之意；不同之处则在于，表现方式上苏轼的诗直率张扬，苏辙的诗含蓄内敛，情感上苏轼的诗有人生如寄的空漠之感，而苏辙的诗情感表达更加细腻。

审美研究方面，郭世轩在《"无意于佳乃佳"：论苏轼的人生境界与审美张力》中认为，苏轼《论书》中提出的"无意于佳乃佳"这一命题，不仅是苏轼对书法艺术经验的总结与升华，同样也是苏轼的人生历练过程以及整个艺术创作过程的诗性升华。杨晓霭《苏轼"乐"及歌词谱写》提到元祐时期有关"乐""声""音律"的问题的探讨已成为时代热点，受到广泛关注，苏轼及其门人在这一时期也大力论"乐"，探寻古"乐"，维护"诗乐"，并倡导"诗词一体"的创作观，此外，文中还论及了苏轼作品中的琴歌谱写和山歌谱写，并列举了苏轼诗中所咏到的乐器。

（四）新的研究视角

本次会议涌现出了许多苏学研究的新视角。赵辉《言说身份与苏轼〈蝶恋花〉〈江城子〉审美差异的形成》以苏轼创作时间只差15天但内容风格却差异甚大的词《蝶恋花》《江城子》为切入点，论述了创作时主体的行为场合所规定的主体的行为身份的影响，并强调在研究中国文学作品时，必须回归到文本产生时的特定场合，从行为的性质、目的、主体的行为身份和言说对象的当下身份去分析作品，如此才能做出合乎情理的阐释。王红霞《简析〈瑶台风露〉评苏轼》从迄今所知现存唯一的李白五言选本《瑶台风露》中，钩沉出所有与苏轼有关的材料并做出阐释，从而一窥苏轼对李白五言古诗的接受情况，也侧面反映出苏轼的文艺观。张海、彭清宜《赵抃与三苏、文同交游考略》结合史料发现，苏轼兄弟早年在赵抃治蜀期间曾拜谒过这位德高望重的长辈，赵抃对苏轼苏辙兄弟的谒见留下了很好的印象，因此对苏轼兄弟包括乃父都大力揄扬，此后更是和张方平一样与苏轼成了忘年交。此外，作者在文中还探讨了赵抃与苏轼好友文同亦师亦友的关系，文同为赵抃所作的诗文更是成为学界研究赵抃在蜀中活动的宝贵资料。王伟在《"小乔初嫁了"别解——以苏轼婚姻变故为阐释语境》一文中驳斥了"小乔初嫁了"这一句是《念奴娇》全词中败笔的看法，并从苏轼婚姻变故的角度对这一句做出了新颖的阐释。作者认为，苏轼这一笔的作用有二，一是以小乔衬托周瑜的年轻，再以年轻的周瑜与衰老无成的自己做对比；二是以小乔的形象侧面烘托周瑜婚姻之幸福，从而反衬苏轼自己家庭生活之不幸；考之全词，词意皆以周瑜的意气风发与苏轼自身形象的衰病苍老作比，再结合苏轼作词时的背景，如此解释完全符合事实逻辑和文本逻辑。张冲《"潭净写衰容"：苏轼通判杭州时的自我形象书写》选择通判杭州时的苏轼为研究对象，探讨了苏轼这一时期作品中"病人""情人"和"老人"三种角色的自我认知，并指出苏轼自我形象书写中的"白发东坡"形象即肇始与此时。万燊《"尽个性而求整体"：包弼德论苏轼之"道"》是本次与会论文中唯一与域外汉学研究相关的文章，该文章论述了美国汉学家包弼德对苏轼之"道"的研究和理解，"尽个性而求整体"即是包弼德对苏轼之"道"的总结，包弼德认为苏轼所主张的"道"既要求个性和多样性，同时又能实现整体的利益；包弼德的研究基于文本细读，因而对苏轼之"道"的评价比较客观且不乏精辟之处，作者对包弼德的看法基本持认可态度。

二、海南苏学发展迅速，地域特色开始凸显

近年来，海南多次作为主场举办与苏轼有关的学术性会议，近三年更是保持着每年一次的频率，这代表着海南苏学研究目前已取得较为可观的成绩。在海南苏学专家的不懈努力和通力合作之下，东坡峻灵王文化以及东坡在昌化江一带的行踪开始进入学界的视野。李公羽专著《峻灵独立秀且雄——苏东坡昌化江遗踪考论》由上海古籍出版社出版，这是东坡居儋文化、东坡峻灵王文化研究的一座里程碑，同时也形成了以昌化江一带为核心的昌江东坡峻灵王文化研究专题。

（一）东坡居儋研究

作为海南本地的少数民族，黎族与东坡父子的交往也一直受到学界的关注。李景新《苏东坡、苏过父子与黎族》一文论述了东坡父子与黎族交往时彼此心态的变化，表明东坡父子对黎族的发展做出的贡献不可估量；此外，作者分析了东坡父子笔下的黎族人形象，强调文学史上最早被诗人正面刻画的黎族人形象即出自东坡之手，同时二人也是最早在作品中大量叙写黎族生产方式和风俗的作家；作者在文中还分析了东坡父子对黎族处于落后艰困局面的认识和态度，以及二人为此所提出的

改进方案。王世焱《上策莫如自治 —— 苏轼、苏过居儋民族观的形成》认为苏轼父子对儋耳人的态度是经历了心存偏见，到接纳儋耳，最后结下情谊三个阶段，在与儋人的交往中，二人不断进行反思，苏轼提出了"咨尔汉黎，均是一民"的民族平等观，苏过在其父观点的基础上，提出了"上策莫如自治"的自治主张。

学界对苏轼《自昌化双溪馆下步寻溪源至治平寺二首》诗作于儋州还是杭州一直有不同看法。韩国强《苏轼〈自昌化双溪馆下步寻溪源至治平寺二首〉写作的时间和地点》从文本内容的角度出发，结合两地环境及苏轼在两个时期的不同心态，认为这两首诗应作于杭州。孙如强《也谈苏轼〈治平寺〉诗二首写于海南昌化江畔》则认为两首《治平寺》诗于海南昌化，并从各项史料中找到支持其观点的证据，同时逐条驳斥了韩文，表示其质疑的理由并不充分。

对于苏轼居儋期间所作的诗词文，一直不乏关注。张骏翚《苏轼儋州词创作小议》选取苏轼居儋三年的五首词作，通过文本细读的方法，指出苏轼居儋词作中传达出生命暮年身处海外贬所的凄凉之感，且这一时期苏轼词作相对于诗文而言显得主题比较单一，这与诗词文三个文体的性质有关。刘飞滨在《平淡与豪壮：苏轼海南时期的书法》中提出，苏轼海南时期的书法具备两个方面的特点，一个是超然物外的平淡；另一个是挟海上风涛之气的豪壮。两种看似不相容的特点浑然地融入了苏轼的书法中，达到了苏轼书法创作的最高境界。张珂《苏轼谪居海南期间的饮食书写》从饮食书写的角度出发，探讨了苏轼在海南的饮食情况，并指出苏轼海南饮食诗文包含了关怀当地百姓、记录当地风物以及思索人生哲学三个方面的内容和特点。

（二）由《峻灵独立秀且雄 —— 苏东坡昌化江遗踪考论》所引发的讨论

陈才智《苏海拾贝 —— 苏海、苏学与苏东坡〈峻灵王庙碑〉》一文在三个层面上使用了"苏海"的概念，其一指苏轼为人及其作品海涵地负的浩瀚气象，其二指当代对苏轼的研究成果浩如烟海，其三以"苏海"涵盖"苏学"之概念，以概括当下我们对苏轼的学习和研究。此外，文章给予李公羽著《峻灵独立秀且雄——苏东坡昌化江遗踪考论》一书极高的评价，指出了昌江峻灵王庙残碑巨大的史料价值，残碑上的跋文不见于历代各种文献，碑文末尾的县令何适之名仅见于《宋登科记考》，从时间上考虑，《宋登科记考》记录的两位何适都不太可能是立此碑之人，如果根据跋文末尾提到的折彦质推得该何适为宋人，则残碑的跋文既可补《全宋文》，又可补历代方志中所缺的一位重要地方官员，文献意义极其重大。刘继增、张建功《一块南宋残碑引出一部专著——"世遗"视域下的〈苏东坡昌化江遗踪考论〉价值初探》对这部著作认真严谨的治学范式表示赞许，认为著中提出的基本观点"毋庸标榜而下自成蹊"，同时指出这部著作勾勒出海南流寓地的地名文化遗产价值，为海南东坡文化研究增添重要历史资源，对当下海南打造国际旅游消费中心形成巨大的助力。苏启雅《从半块残碑到让文物活起来——读李公羽著〈苏东坡昌化江遗踪考论〉的几点思考》首先认可了专著的专业性、可信度和影响力，赞扬了以李公羽先生为代表的海南苏学研究者坚持不懈地积极探索的风范；其次对专著中认为东坡曾亲临昌化县峻灵王山的观点表示赞同；最后对昌江的历史文化的保护及开发提出了实质性的建议。

（三）东坡峻灵王文化研究

何以端《苏东坡〈峻灵王庙碑〉史地考》结合自身多年的实地勘测考察以及各项史料，从水文地理变迁的角度，对学界关于东坡以及《峻灵王庙碑》的一些争议，提出了自己的解答，考证颇为翔实。彭桐《从〈峻灵王庙碑〉看苏东坡对神的敬仰》一文指出，苏轼虽然一生都在和神灵打交道，但是年轻时与老年时对神灵的态度截然不同，年轻时祭神仪式讲究排场，好表演，喜热闹，行文中力求与神平等"对话"，甚至时而带些讽刺，老年则少了很多排场，把神放回了高位，行文平淡，《峻灵王庙碑》即是代表；这种变化与苏轼的审美追求的变化是一致的。陈智慧《海南地方性海神"峻灵王"信仰的变迁及其原因》结合各项史料，梳理了海南海神"峻灵王"信仰的产生、发展、兴盛以及衰落，溯清源流的研究对重新弘扬昌江东坡峻灵王文化有着一定的指导作用。孙如强《作为自然崇拜的昌化神山和神山爷》梳理了昌化大岭成为神山的历史过程，从自然崇拜和人类原始心理的角度探究了昌化山成为神山，峻灵王巨石成为山神的历史原因。

（四）东坡峻灵王文化的当下意义

李公羽《以苏学遗存促进昌化江畔创新世界级旅游产品》一文，从当下的实际情况出发，指明了东坡峻灵王文化的"初心"与"使命"，认为应当对东坡峻灵王文化的核心价值有一个深刻的认识和理解，主张充分利用峻灵王文化的多方面影响力资源，将峻灵王文化与东坡文化有机融合，打造具有昌江特色的国际旅游胜地，推动东坡峻灵王文化融入昌江经济社会发展，并对峻灵王庙遗址的保护提出了实质性的建议。陈智勇《增强三种意识　强力推动昌江东坡文化发展》提出要增强自贸港意识、追赶意识、创新意识，促进东坡文化与昌江产业发展的结合，推动海南自贸港的建设。邓世东《苏轼峻灵王文化的历史意义与当代价值》搜集了各文献中与峻灵王有关的记载，勾勒了神石受封为王的过程以及苏轼与峻灵王的关系，指出峻灵王所具有的丰厚的文化资源及巨大的经济社会效益，并对如何为峻灵王文化旅游开发提供文化引领提出了有意义的建议。黄安雄《阐释苏东坡道家思想　弘扬峻灵王道教文化》一文，论述了道家思想对苏轼为人处世和文学创作的影响，以及东坡对以峻灵王为代表的海南道教文化的意义，主张在当下弘扬峻灵王道教文化，打造南海之神品牌，并对此提出了实质性的建议。吴书芹《千年苏学是昌江特色文化聚集地的宝贵资源》指出，东坡《峻灵王庙碑》是当代昌江打造特色文化的一笔宝贵的历史文化资源，对东坡峻灵王精神进行深入挖掘，并与昌江当下的旅游文化发展相结合，明确指出：发展昌江特色文化，打造海南文化名片，是当下海南旅游文化发展的一个重要方向。

以苏轼研究为核心的苏学，涵盖了中国优秀传统文化的诸多方面，代表了中华民族符合人类总体价值的先进价值观，是我们面对全球化浪潮所带来的机遇和挑战时所可以仰赖的文化资本。在由资本主义和消费主义所带来的现代性精神危机日益明显的今天，如何用优秀的传统文化充实人类的精神世界以对抗庸俗化，是包括苏学在内的古典文学研究今后走向的一个重要参考。

贺信、书面致辞选登

上海古籍出版社社长高克勤：

李公羽新著《峻灵独立秀且雄 —— 苏东坡昌化江遗踪考论》，是苏学研究的新成果。作者通过田野考察、文献考证及苏轼诗文作品的解读，还原了苏轼在昌化的相关史实，为历来存有争议的这一苏学问题给出了周延的解答。在考辨史实的基础上，书中很有创见地分析了苏学与昌江、与海南及与新时代中国人文建设的关联性，对苏学之于昌化、之于海南、之于当下中国的意义，有深刻的认识和自己独到的体会。这部新著，尝试落实苏学的当代意义，寻求将历史文化纳入地方建设之中，为当地人文社会发展挖掘深厚的历史基因，做了很好的探索，势必能丰富苏学研究的广度和内涵。

在此，谨对本书的顺利出版面世，致以衷心的祝贺！

2020 年 7 月 14 日

中国苏轼研究学会副会长、中国人民大学文学院教授冷成金：

李公羽先生所著《峻灵独立秀且雄 —— 苏东坡昌化江遗踪考论》一书，发前人之未发，见时人之未见，是对东坡踪迹考察的重要发现，拓展了苏学研究的空间，对发展海南的东坡文化旅游意义尤为重大！

2020 年 7 月 16 日于中国人民大学

中国苏轼研究学会秘书长、眉山三苏研究院院长方永江：

纪念苏轼《峻灵王庙碑》撰写920周年学术研讨会的召开和李公羽《峻灵独立秀且雄》首发式的举办，不仅是李公羽先生和海南苏轼研究的大事、喜事、盛事，而且是全国苏轼研究特别是所有苏轼遗迹遗址地的大事、喜事、盛事！

虽不能至，然心向往之，特为之贺！

值此机会，我要为公羽先生奋厉苏海点赞。

站位高。公羽先生立足海南国际旅游岛建设实际，围绕海南省委、省政府中心工作，策划、组织了以"东坡文化创新性发展"为主旨的系列全国专题学术研究，应用性价值明确，较好地发挥了资政的智库作用。

影响广。公羽先生结合自身长期从事新闻工作的优势，组织开展了以"永远的苏东坡——纪念苏东坡诞辰980周年暨登陆海南920周年专题书画作品全国联展"为平台的系列活动，不仅在十多地苏轼研究重镇吸粉无数，而且在祖国宝岛台湾掀起新一轮苏研热潮，有效地扩大了东坡文化的影响力。

成果丰。公羽先生退而不休，涉足苏海短短几年，多次参加全国性苏轼学术研讨会、高峰论坛，每次都提交很有分量的学术论文，受到苏研老专家、老学者的一致好评。今天奉献的这本学术专著，就是他不待扬鞭自奋蹄、辛勤耕耘的结果。

天下苏研一家亲。衷心祝愿公羽先生佳作迭出！衷心祝愿海南苏轼研究繁荣兴盛！衷心祝愿全国苏轼研究行稳致远、豪迈推向国际化！

2020年7月17日于眉山

西北大学文学院李芳民教授：

会议二号邀请函收到，一片盛情，至深铭感，谨致诚挚的感谢！就海南言，昌江与东坡关系的研究，实甚重要，据大著所述，此地自然之胜，亦甚可观，故参与盛会，诚所愿也！但斟酌之后，可能本次得割爱以待来日了，为此亦甚感抱歉。希望以后还有机会再赴海南，随先生一起考察东坡踪迹。

大著已从头至尾认真拜读一过，颇受教益，亦颇有所感。略而言之，一是先生对东坡之挚情，读大著感受至深；二是先生对海南之深情，令人感佩。大作围绕东坡昌化事迹做专门研究，成此大著，用功之勤之深，可以想见，其于苏学研究之深细化，亦自不待言。

这一研究成果，既有学术价值，又有现实意义。这是东坡生平考证的重要内容，此前对这一问题关注不够。对东坡生平行迹的考证，往往本地学者才能谈得更深入、更接近事实真相。搞清楚东坡是否到过某一地方，对当地现实的文化旅游发展，以及经济社会建设，具有重要意义。

此书用力甚足，用功甚笃。作者把学术研究与实地考察相结合，以宋明清的大量史料，以及现代、当代的多种记述和广泛调查为基础，作了相当扎实的文献资料比对工作，还有亲自实地考察，深入研究，这种学术态度和作风，值得称赞。

作者关于这一课题的研究结论，十分审慎。有些方面史料充分，依据充实；但有些方面，也未做定论。这为进一步准确地得出历史结论，留有空间，以期引起更多专家学者的关注，获得更多苏学研究者的认同。

大著上编以考证为主，下了很大功夫，做了很多清理与论证，对一有所争议的学术论题，通过搜集大量文献，进行考证辨析，不论结论如何，我以为于苏学研究之深入，总是甚有益的。下编论苏学，多具现实性，时代感很强，对苏学特别是对海南文化建设，都提出了许多值得注意的意见，若海南主政有司，能吸收这些意见，我想对海南文化之发展，应是很有意义的。

匆匆不及细论，略谈点滴感受，以后有机会再相与切劘讨论。

2020 年 10 月 8 日

《中国日报》（*China Daily*）报道苏东坡昌化江遗踪考论新成果

    2020年7月23日，《中国日报》（*China Daily*）发表程月竹报道的消息（如下图），介绍一部新书出版探寻海南峻灵王庙和苏东坡诗文研究带来新的启示。7月18日，苏学研究专家、学者汇聚海南大学，共同研讨920年前苏东坡在海南撰写的《峻灵王庙碑》。

由上海古籍出版社出版的李公羽著《峻灵独立秀且雄——苏东坡昌化江遗踪考论》（*Research on Su Dongpo's Traces along Changhua River*），同日首发。这部著作研究和考证了920年前宋代苏轼贬谪海南期间，在昌化江畔（今属海南省昌江黎族自治县）峻灵王庙祭拜，并书写有关诗文的历史史料。

苏东坡是否亲自到过昌化江畔祭山拜庙？东坡《峻灵王庙碑》一文写于何时何地？现位于峻灵王庙前的一块断碑，是何时所刻，何人所刻？是否东坡碑文？这些问题，史料中缺少明确记载，学术界历来存有争议。中国苏轼研究学会副秘书长、海南省苏学研究会理事长、海南省新闻工作者协会副主席李公羽，以3年多时间认真研究考证，在多方面专家和昌江县学者帮助下，多次实地读碑、田野调查，查检比对大量文献史料，经多次学术会议研讨，业界权威专家指导、点评，完成《峻灵独立秀且雄——苏东坡昌化江遗踪考论》一书，近日由我国著名古籍研究、出版单位上海古籍出版社严格审校，正式出版，全国发行。

报道中分别介绍了庞大海、阮忠等专家学者对这部学术专著的点评。

《中国日报》是中国国家英文日报，创刊于1981年，全球期均发行90余万份，其中，海外期均发行60余万份。《中国日报》作为中国了解世界、世界了解中国的重要窗口，是国内外高端人士首选的中国英文媒体，是唯一有效进入国际主流社会、国外媒体转载率最高的中国报纸，也是国内承办大型国际会议会刊最多的媒体。

《中国日报》（*China Daily*）发表程月竹报道的消息

译文如下：

新书出版研究峻灵王大手笔　苏学探寻赋予旧庙碑新光辉

记者　程月竹

专家学者于7月18日聚集在海南大学，参加关于中国宋代（960—1279）文学巨人苏轼为主题的研讨会和新书首发仪式。

研讨会的举办是为了纪念苏轼的一件碑文石刻作品撰写920周年，

该作品刻在海南省昌江黎族自治县峻灵王庙的碑上。

峻灵王是一种独特的历史文化现象。古代人们崇拜昌化江旁峻灵山上一块巨石，昌化江是该省第二长的河流，贯穿县境，一直流向大海。这块巨石传说是海神的化身。

早在五代十国（907—960）时期，皇帝就授予这尊神石"镇海广德王"的头衔。1082年，宋神宗宣告岩石为峻灵王。峻灵王庙的建立是为了向海洋神灵致敬。

苏轼（1037—1101）是中国古典文学中的杰出人物，以在诗歌、散文、书法、绘画甚至美食方面的成就而闻名。但是，他的政治生涯不稳定，由于涉入政治派别，他多次被降级和流放。

1097年，苏再次被降级，这次是到海南省儋州市。3年后，在他即将离开时，他写了《峻灵王庙碑》（Junlingwang MiaoBei），颂扬海神，以保护他并帮助他在不利的生活条件下生存，以及护佑海洋、土地和当地人民。

在研讨会上，来自全国各地的苏研专家，包括历史、文学、文物、民俗和旅游业等各种专业的学者，讨论了有关苏轼和峻灵王庙铭文的最新研究。

中国苏轼研究会副秘书长、海南省苏学研究会理事长李公羽发布了他的新书《苏东坡昌化江遗踪考论》。

"由于缺乏清晰的历史记录，学术界仍需争论一系列相关问题：苏真的踏上了昌化江畔峻灵王庙吗？他在何时何地写的这篇文章？何时何人将苏的原作刻在峻灵王庙的石碑上？"研讨会上，李在讲解写书动机时提到这些问题。

为了解决令人困惑的问题，李在发表研究结果之前，花了3年多的时间对相关文献进行研究，多次前往昌化江畔考察，并与其他专家反复磋商。

该书首次确认并记录了碑刻铭文的全文，并验证了其最初雕刻的年份。

昌江县文学艺术联合会主席庞大海说："他和他的"同事们陪同李

在河上进行了实地考察，并就历史传说采访了当地村民。

"多年来，许多人参观了寺庙，并观看了这一不完整的石碑，但从来没有人像李那样细致地阅读过碑文。他当场逐字地研究了碑文，并将其发现归功于大量的历史资料和文献。他对研究的态度确实令人钦佩。"

海南省苏学研究会会长阮忠说："这本书的出版，对我们研究会是一项重大成就。它提升了我们对苏学的研究成果，并推进了海南苏学文化的传承和弘扬。"

阮说，随着最近海南自由贸易港的政策，该省的发展需要相应的强大文化背景。苏轼作品的最新发现可以作为海南民间文化与其旅游资源之间的纽带，从而成为海南文化的新象征。

跋

昌化江畔的文化力量是从哪里来的?

李公羽

在海南,如果说文化底蕴、文化力量、文化价值,似乎怎样也说不到昌化江畔,怎样也排不到昌江黎族自治县。然而,许多事实,改变着人们原始的、陈旧的、朴素的、片面的认知。

那么,昌化江畔的文化力量是从哪里来的?

从历史传承中来

海南省文物考古研究所、中国科学院古脊椎动物与古人类研究所与昌江博物馆的考古人员组成考古队,在昌江县王下乡钱铁洞考古发掘,发现化石标本,经权威检测,测定这一文化遗址绝对年代为距今6.5万—5.5万年,地质时代为晚更新世,将海南岛的历史向前推进了约5万年。昌江县的文化历史或曰历史文化,"自古以来"就走在海南岛序列的最前面。

唐代泗州涟水县(今江苏涟水县)人王义方(615—669),贞观末,因刑部尚书张亮获罪而受牵连,31岁时被贬来琼,任儋州吉安县(今昌江县)县丞。任职期间致力教书育人,"开陈礼乐,人人悦顺",因而有"海南儒学教育第一人"之称,成为黎族教育的先驱者,海南文化的开拓者。《旧唐书列传》载:"义方召诸首领,集生徒,亲为讲经,行释奠之礼;清歌吹籥,登降有序,蛮酋大喜。"

宋元符三年（1100）三月，苏东坡携苏过赴昌化江畔，祭峻灵山，拜峻灵王庙，作《峻灵王庙碑》。东坡赞美这里："琼崖千里块海中，民彝杂居古相蒙。方壶蓬莱此别宫，峻灵独立秀且雄。"

《康熙昌化县志·艺文志》载："昌江之僻，衣冠礼乐之盛，在子瞻已称之，况卓然有关于政教之大者乎！"

从党委决策中来

在海南自贸区、自贸港建设进程中，中共昌江黎族自治县委、县人民政府立足昌江实际，找准自身定位，提出打造"五地两县"的战略目标：海南西部一流旅游目的地、海南新能源创新产业基地、海南热带高效农业产业基地、特色文化产业聚集基地、现代海洋渔业综合基地，全省生态文明示范县、全省基本公共服务均等化示范县。

2018年11月，昌江县被列为海南省级新时代文明实践中心建设试点县。县委把满足群众需求、团结凝聚群众作为建设新时代文明实践中心的出发点、落脚点，结合当地实际，以建设文明实践中心、所、站三级机构为载体，创新工作模式，整合各种资源，深入开展丰富多彩、形式多样的文明实践活动，全力打造新时代文明实践中心"昌江样本"。

昌化江特色文化产业聚集基地，由此蓬勃而兴，沛然而立。

从队伍执行中来

文化需要传承，文化需要推广。昌江县委、县政府有关职能部门，落实决策，强力执行，文化活动丰富多彩，文化形象健康宏大。建成昌江县新时代文明实践中心；昌化江书画院在全县8个乡镇的乡村少年宫（设在中心校）设立12个教学点，并在教学点开设书画培训班；中华书法进校园——中华优秀传统文化传承活动，相继开展；"我们的中国梦"文化进万家文艺志愿服务活动；"我们的中国梦"书香进万家阅读推广活动；黎族文化考察交流活动；木棉红合唱团合唱专场音乐会；海南群众文化大讲坛……

　　有没有文化，不是自己说的，不是别人说的，而是自己干的，是在全面弘扬、丰富实践、持续涵养、扎实推进中形成的。

从创新思维中来

　　文化建设，与其他任何建设一样，不能等，不能靠，不能人云亦云，不能照猫画虎，不能按部就班。

　　面对大海，就是面对着开放的未来。面对大海，入海口是开放发展的前沿阵地。面对大海，创新型设计和创造性实践就有辽阔的发展空间。

　　2020年4月，县委县政府决策：要把昌化江入海口打造成为世界级旅游产品。

　　遥隔千年，三个朝代，三个朝廷，同样敕封昌化江入海口那座大岭上的一尊巨石为王，宣示着经略南海的意志与权力。峻灵王文化从昌化江入海口走向南中国海，走向北部湾，走向世界。

　　逝去千年，苏东坡从昌化江入海口登陆山海黎乡大花园，赞美这里，祭拜这里，歌颂这里百姓的顽强与智慧，钦佩这里峻灵王文化护国安民的威严与实力。

　　承接着，放大着，含蕴着，创造着，这一切就有了新的生命。昌化江携带流出百里琼州峰峦奔腾而至的涌流与沉沙，这入海口就有了新的天地。

从持续挖掘中来

　　一般认为，昌江有着丰富的矿产资源，但没有丰富的文化资源。资源不会自己跑出来，需要持续不断地挖掘。资源也不会自己转化为产品，需要持续不断地做好创造性转化、创新性发展的实际工作。不善于挖掘，大量资源可能闲置、流失、浪费；善于挖掘，小的资源可能产生大的价值，发挥超常的作用。

峻灵王文化，不仅是一种传说；苏东坡在昌江，不仅是一次经过。没有创新思维与持续挖掘，或许就只是一种传说，或许就只是一次经过。有了决策者的创新思维，有了执行力的持续挖掘，东坡峻灵王文化，就融汇升华为一种新的内生动能，将成为昌化江畔独特非凡的历史文化资源，成为强大无比的文化力量。

东坡一生，从政40年，所行经之地，都是丰富而独特的历史遗踪，是当代文化旅游不可多得、不可复制、不可忽视的重要品牌。在海南，东坡行经五市县，多数行经之地、寓居之所，迄今荒芜，"野竹蒙荒堑，寒花乱废墟"（韩维语）。百姓扼腕，专家哀叹，学子泣下。而政策制订者，则或恍然不知，或知而不言，或言之无物，抑或心有情结而手足无措……因此，桄榔庵野草闲花，通潮驿断壁残垣。而苏东坡在昌化江畔仅只一次的经过，却成就了一段含蕴丰富而深刻的史话，成就了一枚佩戴在国际旅游消费中心胸襟上的金色徽章。

因此，有了《峻灵独立秀且雄——苏东坡昌化江遗踪考论》；因此，有了汇集国内外苏学研究专家的"昌化江东坡峻灵王文化论坛"；因此，有了这部论文集。

这一切，彰显的是与众不同的能力，体现的是党委、政府治理体系与治理能力现代化的水平。

为官一任，读史一方、开源一方、教化一方，才可造福一方，后世留芳。

感谢出席"昌化江东坡峻灵王文化论坛"的各位专家学者，感谢你们活色生香的论文！感谢出版社编审、设计、排版、校对各环节的责任者！感谢为海南苏学研究、为昌江论坛举办而付出智慧和辛劳的各位师友同仁！感谢为海南历史文化传承与研究孜孜不倦的奉献者！

感谢在昌化江畔作出决策、奋力执行、坚持创新、不断挖掘的每一位值得我们敬重的昌化人——你们最有文化！

是为跋。

李公羽

2021年5月5日